MICHEL AUDIARD

Corrections : Catherine Garnier
Conception graphique : Farida Jeannet

44, quai Henri-IV – 75004 Paris
ISBN : 9-782-38094-674-1
Dépôt légal : juin 2025

Imprimé en France par la société SEVEN
91942 COURTABŒUF
N° d'impression : 003244

Philippe Durant

MICHEL AUDIARD
BIOGRAPHIE

Préface de Jean-Paul Belmondo

nouveau monde
éditions

Préface

Michel Audiard appartenait à cette famille de dialoguistes qui nous a donné Prévert et Jeanson. Nombre de leurs répliques courent encore dans les rues aujourd'hui sans perdre une once de leur efficacité ; la plus noble récompense pour un auteur.

Homme empli d'une insatiable curiosité, Michel aimait la littérature autant que les rencontres de bistrot. De là, il tirait les outils pour forger, avec talent et malice, les formules chocs qu'il plaçait dans les bouches des acteurs. Car il nourrissait une admiration sincère pour les « saltimbanques de l'écran » et cela, aussi, explique sa réussite. Il nous offrait des répliques tranchantes comme le fil d'un rasoir mais aussi fragiles que du cristal. À nous de ne pas les ébrécher.

Durant une douzaine de films, j'ai eu le privilège de compter parmi les premiers lecteurs de sa prose ; moments ô combien inoubliables.

Après lui, le métier de dialoguiste a un peu disparu et c'est regrettable. Le public va au cinéma pour admirer les acteurs, certes, mais aussi pour les écouter ; et il préfère entendre des répliques flamboyantes que des fac-similés de banalités quotidiennes. Mieux vaut « Avec ma perversité et ton physique, nous allons plumer toute la basse-cour » que « Passe-moi le sel ».

Je suis heureux que l'on rende à Michel l'hommage qu'il mérite ; comme il mérite de retrouver une place de choix dans la grande histoire du septième art. Je suis heureux, aussi, qu'à travers ce livre, le public apprenne à mieux connaître le cinéaste, l'homme, l'écrivain, l'ami qui avait pour nom Michel Audiard…

Jean-Paul Belmondo

1
Le lion et le taureau

« Si je m'appelais Napoléon, j'avouerais être né en 1769 à Ajaccio et je vous raconterais la bataille d'Austerlitz. Mais je suis né en 1920 à Paris, ce qui ne présente, sauf pour les personnes nées le même jour, aucun intérêt. »

Ainsi Michel Audiard aimait-il se présenter. N'ayant pas vu le jour sous le chaud soleil corse, il n'eut aucune bataille à raconter, hormis, de-ci de-là, diverses escarmouches avec des producteurs et des critiques. Ni maquis ni châtaignes dans le quatorzième mais, en ce XXe siècle en passe d'être majeur, une ambiance de village replié sur lui-même. Si certains proches arrondissements s'enorgueillissent avec hardiesse de magnifiques bâtiments, de sites historiques ou de musées incontournables, lui n'a rien à proposer. Cela en devient presque comique, mais c'est aussi ce qui fait son charme.

Oh, bien sûr, il y a le mastodonte, là-bas, sur la place Denfert-Rochereau, ce majestueux lion de Belfort qui regarde d'un œil dédaigneux la faune grouillant à ses pieds. Il a fière allure. À condition de le regarder. Ce que ne font pas les passants, toujours trop pressés. Pourtant, ceux qui ont vécu dans son ombre l'aiment, ce noble fauve. Il est à la fois leur mascotte, leur protecteur, leur emblème. Michel Audiard le premier. Dans une bouffée de lyrisme, il ira jusqu'à le comparer au phare d'Alexandrie. Il est vrai que ce roi des animaux coulé dans le bronze se voit d'à peu près partout, en tout cas de plusieurs grands boulevards. Arago, Raspail et Saint-Jacques se donnent rendez-vous à ses pieds, hommage à sa toute-puissance. N'étant jamais à une contradiction près, à d'autres moments Michel comparera l'animal à un encrier. Moche, de surcroît.

Les inconditionnels ne manquent jamais de rappeler que, non loin de ce roi lion, s'ouvrent les catacombes. Mais il faut avoir l'esprit un peu tortueux pour descendre l'interminable escalier et se plaire à défiler dans de longs couloirs dédiés à la mort.

Non, le chaland a beau sillonner de long en large toutes les artères du quatorzième, force lui sera d'admettre qu'il n'y a pas grand-chose à admirer. Cette carence chasse les curieux et permet aux autochtones de vivre en parfaite harmonie, coincés entre l'air vivifiant de la banlieue sud, les lumières de Montparnasse et les jardins du Luxembourg.

« On dit toujours que les Vénitiens sont malins, soulignera Audiard. C'est pas vrai, c'est des cons ! Parce qu'ils ont la plus belle ville du monde, mais ils ont un million et demi de touristes par an. Ils ne sont plus chez eux ! Ils ne peuvent pas vivre ces gens-là… C'est pareil à Rome, c'est pareil à Tolède, c'est pareil partout. Dans le quatorzième on est chez nous. Personne ne vient nous emmerder[1]. »

Il poursuivra, avec un léger sourire narquois : « Une des malices, parmi beaucoup d'autres, des gens de notre contrée est d'avoir su débecter les touristes jusqu'à la nausée. Les friands du safari-Kodak "font" Montmartre, Notre-Dame, les Tuileries, le Champ-de-Mars, ils font même à la rigueur l'esplanade des Invalides, dans le pire des cas la place du Panthéon, ils ne font en aucun cas le quatorzième. Pourquoi ? Parce que nous ne sommes pas de nature à nous laisser "faire". Nous avons pris à cet effet des précautions féroces. Nos rues n'abritent aucun établissement de plaisir, nos restaurants évitent les spécialités racoleuses d'étoiles et nos monuments – ce n'est pas pour nous vanter – sont vraiment à chier. Probablement les plus laids du monde[2]. »

Le quatorzième c'est 562 hectares qui furent longtemps un lieu de transit. Les exilés du Sud venaient y poser leurs bagages avant de s'éparpiller dans d'autres recoins de la capitale. C'est aussi la terre promise pour les hôpitaux : Saint-Joseph, Broussais, Notre-Dame de Bon Secours vinrent, au début du XXe siècle, épauler ceux déjà implantés. Le quatorzième, c'est tout cela et bien d'autres choses. Le quatorzième, c'est Michel Audiard.

---

1. *Bibliothèque de poche* (ORTF), 12 août 1969.
2. *Vive la France* (Julliard, 1973).

Même si, toute sa vie, il éprouvera un malin plaisir à entacher ses propos d'une mauvaise foi sarcastique, il ne pourra jamais cacher son émotion dès qu'il est question de « son » arrondissement. Et d'évoquer avec nostalgie le parc Montsouris, l'épicière de la rue de Gergovie, sans oublier le cimetière du Montparnasse qui, ce n'est pas une coïncidence, longe la rue Froidevaux… Ah, le parc Montsouris ! Ceux qui y ont gambadé en ont gardé des souvenirs impérissables. Avec ses 15 hectares, il constitue une aire idéale de découvertes. Innombrables ceux qui ont foulé sa terre, qui se sont cachés derrière ses bosquets. Pas un arbre qui ne soit chargé de souvenirs. De plus, ce parc recelait un authentique trésor : l'ancien palais tunisien de l'Exposition universelle de 1867 échoué là nul ne sait comment. Histoire de le rendre utile, on l'avait transformé en observatoire municipal de météorologie.

« C'est à la fois notre place Saint-Marc, notre chute du Niagara, nos pyramides, soulignera Michel. C'est la pièce artistique majeure du quatorzième arrondissement. Ça a été le fruit des amours du Bey de Tunis avec une shampouineuse de l'époque… Je crois que maintenant ça sert à mesurer la vitesse du vent… Ça ne sert pas à mesurer la vitesse de la connerie c'est surprenant[1] ! »

Au-delà des grilles se dresse un autre bâtiment historique : le réservoir de Montsouris, construit de 1869 à 1874, où aboutissent trois petits cours d'eau.

Voilà donc cet arrondissement.

Or, au 2 de la rue Brézin, le 15 mai 1920, à 23 heures, Juliette Angèle Lucie Audiard (33 ans) met au monde Paul Michel Audiard. Sans père. Celui-ci ayant pris la poudre d'escampette depuis belle lurette, peu soucieux de l'arrivée de cet encombrant marmot. Sa mère ne se sent pas le courage d'élever seule cet enfant. Ni à Paris ni dans la petite-bourgeoisie du Puy dont elle était issue. Car les Audiard c'est Le Puy. Il n'y a pas à tergiverser. Des parents plus ou moins lointains firent dans la dentelle. Ainsi, les Audiard frères, Léon et Lucien, tinrent une fabrique de belle

1. *Bibliothèque de poche, op. cit.*

réputation et se révélèrent influents au sein de la chambre syndicale des fabricants de dentelle du Puy.

En ces années pas folles pour tout le monde, être fille mère est tache infamante. Entre sa réputation et son enfant, Juliette choisit. « Mes origines sont extrêmement vagues, ironisera Michel, puisque je suis né de père inconnu et d'une mère extrêmement voyageuse et fugace. »

Cette mère rentre seule dans sa ville dentelée, déléguant l'éducation de son fils à Léopold Duclos, vague parent parisien, qui s'acquittera de cette tâche avec ferveur jusqu'à devenir parrain du marmot.

« Je ne peux pas dire que j'ai été un gosse abandonné, ce serait un bien grand mot, admettra Michel. Ma mère m'avait confié à un parrain, un mec très gentil. J'étais heureux comme tout… J'aurais pu être mis à l'Assistance publique, mais là ce ne serait pas la même chose, je verrais les choses différemment, j'en voudrais à ma mère. Pas là. Elle ne m'a pas élevé, quoi, ça n'est pas allé plus loin[1]. »

Cet « abandon », ou considéré comme tel, Michel en parlera peu. Comme il parlera peu de son enfance. Motus et bouche cousue. Toutefois, au fil de ses propos, certains devineront l'ombre de la vérité. Tel Denys de La Patellière : « Je sais qu'il n'a pas été élevé par ses parents, dira-t-il. Il aimait bien les gens qui l'ont élevé, ce n'est pas le problème, mais il avait visiblement souffert d'avoir été largué par ses parents… C'est très dur pour quelqu'un ; ça ne vous rend pas optimiste. »

France Roche – qui connaîtra Audiard dès ses débuts de journaliste – poussera l'analyse un peu plus loin : « Michel n'était pas quelqu'un qui faisait des confidences. Ce qu'on attrapait sur lui, c'étaient vraiment des choses qui lui échappaient… Il y avait chez lui une peur du rejet qui est la clef de tous ses comportements. Michel avait peur d'être rejeté, ça je l'ai toujours ressenti chez lui. Il se mettait dans des situations dramatiques dans l'espoir que quelqu'un vienne l'en sortir et c'est typique des gens qui veulent qu'on les aime. »

Léopold, le parrain, loge au 27 bis avenue du Parc-Montsouris, 6e étage. Sans ascenseur. Mais avec escalier. À environ 750 mètres de

1. *Le Figaro Magazine*, 5 mars 1983.

la rue Brézin. Dans le quatorzième, évidemment. Ce 27 bis fut bâti en 1902 par le constructeur Lablaude sur les plans de l'architecte Cadilhac, ce dont tout le monde se serait moqué si ces messieurs n'avaient apposé leurs noms sur une plaque.

Léopold est un brave homme aux idées généreuses arborant une magnifique barbe carrée comme il est de coutume en cette époque. Travaillant aux PTT, appellation tout à fait contrôlée qui désigne les postes télégraphes et téléphone, il se déclare honnête citoyen et catholique convaincu. D'où une éducation empreinte de principes religieux pour le tout jeune Michel. Tellement religieux qu'il se met à croire en Dieu avec une certaine passion. Presque avec foi. Jusqu'à une certaine journée de janvier 1975…

Enfant placé sous l'égide du Tout-Puissant, il grandit dans le respect des choses divines, marchant le visage grave jusqu'à sa communion solennelle. Il se sent même traversé par l'envie d'entrer dans les ordres. Il a touché le tiercé divin : le Père, le Fils et le Saint-Esprit. Il pousse le culte jusqu'à improviser des messes dans la cour de son immeuble, ce qui déroute ses copains, habitués à des frasques moins bibliques. Excès de piété vite balayé par les réalités de la vie.

Plus qu'à l'ombre des saintes Écritures, c'est à l'ombre des arbres et des immeubles de son arrondissement que Michel vit son adolescence. Là se trouvent ses racines, là s'étale son village. Car, pour cette jeune pousse qui s'émerveille de tout et s'amuse d'un rien, le quatorzième est bel et bien un village ; avec ses commerçants au franc-parler, ses odeurs typiques et son ambiance inénarrable. Michel s'y sent tellement bien qu'à aucun moment il n'est tenté d'aller voir ailleurs, pas même un coup d'œil dans un arrondissement voisin. Du reste de Paris, il n'en connaît que les rumeurs. Pour lui, les Champs-Élysées sont une terre lointaine où les gens se promènent de jour comme de nuit en smoking et robe du soir. Pas son univers. Lui, son truc, c'est les titis parisiens, les débrouillards du bitume. Il laisse à d'autres baisemains et pince-fesses.

La rue, jamais inactive, constitue son décor quotidien. Il y glane foule d'anecdotes, s'y fait des copains de tous âges et entre chez les commerçants comme chez lui. Gavroche, il erre de boutique en boutique, plaisantant sans arrêt et rendant de menus services de-ci de-là. Il l'aime, l'ambiance de la rue, il s'en délecte dès sa sortie de l'école. Peu soucieux des horaires, il rentre chez lui quand il en a fini avec ses potes, parfois à la nuit tombée. Ne se considérant pas, loin s'en faut, comme le père, même de substitution du marmot, Léopold est plutôt conciliant. « Ne pas avoir de père m'a permis de vivre la jeunesse la plus heureuse du monde dans la rue, soulignera Michel. Je n'étais pas obligé de rentrer en sortant de l'école, comme les copains qui disaient : "Mon père va être rentré, je vais prendre une danse !"... Moi, je rentrais quand je voulais. C'était merveilleux[1] ! »

Ainsi, Michel puise son énergie en respirant l'air des artères de bitume. « Les auteurs qui ont bien parlé de la *rue*, il n'y en a pas eu des quantités, constatera-t-il. Il y a Victor Hugo, Balzac. Céline a écrit des pages admirables sur Paris, peut-être les plus belles jamais écrites sur Paris. Il y a eu Aragon. Il y a un Belge qui se glisse là-dedans : Georges Simenon qui a écrit sur les Halles des pages admirables[2]. »

Ainsi coulent des années agréables, quoique pas toujours reposantes. Parfois, un cirque vient planter son chapiteau à l'ombre du lion et tous les enfants s'esclaffent aux blagues des clowns. Tous sauf un : Michel Audiard. Il déteste ces individus au maquillage outrancier, aux gags usés, les jugeant plus pathétiques que comiques.

Outre le cirque, rare, il y a le cinéma de quartier, permanent. Michel s'y rend aussi souvent que ses finances le lui permettent et peste quand on tente de lui imposer des choix. On aimerait le voir s'extasier devant les grandes fresques dramatiques, se pâmer à la vision du ténébreux Victor Francen qui, dans *Veille d'armes*[3], doit affronter un conseil de guerre. Michel préfère les aventures épiques et les comédies débridées. Il adore Laurel et Hardy et rit aux éclats en allant voir, en cachette, un jeudi après-midi, *Les Compagnons de la nouba*.

Quand il ne se trouve pas dans la rue, Michel est à l'école. Logique. Ayant quitté la maternelle de la rue d'Alésia, il vient s'asseoir les bancs du cours Saint-Pierre, rue du Moulin-Vert, proche de là où il est né. Un établissement sans éclat où les bons élèves sont jalousés par les mauvais qui

1. *Radioscopie*, 12 mai 1978.
2. *Bienvenue à la rue*, 20 octobre 1971.
3. De Marcel L'Herbier.

comptent les minutes dans une monotone routine. Audiard appartient à cette seconde catégorie ; non qu'il soit moins intelligent ni plus cossard, mais le savoir dispensé par l'Instruction publique l'intéressait peu. « À 10 ans, témoignera-t-il, j'étais le ricaneur imbécile sournoisement tapi dans le fond de la classe entre le poêle et la porte, l'idiot qui se curait les narines en gloussant, qui lisait, qui apprivoisait des hannetons dans son plumier. Tout à fait fermé au savoir. Je n'écoutais pas les leçons du maître. L'expérience de Lavoisier, le théorème de Pythagore, le principe d'Archimède et la poésie d'Albert Samain me faisaient abominablement chier. »

Cependant, il brille de plus en plus dans des rédactions où son humour caustique fait oublier ses défaillances grammaticales.

Aux cours magistraux, il préfère la cour de récréation. Aux hauts murs de son école, il préfère les grands espaces du quatorzième. Car la verdure n'y manque pas. Le parc Montsouris, bien entendu, mais, plus bas, la « coulée verte » entourant le sud de Paris. En cette période que nul ne devine se situer entre deux guerres, la banlieue n'a rien d'une longue succession d'HLM et de pitoyables immeubles. Les pavillons bénéficient d'agréables petits jardins, disséminés autour de grandes étendues verdoyantes ouvertes au public. La tête souvent dans les nuages, Michel monte parfois les interminables marches menant à la rue des Artistes. C'est toujours le quatorzième, mais un quatorzième très différent de celui « d'en bas ». Car là, s'y trouvent des artistes. Des vrais, des dorés sur tranche. La rue Seurat en est peuplée. Henry Miller y a habité, Salvador Dali y a installé un atelier. De quoi faire rêver.

Des rêves qui ne durent qu'un temps car Michel redescend rejoindre ses potes qui dévalent à vélo, prenant des risques insensés sur des machines pas du tout conçues pour ça. Hélas, lui se contentait de les regarder, souffre toujours d'un terrible handicap : il ne possède pas de vélo. « Enfant, parce que j'étais pauvre, il était pour moi impossible de m'acheter, comme les copains, un vélo de course pour traverser cette herbe folle qui poussait encore aux portes de Paris, déclarera-t-il. J'en ressentais une grande amertume[1]. »

1. *Paris-Jour*, 19 février 1963.

Amertume renforcée par l'évidence que le vélo reste le sport roi des natifs du secteur, bien avant le foot et autres jeux de balles. Tout le monde parle des gloires du moment et les enfants, dès qu'ils en avaient l'occasion, enfourchent leurs machines à pédales pour imiter leurs glorieux aînés. Ils se prennent pour Antonin Magne ou André Leducq, revivent les grandes étapes du Tour. Avantage de taille : les Parisiens peuvent profiter du légendaire vélodrome d'Hiver, appelé par les initiés le Vél' d'Hiv. Ceux qui en reviennent ne tarissent pas d'anecdotes, devenant les vedettes des apéritifs et des tournées générales ; les autres se contentent de suivre les épreuves à la radio.

Le Vél' d'Hiv est le temple du cyclisme. Immense bâtiment planté dans le quartier de Grenelle (quinzième), il devait son premier nom, le Nélaton Palace, à la rue Nélaton qui le jouxte. Toutes les couches de la population peuvent profiter du spectacle. Sur les côtés se trouvent les places populaires, envahies par les titis parisiens, les apaches en manque de sensations et les mordus du guidon, pendant qu'au centre de la piste le restaurant chic accueille les gens de la haute y compris des vedettes de la chanson, du cinéma, de riches industriels et les inévitables hommes politiques.

Ce Vél' d'Hiv, Michel Audiard en rêve. Mais il est encore trop jeune pour s'y rendre et, de plus, trop loin : près de 6 kilomètres de son secteur, dans un ailleurs indéfinissable où il n'a jamais mis les pieds. Alors, il se délecte des comptes-rendus sportifs, emprunte parfois les vélos de ses camarades, et trouve le temps long. L'école se rappelle quotidiennement à son bon souvenir. Histoire de ne pas faire de peine à son tuteur qu'il aime bien, Michel met un point d'honneur à décrocher son certificat d'études, ce qu'il fait à l'âge de 13 ans. Avec mention ! Il partait gagnant car disposant déjà d'un solide bagage : « L'année du certificat d'études, j'avais lu tout Zola et tout Balzac[1] », affirmera-t-il.

Ce bagage, il le doit à un professeur de lettres françaises qui raconte les grands auteurs avec une telle chaleur qu'il faut être obtus pour ne pas avoir envie de jeter un coup d'œil dans les écrits de ces drôles de gens. Ce que fit

1. *France-Soir*, 18 juin 1978.

Michel. Mi-intrigué, mi-goguenard, il plongea son nez dans un livre de Balzac et… le lut de bout en bout. En quelques mois, il dévora plusieurs romans du père de *La Comédie humaine*. Conseillé par son mentor, il devint un assidu de la bibliothèque du quatorzième, délaissant momentanément *Les Pieds nickelés* pour mieux dévorer la quasi-totalité de l'œuvre de Jules Verne. Le début d'une boulimie infernale. Tous les genres y passèrent, de Balzac à Maurice Leblanc, de d'Artagnan à Rouletabille. Cependant, la grande révélation, celle qui marqua sa vie et son style, naquit à la lecture des textes de Rimbaud. Dire qu'il devint son auteur fétiche serait bien en deçà de la réalité : sans Rimbaud, point de salut. « Si je rencontre un type qui n'aime pas Rimbaud, c'est terminé ! » décrétera souvent Audiard.

Le jeune écolier se constitue une somme de connaissances dont il ne peut soupçonner l'utilité, mais sans laquelle il n'y aurait jamais eu de Michel Audiard homme de lettres. Il s'engouffre dans le monde infini des livres et n'en sortira jamais.

Le voici, donc, détenteur du certificat d'études. Le certif! Un authentique diplôme. Pas à la portée de tous. « Et ça, j'y tiens, soulignera-t-il, parce que, dans mes relations, je ne connais que deux gars qui ont eu la mention au certif, c'est Maurice Biraud et Francis Blanche[1]. »

Va-t-il rentrer dans le rang et suivre la longue cohorte des forts en thème, des bardés de diplômes, des têtes pensantes ? Que nenni ! L'obtention de ce diplôme cache une réalité plus triviale : on lui a promis un vélo ! De fait, il reçoit un Génial Lucifer demi-course. Pleurs de joie du gamin, qui se transforment trop vite en larmes de tristesse. Le parrain Léopold, traversant des déboires financiers, reçoit la visite d'huissiers peu portés sur l'humour. Ils ont tôt fait de mettre la main sur le vélo flambant neuf qui les nargue. Pour aller le revendre aux enchères. Quelle image espèrent-ils que le petit Michel retiendra d'eux ? À compter de ce jour, il se mettra à détester les huissiers, sans se douter que le combat recommencera bien des années plus tard.

1. *L'Invité du dimanche*, 15 février 1970.

Il répète à l'envi que ses études ne dureront plus longtemps. Aucun intérêt. Pire : aucun attrait. L'âge de la maturité se profile à l'horizon et, avec lui, celui des grandes décisions. Michel vogue vers ses 15 ans, période où apparaissent les premiers poils de barbe et les premières envies de voyage. Courageux, il décide de franchir le Rubicon, à savoir la Seine. Il quitte son quatorzième pour la bonne cause : aller guincher au bal de la Bastille. Bal « popu » qui a la réputation de regrouper une faune hétéroclite. Le jeune Audiard n'est pas déçu. Afin de casser les légendes, il affirmera, bien plus tard, n'avoir jamais rencontré le moindre voyou dans ces bals musettes. Mais avec lui la notion de « voyou » est nimbée de flou…

Le voici lancé dans la vie, la vraie vie, la grande vie. Première étape : se débarrasser de cette chose encombrante que l'on nomme l'école. Michel rend son baluchon, part sans dire au revoir à ses professeurs. Deuxième étape : trouver du boulot. Ce qui l'oblige à… retourner à l'école ! L'école Bréguet, qui forme les ingénieurs en électricité. Le temps d'y décrocher un CAP de soudeur à l'autogène, pour faire des soudures à l'oxyacétylénique. En clair il apprend à tenir un chalumeau et à souder de l'acier. Pas de quoi postuler à un travail de documentaliste à la Bibliothèque nationale, mais au moins la quasi-certitude de ne pas finir dans le long cortège de la soupe populaire. Car des soudeurs, on en a besoin. Michel ne peut se douter que son expérience du chalumeau lui sera utile quand il aura à faire parler soit des perceurs de coffres soit des ouvriers : « Je suis certainement un des rares auteurs de cinéma qui ait été ouvrier, mais un vrai ouvrier !, dira-t-il. Je n'ai pas été visité les ouvriers dans les usines. Je n'ai pas fait de reportages là-dessus[1]. »

Son CAP en poche, il erre quelques mois dans des activités variées. Connaissant commerçants et artisans de son quartier, il n'a aucun mal à être employé de-ci de-là.

Pourtant, il a déjà une petite idée derrière la tête : mettre des sous de côté pour s'acheter un vélo. Ce rêve continue de le tirailler.

Courageux autant que téméraire et vice versa, il ne tarde pas à parvenir à ses fins. Il réunit ses maigres subsides pour s'en aller acquérir l'engin

1. *Radioscopie* (France Inter), 17 décembre 1968.

convoité depuis des lustres. Il l'apprécie tant qu'il n'eut plus envie de le quitter. Tout juste si, à l'image des cow-boys avec leur Stetson, il ne dort pas avec.

L'un de ses proches amis se nomme Robert Matalon. Ils ont réussi le certificat d'études côte à côte, ce qui crée des liens. Depuis, ils se sont un peu perdus de vue. Robert, alias Bébert pour les intimes, a un nouvel emploi : apprenti dans une fabrique d'optique. Il explique à Michel qu'il ne se salit pas, ne se fatigue pas et gagne plutôt bien sa vie. Bien décidé à troquer son bleu de travail de soudeur contre une impeccable blouse blanche, le jeune Audiard est accepté chez Muzard Frères, fabricants d'optique de précision à Arcueil-Cachan. Un vrai boulot peinard. « Pour moi, la rédemption consistait à frotter des bouts de quartz sur un polissoir actionné par un tour de pédales, écrira Audiard. Ça donnait pas la méningite. D'ailleurs, on ne nous demandait pas d'être intelligents mais d'être propres[1]. »

Un boulot d'autant plus tranquille que le contremaître s'occupe peu des apprentis ! Son temps libre, Michel le met à profit pour lire. Tombant sur Proust, il en dévore l'intégrale en 12 volumes acquise à bas prix dans une librairie du boulevard Saint-Michel. Il en apprécie le style, en dépit, juge-t-il, d'une certaine préciosité. « J'ai lu Proust très jeune et ça m'a plu, précisera-t-il. Ça n'avait rien pour me plaire parce que je n'étais pas sur cette longueur d'onde, mais j'ai été séduit, je crois, par le style. J'aime assez le style. Je suis assez victime du style[2]. »

Puis vient un autre éblouissement. Autant Rimbaud fut sa révélation d'adolescent, autant Louis-Ferdinand Céline est sa passion de jeune homme. « J'étais encore opticien, racontera-t-il, et je vois un copain lire un gros bouquin. "C'est bien ton truc ? – Comac !" il me répond. Je lui ai pris son livre et je l'ai lu. C'était *Voyage au bout de la nuit*. J'ai trouvé que c'était comac, effectivement. »

Le Ferdinand de cette histoire lui ouvre de nouveaux horizons : « Je me dis pour la première fois de ma vie "Tiens, je peux peut-être écrire", dira-t-il. Jusqu'ici, la littérature me paraissait un monde interdit. [...] Et tout

1. *Le P'tit Cheval de retour* (Julliard, 1975).
2. *Bibliothèque de poche, op. cit.*

d'un coup, ce langage, cette masse, ce coup de poing... Les gens de ma génération, on l'a pris sur la tête, ça a quand même fait mal. C'est simple, personne n'écrivait de la même façon le lendemain[1]. »

Pendant qu'il dévore Céline, d'autres décortiquent les discours de Léon Blum. 1936 pointe avec sa cohorte de revendications et de grèves. Les établissements Muzard Frères ne font pas épargnés. Durant quarante jours, les ateliers arborent les couleurs chatoyantes de guirlandes bleu et rouge tandis que la grande cour résonne des airs de musette.

Quand il ne guinche pas, quand il ne lit pas, Michel Audiard continue de sillonner les rues sur son vélo. Qui devient un outil de travail. Grâce à lui, il décroche un petit boulot de livreur pour un libraire. Choix nullement dû au hasard puisqu'il lui permit, du même coup, d'assouvir sa passion pour la chose écrite. De surcroît, cela lui fait les mollets.

Car il caresse le désir de devenir coureur cycliste. Un champion qui aurait sa photo dans les journaux et serait applaudi au Vél' d'Hiv. Ambition démesurée ? Pour y parvenir, Michel doit suivre un entraînement rigoureux : pédaler, pédaler, encore pédaler, toujours pédaler. Il le fait dans le cadre de son travail, de ses loisirs, tout le temps, par tous les temps. Puis, il participe à diverses courses amateurs.

Au cours de l'hiver 1938, se sentant suffisamment au point, sa bécane sous le bras, il se dirige, un peu tremblant, vers le « temple », le Vél' d'Hiv, ouvert toute la journée pour les entraînements. L'une des premières personnes que Michel y rencontre se nomme André Pousse, champion cycliste appartenant à la « Première Catégorie Amateur ». Audiard admire sa pugnacité. Ils bavardent. Partageant la même passion, les mêmes origines et le même phrasé, le contact leur est facile.

« Dis donc, tu marchais bien dimanche, fait Audiard en guise de préambule.

– Je te remercie. Et toi, tu cours dans quelle catégorie ?

– En quatre.

– Tu devrais pas être là, tu devrais être sur la route.

– J'ai arrêté la route.

---

1. *Bibliothèque de poche, op.cit.*

– Pourquoi ?

– Je montais pas les côtes ! »

Une amitié naît. Pousse lui prodigue moult conseils, mais, si l'on peut dire, les côtes restent le talon d'Achille de Michel. Grâce à son nouveau pote, il a la suave sensation d'entrer dans la cour des grands du cyclisme. Porteur du maillot blanc cerclé de bleu du Vélo-Club clodoaldien (Saint-Cloud) – surnommé « La Clodoche » par les habitués –, il roule sur la piste d'érable du célèbre vélodrome de la rue Nélaton.

Il est aux anges, son rêve est en train de se concrétiser.

Paris lui appartient.

2
Le complexe de la liberté

En réalité, Paris n'appartient pas vraiment au jeune Michel, pas plus qu'elle n'appartient aux Parisiens et encore moins aux Français. Paris est attirante, donc convoitée. Elle donne l'illusion d'appartenir à tout le monde, donc à personne. Or, justement, un étrange bonhomme dont la ridicule moustache eût dû faire hurler de rire si elle n'avait symbolisé une folie meurtrière, s'intéresse de très près à cette cité incomparable. Bruits de bottes, bruits de chars et la guerre se met en marche.

Comme tous les Français, comme tous les Parisiens, Michel Audiard adopte une position d'attente. Si les Allemands affichent des velléités de conquérants, les fils et frères des vainqueurs de Verdun sauront leur faire rendre gorge. Et puis Maginot a tracé sa ligne qui, sur le papier, brille tel un obstacle infranchissable. Las, les choses se dégradent vite. Les nazis poussent l'audace jusqu'à contourner la ligne Maginot, entrant en France pour mieux s'approcher de Paris. Provoquant une débandade à tous les échelons.

La vraie débandade, celle qui pousse à entasser dans une voiture trop petite des valises faites trop vite ou à se précipiter dans le premier train en partance pour n'importe où, au sud de préférence. Âgé de 19 ans, donc encore mineur, Michel n'échappe pas au flux. Sans voiture ni billet SNCF, il enfourche son vélo pour se calter. Adieu Paris. « On a foutu le camp, avouera-t-il sans fausse honte. On s'est taillés. Ce n'était pas reluisant. Conserver 20 kilomètres d'avance sur les Allemands, c'était tout notre problème. Ce que je n'avais pas prévu, c'est qu'on allait se poiler pendant un mois. Ce n'était pas de l'insouciance, c'était de l'inconscience[1]. »

1. *France-Soir*, 14 mars 1975.

Un quart de siècle plus tard, il racontera cette période à travers un roman presque entièrement autobiographique : *Le P'tit Cheval de retour*. Flanqué de deux copains du quatorzième – Bébert et Gédéon –, il pédale vers l'ailleurs, vers nulle part. Seule philosophie : sauver sa peau. D'où cette réflexion frappée au coin du bon sens populaire : « Cette guerre, on voulait bien la gagner, à la rigueur la perdre, ce qu'on ne voulait pas c'était la faire. Ça à aucun prix[1]. »

Lorsque, plus tard, il traitera des militaires par films interposés, ce sera toujours en adoptant le point de vue du bidasse, non celui des haut gradés. Tel sera le cas dans *Un taxi pour Tobrouk* et, dans une moindre mesure, dans *Les Morfalous*[2]. « La guerre n'est supportable que sur le ton de la dérision, écrira-t-il. Seuls les militaires sont assez cons pour la prendre au sérieux, je parle des colonels bien entendu. Le griveton, lui, ne pense plus à rien depuis Bouvines[3]. »

Pédalant droit devant lui, le trio se retrouve à Tours, se rendant compte trop tard qu'au lieu de descendre vers le sud, il est parti vers l'ouest. Dans cette ancienne cité gallo-romaine, les trois potes sont surpris par une certaine nonchalance : les hommes jettent leur argent par les fenêtres et les femmes leur pudeur par-dessus la jambe. Les Allemands approchent, les mœurs décrochent. Teutons en haut, tétons en bas. On fait mine d'oublier, de ne pas trop se soucier, on se ment, on se trompe.

Soucieux de maintenir une distance avec les futurs occupants, le 17 juin 1940, Michel arrive dans un tranquille village sur la route du Lot. Des haut-parleurs y ont été installés. Chacun attend l'événement. Il surgit par la voix d'un officier plus très jeune, mais auréolé d'un glorieux passé : le maréchal Pétain annonce l'armistice à la radio. Selon Audiard, tout le village résonne d'un gigantesque soulagement. Les choses vont rentrer dans l'ordre, espérait-on ; oubliant que l'ordre en question sera imposé par l'ennemi. En contrepartie, le discours d'un certain général, diffusé plus discrètement le lendemain, est loin de rencontrer le même écho. « J'avais 20 ans, expliquera Audiard, et cet appel du 18 Juin, ces conseils de bonne

1. *Le P'tit Cheval de retour*, *op. cit.*
2. Le personnage joué par Belmondo étant sous-officier.
3. *Vive la France*, *op. cit.*

tenue donnés à distance m'avaient irrité. Quand on a de graves préoccupations alimentaires, on n'a pas beaucoup d'ambition. Et je ne suis pas d'un courage excessif : j'avais peur d'être fusillé[1]. »

Il en voudra à ce gradé étoilé et lillois de n'avoir pas compris la réalité du citoyen lambda coincé sur un territoire de moins en moins français. Rancune tenace qui ne s'estompera jamais…

Pour l'heure, le trio repart sur les routes encombrées. Le cœur n'y est plus. La bonne humeur se dissipe au profit d'un pessimisme poisseux. Bébert quitte le groupe, laissant ses deux compagnons poursuivre leur trajet. Gédéon tombe sous le charme d'une jeune fille aux chaudes étreintes. Quasi illico, il parle de mariage. Michel se retrouve seul. Paris lui manque. Il visse son regard sur un point à la fois lointain sur la carte et omniprésent dans son esprit : le lion de Belfort. Demi-tour. Adieu le Lot, adieu ses potes.

Retour à la case départ. Paris a changé. « Ni debout, ni couché, le Paris que j'ai connu, écrira-t-il… ni trop combattant ni vraiment larvaire… simplement triste comme les larmes dans les yeux des enfants[2]… »

Les panneaux en langue germanique surgissent à chaque carrefour, les *Soldatenkino* remplacent les cinémas de quartier et les uniformes vert-de-gris donnent aux rues des couleurs dont elles n'ont nul besoin. Une vie difficile attend les Parisiens, plus précisément ceux qui ne frayent pas dans les eaux boueuses de la collaboration. « Il fallait résoudre des problèmes quotidiens, expliquera Audiard : trouver un paquet de Gauloises, un peu de charbon. C'était l'époque où il fallait commencer par apprendre à faire marcher un poêle à sciure. Après, tu avais ton poêle, mais tu n'avais pas de sciure, alors fallait trouver de la sciure… C'étaient des petites choses qui paraissent maintenant complètement dérisoires. Aujourd'hui, on appelle, on dit "J'ai plus de fuel"[3] ! »

Première nécessité : manger. Donc gagner de l'argent. Que faire quand on connaît les artères de la ville, que l'on possède à la fois un vélo et de bons mollets ? Livreur de journaux ! La réponse s'impose

1. *France-Soir*, 14 mars 1975.
2. *Le Chant du départ* (Fayard, 2017).
3. *Chantons sous l'Occupation*, par André Halimi (Olivier Orban, 1976).

d'elle-même et conduit Michel dans les locaux de la grande presse : *Paris-Soir*. Non les salles de rédaction ni même les salles d'imprimerie mais une grande salle au rez-de-chaussée où de jeunes livreurs chargent leur barda. « Tous les jours, j'allais chercher mon paquet de mauvais canards à la gare Saint-Lazare et je finissais en haut du boulevard Saint-Michel, racontera Michel. J'avais un bon parcours parce qu'il descend au début et que je commençais par des gros kiosques. Ainsi, en quatre ou cinq étapes, j'étais déjà délesté d'une sérieuse partie de mes 50 kilos de papier et prêt à affronter le cœur léger le galibier du boul' Mich'. Le défaut du métier, c'est qu'il n'était pas très bien payé. Aussi, pour me faire un supplément, dans le milieu de la journée, je baladais des journaux hongrois sur le même parcours. Je n'ai jamais compris à quoi ça servait. À part le kiosque de la rue Soufflot, où il devait y avoir deux ou trois étudiants hongrois, partout, le lendemain, on me rendait au bouillon le paquet de la veille, même pas défait[1]. »

Le jeune Michel déteste les innombrables diktats imposés par l'occupant : couvre-feu, obligation de montrer ses papiers à tout bout de champ, et mille et une contraintes quotidiennes. Il les contourne en longeant les murs, profitant de sa parfaite connaissance de certains quartiers pour passer entre les mailles des patrouilles allemandes. Le risque est plus grand qu'il n'y paraît, conduisant souvent jusqu'à la prison du Cherche-Midi, voire, si les Allemands ont besoin d'otages, jusqu'au mur des fusillés de Vincennes…

Un nouveau danger surgit, visant ce que les fonctionnaires aux manches lustrées appellent les « forces vives de la nation » : le service du travail obligatoire, plus connu sous ses seules initiales : STO. Le 16 février 1943 tombe une loi établie par de généreux pétainistes désireux d'aider leur nouvelle amie, l'Allemagne. Celle-ci manque de bras. Car les bras teutons sont au front. En revanche, les Français, qui ont déposé les armes, se tournent les pouces. L'idée est de les expédier outre-Rhin pour donner des coups de main, parfois à grand renfort de coups de crosse dans le dos. Ladite loi impose à tous les oisifs mâles entre 21 et 23 ans de faire leurs

1. *Le Figaro littéraire*, 23 décembre 1961.

bagages. Les gendarmes sont là pour amener les réfractaires dans le droit chemin. À moins de se réfugier dans la Résistance, le choix paraît limité.

Du haut de ses 23 ans, Michel Audiard devrait suivre le mouvement. Ce qu'il refuse. Il se fait discret, disparaissant, s'évaporant. « Je mangeais des rutabagas, je me lavais à l'eau froide et j'étais tuberculeux, rapportera-t-il. J'ai passé quatre ans à tout faire pour échapper au STO. Si j'avais croisé un résistant, j'aurais peut-être fini au maquis. Mais je n'ai pas rencontré un type qui m'ait dit : "Viens, on va faire quelque chose ensemble." Je n'ai pas connu non plus de "gestapiste", mais seulement des types dans mon genre[1]. » Il ajoutera : « Personnellement, je faisais sévèrement gaffe, mais alors à tout ! Aux gentils amis de la belote, aux voisins qui faisaient la queue chez l'épicier, même aux petits mômes qui me demandaient l'heure ; aussi, dans le métro, aux pépères qui s'informaient si je descendais à la prochaine. Surtout à ceux-là. Parce que c'était luciférien, le métro [...] C'était là qu'on se faisait le plus souvent faire aux pattes. Un gardien de la paix en pèlerine, l'air bonasse, bon papa, vous demandait vos papiers. Pour peu que vous ayez l'âge du STO ou un nom un peu varsovien, d'autres pèlerines vous dégringolaient sur la soie et vous emballaient plutôt vite ! Le panier à salade attendait en surface, dans lequel on vous entassait à coups de lattes[2]. »

Il fait ce qu'il avait toujours fait et fera toujours : il se débrouille.

Le 26 juillet 1941, il bénéficie d'une sorte de laissez-passer : une carte de travail sur laquelle est noté « inapte au départ en Allemagne », sans en expliquer la raison. Mais cette inaptitude n'a qu'une durée très provisoire : deux mois. Comment Michel se l'est-il procurée ? Il n'en dira rien. Auprès de « relations » bien placées sans doute...

Car il a appris l'art des combines en tous genres. « Pour subsister, nous autres – je parle des enfants du quartier – n'ayant pas le privilège d'opérer dans le marché noir, d'exporter des métaux non ferreux, ni de construire le mur de l'Atlantique, ni de dîner chez les Abetz[3], on volait des vélos, avouera-t-il. Combien ? J'ai oublié. Des cycles pas toujours pimpants

1. *Paris-Presse*, 23 juin 1967.
2. *Le Chant du départ*, *op. cit.*
3. Otto Abetz, ambassadeur d'Allemagne à Paris.

qu'on échangeait chez les commerçants "honnêtes" contre de la margarine, quelques litres de pinard trafiqué ou, mieux encore, ces boissons bizarres qui s'appelaient des trucs comme "Kina Roc[1]", des élixirs qui nous dégringolaient tout droit dans les godasses ; parfois aussi contre des Gauloises piquées par des types qui travaillaient à la Régie. Tout le monde volait un peu. Fallait bien[2]. »

Il vivote, renonçant à tracer le moindre plan sur une comète perdue dans des sombres galaxies. « J'ai passé toute l'Occupation à Paris, dira-t-il ; je n'ai jamais entendu parler des camps de la mort. Des mauvais bruits couraient sur la déportation, mais sur les chambres à gaz : rien[3]. »

Les jours se ressemblent, les nuits aussi. Rutabagas dans l'assiette, sciure dans le poêle, bruits de bottes dans l'oreille, pas de quoi vous pousser à l'hilarité. La faim, le froid, l'attente, la peur nouaient le ventre et crispent les sourires. Tout de même, pour tromper l'ennui, on danse aussi. De-ci de-là.

« C'était interdit, expliquera Michel, mais il y avait une combine. Il y a des petits futés qui ont créé des cours de danse. Moyennant quoi, tu prenais un carnet de tickets de cours, tu t'inscrivais et, avec tes tickets, t'allais danser. Il est évident qu'une fois que tout le monde était là, on fermait les portes, on baissait le rideau et on dansait comme dans n'importe quelle gambille. En fait, c'était un petit racket. À cette époque, moi j'allais plutôt au musette[4]. »

La menace du STO continuant de planer, Michel doit trouver un *vrai* boulot, afin de montrer qu'il était indispensable à la France. Or, son activité de livreur de journaux l'amène à côtoyer des journalistes, le plus souvent dans des bistrots. Une poignée connaît ses écrits. Car, contre vents et marées, Audiard continue de noircir du papier, rédigeant des contes.

Dans le petit monde du journalisme, Robert Courtine compte parmi ceux ayant le plus d'entregent. C'est-à-dire de relations. Il peut à la fois

1. Il s'agit probablement du Kina Karo, apéritif naturel à base de plantes et de vin.
2. *Paris Match*, 18 août 1975.
3. *Le Film français*, 29 octobre 1976.
4. *Chantons sous l'Occupation*, *op. cit.*

faire entrer Audiard dans un journal et le libérer de l'épée de Damoclès qu'est le STO. Non seulement Courtine ne cache pas son antisémitisme, mais il l'étale à longueur de colonnes dans les journaux pour lesquels il travaille dont *Au Pilori* qui s'est imposé « d'emblée dans le paysage de la presse française en zone occupée par l'ignominie de son contenu », comme le soulignera Laurent Joly, chargé de recherche au CNRS. Courtine adhère également à l'Association des journalistes antisémites.

Ce monsieur accepta de publier les écrits d'Audiard. Non dans *Au Pilori*, mais dans l'hebdomadaire *L'Appel*, dont il est le secrétaire de rédaction, chargé des spectacles et de la littérature. Sous son aile seront publiés les contes du jeune auteur.

Et c'est ainsi qu'à l'été 1943, Michel Audiard est accueilli dans le giron de cet *Appel*, dont le slogan ne peut prêter à confusion : « Grand quotidien de combat pour l'épuration de la France et la défense du peuple ». Pour être encore plus clair, les communistes, les francs-maçons et les juifs n'y sont pas les bienvenus. En revanche, les écrits de Louis-Ferdinand Céline y sont publiés avec tout le respect qui leur est dû. Son directeur en était un officier de l'armée française, Pierre Costantini, par ailleurs cocréateur de la LVF, la redoutable Légion des volontaires français contre le bolchevisme.

Le premier conte audiardien s'intitule *La fin commence à l'aube*. Une histoire si longue qu'il faut deux numéros successifs pour la publier, laissant les lecteurs en émoi. Ce texte ne risque pas de passer inaperçu. Il occupe presque une page entière, surmonté par un énorme bandeau présentant le dessin d'un port sous la pluie. Et le nom Michel Audiard surgit en grosses lettres, derrière le label « Nouvelle inédite ». Courtine a bien fait les choses pour le lancement de son protégé.

« Cela commença comme tous les soirs. La sirène d'un caboteur troua la nuit, là-bas sur le chenal. Patrick McDamara releva nerveusement le col de son imperméable et, une fois encore, fut incommodé par l'odeur rance de poisson qui en émanait.

– Quelle infection !

Aussi, pourquoi fallait-il qu'après huit heures passées dans la puanteur de la halle de triage cette odeur de travail continue de le poursuivre jusque dans ses vêtements, de lui coller à la peau comme une mauvaise sueur ? »

Il n'est pas question pour le jeune auteur de faire dans l'organdi ni le menuet. L'ensemble colle plus aux romans noirs qu'aux romans roses. Adieu Proust, bonjour Chandler.

Le résultat est apprécié par les responsables du journal. Michel Audiard vient de se trouver un métier, un vrai, un dans ses cordes : écrire. « Dès que j'ai réussi à caser une nouvelle dans un canard, j'ai arrêté de pédaler, dira-t-il, ce qui est quand même beaucoup moins éreintant… Le métier d'intellectuel est moins épuisant que celui de cycliste[1] ! »

La plume le démange. Elle lui jouera pourtant des mauvais tours.

Car le 12 août de cette même année 1943, *L'Appel* publie un autre conte : Le *Rescapé du Santa Maria*. Une histoire de pirates. Elle débute sans véritable éclat :

« Trois-mâts goélette à deux milles par bâbord !

Il y eut un long moment de stupeur, d'incrédulité, durant lequel personne ne parut saisir l'énormité de la chance. Alvarez Domino qui, en pareille circonstance, montrait toujours un opportunisme pertinent, un extraordinaire sens réflexe… »

L'histoire est narrée par l'un des pirates. Deux personnages sortent du lot. Deux juifs répondant aux prénoms de Jacob et Éphraïm.

Dialogue entre un pirate et un monsieur un peu louche qui a fait dans la traite des Blanches :

« Ton nom ?

– Jacob Bramh.

– Juif, hein ?

– Juste un tout petit peu, du côté de mon père. »

Ce dialogue est aussitôt suivi par un commentaire du narrateur : « Notre capitaine n'affiche aucun préjugé sur la question raciale, n'empêche qu'il plisse le front en retroussant la lèvre avec dégoût. » Michel commet un premier impair en parlant de « question raciale » alors qu'il s'agit d'une question de religion. Plus loin, le même Jacob est présenté comment ayant « une étrangeté désagréable, une veulerie suante ». De plus, il « sent le chacal ». Il est traité de « petit youpin » par un des pirates,

1. *Radioscopie* (entretien avec Jacques Chancel), *France Inter*, mai 1978.

qui précise qu'il faut s'en méfier : « Le petit youpin vous conduira à la potence. »

Surgit alors un autre pirate : Éphraïm Joss. Description engageante : « Sec, voûté, le regard chafouin, ce garçon constitue une synthèse de fourberie, astuce, traîtrise et autres vertus de moindre importance dont les stigmates lui remontent au visage comme une vérole. » Ce monsieur est un parfait salaud qui fait dans la collection sanglante : « Éphraïm, lui, collectionne les incisives, lesquelles lui sont très bénévolement fournies par ses victimes. Procédé économique, travail soigné. »

À une époque où les juifs sont pourchassés par les nazis cette description dénote.

Ces deux individus sont si fourbes qu'ils parviennent à désarmer les pirates. D'où ce cri du cœur : « La conjuration des synagogues ! Le petit youtre savait parfaitement ce qu'il faisait. »

Les deux juifs se débarrassent des pirates, jusqu'à ce qu'il n'en reste qu'un : le narrateur. Qui commente : « M. Joss me répugne. Je ne partage pas ses idées sur l'épuration. » En réalité, toute cette histoire de pirates n'est qu'un rêve qui fait suite à une beuverie. Et Brahm est le nom du comptable de la société dans lequel travaille le narrateur…

En cet été 1943, personne ne fait le moindre commentaire sur cette présentation de deux « méchants sémites ». La France est antisémite depuis des décennies et le récent procès contre Bernard Natan, patron de la firme de cinéma Pathé – et, surtout, juif venu de l'est de l'Europe – est là pour le prouver[1].

De fait, Michel Audiard continue sur sa lancée, égratignant parfois les juifs, sans en faire sa cible principale. *L'Appel* est satisfait de son travail et lui commande une quinzaine de « contes » qui paraissent à rythme irrégulier. Aux titres très divers : *L'aventure n'existe pas*, *Côté jardin*, *La Part des pauvres*, *Hélène est partie*, *Saint-Jean d'été*, etc. Le 14 octobre 1943 paraît *La Vérité sur l'affaire Loth* qui met en scène Dieu le père, Abraham et Loth avec, en toile de fond, Sodome et Gomorrhe. Sans termes orduriers.

---

1. Lire *Le Fantôme du cinéma français* (La Manufacture des livres, 2021).

Sur sa lancée, fin 1943, Michel propose ses écrits à l'hebdomadaire *L'Union française* qui se situe lui aussi sur la frange droite de l'échiquier politique. Un organe de presse dont l'ambition est clairement exprimée : « En dehors et au-dessus de tous les partis politiques pour la restauration d'une communauté nationale ». Au fil du temps, la mission changera quelque peu : « Organe d'entente des patriotes pour la nouvelle Europe », puis « Hebdomadaire pour une nouvelle France dans la nouvelle Europe ». Cette nouvelle Europe étant, évidemment, celle que tente de construire l'Allemagne nazie. L'un des principaux pamphlétaires en est Philippe Henriot, secrétaire d'État à l'Information et à la Propagande du régime de Vichy, orateur à Radio-Paris et collaborateur notoire. Le siège de cet hebdomadaire se situe à Lyon, mais possède une antenne active à Paris. Les écrits d'Audiard voisineront avec ceux de Georges Simenon.

Le jeune auteur n'a aucune difficulté à aligner les textes, tout en tirant parfois à la ligne. Il aime les introductions longues et les chutes rapides.

Dans *L'anarchiste est derrière la porte*, il se moque – sans vraiment les citer – des flingueurs de la Résistance. Son tueur à gages est plus attiré par l'argent que par des motifs patriotiques :

« Et ça gagne bien ?

– Couci-couça. Dans l'ensemble, on se plaint pas trop. 100 francs par nuque. Au premier abord ça paraît maigre, mais on se rattrape sur la quantité. Ainsi, aujourd'hui, avec vous, vos deux voisins de palier et l'employé de mairie que je visiterai tout à l'heure, cela me fera dans les 400 balles. Excusez le calembour. »

Dans *Big Billy s'est évadé*, il évoque l'acharnement persistant du fisc – ou plus précisément de son homologue américain. Non contre lui, mais contre une superstar sous prétexte qu'elle a omis de déclarer quelques millions de dollars…

Sa nouvelle intitulée *Le Sale Nègre* pourrait faire grincer des dents. Elle paraît le 22 mars 1944. L'action se situe dans un bled paumé du fin fond des États-Unis et a pour personnage central Mr Chocolate, cible de tous les autochtones. Ce monsieur est en réalité un métis : « Originaire de Nouvelle-Orléans, Mr Chocolate n'avait pas la peau noire mais pain-brûlé et s'appelait en réalité Joe Dollo. »

Ce Joe a grandi dans la misère. À force de courage, il a construit sa propre maison, qu'il bichonne avec soin, tout en fredonnant des chansons « nègres », avec pour unique auditrice une chèvre. Il se sait victime de mauvaises plaisanteries des villageois, mais ne leur en tient pas rigueur. Jusqu'au jour où trois d'entre eux ont la mauvaise idée de tuer sa chèvre. Comme ça, pour s'amuser. Joe les occira. « Le plus drôle est que, longtemps, ce bon Mr Chocolate les avait pris pour des hommes plus forts et plus courageux que lui… C'est bizarre les idées, voyez ! »

Il finira son parcours sur la chaise électrique…

La cible change de camp : les salauds sont les commerçants implantés là depuis des générations et fondamentalement racistes.

Dans *La Plus Belle Fille du monde*, le narrateur débute son récit par une fête : « Or, si les militaires parfumés sont là pour offrir des nougatines aux demoiselles, les demoiselles pour vaincre la timidité réglementaire des militaires et les parents, désespérément raisonnables, pour empêcher les gosses de jouer, je me demande ce que, moi, je fabrique dans cette fête ? »

À ces récits s'ajouteront des chroniques sur l'air du temps et quelques reportages.

Michel ne manque pas de parler de littérature. Notamment dans un article intitulé *Autant en emporte le vent à 1 200 francs le kilo*. Titre qui se justifie par le fait que le roman de Margaret Mitchell, interdit de vente par l'occupant, ne peut être acquis que sous le manteau à un prix exorbitant. Michel en profite pour égratigner divers auteurs qu'il apprécie peu. Dont Jean Cocteau qui, sous sa plume, devient « la mère Cocteau ». Et, surtout, Louis Aragon, chantre du communisme soviétique : « Aragon dont Moscou vient précisément d'annoncer la traduction. Aragon en russe ! Hé, hé ! Nous aurons bonne mine, après cela, vulgaires que nous sommes, à lire Racine. » Dans la foulée, Michel en profite pour vanter les vertus de Céline, Marcel Aymé, Montherlant ainsi que du moins illustre Luc Dietrich, auteur du *Bonheur des tristes*.

Littérature, il en est également question lorsque tombe le prix Balzac attribué à Jean-Marie Aimot pour son livre *Raoul Champrond*. « Néanmoins, disons-le, la consécration de M. Aimot ne fut pas, pour ses amis, dont nous nous flattons d'être, une surprise », note Audiard. Qui rappelle les grandes lignes de la carrière du thuriféraire : « auteur de nombreux ouvrages très remarqués, notamment de deux études sur le cinéma allemand ». Il omet de préciser que M. Aimot est membre du PPF et directeur du Service français du film documentaire au sein du gouvernement de Vichy.

Il s'en prend aussi à ces messieurs de l'Aéro-Club de France lorsqu'ils décernent leur Grand Prix littéraire : « On croit rêver ! Car enfin, il demeure inconcevable que messieurs les romanciers ou biographes dont le rôle devrait consister, en fonction même de la grandeur du sujet qu'ils traitent, à exalter l'héroïsme et le pur sacrifice, ne parviennent, à force de médiocrité et de sottise, qu'à vous dégoûter de l'aéroplane pour le reste de vos jours !... Certes, mes connaissances techniques se limitant au baptême de l'air de Nogent-sur-Marne, à la tour des parachutes de l'Expo 38 et, en spectateur, au meeting acrobatique de Vincennes, j'avoue très humblement être profane en la matière... Mais, de même qu'il n'est pas indispensable d'avoir visité l'Indochine pour exécrer M. Loti, il est inutile d'avoir survolé la Cordillère en vol de nuit pour avoir envie de botter les fesses du petit youpin Joseph Kessel. »

Dans son article « La cavalière Elsa ou Madame se meurt », il éreinte Elsa Triolet. En revanche, dans « Antigone incomprise », il prend la défense de Jean Anouilh. Tout en réglant son compte à un dénommé Purnal, critique théâtral. Dès les premiers mots, Michel le réduit presque à néant : « Il est toujours extrêmement gênant de dire leur fait aux minus. D'abord parce que ce n'est pas entièrement de leur faute, ensuite parce qu'ils s'imaginent être les victimes d'une conspiration jalouse. [...] M. Purnal, critique intérimaire et républicain de *Coemedia*, s'avère un de ces imperméables pauvres types sur lesquels toute œuvre d'art glisse comme sur une peau de banane. M. Purnal n'a pas aimé l'admirable *Antigone* de Jean Anouilh. C'est dommage, mais c'est son droit. Ce qui est dommage c'est qu'il n'y ait rien, mais alors rigoureusement rien, compris ! [...] Pauvre, oui pauvre, M. Purnal qui n'a pas compris ce qui se jouait sur la scène. [...] Voilà comment raisonne M. Purnal. Sorti de la chienlit, il est tout désorienté, tout triste, ça le rend acerbe. [...] Purnal, grincheux, prenez garde que le théâtre de Jean Anouilh vous survive, comme a survécu celui d'Euripide, de Sophocle, de Racine et de quelques autres grands. Tant pis si cela vous tracasse le foie. Vous ne grincerez plus depuis longtemps ni là ni ailleurs, parce que depuis longtemps seront oubliés les bons mots de M. Guitry fils et les bondieuseries distillées du papa Claudel et s'accomplira encore, par-delà la mort, l'union d'Orphée avec Eurydice. [...] Il doit être particulièrement ennuyeux de laisser derrière soi des bavures ; nous en sommes gênés pour vous M. Purnal, gênés aussi d'être obligés de vous le dire. »

En dépit d'un travail aussi intensif que régulier, Michel ne roule pas sur l'or, ni même sur l'argent. Il continue de vivre chez son oncle Léopold et madame. Au moins est-il sûr d'y retrouver le gîte et le couvert.

Chemin faisant, il se taille une petite place dans le monde du journalisme. Non une « grande plume », mais un « petit gars qui a de l'avenir ». Sa carte de presse lui sert de passe-partout et il commence à recevoir des invitations. On le voit dans les fauteuils rouges de divers spectacles et dans des cocktails. Ainsi, en mai 1944, se rend-il à un raout organisé par Léo Vali, compositeur de chansons pour Tino Rossi. Michel y représente *L'Appel*. Non loin de lui se trouvent Georges Beaume, du *Film Magazine*, futur bras droit d'Alain Delon, et Jan Mara, futur caricaturiste pour *Minute*. Audiard en tire un article : « En dégustant le pastis chez Léo Vali ».

En janvier 1944, paraît *Autopsie des spectacles*, livre de Jean-Pierre Liausu, plus homme de théâtre que de cinéma[1], qui aspire à une refonte de tout ce qui touchait aux spectacles via une décentralisation administrative. Dans cet ouvrage publié « sous le haut patronage du maréchal Pétain, chef de l'État français[2] », l'auteur ne cache pas son antisémitisme : « Comment discipliner les Juifs ? Notre théâtre rayonnait sur le monde entier quand on y comptait les Juifs sur les dix doigts de la main. Notre cinéma était florissant quand les Juifs n'y avaient pas élu domicile. Les Juifs ne connaissent pas de disciplines hormis celles de leur race. [...] Il faut refaire un spectacle français avec des Français. » Et de préciser : « De

1. Il dialogua *Les Petites Alliées* (1936) de Jean Dréville, histoire d'amour ayant pour toile de fond la Marine de Toulon.
2. Chantal Meyer-Plantureux, *Les Enfants de Shylock, ou l'antisémitisme sur scène* (Complexe, 2005).

1919 à 1939, petit à petit et soudain en 1936, avec une insolence qui n'admettait pas la rébellion, le Juif s'est emparé de toutes les directions du théâtre et du cinéma. »

Or, quelques mois plus tard, – dans *L'Appel* du 1er juin – Michel fait l'éloge de cette *Autopsie des spectacles*. Il en profite pour s'en prendre à ceux qui, désormais, détiennent les rênes de l'industrie cinématographique française. De bons aryens, certes, mais, selon lui, de fieffés incapables. Aussi incapables que les juifs… désormais exclus du cinéma hexagonal : « Les hommes de bonne volonté (ils existent !) ne doivent pas être contraints plus longtemps d'évoluer dans la promiscuité des Shylocks et des Calibans. De ce fait, il demeure intolérable, qu'en ces temps de raréfaction d'électricité et de pellicule, le travail d'arrache-pied des Becker, Carné, Lacombe, Grangier, Autant-Lara se trouve stupidement contrecarré par les incongruités funambulesques d'un Couzinet. Si le redressement de la scène et de l'écran français ne doit dépendre que de l'évincement radical de certains invertébrés, le seul tort serait que pareille tolérance se prolongeât davantage. Le jour où les Couzinet, Richebé et polichinelles divers seront une fois pour toutes renvoyés à leur abécédaire, peut-être serons-nous en mesure d'espérer […] que les spectacles puissent, enfin, au seuil d'une révolution méthodique, attester leur contact avec les réalités d'une France qui se cherche. »

Or, le régime de Vichy est en train de vaciller. Des violents coups de boutoir venus de Normandie le mettent à mal. Les Allemands subissent leurs premières défaites cuisantes à l'ouest. Le processus est en marche, la machine de guerre alliée aussi. On ose commencer à parler de la libération de Paris.

Comme nombre de ses confrères, Michel Audiard continue d'écrire sans faire allusion à cette actualité. Se pose-t-il des questions ? Car en cas de victoire alliée, les journaux pour lesquels il travaille fermeront forcément leurs portes. Faisant de lui, ipso facto, un sans-emploi.

Dans les années à venir, Michel passera sous silence sa « collaboration » littéraire, se bornant à résumer ses activités professionnelles durant l'Occupation à celle de livreur de journaux. Pourtant son nom apparaît sous la plupart de ses écrits. Pourquoi, dès lors, cacher ces activités ?…

Certes, personne ne lui posera jamais la question directement alors qu'il est évident que des journalistes, voire des historiens, sont au courant. Son cas est très différent d'un Jean-Paul Sartre, qui a lui aussi travaillé pour la presse française, parvenant à faire jouer sa pièce *Les Mouches* avec l'assentiment des Allemands… sans jamais être inquiété à la Libération, un Sartre qui se gardera bien de rappeler qu'il a sollicité Louis-Ferdinand Céline pour « soutenir » cette pièce, de même que sa compagne Simone de Beauvoir préférera ne pas évoquer ses travaux d'écriture, rémunérés, à Radio Vichy… Comme beaucoup de journalistes et d'hommes de plume, Michel restera discret sur cette sombre période, préférant, sans doute, ne pas parler pour éviter toute polémique.

* * *

Et, pendant que les chars du général Leclerc se rapprochent, des centaines de jeunes et moins jeunes se découvrent des vocations de résistants.

De par sa position, au sud de Paris, le quatorzième est le premier arrondissement libéré. « Nous autres, enfants du quatorzième arrondissement, on peut dire qu'on a été libérés avant tous les autres de la capitale, cela en raison d'une position géographique privilégiée, écrira-t-il. On n'a même pas de mérite. Les Ricains sont arrivés par la porte d'Orléans, on est allés au-devant d'eux sur la route de la Croix-de-Berny, à côté de chez nous. On était bien contents qu'ils arrivent, oui, oui, mais pas tant, remarquez bien, pour que décanillent les ultimes fridolins que pour mettre fin à l'enthousiasme des “résistants” qui commençaient à avoir le coup de tondeuse un peu facile, lequel pouvait – à mon avis – préfigurer le coup de flingue. Cette équipe de coiffeurs exaltés me faisait, en vérité, assez peur. La mode avait démarré d'un coup. Plusieurs dames du quartier avaient été tondues le matin même, des personnes plutôt gentilles qu'on connaissait bien, avec qui on bavardait souvent sur le pas de la porte les soirs d'été[1]. »

Quelques jours plus tard, Michel se rend sur la place de l'Hôtel-de-Ville le jour de défilé de la Libération. Son amusement disparaît sous les

1. *Le Figaro Magazine*, 21 juillet 1984.

coups de feu de tireurs embusqués prenant la foule pour cible. Comme les autres, il se couche à terre et attend la fin de l'averse.

Paris redevient Paris. Du moins extérieurement. Car la gangrène a imprégné le pavé : le mal par le mal, la loi du talion. Les « Fridolins » n'ont pas encore tous quitté les lieux que de nouvelles exactions poussent comme des champignons vénéneux. « Je conserve un souvenir assez particulier de la libération de mon quartier, écrira Michel Audiard, souvenir lié à une image enténébrante : celle d'une fillette martyrisée le jour même de l'entrée de Patton[1] dans Paris. Depuis l'aube, les blindés s'engouffraient dans la ville. Terrorisé par ce serpent d'acier lui passant au ras des pattes, le lion de Denfert-Rochereau tremblait sur son socle. Édentée, disloquée, le corps bleu éclaté par endroits, le regard vitrifié dans une expression de cheval fou, la fillette avait été abandonnée au travers d'un tas de cailloux au carrefour du boulevard Edgar-Quinet et de la rue de la Gaîté, tout près d'où j'habitais alors. Il n'y avait plus personne autour d'elle, comme sur les places de village quand le cirque est parti. Ce n'est qu'un peu plus tard que nous avons appris, par les commerçants du coin, comment s'était passée la fiesta : un escadron de farouches résistants, frais du jour, à la coque, descendu des maquis de Barbès, avait surpris un Feldwebel caché chez la jeune personne. Ils avaient – *natürlich !* – flingué le Chleuh. Rien à redire. Après quoi, ils avaient férocement tatané la gamine avant de la tirer par les cheveux jusqu'à la petite place où ils l'avaient attachée au tronc d'un acacia. C'est là qu'ils l'avaient tuée. Oh, pas méchant. Plutôt, voyez-vous, à la rigolade, comme on dégringole des boîtes de conserve à la foire, à ceci près : au lieu des boules de son, ils balançaient des pavés. Quand ils l'ont détachée, elle était morte depuis longtemps déjà, aux dires des gens. Après l'avoir balancée sur le tas de cailloux, ils avaient pissé dessus, puis s'en étaient allés par les rues pavoisées, sous les ampoules multicolores festonnant les terrasses où s'agitaient des petits drapeaux et où les accordéons apprivoisaient les airs nouveaux de Glenn Miller. C'était le début de la fête. Je l'avais imaginée un peu autrement[2]. »

---

1. La 2e DB du général français Leclerc appartient techniquement à l'armée américaine du général Patton, mais ce dernier ne s'occupe pas personnellement de Paris.
2. *Le Figaro Magazine*, 21 juillet 1984.

L'image de cette « gamine » le hantera…

« Je fais partie d'une génération qui a assisté à des choses assez déplaisantes pendant les quatre ans d'Occupation et les trois ans qui ont suivi, ajoutera-t-il. Alors je crois que dans la vie, il faut avoir une vingtaine de copains et se méfier de tous les autres[1]. »

1. *Femmes d'aujourd'hui*, 25 septembre 1979.

3
Impressions

L'épuration qui secoue l'Hexagone et permet à des noms pas toujours propres de conjuguer le verbe « régler ses comptes » à tous les temps n'enthousiasme pas le jeune Audiard. Les jugements hâtifs, les condamnations sans fondement, les mises en prison abusives rappellent qu'en matière d'abus de pouvoir et de déni de justice, certains Français n'ont, hélas, de leçon à recevoir de personne, pas même de leurs anciens locataires. Le petit peuple qui a réussi à passer à travers la pluie de hallebardes allemandes se demande s'il survivra au raz de marée épurateur. D'autant qu'il a d'autres chats à fouetter, si l'on peut se permettre l'expression. Manger, se chauffer, se vêtir. Les Teutons sont partis mais les tickets de rationnement étaient restés. On s'amuse dans les rues mais on s'affame dans les cuisines.

Michel Audiard s'interroge sur son avenir. Il souhaite continuer à écrire. À lui d'aller toquer à la porte des nouveaux canards qui prennent leur envol. Mais l'heure des règlements de comptes a sonné dans chaque arrondissement de Paris, presque dans chaque rue, voire dans chaque immeuble. Sacha Guitry est arrêté en son domicile, ce qui lui évite, sans doute, d'être lynché par une bande d'énergumènes atrabilaires. D'autres arrestations suivent faisant voisiner des noms célèbres et des blases obscurs.

Michel Audiard continue de phosphorer sur son futur. Les jours passent. Le jeudi 5 octobre 1944, il entend frapper à la porte. Il s'empresse d'ouvrir. Pour se retrouver face à deux messieurs, dont l'attitude et le visage indiquent qu'ils en ont vu d'autres. Des flics. Inspecteurs Leroux et Defrenet. Derrière ces messieurs se tient la pipelette, c'est-à-dire la concierge. Laquelle leur a signalé des allées et venues suspectes ces derniers jours. La délation traverse les changements de régime.

Les deux pandores interrogent le jeune homme. Lui demandent de décliner son identité. Surtout, ils veulent savoir s'il est seul dans ce logement. Réponse : oui ! Car Michel Audiard occupe un appartement qui n'est pas le sien. Il a quitté Paname au profit de Bois-Colombes, au nord de la capitale. Il loge chez Robert Courtine qui lui a confié les clefs. Ce Courtine n'a pas attendu que le calme revienne pour prendre la poudre d'escampette. Il a quitté Paris le 14 août 1944, pour foncer vers Baden-Baden, puis Sigmaringen. Clairement, il est en fuite !

Leroux et Defrenet emmènent le sieur Audiard « au poste », c'est-à-dire devant le commissaire Thévenin. On lui pose des questions, on en profite pour interroger la sympathique concierge et pour vérifier auprès des voisins s'ils ont quelque chose à balancer. En tant qu'« ami » de Courtine, Audiard est suspect. Mais l'amitié n'a jamais été un crime, excepté dans certains mélodrames mal construits. M. Audiard est relâché. Lui, oui. Son patronyme, non. Il circule dans des groupes avertis. Sa collusion avec le « traître » Courtine reste dans la gorge de certains.

Jamais Michel Audiard n'évoquera publiquement ni certains de ses écrits d'Occupation, ni ses amitiés avec certaines personnes considérées comme « douteuses ». Il se réfugiera, plus ou moins, derrière cette formule : « Les erreurs de jeunesse ne sont jamais mieux à leur place que dans l'oubli[1]. »

Afin d'éviter des rencontres houleuses et des règlements de comptes incertains, il opte pour l'engagement volontaire sous les drapeaux. Les Fridolins ayant signé l'armistice, la France doit redorer son blason et rafraîchir ses troupes. Michel ne parlera jamais de son passage dans l'armée, se contentant de dire, au détour d'une interview, que, sitôt libéré, il s'est précipité sur la Côte d'Azur pour y prendre le frais.

Cette tâche achevée, il retourne dans l'univers qui lui est cher : la rue. Et qui dit rue dit bistrots et qui dit bistrots dit rencontres. Il y entend un journaliste de sa connaissance, Gaston Servent, se plaindre d'avoir un

1. *Vive la France, op. cit.*

sujet à traiter sans avoir aucune idée de la manière de le faire. L'homme est sec, intellectuellement parlant. Le lendemain, Michel, sans mot dire, lui tend une feuille de papier. L'article en question. Remis de son étonnement et payant la tournée, Servent promet d'aider le jeune auteur à lui retrouver un boulot. Recommandé par son ami, Michel s'en va sonner à la porte de différents journaux.

Le tout frais *Vérités* l'accueille. Ses créateurs sont pour la plupart des résistants issus du groupe Vengeance, qui compta jusqu'à 30 000 membres. Michel est chargé d'effectuer des reportages locaux, c'est-à-dire prendre le pouls de Paris et de sa banlieue. Il arpente les rues, interroge des gens… et traîne dans divers bistrots. Dans un reportage intitulé « Pour prendre congé ou le Chant du départ », il traite de l'incurie des services de nettoiement, égratignant au passage le parti communiste, et son dirigeant, Jacques Duclos, responsables de grèves diverses et de comportements obtus.

La carte professionnelle de journaliste lui est refusée par la Commission de la carte d'identité des journalistes. Son amitié avec Courtine, ses travaux d'écriture au sein de journaux hautement collaborationnistes pèsent lourd dans la balance. Si lourd que, non seulement il n'a pas le droit de bénéficier du précieux sésame, mais de plus écope d'une suspension de trente mois. Le voilà tricard du côté des gazettes. Est-ce réellement un problème ? Non. Journaux et magazines ont besoin de jeunes plumes et la sienne est plutôt bien aiguisée. Il ne lui reste plus qu'à signer articles et reportages sous des pseudonymes. Au pluriel, car il en utilisera plusieurs. Personne ne sera dupe, mais l'honneur restera sauf.

Il lui arrive aussi de filer des papiers en sous-main. Ainsi sera-ce le cas avec Jean-Claude Labret, passionné de cinéma, qui devient vite « chargé de presse[1] » auprès des firmes françaises avant de créer la société Contact Organisation, destinée à promouvoir les films. Michel l'aide à écrire des résumés vantant les mérites desdits films.

Au sein des journaux français, il apprend que les reportages dans Paris et banlieue sont abandonnés au profit de « grands sujets ». Traiter des

1. On ne disait pas encore « attaché de presse ».

États-Unis et de la Chine par exemple, de l'Australie ou du pôle Nord. Peu de la Russie, qui n'est pas en odeur de sainteté, et quasiment pas de l'Allemagne sur laquelle on avait jeté le drap de l'oubli. Hélas ces périodiques ne disposent pas des moyens suffisants pour expédier des grands reporters aux quatre coins du monde. Qu'à cela ne tienne ! Ce que l'on ne peut pas récolter, on l'invente. Ou on le *bidonne*, en terme journalistique. Ainsi Audiard, caché derrière le nom de Labret, passe un reportage qui est publié dans l'édition du 14 juin 1946. Et pas n'importe quoi : une interview inédite d'Al Capone ! Un Capone en fin de vie, libéré pour raison de santé[1].

Le Capone décrit par cet article n'a plus rien du dangereux gangster d'autrefois : « Une modeste maison meublée de Brooklyn. À l'entresol, une porte derrière laquelle cliquette une chaîne de sûreté. La dernière fois que j'ai vu Capone, il y a de cela quatorze ans, c'était à Chicago. L'appartement de l'ennemi public numéro 1 était défendu par une escouade de gardes du corps. Les fenêtres du bureau s'agrémentaient de volets blindés et la demeure tenait beaucoup plus de la forteresse que de l'"office commercial", titre dont elle se parait. Aujourd'hui, les choses ont changé. Al n'a plus, pour se protéger, qu'une chaîne de sûreté et une secrétaire rousse et mal chaussée qui m'ouvre la porte, une cigarette aux lèvres. Capone, que je trouve assis derrière un bureau de bois blanc, a considérablement vieilli. À 49 ans, il montre un visage couleur de cendre, des poches sous les yeux, une calvitie ourlée de cheveux gras. » Ce Capone-là n'est plus que le pâle reflet du gangster de la Prohibition : « Celui qui terrorisa le monde des bootleggers me dit très doucement, d'un ton mal assuré, comme un gamin injustement puni et qui s'efforce d'attendrir ses proches : "Je n'ai plus le sou, je suis malade, je cherche un job, voilà la vérité…" »

Via Labret, Michel peut se vanter d'avoir fait un *papier* inédit, sans avoir quitté son Paris natal. Tout est faux, mais qui s'en soucie ?

Bien vite, la plume légère et le ventre affamé, il propose ses services à d'autres amateurs de grands reportages. Il entre ainsi dans un autre

1. Il devait décéder sept mois plus tard.

organe de presse issu de la Résistance, *L'Étoile du soir*, ouvertement gaulliste. Or Audiard déteste, tout aussi ouvertement, le général. Il faut bien manger, donc écrire. Sans se moquer de l'homme de Londres. Le 8 mai 1946, le journal lui remit une carte de service certifiant que M. Audiard Michel fait partie du personnel. Mais, officiellement, il n'est toujours pas journaliste.

De la lointaine Amérique, le jeune auteur passe à la nébuleuse Chine. Il « enquête » sur les dénommés Tchang Kaï-chek et Mao Tsé-toung qui commencent à faire du suif dans d'asiatiques régions. La Chine et ses mystères, l'Extrême-Orient et ses fumeries d'opium, Macao et son enfer du jeu… Le jeune reporter, se sentant une parenté avec Tintin, y rêve déjà. Durant sept numéros, les lecteurs de *L'Étoile du soir* sont embarqués dans une Chine de pacotille, véhiculés de cliché en cliché. Ils ont droit en prime à des interviews absolument inédites, et pour cause, dont celle de Mme Tchang Kaï-chek, qui du jour au lendemain devient l'égérie de la révolution chinoise. Le tout sans quitter Paris.

Contrairement à ce qu'Audiard s'amusera à soutenir, cette histoire abracadabrante ne se termine pas par un renvoi. Non seulement, il ne reçoit aucun blâme, mais travaillera près de trois années pour *L'Étoile du Soir*.

Lassé de ces élucubrations, il bifurque vers des rubriques plus intéressantes. Il demande les sports, on lui offre les spectacles. Pas si mal. Car, outre le cyclisme et la lecture, Audiard est un cinéphile acharné. Son premier « choc » remonte à 1938 lorsqu'il a vu une œuvre magistrale de Marcel Carné avec, dans le rôle principal, une légende dont il ne pouvait imaginer qu'il deviendrait un jour l'ami : Jean Gabin. « J'avais reçu un coup en entendant *Quai des brumes*, avouera-t-il ; ou, plus précisément, les dialogues de Prévert. Je m'étais dit : "Il y a un langage au cinéma qui n'est pas celui du théâtre." C'est ce qui m'a fait le plus d'impression après le premier bouquin de Céline[1]. »

Tout en traitant du cinéma français, qui redémarre sur des bases saines et des scénarios moins insipides que ceux écrits sous le régime de Vichy,

1. *Le Figaro littéraire*, 23 décembre 1961.

Michel se passionne pour les polars américains. Après des années de frustration, Hollywood submerge l'Europe de ses productions, pour la plus grande satisfaction du public…

Ainsi, en août 1946 sort *Assurance sur la mort*[1], réalisé deux ans plus tôt par Billy Wilder, considéré comme un chef-d'œuvre du genre. Dans *L'Étoile du soir*, Michel commence par féliciter l'auteur du roman initial : « James Cain est l'auteur de *Le facteur sonne toujours deux fois*, un des ouvrages les plus violents de la jeune littérature américaine. James Cain est un grand bonhomme… » S'il est emballé par le jeu de Barbara Stanwyck, il déteste celui de Fred MacMurray. Il lui aurait préféré John Garfield ou Humphrey Bogart.

Mais sa plume dérape lorsqu'il s'en prend au troisième personnage clef, le patron de la compagnie d'assurance : « Quant à l'argousin existentialiste, c'est Edward G. Robinson. Ce petit singe lippu et huileux, ce gnome grimaçant, aussi pénible à voir qu'à entendre, ce crave aux yeux de fouine dont les producteurs américains nous imposent la livraison depuis bientôt dix ans sans vouloir se rendre compte du malaise qu'elle suscite. »

Michel sait-il que Robinson, né Goldenberg, est juif ?…

Il faudra bien des années pour qu'un journaliste, Jacques Chancel, lui pose la question de but en blanc : « Êtes-vous raciste ? » Réponse : « Comment voulez-vous être raciste ?… Je crois que c'est un mot qui n'a plus de sens. En admettant qu'il ait eu un sens, peut-être, au temps des guerres de Religion, il ne veut rigoureusement plus rien dire… Comment je serais raciste ? Je ne peux pas l'être parce que je suis né de père inconnu ! Je ne sais pas du tout d'où je sors… Alors je serais très mal venu d'être raciste parce que, si ça se trouve, je suis peut-être arabe, juif, arménien… J'en sais foutrement rien et ça ne me passionne pas[2]. »

Ailleurs, il affirmera : « Du temps où j'allais à l'école communale, rue d'Alésia, on appelait un copain "le juif", ça ne le gênait pas du tout, il s'en foutait !… Et nous on s'en foutait pour une bonne raison c'est qu'on ne savait pas très bien ce que ça voulait dire… Quand on dit *youpin* à un juif, c'est un terme amical, de toute évidence. Il ne va pas me venir à l'idée de

1. *Double Indemnity*.
2. *Radioscopie*, 12 mai 1978.

traiter de *youpin* un juif que je ne connais pas ! Celui que je traite de *youpin* c'est un pote à moi avec qui je suis en train de jouer aux cartes et qui est en train de gagner dans une partie de gin-rummy… Dans mon esprit c'est un terme amical… Quand une presse antisémite emploie le mot youpin dans un autre sens, style *Action française*, c'est autre chose[1]… »

Pour clore d'une certaine façon le sujet, il écrira dans l'un de ses romans : « Il m'arrive de dire : les ratons, les négros, les youpins. Exprès. J'ajoute parfois qu'ils sentent mauvais. Je dis de plus en plus de choses blessantes pour faire chier les gens[2]. »

* * *

Au cours de ce même été 1946, il traite du *Faucon maltais*[3], autre chef-d'œuvre cette fois dû à John Huston, qu'il juge trop bavard : « Le flic du *Faucon maltais* appartient à la catégorie des "discuteurs de coups". Il bavarde, boit du whisky, grille une cigarette, rebavarde, reboit du whisky, etc. Entre-temps, il "baratine" la vamp aux longs cils qui, elle aussi, discute énormément, et corrige une affreuse canaille antipathique et bavarde comme une pie. Si le dialoguiste a été payé au mot, l'heureux gaillard doit couler une douillette retraite. » Réflexion prémonitoire de celui qui sera le dialoguiste le mieux payé de France, et probablement d'Europe !

Autre texte prémonitoire, annonçant, d'une certaine manière, les aléas de sa carrière à venir, celui-ci concerne les réactions de certains lecteurs, qui font transiter plaisir ou mécontentement par le service des Postes : « Le dépouillement de ce courrier me tient lieu chaque matin de douche écossaise. Quel dommage, en vérité, que l'on ne puisse plaire à tout le monde ! Enfin… renonçant à faire, pour ou contre moi, l'unanimité, j'évolue tant bien que mal entre les envois de fleurs et les plus agressifs torpillages. On a beau s'y faire, il n'empêche que les fervents du septième art ont parfois la dent dure. Exception faite de vibrants (je n'ose écrire "pertinents") hommages relatifs à ma clairvoyance et à mon objectivité

1. France Culture (entretien avec Jacques Paugam), 1978.
2. *La Nuit, le jour et toutes les autres nuits.*
3. *The Maltese Falcon.*

en matière de pellicule, je me fais quotidiennement traiter de “rebutant crétin”, “démolisseur obtus”, “analphabète prétentieux”, tandis que les épithètes “vendu” et “refoulé” (sic) sont monnaie courante[1]. »

En septembre, sa rédaction l'expédie au Festival de Cannes, premier du nom. Mission : voir et commenter les films en compétition. Mission qu'il ne remplit pas. Pas plus que ses collègues. Bien des années plus tard, il racontera : « Une année, “envoyé spécial” d'un quotidien du soir, je me souviens n'avoir jamais foutu les pieds à aucune séance, sans pour autant que cela m'empêche de rendre fidèlement compte des films projetés. J'en éprouvais quelque gêne jusqu'au jour où j'ai constaté que mes confrères qui ne rataient pas un film en disaient sensiblement la même chose que moi. Ainsi pouvait-on être payé pour dire n'importe quoi. Je venais de comprendre beaucoup de choses[2]. »

Durant l'hiver 1947, voyant *L'Étoile du soir* s'éteindre petit à petit et constatant que *Vérités* a vite fermé ses portes, Audiard entre dans un périodique exclusivement consacré au cinéma : *Cinévie*. Et son destin s'en trouve changé. Lancé le 3 octobre 1945, cet hebdomadaire se vante d'être « le plus fort tirage des magazines de cinéma ». Son directeur en est Louis de Premio-Real, issu d'une noble famille. Au siècle précédent, l'un de ses aïeux a été un puissant mécène en faveur des artistes et des écrivains canadiens.

Tous les mardis, moyennant 15 francs, le lecteur trouve, étalées sur 16 pages, une kyrielle d'informations sur la vie des stars et les nouveaux films. Les reportages *made in Hollywood* y voisinent avec des articles sur des acteurs français ainsi qu'avec les chroniques de Viviane Papote et Claude Sunlight dont les noms fleurent bon les pseudonymes. Sans oublier l'inévitable rubrique astrologique. Le tout richement illustré.

La rédaction de *Cinévie* a son bureau au 17 rue de Marignan, à quelques pas des Champs-Élysées. La rédaction est placée sous la férule de la jeune France Roche et l'on compte parmi ses journalistes François Chalais, futur spécialiste du cinéma à la télévision, l'autrice Christiane

1. *L'Étoile du soir*, 17 août 1946.
2. *France Soir*, 11 mai 1976.

Rochefort à qui l'on devra *Le Repos du guerrier* qui sera transposé en film[1], Pierre Drouin, amateur de jazz, qui deviendra chef des services économiques du *Monde*, Édouard Logereau, documentariste, etc.

Michel Audiard – toujours interdit par la commission – choisit comme patronyme principal Jacques Potier, du nom d'un de ses amis d'enfance. Il prend soin de ne mettre qu'un *t*, pour éviter toute confusion avec Richard Pottier, cinéaste de renom. Potier fait parfois concurrence à Jean Laury, un autre pseudo.

Dans le numéro du 4 février 1947, il traite de *Terreur sur la ville*[2] : « Ce film, auquel on peut mener les enfants dès qu'ils savent distinguer une image d'un texte, est d'une bonne qualité dense. Chevauchées tournant à la mêlée, héroïsmes individuels perpétrés par des adolescents ; cela tient de la charge de Reichshoffen, du siège de Sébastopol et de l'épisode du tambour Bara. Le shérif [...] suit la tradition cinématographique attachée aux shérifs : quoique beau, il est chaste et c'est tant pis pour Bell. Bell porte tour à tour des robes florentines ou des laissés-pour-compte de Mae West. Steve, pour faire fatal, arbore la moustache étroite qui a si bien réussi à Charlot et si mal à Hitler. Hoppy est une manière d'archange que l'on s'attend à voir coiffer un nimbe de rayons en place de son feutre. Les partisans du bien et du mal se confondent quant à leurs types et leurs rôles. Mais les rixes tournent en de telles mêlées qu'il n'importe plus que celui-ci ou celui-là soit descendu, pourvu qu'il y ait du monde à terre. Toutes ces violences par le temps qu'il fait échauffent le sang des spectateurs. »

Le mois suivant, Michel – cette fois caché derrière le pseudonyme de Robert Pommier – parle de *Dillinger*[3], glissant une remarque, preuve de son puissant sens de l'observation : « Il faut signaler une scène de tout premier ordre : celle au cours de laquelle l'ennemi défigure un garçon de café. La photo du demi de bière est hallucinante. »

La lancée de ce critique protéiforme manque de se briser le 17 mars 1947. Michel est convoqué au commissariat du quartier du parc de Montsouris pour s'expliquer sur son appartenance au groupe

1. Réalisé par Roger Vadim (1962).
2. *Wide Open Town* (1941) de Lesley Selander.
3. Réalisé par Max Nosseck (1945).

Collaboration. Créée dès 1940, cette mouvance, très liée au régime de Vichy, réunissait des intellectuels, des artistes ainsi qu'une faune hétéroclite qui, comme le nom l'indique, prônèrent une collaboration étroite avec l'Allemagne. Ce groupe disposait d'antennes dans toute la France et, à travers écrits, rencontres et conférences, vantait les vertus du nazisme. Michel s'y serait inscrit en 1942. Une carte à son nom, portant le numéro 74.208, a été retrouvée dans les dossiers. L'accusé nie tout en bloc, soutenant que cette carte fut établie à son insu[1]. Le commissaire Pezet, ne disposant d'aucune preuve tangible prouvant l'implication d'Audiard, le relâche. Et Michel peut reprendre son activité à *Cinévie.*

N'estimant pas sa présence dans les locaux de la rédaction utile, il n'y fait que de fugitives apparitions. En général en fin de mois, pour toucher sa paye. Irritée, la direction décide de le payer à la semaine afin de le voir plus régulièrement.

Il s'amuse beaucoup mais travaille tout autant : écrire un « scénario romancé » tiré d'un film projeté sur les écrans, rédiger la biographie, forcément laudatrice, d'un acteur, tremper sa plume dans l'acide pour des critiques bien senties, arranger des chroniques, etc. « On disait, dans la rédaction : "C'est une information idiote, il faut la faire rédiger par Michel, comme ça elle deviendra drôle", se souviendra France Roche. Il n'avait pas son pareil pour, d'une information bébête, tirer quelque chose d'amusant. »

En cette année 1947, les acteurs français préférés des lecteurs sont Louis Jouvet, Jean Gabin, Pierre Fresnay et les actrices Michèle Morgan, Edwige Feuillère et Danielle Darrieux. Le futur dialoguiste Michel Audiard les fera tous parler !... Pour les étrangers : Gary Cooper, Charlie Chaplin, Cary Grant, Bette Davis, Marlene Dietrich, Greta Garbo.

Le critique Jacques Potier continue de flinguer tous azimuts.

Dans *Ville conquise*[2], il regrette le poids des âges sur les épaules de James Cagney, qui n'a pourtant que 41 ans au moment du tournage :

1. Par une étrange coïncidence, quand Louis-Ferdinand Céline fut accusé d'avoir été membre du comité d'honneur du Cercle européen (club de notables collaborationnistes), il soutint que son nom avait été ajouté à la liste sans qu'il en soit prévenu...
2. *City for Conquest* (1940) d'Anatole Litvak.

« Le petit "casseur" roux qui, depuis dix ans, hypnotise les spectateurs de moins de 18 ans et divertit les autres, semble avoir des ennuis avec ses artères. C'est désormais une sorte de grand-père Kruschen[1] bien conservé par la gymnastique régulière, mais qui préfère tout de même l'ascenseur à l'escalier, ce qui est plus rapide mais moins spectaculaire. »

Gilda[2], qui fait de Rita Hayworth une star internationale, ne l'enthousiasme pas : « Tout semble donc avoir été mis à la disposition de la resplendissante Rita pour affirmer son titre de pin-up n° 1. Musique, chant, danses sans oublier les toilettes qui nous permettent de ne rien ignorer de cette merveilleuse anatomie. Il ressort de tout ceci que le sourire, la chevelure, les épaules et les jambes de miss Hayworth n'ont d'égal que son inaptitude formelle à jouer la comédie. »

Trois hommes du Texas[3] : « Pan ! Pan ! Pan ! Les revolvers claquent, les chevaux galopent pour la gloire des bons, pour le châtiment des méchants. Le héros s'appelle Hopalong Cassidy. Il pourrait aussi bien se nommer Zorro ou Buffalo Bill. Il manie le revolver avec la même assurance et le lieu commun. Nos enfants le trouveront sans nul doute formidable. Nous avons grandi. C'est dommage. »

Une nuit à Rio[4] : « On envie les heureux habitants de Rio qui mènent une vie d'éternel carnaval. Ils ont de la chance. Par contre, les partenaires de l'étincelante Carmen Miranda en ont moins. La chanteuse-danseuse-fantaisiste, etc. se livre à un aimable tour de prestidigitation qui consiste à escamoter Alice Faye et Don Ameche. Et c'est tellement bien fait que personne ne s'en aperçoit ! »

Les Écumeurs[5] : « Marlene Dietrich prouve qu'elle n'a rien perdu de sa technique. Elle arbore colifichets et aigrettes comme au bon vieux temps de *L'Ange Bleu*. L'ange est passé, Marlene demeure. Elle mène le film et ses partenaires, Randolph Scott et John Wayne, au doigt et au clin d'œil. Cela ne fait pas un pli. Le menton de Marlene non plus. »

---

1. Emblème des sels Kruschen, une firme… britannique !
2. De Charles Vidor (1946).
3. *Three Men from Texas* (1940) de Lesley Selander.
4. *That Night in Rio* (1941) d'Irving Cummings.
5. *The Spoilers* (1942) de Ray Enright.

À la sortie de *L'Aventure de Cabassou*, Michel égratigne son jeune réalisateur Gilles Grangier. Ne se doutant sûrement pas que tous deux travailleront ensemble à moult reprises : « On ne peut rien reprocher à la mise en scène de M. Grangier pour l'excellente raison qu'elle n'existe pas. »

On découvre au passage que Potier/Audiard adore les dessins animés de Walt Disney : « Il faudrait être en proie à la neurasthénie la plus aiguë pour ne point goûter la saveur et l'exquise cocasserie des petits personnages de papier peint que sont Mickey, Donald, Pluto, Carioca… auprès desquels les amuseurs de chair et d'os s'avèrent terriblement ennuyeux. Délaissant la psychologie pelliculaire, dont la prolifération sur nos écrans s'avère à la longue alarmante, Walt Disney fait des films pour spectateurs bien portants. Qu'il soit permis à ceux-ci de l'en remercier. »

Il effectue également des reportages « sur le terrain », c'est-à-dire dans les studios de tournage. Il dévoile divers petits secrets comme le renvoi du réalisateur Henri Calef à la demande de l'actrice principale : « Viviane [Romance] décrète que le metteur en scène la défavorise systématiquement, gâche sa photogénie bien connue, forte de quoi elle refuse de tourner », écrit-il. *Carrefour des passions*, dont les prises de vues ont débuté au Portugal, sera repris par Jacques Companeez, puis par Ettore Giannini.

Journaliste sans carte, mais auteur apprécié, Michel Audiard a trouvé sa voie. Il a également trouvé une source de revenus régulière lui permettant d'envisager l'avenir avec sérénité. Et qui dit avenir, dit mariage. Du moins en cette dernière partie des années 40.

Le 2 mai 1947, en la mairie du quatorzième (aurait-il pu en être autrement ?), M. Paul Michel Audiard, domicilié 27 bis rue du Parc-Montsouris, épouse Mlle Marie-Christine Marguerite Guibert, domiciliée 19 avenue d'Orléans. Petite cérémonie discrète à laquelle assistent des amis de la mariée, son frère, ainsi que le parrain de Michel. Le lendemain, samedi, à 10 h 30, a lieu la messe en l'église Saint-Dominique, rue de la Tombe-Issoire… dans le quatorzième. L'occasion d'une jolie fête. « On a flambé toutes nos économies dans la messe, la chanteuse, l'harmonium et les bougies… », se souviendra Michel avec tendresse.

Le couple s'installe dans un petit logement mis à leur disposition par le parrain de Michel, au 96, boulevard de Port-Royal... dans le cinquième ! Trahison ? Pas tout à fait car, comme le soulignera, le jeune marié, « le quatorzième commençait au trottoir d'en face » ! Leur appartement, petit mais agréable, donne sur la maternité Baudelocque, heureux présage. Et voisine avec l'hôpital Cochin. Moins heureux présage.

Les Guibert ont leur fief à Dourdan où la grand-mère de Marie-Christine habite une jolie propriété connue pour ses fraisiers. Surtout, les Guibert possèdent des moulins à Bures-sur-Yvette, non loin de Dourdan. C'est-à-dire, sans mauvais jeu de mots, sur la « route du blé » qui relie les champs de la Beauce aux boulangeries de Paris. Ces moulins fabriquent la farine en puisant leur énergie dans les rivières.

La famille, assez traditionaliste, espérait que la jeune fille épouserait un « beau parti ». Un fils d'industriel, frère de la future écrivaine Lise Willar, avait d'ailleurs déclaré sa flamme. Marie-Christine lui préféra ce jeune journaliste gouailleur à l'avenir incertain. Choix pas forcément jugé d'un bon œil par ses aïeux.

Les tourtereaux se sont rencontrés dans un cadre professionnel puisque tous deux sont journalistes. Marie-Christine œuvrait dans le « sérieux », c'est-à-dire le journalisme d'actualité. Grâce à son récent mari, elle découvre l'envers du cinéma, qui ne lui plaît guère.

Michel tombe amoureux. Lui qui a si souvent glosé sur les chagrins. Ainsi, en 1948, écrira-t-il : « C'est entêté comme tout, un chagrin d'amour, quand ça se met à vous préférer. Le mien ne veut plus me lâcher, à aucun prix. Il m'a essayé une fois pour toutes et il faut croire que ce doit être entendu comme ça pour toujours. Drôle d'histoire, quand même !... Elle s'appelait Marie-Marguerite, elle avait 16 ans, c'était une blonde aux yeux bleus. Le plus beau blond, les plus beaux yeux et le plus bel âge du monde ! [...] Avec Marie-Marguerite, sans le savoir, nous nous fabriquions des souvenirs pour les jours où nous en aurions besoin. Ce n'était, après tout, pas tellement inutile. Souvenirs couleur de vanille, de café et de pistache. Souvenirs couleur des meilleurs de nos jours. [...] Parce que, voyez-vous, c'est énormément délicat la pudeur entre garçon et fille pour ce qui est de l'amitié. À plus forte raison quand il s'agit d'une sorte de drôle d'amitié qui vous fait pencher un peu le cœur[1]. »

Un an après son mariage, un autre joli mois de mai a des conséquences sur son parcours : il annonce son départ de *Cinévie*. « Je m'étais glissé dans la presse de cinéma qui, à ce moment, était très solide, racontera-t-il, des gros journaux idiots mais costauds. Je rentre donc à *Cinévie*. Trois mois plus tard, le journal sombrait[2]. »

Ce ne fut pas aussi simple que cela. D'abord Michel ne resta pas trois, mais quinze mois à *Cinévie*, ce qui n'est pas tout à fait la même chose. Ensuite, ce magazine ne sombre pas, mais mue, en fusionnant avec son concurrent *Cinévogue*.

L'une des dernières critiques de Jacques Potier porte sur un western, justement intitulé Les *Pionniers de la Western Union*[3], réalisé par un « grand maître », Fritz Lang : « Ceux qui, dans ce film, retrouvent la fameuse griffe de Fritz Lang ont une bonne vue et un esprit chercheur. À la vérité, *Western Union* pourrait avoir été réalisé par n'importe quel photographe sauf, bien entendu, John Ford, (William) Wyler… et le Fritz Lang dont les spectateurs se souviennent. […] Quant aux nombreux chevaux qui galopent dans le film, ce sont de bons chevaux qui hennissent et savent courir. »

Michel profite, donc, de la mutation de *Cinévie* pour s'en aller goûter une herbe plus verte. Un « coureur d'aventures » – pour reprendre ses termes – l'a mis en contact avec un réalisateur pour écrire un scénario. Audiard s'apprête à passer de l'autre côté de l'écran.

1. *Le Petit Journal*, 18 juillet 1948.
2. *Cinématographe*, mars 1982.
3. *Western Union* (1941) de Fritz Lang.

4
Coups de masse

Michel Audiard reste en contact avec Jean-Claude Labret. Lequel s'investit de plus en plus dans la promotion de films français, travaillant étroitement avec la société PAC (Production artistique cinématographique) qui, après avoir produit trois films durant la guerre, souhaite accélérer son rythme. L'un de ses fondateurs se nomme André Hunebelle.

Fils et petit-fils de polytechnicien, ancien maître verrier d'art, surgi au cinéma par le biais de la production et les hasards de la guerre, Hunebelle eut, en 1940, grâce à son ami Marcel Achard, l'occasion de fonder une compagnie de production à Marseille. Il s'associa à Pierre Billon et Georges Lacombe qui lui apprirent le métier. Loin de vouloir faire œuvre d'auteur, il produisit des films dits « grand public ». En 1942, il créa, donc, avec Paul Cadéac, la PAC, qui finança *Feu sacré* de Maurice Cloche, puis *L'Inévitable M. Dubois* de Pierre Billon. En 1946, Hunebelle passa à la réalisation, signant *Métier de fous*, sympathique comédie tournée sur la Côte d'Azur, qui comptait pour interprètes principaux Gaby Sylvia, Henri Guisol, Jean Tissier et le tout jeune Robert Dhéry. Lui succéda *Millionnaires d'un jour*, comédie à sketchs avec Gaby Morlay et Pierre Brasseur.

Constatant l'invasion des polars américains à base de héros solitaires et cyniques, André caresse désormais le projet de mettre en scène une œuvre mi-policière mi-espionnage. Le héros doit en être un professionnel de la séduction, de l'humour et de l'action. L'optique du cinéaste est de retrouver sur l'écran un ton très en vogue dans les romans pas tout à fait noirs et symbolisé par le titre d'un livre de Peter Cheyney : *Cigarettes, whisky et petites pépées.*

Ce bel ensemble est freiné par une mauvaise nouvelle : Jean Halain, fils d'André Hunebelle et son scénariste attitré, vient de tomber malade. Or, il devait lui fournir une histoire policière. Mis au courant, Jean-Claude Labret suggère illico Michel Audiard qu'il sait travailler vite et bien. De plus, ce jeune homme a dévoré des tonnes de polars à la fois de papiers et de Celluloïd. La candidature de Michel est soutenue par son beau-frère, Jean-Paul Guibert, homme à tout faire à la PAC. Hunebelle accepte de prendre le risque d'engager un débutant, sans imaginer à quel point il fait un heureux.

Devenir scénariste était l'un des rêves de Michel. « Celui qui m'a donné envie d'écrire pour le cinéma, dira-t-il, c'est Prévert. En écoutant ses dialogues, j'ai découvert qu'il y avait une langue de cinéma qui n'était pas du théâtre ni de la littérature. Et *Les Enfants du paradis,* c'est tout simplement du grand texte[1]. »

Prévert. Référence absolue, dialoguiste hors pair, poète aux phrases légères, humoriste à la formule déroutante, homme à l'origine de bien des projets. « Si je devais citer mes sources, ajoutera Audiard, je dirais que, pour moi, l'œuvre modèle, celle qui m'a donné envie d'écrire "drôle", c'est *Drôle de drame.* J'étais tout jeune quand je l'ai vu et ça m'a marqué pour le restant de mes jours. C'est une réussite complète d'auteur, de metteur en scène et d'acteurs. Un immense truc[2] ! »

André Hunebelle ne demande pas à ce nouveau scénariste d'égaler ce chef-d'œuvre. Il cherche un film pas trop cher, contenant un peu d'action, des répliques percutantes, des demoiselles à la jolie silhouette plus une trame exotique où la mort rôde.

En cinéphile averti, Michel puise dans la meilleure tradition du film noir américain. En guise de héros, il invente un journaliste faussement insouciant et coureur de femmes qui se retrouve presque malgré lui impliqué dans une histoire dans laquelle les courageux Français tombent comme des mouches. Il le baptise Georges Masse et le définit comme

1. *Le Film français*, 29 octobre 1976.
2. *Lui*, mars 1980.

aimant les femmes et le whisky, ce qui va souvent de pair, et comme « insupportable blagueur ».

Pour l'intrigue, Michel s'inspire de l'immortel *Casablanca* réalisé par Michael Curtiz. L'action reste en Afrique du Nord mais se déplace à Tanger, ville plantée à la pointe nord de l'Afrique, bénéficiant d'un statut international et plaque tournante de l'espionnage. L'époque reste la Seconde Guerre mondiale, mais se déplace en octobre 1942 durant les semaines qui précédèrent le débarquement allié en Afrique du Nord. Quant au chic cabaret à la clientèle cosmopolite, il demeure présent même si, au passage, il change de propriétaire et de nom, devenant *El Morocco*. Avec des méchants nazis et des bons résistants. Autant faire dans le simple.

Michel écrit ce premier scénario à une vitesse qui le déconcerte lui-même. Toutefois Masse, héros un peu monolithique parce qu'infaillible, ennuie son créateur, même s'il s'efforce de le rendre attachant par son humour. En contrepartie, Michel se déchaîne avec les rôles secondaires, imaginant des personnages extravagants. Puisque Tanger se veut nouvelle tour de Babel, il fait jaillir un général espagnol ridicule courtisant l'héroïne avec la légèreté d'un taureau en rut ; il place également un homme toujours ivre que son entourage appelle « Le Président » sans que nul ne sache pourquoi.

Ainsi naît *Je tire ma révérence*. Audiard transmet ses écrits à Hunebelle qui les lit, ne fait aucun commentaire et les passe au producteur Paul Cadéac, grand manitou dans cette affaire. Fin octobre 1948, le projet est officiellement finalisé, sous le titre de *L'Affaire de Tanger*. Michel Audiard reçoit un chèque de 200 000 francs. Une fortune ! Pourtant il n'est pas au bout de ses peines. Car, pour ce prix, Cadéac lui demande de rédiger l'intégralité des dialogues, Jean Halain, préposé à cette tâche, n'étant toujours pas remis. Michel se plie de bonne grâce à cet exercice, se découvrant une certaine facilité à faire parler des individus au bord de la caricature.

Le titre change à nouveau pour devenir *Mission à Tanger* qui, sonnant plus « commercial », devrait attirer les amateurs de films d'action. André Hunebelle élabore sa distribution que personne n'appelait encore casting. Il engage essentiellement des acteurs de théâtre : Raymond

Rouleau devient le journaliste Georges Masse tandis que Gaby Sylvia et Mila Parély apportent l'inévitable touche de charme. Quant au fameux et encombrant général espagnol, il est campé par un comédien peu connu d'origine espagnole : Louis de Funès. C'est à ce militaire que Georges Masse, s'apprêtant à jouer aux dés, lance l'immortel :

« Allons-y franco, mon général. »

L'homme constamment ivre est incarné par Jean Richard.

La quarantaine portant beau, Rouleau est alors un comédien populaire et apprécié. Il est aussi connu dans la profession pour son caractère tranché, son franc-parler et ses prises de position parfois abruptes. Le scénario de *Mission à Tanger* lui plaît, certes, mais il exige des modifications quant à la présentation de son personnage et des dialogues. Michel n'a d'autre choix que de revoir sa copie. Par la suite, succès aidant, il se révélera nettement moins conciliant.

Si Hunebelle y expédie une petite équipe ramener quelques images, lui-même ne tourne aucune scène à Tanger. D'abord parce que la ville ne s'y prête pas, ensuite parce que Cadéac répugne à de folles dépenses et, surtout, parce que les principaux acteurs doivent se retrouver chaque soir sur des scènes parisiennes. Les studios de Billancourt sont décorés à la mode marocaine.

Date historique : le premier tour de manivelle du premier film écrit par Michel Audiard est donné le 28 janvier 1949. Le tournage se termine le 26 mars, date non moins historique. Et *Mission à Tanger* sort le 15 juillet.

Pour son coup d'essai, Michel peut marcher la tête haute. Non seulement le public apprécie ce film d'espionnage à la limite du clin d'œil, mais, de plus, la critique ne reste pas indifférente. Dans *Le Matin*, André Lafargue note : « C'est un film d'action qui ne manque pas de mouvement ni d'humour, avec une sorte de Rouletabille cinématographique rajeuni qui entraîne le spectateur dans une série d'aventures contées avec esprit sur un rythme alerte. » Dans *L'Époque*, Roger Régent relève : « M. Michel Audiard, scénariste à l'imagination abondante, a écrit avec *Mission à Tanger* une histoire alerte, vivante, bien conduite. » Même le redoutable André Bazin décerne, dans *Le Parisien libéré*, un *satisfecit* du bout de sa plume : « À défaut de mieux, on accordera le mérite de l'ingéniosité amusante. »

En 1950, *Mission à Tanger* attire un million de spectateurs suivi d'un autre million l'année suivante[1], atteignant un succès similaire à *Sabotage à Berlin*[2], autre film d'espionnage, sur un ton plus sérieux, avec Errol Flynn et… Ronald Reagan. Belle réussite.

Sur la place publique, on commence à parler d'un nouvel auteur matois à la plume acérée. D'autant que, peu après la sortie de ce film, les éditions Fleuve noir publient *Priez pour elles,* 240 pages de faux roman noir signées Michel Audiard. N'ayant jamais cessé d'écrire, il s'est tourné vers le polar de consommation (et d'écriture) rapide. La Série noire privilégiant les auteurs américains, il entre au Fleuve noir, plus porté sur la dérision.

Le texte s'ouvre sur l'assassinat de Sarah Marceline Glunberg détaillé par le narrateur, un dénommé Gustave. La dame a été occise pour son argent, banal mobile qui ne trompe pas l'inspecteur Mérand. Bien que détournant les soupçons sur Raf, Gustave préfère prendre ses distances. Il se retrouve à Deauville, terre de souvenirs puisque c'est là qu'il séduisit Violette, épouse de Maximilien de Noisepin, alors son patron. Depuis, la bourgeoise a pris de l'âge : « Elle était, pour l'actuel, d'un format courant, sinon chez les biches, du moins dans les armoires anciennes. Assez basse, bombée, grinçante, dans l'ensemble plus copieuse que fignolée. On décelait cependant, à mieux la détailler, des traces de ce que les experts appellent beauté et que trahissait un besoin de se teindre les cheveux et de se raser la moustache. »

Gustave commence par séduire Antoinette, la femme de chambre. « Elle ne portait pas de soutien-gorge, ce qui la rendait d'un commerce accessible. » Puis, il jette son dévolu sur Marie-Marguerite, la fille Noisepin, qu'il tire des mains d'un métèque peu amène. Elle devient sa maîtresse. Classique. Il en tombe amoureux, moins classique. L'amazone

1. La durée de vie d'un film était alors beaucoup plus longue qu'au XXIe siècle. Après les premières exclusivités parisiennes, les productions passaient de salle en salle puis, plus tardivement, touchaient la province et la France profonde.
2. *Desperate Journey,* de Raoul Walsh.

lui fait fréquenter la jet-set où les expressions britanniques sont d'usage, ce qui crée des frictions car le Gustave n'est pas malléable. De plus, la mère veille au grain.

« Quand les femmes attrapent un certain âge, on ne les estomaque pas facilement, sauf, bien entendu, à coup de 7,65 mm. Mais ça, je l'ai appris plus tard, avec la psychologie. »

L'ancien amant de la mère devenu amant de la fille a une entrevue avec l'épouse délaissée ; il ne mâche pas ses mots : « Je vous demande tout juste ce que vous avez fait dans la vie. En dehors, bien sûr, de transporter vos fesses d'un canapé à une banquette. En dehors d'aller aux courses et au théâtre. En dehors de boire du thé, de surveiller votre mari et d'élever des horreurs comme ce chat… Car Pancrace est une horreur, je vous le signale en passant. Elle ne me paraît pas avoir été compliquée votre vie… C'est facile, hein ? d'être venue au monde avec du fric, d'avoir grandi avec du fric, d'avoir par-dessus le marché épousé du fric et de vieillir doucement avec du fric. Ça n'a pas dû vous coller d'ampoules ! »

Gustave claque la porte, promettant de revenir fortune faite. Il s'essaie dans la truanderie parisienne, mais doit précipitamment s'exiler en Espagne, pays qui « s'étripe sèchement ». Prisonnier, il manque d'être passé par les armes. Sauvé *in extremis* par Fredo, il partage quatre mois durant sa vie d'aventurier. Hélas, Fredo meurt dans un accident de chemin de fer et Gustave rentre en France. Après avoir fait la connaissance de Nelly, dame PMU dans un café, il retourne voir Marie-Marguerite et apprend qu'elle est mariée. Nelly devient alors la maîtresse de Maximilien et de quelques autres, ce qui a au moins le mérite de fournir des revenus réguliers à Gustave. Elle finit par lui demander de rayer Noisepin de la liste des vivants. Il refuse. Elle insiste. Il accepte. Mais juge préférable, et plus lucratif, d'éliminer Nelly…

Ce roman confus, à la seule prétention d'amuser le lecteur le temps de sa rapide lecture, ne risque pas de faire entrer Audiard au panthéon des grands auteurs. Reste qu'il confirme deux points : Michel est capable d'écrire un livre plaisant et possède un sens très personnel de la formule choc.

Grâce au succès de *Mission à Tanger*, Audiard a le vent en poupe. Et l'épée dans les reins. Courant après l'argent, il sollicite l'aide de messieurs

Cadéac et Hunebelle, qui lui proposent de le salarier dans leur maison de production dont les bureaux sont situés rue Marbeuf. Michel devient auteur appointé au mois. C'est ainsi qu'il participe à l'écriture de la plupart des courts-métrages financés par la PAC. Jean Halain restant l'auteur maison, parfois le nom d'Audiard n'apparaît pas au générique. Tel est le cas avec *Pour vous mesdames*, aimable pochade d'une vingtaine de minutes présentée sous la forme d'une conférence dite par Jean Tissier. Au fil des images s'y distingue un certain Jean Poiret…

À la PAC, chacun peut apprécier les méthodes de travail très personnelles de Michel, ainsi qu'en témoignera Jacques Garcia, alors assistant réalisateur : « Sa facilité d'écriture était déconcertante. En fait, il écrivait ses dialogues comme il s'exprimait dans la vie. Il n'avait pas à travailler, ça lui venait comme ça. Le matin, en arrivant dans les bureaux de la production, Audiard me disait : "Je descends prendre un café, parce que j'ai pas écrit la scène." Il allait au bistrot d'en face et, une heure plus tard, il remontait avec deux feuilles qu'il tendait à Hunebelle en disant : "Oh ! là là, j'y ai passé toute la nuit, mais ça y est, je crois que je tiens quelque chose !"… Il faisait toujours tout à la dernière minute, c'était sa nature profonde[1]. »

Partout où il passe, Michel exerce son incroyable pouvoir de séduction… qui lui permet, parfois, de faire oublier un comportement professionnel frisant le laxisme. « Il avait un contact formidable avec tout le monde, admettra Paul Cadéac. Les auteurs, même s'ils ont beaucoup de talent, sont souvent un peu sinistres. Lui était drôle, toujours gentil, et il avait des répliques fulgurantes. Une scène plate, vous la donniez à Michel et elle devenait extraordinairement originale. »

L'un de ses principaux défauts réside dans sa gestion du temps. « Il n'était jamais à l'heure, poursuivra Jacques Garcia. Quand il arrivait en retard au bureau, il trouvait toujours des excuses incroyables. Un jour qu'on l'attendait pour une réunion de travail, il est arrivé avec deux heures de retard. Lorsqu'il est enfin apparu, je me souviens l'avoir entendu dire : "Il y a eu une fuite de gaz, tout a pété. Le quartier est sens dessus dessous…

1. Propos recueillis par Stéphane Roux le 10 avril 1992.

J'ai échappé au pire!" Hunebelle, qui était intransigeant, aurait pu se mettre en colère. Mais c'était tellement drôle[1] ! »

Michel ne manque pas de travail. La PAC lui demande un coup de plume pour *Caroline chérie*, réalisé par Richard Pottier et, surtout, conçu pour propulser la blonde Martine Carol au firmament des séductrices de Celluloïd. Il le fait en renaudant. « On vient de me demander d'assumer une tâche écrasante, dit-il : adapter *Caroline chérie* d'ici l'été prochain. Dans une œuvre d'un tel volume, il est bien difficile de sélectionner ce qui est à retenir et ce que l'on doit abandonner. Enfin, j'espère y parvenir… Mais je ne me fais jamais d'illusion : le scénariste est prié d'avoir des idées, le dialoguiste peut, à la rigueur, en prêter quelques-unes à des personnages, l'adaptateur, lui, a le devoir d'en être résolument dépourvu s'il tient à travailler de façon régulière et s'il veut jouir de la considération générale[2]. »

Il ne sera pas crédité au générique de cet énorme succès, qui engendra des suites. Pas plus qu'il ne le sera au générique de *Ma femme est formidable*, réalisé par André Hunebelle. Ce dernier lui ayant demandé des retouches au niveau des dialogues.

Parallèlement à ces travaux de commande, Audiard écrit un scénario de son cru. Une tragique et émouvante histoire d'amour qu'il propose à Yves Ciampi, assistant d'Hunebelle. Les rôles des deux jeunes héros (et victimes) sont destinés à Daniel Gélin et Danielle Darrieux. Ce projet subit des soubresauts car la PAC ne le trouve pas à son goût. Il aurait pu disparaître à jamais sans la ténacité de Jean-Paul Guibert, infatigable missionnaire, qui, désormais, travaille pour le producteur Jacques Bar.

« Je produisais un film dramatique avec Fernandel qui s'appelait *Meurtre*, racontera ce dernier. Nous avons tourné à Neuilly et à Aix-en-Provence. J'avais un chauffeur de production qui s'appelait Jean-Paul Guibert. Un jour, en m'accompagnant, il me dit : "J'ai un beau-frère qui a beaucoup de talent qui écrit des romans de série noire, qui voudrait entrer dans le cinéma." Le beau-frère en question était Michel Audiard qui habitait, à cette époque-là, boulevard de Port-Royal en face de l'hôpital

1. Propos recueillis par Stéphane Roux le 10 avril 1992.
2. *L'Aurore*, 30 janvier 1950.

Cochin. Il exerçait différents métiers mais écrivait effectivement avec une grande facilité des romans de série noire. Jean-Paul Guibert m'emmène chez son beau-frère. Michel me dit : "Je voudrais faire du cinéma. J'ai écrit un scénario mais comme je n'ai aucune relation dans ce métier, si vous voulez, je vous le vends." Il me tend le scénario que j'achète et mets dans un tiroir sans le lire. »

Intitulé *La Noce des quatre jeudis*, ce texte intéresse peu Jacques Bar…

Entre-temps, Audiard planche sur d'autres longs-métrages, dont une suite à la dangereuse mission tangéroise. Cadéac et Hunebelle lui imposent un nouveau cahier des charges dont la clef de voûte consiste, bien entendu, en la reprise des principaux personnages. Michel fait revenir le journaliste Georges Masse – toujours grand reporter à *Paris-Matin* – et son fidèle compagnon P'tit Louis, tout en s'efforçant de retrouver la même ambiance, le même humour, la même désinvolture.

L'action se déroule à Marseille et obéit aux poncifs du genre : trafic d'armes, poursuite en bateaux, bagarres, blondes ensorceleuses, whisky, cabaret, fusillades, fourbe Asiatique, trafic de drogue, etc. Une seule vraie trouvaille : donner au tueur à gages des allures de petit fonctionnaire. Au passage, l'auteur accentue le côté pastiche, qui, cette fois, ne lui est plus contesté ; pas plus que ne fut contesté son titre : *Méfiez-vous des blondes*.

Apprenant la préparation de ce film, Fleuve noir commande à son auteur une adaptation sous forme de roman. Michel commet 12 chapitres et 217 pages dans lesquels bondit Georges Masse. Comme chez Raymond Chandler et Peter Cheyney – auquel l'ouvrage est dédié –, l'histoire y est racontée à la première personne et débute ainsi : « Vite et bien ! C'est ma devise. Tout fut solutionné, liquidé, empaqueté en l'espace de quarante-huit heures par 45 degrés à l'ombre et sans que j'aie eu même le temps de prendre un bain. »

Le reste est de la même veine avec profusion de dialogues qui, depuis Victor Hugo et Alexandre Dumas, gardent le mérite de remplir les pages à peu de frais. Pour inventer des répliques, Audiard n'a pas son pareil. Certains passages laissent présager le grand dialoguiste, catégorie imagé, qu'il est en passe de devenir :« Si je tuais une femme chaque fois que j'ai un verre dans le nez, les croque-morts auraient du travail ! » Ailleurs :

« “Allô ! Chérie ?” Ce n’était pas chérie, mais une soubrette ayant la voix de Marlene Dietrich, ce qui me donna tout de suite envie de voir ses jambes. » Réflexion qui se retrouve dans le film sous une forme légèrement différente.

Méfiez-vous des blondes se termine en respectant la tradition du genre puisque d’une part, tout y est réglé comme l’annonçaient les premières lignes du livre et, d’autre part, le héros enserre et embrasse une donzelle peu farouche. Au passage, un petit zeste de poésie, péché mignon d’Audiard : « La poésie, moi je suis pour ! Surtout quand j’ai sur les genoux une fille comme Olga, avec un petit deux-pièces démontable et sous la main une bouteille de pastis bien frais. »

Comme prévu, roman et film sortent en même temps, en novembre 1950, plus d’un an après *Mission à Tanger*. Par honnêteté, Michel tient à préciser dans la préface de son livre : « André Hunebelle et moi nous sommes inspirés du même scénario original pour bâtir, caméra d’un côté, stylo de l’autre, deux récits qui peuvent se révéler diamétralement opposés quant au style et au rythme, à l’ambiance ; tout en demeurant, l’un et l’autre, fidèles au scénario de base. »

En mai 1950, Hunebelle annonce : « Je suis un partisan de la douche écossaise. Je pense que le public ne déteste pas du tout, entre deux scènes à l’action dramatique assez intense, un petit morceau de détente où il a l’occasion de sourire, et même d’éprouver une franche gaieté[1]. »

Pour sa distribution féminine, il engage Martine Carol et Claude Farrell.

Fidèle à ce qui va vite devenir une habitude, Michel fait la présentation du résultat dans *Cinémonde* :

« En dépit de ce que peuvent penser certains esprits inconséquents, les coups de revolver ne sauraient constituer l’essentiel d’un film d’aventures. La recette est plus complexe : un tiers de whisky, un tiers de mystère, un tiers de jolies filles. Le revolver n’est qu’un piment dont l’assassin doit se servir avec tact. Dieu merci, nos assassins ne sont pas des sauvages. Ils travaillent proprement, presque en s’excusant, placent un coussin moelleux

1. *Le Soir*, 4 mars 1950.

sous la tête de la victime et, avant de s'en aller, font une œillade coquine pour la veuve. [...] Il faut bien s'amuser un peu, ce n'est pas un crime! C'est plutôt de l'assassinat entre amis, de l'hécatombe récréative, du meurtre badin, du mitraillage printanier. Le tueur doit savoir que l'on ne mange pas les escargots avec une fourchette à huîtres, ou bien il est courtoisement prié d'aller tuer dans un autre film. La blonde meurtrière est une personne un peu impulsive, mais qui ne dit en aucun cas "Je suis été" et ne prend pas le rince-doigts pour une boisson chaude. Nous vous présentons des criminels bien élevés. Vous verrez: c'est aussi propre et ça ne coûte pas plus cher... »

La sortie du film est précédée d'une réception au restaurant Le Marignan. Réalisateur, scénaristes et vedettes accueillent journalistes et gens de la profession. Chaque invité repart avec un exemplaire du roman ainsi qu'un disque de la chanson du film. Selon l'éternel principe qui veut que les petits cadeaux entretiennent les grandes amitiés.

Cette fois, peu de critiques citent le nom du dialoguiste. Dans *Le Matin*, André Lafargue se contente d'écrire: « Les dialogues, souvent amusants, et quelques gags font passer les invraisemblances du scénario. » *Le Populaire de Paris* admet cependant que « Michel Audiard a réussi un dialogue pétillant. » Mais *France-Soir* rechigne: « Pour mettre dans le mille, il faut une fantaisie et un esprit d'une qualité exceptionnelle. Ceux de Michel Audiard ne sont encore que du modèle courant. C'est gentil, mais ça ne suffit pas. »

Dans l'attente de la réaction du public, à la demande d'Hunebelle, Audiard s'était penché sur une histoire plus sombre. « Je prépare un nouveau film dans lequel nous essaierons d'évoquer le climat psychologique de l'après-guerre, avait-il annoncé, avec le drame d'un jeune ex-combattant qui ne parvient pas à se réadapter. Ayant connu l'aventure, la vie normale le déroute[1]. » Projet qui ne débouchera sur rien.

Ce deuxième opus réunit 300 000 spectateurs de plus que son prédécesseur, preuve que Georges Masse d'un côté et Michel Audiard de l'autre sont des messieurs appréciés.

1. *Le Cri des travailleurs*, 3 mai 1950.

Les observateurs du microcosme cinématographique commencent à être intrigués. Qui est ce singulier scénariste ? En bonne logique financière, Cadéac et Hunebelle convoquent leur scénariste appointé pour lui commander un troisième épisode des aventures de M. Masse. Michel accepte. Mais d'autres projets interfèrent.

5
Tous azimuts

Michel Audiard se disperse. André Hunebelle, jamais à court d'idées, lui demande d'écrire *Le Mouton à cinq pattes*, comédie ayant pour cadre les grands music-halls parisiens[1]. Projet qui a tout du pétard mouillé car il ne se concrétisera pas. Hors de chez la PAC, son employeur officiel, Michel aide à la construction de *On n'aime qu'une fois*, d'après *La Caille*, roman de Paul Vialar paru en 1945[2]. Un mélodrame larmoyant dans lequel un jeune médecin, pris par sa carrière, délaisse la jeune femme qu'il aime. En désespoir, celle-ci épouse un malotru qui la pousse à la ruine... Marcel Herrand y reprend son habituel personnage de salaud, tandis que Françoise Rosay, bien que placée en tête du générique, ne brille que l'espace de quelques scènes. Le personnage central revient à Renée Faure[3] sur qui tombent tous les malheurs.

Michel se borne à apporter son savoir-faire à l'élaboration du script sans toucher aux dialogues, domaine réservé de Charles Exbrayat, connu des amateurs de romans policiers. Pourtant si Exbrayat fait montre de brio dans ses livres, il n'en va pas de même sur grand écran. Le film en pâtit. Il est jugé globalement inintéressant, la critique lui reproche son aspect mélodramatique insipide (« Un film à faire pleurer Margot », écrivit-on). Résultat : il passe inaperçu.

1. En 1954, Henri Verneuil sortit un film sous ce même titre, mais avec un sujet radicalement différent.

2. Le titre du roman (non repris pour le film) se justifie par cette légende présente à deux reprises dans le film : « Quand elle se sent traquée, la caille s'envole loin de sa nichée et se fait tuer pour sauver ses petits. »

3. Sociétaire de la Comédie-Française, ainsi que le précise le générique.

Audiard découvre les ficelles du métier: « Lorsqu'un producteur achète les droits d'un roman connu, explique-t-il, ce ne peut être que dans le but d'en extraire un film qui ne présentera aucune similitude, même fortuite, avec l'œuvre originale, sauf, bien entendu, si le livre est réellement mauvais[1]. »

On lui propose ensuite d'écrire pour Fernandel, numéro 1 des comiques. Le projet s'intitule *Chasseur d'images*. Le Marseillais courant toujours après plusieurs lièvres à la fois, celui-ci s'échappe. Audiard abandonne la chasse. Serge Veber le remplace. Sans plus de succès car le projet disparaîtra dans un terrier…

Autre idée non aboutie: *Baie des Anges*. Une production franco-italo-américaine. Sujet: une actrice de théâtre est ruinée par un play-boy. Une fois les comptes vidés, le charmant margoulin s'attaque au compte de la fille de la comédienne… Une histoire de famille, en quelque sorte. Le nom de Greer Garson est suggéré. Michel préfère Marlene Dietrich. Au final, on se tourne vers Madeleine Robinson, face à Daniel Gélin. Pourtant ce projet sera annulé.

Michel n'arrête pas de noircir du papier. Des histoires tenant sur quelques pages ou développées pour un scénario entier. Ainsi, *Vingt ans de bonheur* tourne autour du couple Émile et Lola. Il y a aussi *Monsieur Banania*, *Roller-Catch*, *Un maquereau notoire* et d'autres.

Plus passionnant est son travail autour du *Passe-Muraille* de Marcel Aymé. Car Michel tient cet auteur en haute estime et loue son sens de la poésie mêlé à un humour original. Quand Jean Boyer lui annonce son intention de porter la nouvelle à l'écran, il ne cache pas son enthousiasme, ni quand il apprend que Bourvil en sera l'interprète principal. La nouvelle ne compte qu'une vingtaine de pages, d'où la nécessité d'ajouter une foule d'éléments pour la transformer en un film de 90 minutes.

« Michel Audiard et moi avons été obligés de l'étoffer considérablement, expliquera Jean Boyer. Mais tout ce qui était dans la nouvelle reste dans le film. Nous avons surtout essayé de conserver ce ton paisible que prend Marcel Aymé pour décrire les choses les plus extraordinaires. J'ai

1. *Ciné-Digest*, avril 1950.

créé un rôle de souris d'hôtel dont Dutilleul-Bourvil devient amoureux. Il s'efforce de la ramener dans le droit chemin en usant de son pouvoir[1]. » De fait, le brave fonctionnaire Dutilleul se transforme par amour en insaisissable Garou-Garou, diabolique cambrioleur…

Michel écrit durant quatre mois, s'efforçant de respecter l'esprit du romancier. Il tient à conserver le ton, la fraîcheur poétique et les nombreuses touches d'humour. Au passage, il invente un peintre appelé Jean-Paul – hommage à Gen Paul, peintre, graveur, lithographe et grand ami de Céline – et égratigne les fonctionnaires de manière courtelinesque.

Sur ce, la production décide de profiter des divers talents de Bourvil. Et d'exiger qu'il pousse la chansonnette. À son grand étonnement, Audiard est mandé de glisser des scènes à chanson.

– Je ne vois pas bien où, rétorqua-t-il.

– On s'en fout, il faut qu'il chante !

En termes choisis, Michel conseille à ces messieurs d'aller faire un tour au pays de l'Acropole. Et il n'y aura pas de chanson… En revanche, il y a une fin différente de celle du texte d'Aymé. Jugeant l'emprisonnement définitif du héros dans un mur source d'un trucage trop complexe, Jean Boyer se contente de faire perdre son don à son héros. Marcel Aymé crie à la trahison, vilipende le scénario et rejette en bloc tous les interprètes du film. Il poursuit même Bourvil de sa vindicte en tentant, ultérieurement, d'empêcher son engagement dans *La Traversée de Paris*. Michel en est peiné.

Il est aussi accidenté ! En mars 1951, plusieurs journaux rapportent les faits de façon différente. Pour les uns, au volant de sa rutilante voiture neuve, Michel a fait une embardée qui l'envoie dans un décor qui n'était pas de cinéma. Son passager, Jean-Claude Labret, est légèrement blessé.

Ces deux hommes se remettent vite car ils ont un projet à terminer : réaliser un film. Michel en sera le réalisateur en titre et Pierre Foucaud son assistant. Le scénariste va passer derrière la caméra. Il ne s'agit que d'un court-métrage humoristique intitulé *La Marche*. Ou comment raconter en quinze minutes l'importance des déplacements pédestres. Michel

1. Cité par Jacques Lorcey dans *Bourvil* (PAC, 1981).

réunit autour de lui des proches, voire des très proches : Maurice Biraud pour le rôle du mari et Jacques Pottier pour celui d'un homme saoul. La figuration est assurée par des journalistes et des amis. Et Mme Marie-Christine Audiard, dite Cri-Cri, s'occupe du rôle de l'épouse tandis que le très jeune François Audiard interprète avec un talent hors du commun le bambin. Car oui, Michel était désormais père. Le film est produit par André Hunebelle et diffusé dans les salles avant *Ma femme est formidable*, du même Hunebelle.

Michel retourne à ses feuilles blanches. Rien ne semble pouvoir ralentir ni son ascension ni son rythme de travail. Beaucoup de producteurs s'adressent à lui. Ainsi Henri Decoin lui demande d'adapter le scénario d'*Avalanche*. Comme son titre le laisse supposer, il s'agit d'un spectacle montagnard. Pour l'enfant du quatorzième cela revient à écrire sur la cordillère des Andes ou la muraille de Chine. N'étant pas homme à dire non, Michel se met à la tâche. Son travail déplut-il à Decoin ? Toujours est-il que le nom du jeune Audiard disparaît du générique. Officiellement, les dialogues sont signés Henri Decoin. Pourtant, la presse ne cesse d'affirmer que « l'adaptation cinématographique a été faite par Michel Audiard » !

Sur ce, un scénario refait son apparition : *La Noce des quatre jeudis* que Michel avait vendu à Jacques Bar. Ce dernier racontera plus tard : « Jacques Roitfeld, qui travaillait beaucoup avec Louis Jouvet, me téléphone pour me dire que j'avais un scénario qui intéressait Jouvet, affirmera-t-il. Je ne sais pas comment il l'a eu… Et j'ai coproduit le film avec Roitfeld. » Car on ne dit pas non à Jouvet, toujours très apprécié du public.

« Voici trois ans que ce film est écrit, rappelle Audiard. Le producteur qui, le premier, daigna s'y intéresser me fit remarquer : "Il faudra changer la fin. Deux amoureux qui se suicident, ce n'est pas commercial. Il faut changer cela et mettre à la place un beau mariage et de l'accordéon."… C'est Jouvet qui a déclaré : "Ce scénario est excellent, je le tourne !"[1]… »

Il en profite pour rappeler la genèse de cette tragédie aux allures policières :

1. *Le Soir*, 10 novembre 1951.

« *Une histoire d'amour* est née de la lecture d'un fait divers. Ou, plus exactement, d'une accumulation de faits divers. [...] Aujourd'hui, les grandes personnes meurent dans leur lit. Comme des généraux. Ce sont les gosses qui se jettent sous le métro... Le printemps qui pique une tête dans la Seine... Les amoureux qui avalent le cyanure... [...] La liste s'allonge chaque jour de ces désespérés qui ne devraient pas – du moins pas encore – avoir l'âge de l'être. Car, enfin, on ne se tue pas à 20 ans pour le seul plaisir d'ennuyer le monde. Les enfants ont toujours des raisons[1]. »

Michel reçoit pour consigne d'adapter ses dialogues pour Louis Jouvet. Cela tombe bien : il le considère comme l'un des plus grands acteurs de son époque. Revers de la médaille : le degré d'exigence de Jouvet était très élevé ! Il dénigre le septième art, manne alimentaire qui lui permet de continuer à nourrir sa passion du théâtre. Il est capable d'assassiner un scénario d'une simple phrase... Audiard craint ses foudres tout autant qu'il craint la comparaison avec les glorieux aînés qui l'ont précédé auprès de Louis, dont Henri Jeanson.

En inventant l'inspecteur de seconde classe Ernest Plonche et en le faisant fouiner sur l'étrange mort de deux jeunes amants – âgés seulement de 18 et 23 ans – il marche vers les terres brumeuses de Simenon. De plus, il insère de bouleversants accents de poète blessé dans le monologue du policier face aux parents des victimes : « La pudeur est une grâce enfantine... On ne s'en sépare pas aussi facilement que d'une valise. »

Il en profite pour dresser un portrait au vitriol des grandes familles engoncées dans une morale bourgeoise plus dangereuse qu'un fusil. Il égratigne à coups de scalpel la veulerie des incapables et des pseudo-artistes. Amertume, acrimonie, aigreur pointent derrière cette enquête finalement ordinaire. « Cette histoire est une histoire de croque-mitaines, une monstrueuse connerie », conclut l'inspecteur...

D'un autre côté, Audiard fournit une série d'hommages au cinéma. Son script est conçu à la manière de *Citizen Kane* puisqu'un enquêteur interroge des témoins qui, à travers des récits filmés, lui font revivre des tranches de vie. De plus, il donne un coup de chapeau à Prévert et à *Drôle*

1. *Combat*, 9 novembre 1951.

de drame à travers cette réplique prononcée, face à un Jouvet sceptique, par l'agent de police qui a découvert les cadavres : « J'ai trouvé ça bizarre et j'en ai fait la réflexion à l'agent Ceccaldi. Je lui ai dit : "C'est bizarre." Il m'a répondu : "C'est drôlement bizarre." »

Ernest Plonche est un prolongement de l'inspecteur Antoine du *Quai des Orfèvres*[1], policier têtu et faussement blasé qui, sous une ironie grinçante, cache des volcans de révolte. Et c'est en pensant à ce flic que Michel offre un dialogue au cordeau à Louis Jouvet. Car, pour la première fois, il doit adapter sa plume à un phrasé caractéristique. Auparavant, que ce fût avec Rouleau ou Bourvil, il avait aligné les répliques sans chercher à se faire caresser l'oreille par la voix du comédien. Là, il s'imprègne si fortement de Jouvet qu'il lui écrit une partition aux notes choisies.

Visant l'excellence, Michel a du mal à rendre sa copie à l'heure. Maurice Delbez, engagé sur le projet en tant qu'assistant, a pour mission non de lui tirer les vers du nez mais les pages de la plume. « Mon travail d'assistant, racontera-t-il, était de lui piquer un peu les fesses, de lui dire : "Il faut qu'on ait un texte pour samedi." Le producteur l'avait expédié à la campagne pour l'aider à se concentrer. Pas très loin quand même parce qu'il fallait le surveiller. Entre Rambouillet et Dourdan. Tous les samedis, j'allais chercher le bout de texte que Michel avait pondu et, assez souvent, il me répondait : "Je n'ai rien fait", ce qui n'était pas tout à fait vrai. Je pense que cela faisait partie de son personnage. Quelquefois, il me rendait des pages blanches. Une fois ou deux, il m'a dit que c'était une blague… que je trouvai saumâtre. Mais d'autres fois, c'étaient vraiment des pages blanches. Et le producteur a dû venir avec moi pour le secouer ! »

Selon Delbez, cette attitude cache un malaise diffus voisin du trac et de la peur : « Je pense que Michel était un trouillard. C'est peut-être une raison de son succès : il se surpassait parce qu'il avait peur du jugement des gens qu'il admirait. Et Jouvet était un personnage d'une froideur exemplaire, c'était très difficile de lui arracher un sourire. Ça a dû faire beaucoup de bien à Michel de remettre sur le tapis ses écrits… Audiard n'était pas Giraudoux mais Jouvet l'a bien accepté. »

1. Réalisé par Henri-Georges Clouzot (1947).

Dans *Cinémonde*, Michel résume l'intrigue à sa manière :

« C'est l'histoire très simple de parents qui veulent le bonheur de leurs enfants. C'est humain. Ils s'y appliquent avec une impitoyable sollicitude. L'entreprise qui consiste à vouloir faire le bonheur des autres nécessite, en effet, une jolie dose de férocité. Le fait n'est même plus à démontrer : qu'il s'agisse d'amour, de guerre ou de toute autre forme d'hystérie, dès que les justes s'occupent de votre cas, c'est pour vous mener au cimetière. C'est une vérité qui date de Ponce-Pilate. [...] M. Charles Mareuil appartient à cette catégorie d'êtres organisés et bien-pensants qui, depuis toujours, ont l'avantage d'être respectés par leur femme et par leur personnel. Il a un rang, des diplômes et un compte en banque. Il a aussi trois bêtes noires : les congés payés, le cinéma et les mariages d'amour. Mme Mareuil vit dans la crainte de Dieu et des "qu'en-dira-t-on ?". En dehors du salut de son âme, sa principale préoccupation est de boire du thé. La seule erreur des Mareuil est d'avoir une fille. D'ailleurs ils ne l'ont plus. M. Mareuil n'en demeure pas moins ponctuel et organisé. Mme Mareuil porte le deuil comme un face-à-main et continue de boire du thé. »

Une fois le scénario avalisé, le tournage démarre rapidement. Il est confié non à Yves Ciampi, initialement prévu, mais à Jean Grémillon qui envisage une œuvre léchée, avec des prises de vues s'étalant sur trois mois. Colère de Louis Jouvet qui, très fatigué et pris par d'autres projets théâtraux, refusa de rester bloqué aussi longtemps. Négociations, pourparlers. Lacombe est remercié au profit du plus conciliant Guy Lefranc qui connaît l'acteur pour l'avoir dirigé dans le célèbre *Knock*. La durée de tournage est réduite à un mois et le titre subit plusieurs modifications pour aboutir au très classique et un peu insipide *Une histoire d'amour*.

Daniel Gélin conserve le rôle du jeune amoureux. Trouver sa partenaire paraît compliqué. L'heureuse élue est Dany Robin, 24 ans, qui a déjà une quinzaine de films à son actif...

Le premier tour de manivelle est donné en juillet 1951 et, plus d'une fois, Michel Audiard rend visite à l'équipe, ne serait-ce que pour écouter Jouvet déclamer sa prose. « Audiard venait souvent sur le plateau et avait une grande joie à entendre Jouvet, confirmera Maurice Delbez. Je pense qu'il y prenait grand plaisir et Jouvet aimait lui faire plaisir. »

Hélas, le maître est malade. Exténué, souffrant du cœur, il profite de chaque pause pour s'allonger dans sa loge, refusant toute visite. Impossible d'établir un contact privilégié dans ces conditions. En conséquence, Michel se rapproche du metteur en scène. Incidemment, cela lui permet de mieux connaître Jouvet. En effet, à plusieurs reprises, le comédien invite son réalisateur à dîner en son domicile, quai Blériot. Et Lefranc amène avec lui Audiard qui n'aurait manqué ces moments privilégiés pour rien au monde. Rituel immuable en ce lieu chargé de souvenirs : pendant un long moment, Jouvet abreuve ses auditeurs de moult anecdotes et commentaires avant de laisser place à une conversation plus débridée. Le plus souvent elle glisse vers la littérature. Audiard prouve qu'il possède de solides connaissances en la matière. Le déclic. L'acteur prête plus d'attention à l'auteur, bavarde sans retenue avec lui.

Ils en viennent même à parler projets. Car Michel a une idée derrière la tête : écrire une adaptation de Don Quichotte. Jouvet trouve l'idée excellente. Ils en parlent longuement. Pourquoi ne pas programmer le tournage pour l'été suivant ? Les choses avancent vite. L'acteur suggère Folco Lulli pour jouer son Sancho Pança et demande à Lefranc de réaliser…

Entre littérature et projets se déroulent ces soirées délicieuses qui transpercent la nuit jusqu'aux aurores. Mais Jouvet souffre de plus en plus. Même s'il refuse d'en parler, il ne peut s'en cacher. « Je me souviens d'une prise, lors d'un des derniers jours de tournage, rapportera son partenaire Daniel Gélin. Il devait boire du café et sa main tremblait tellement que le micro enregistrait l'entrechoquement de la porcelaine ; il n'a pas pu tourner la scène. C'est là que je me suis rendu compte qu'il était malade[1]. »

La camarde guette. Elle attend la fin du tournage pour porter son ultime attaque. Jouvet fait mine de ne pas la voir et tire des plans pour occuper ses dix prochaines années. Son esprit bouillonne, son cœur fatigue. Terrassé par une crise cardiaque en pleine répétition, il ne s'en remet pas et s'éteint, en son bureau de l'Athénée, le 16 août, au moment

1. *À bâtons rompus* (Éditions du Rocher, 2000).

où, non loin de là, Guy Lefranc visionne un premier montage d'*Une histoire d'amour*.

Alourdi par ce deuil, le film sort quelques mois plus tard. D'abord lors d'une prestigieuse avant-première en hommage à Jouvet. Ensuite, pour le grand public. Michel rédige un texte de présentation, histoire de sortir des sempiternels communiqués bâclés par des stakhanovistes de la promotion. Il choisit pour support *Cinémonde*. Ton cynique, à l'image du film : « Derrière la sécheresse d'un fait divers de cinq lignes, se cachent toujours d'obscures raisons. Des raisons qui, parfois, n'en sont pas. Ce sont elles que ce film tente de dégager, bribe par bribe… N'y cherchez pas de mauvais anges, vous n'y trouverez que des gens animés des meilleurs sentiments. C'est un film où tout le monde a raison. Une histoire morale. Il en faut de temps en temps. D'ailleurs, ça n'engage à rien… puisque la morale n'est qu'un alibi et n'a jamais, depuis Tartuffe, été autre chose. »

Dans *Le Monde*, Henry Magnan estime que Michel Audiard s'est inspiré avec habileté de Jean Anouilh et Henri-Georges Clouzot. Jean Rochereau écrit dans *La Croix* : « Michel Audiard a préparé pour Jouvet un dialogue "sur mesure" tout à fait dans la ligne de ceux que, tant de fois, lui cisela son ami Jeanson. Ce n'est pas à dire que le talent du scénariste-dialoguiste manque d'originalité, mais on y retrouve la plupart des qualités de Jeanson moins – heureusement – la plupart des défauts. »

Audiard peut être fier d'avoir fourni à Louis, pour son testament cinématographique, un texte digne de Jeanson. En vérité, il est fier du film dans son ensemble. Il ne cessera de le défendre tout au long de sa carrière, soutenant qu'il s'agit d'un de ses meilleurs scripts. À la fois enquête policière et histoire d'amour, charge sociale et ode à la liberté, cette production laisse deviner, déjà, un Audiard qui n'a rien d'un comique à tous crins. En ce sens aussi, il est effectivement un digne successeur de Jeanson. Ce dernier était alors considéré comme le meilleur dialoguiste du cinéma français… derrière Prévert. Il a un sens de la formule cinglante qui fait mouche et son palmarès compte entre beaucoup d'autres, *Pépé le Moko*, *Entrée des artistes*, *Hôtel du Nord*, *Boule de suif*, *Les Maudits*…

Existe entre lui et Audiard une sorte de filiation qui aurait dû se matérialiser dès le film suivant. En effet, le producteur Jacques Bar demande à Michel de participer à l'adaptation d'un scénario écrit et dialogué par Jeanson. Guy Lefranc devant se charger de la réalisation.

Dans *Franc-tireur*, Michel s'amuse à parodier cette commande :

« Jacques Bar, l'un des plus jeunes producteurs français me téléphone un matin :

– Allô ! Cher ami, j'ai un sujet.

– Ah oui ? Pour quoi faire ?

– Un film.

– Encore ?

– Oui. Pouvez-vous l'adapter ?

– Ça dépend du sujet et du dialoguiste.

– Le sujet n'est pas encore au point. C'est pour ça que je vous téléphone.

– Vous me flattez. Et le dialoguiste, il est au point ?

– C'est Jeanson.

– Envoyez le contrat dare-dare !

[...] Dix jours plus tard, Jacques Bar débarque à la campagne. Il trouve Lefranc, Audiard et Jeanson autour d'une table parmi les feuillets, pots de colle, ciseaux, stylos, etc.

– Qu'est-ce que vous faites ?

– Ça usine, explique Jeanson. J'écris le scénario dont je passe les feuillets au petit ami Audiard.

– Je dialogue et je passe le tout au petit ami Lefranc, enchaîne Audiard.

– Je découpe au fur et à mesure, précise aimablement Lefranc.

Bar, l'œil suspicieux, compte les feuillets empilés à côté de Lefranc.

– Vous ne serez jamais prêts à temps !

– Si ! rugissent les trois autres, en touchant précipitamment du bois[1]. »

Jacques Bar opposera une présentation différente du travail du duo : « Je l'ai mis avec Jeanson à Rambouillet pour écrire un scénario, *L'Homme de ma vie*, que je destinais à Jeanne Moreau. Et ils ont fait un très mauvais scénario tous les deux ; leurs personnalités ne s'alliaient pas, elles s'opposaient. Je me suis rendu compte qu'il fallait prendre Audiard avec sa

1. *Le Franc-tireur*, 17 novembre 1951.

propre personnalité, ne pas essayer de lui faire donner des leçons par des auteurs chevronnés. »

Bar peut comparer les méthodes de travail des deux auteurs : « Audiard était beaucoup moins laborieux et beaucoup plus instinctif. Jeanson était un laborieux, il cherchait dans le dictionnaire les mots qui frappent ; il était tout le temps en train de consulter un dictionnaire pour chercher le mot qui allait frapper dans son dialogue. C'était un besogneux. Audiard, c'était du talent à l'état pur, quand il avait en tête la façon dont les acteurs qu'il aimait pouvaient l'interpréter. »

Symboliquement, ce film sonne un peu comme une passation de flambeau, même si, par la suite, Jeanson continuera de signer des répliques de qualité.

« Les auteurs qui ont eu des grands noms dans le cinéma français sont des dialoguistes, pas des scénaristes, expliquera Michel bien plus tard. Prévert est un scénariste un peu en dessous de la moyenne, c'est un prodigieux dialoguiste. Jeanson n'est pas un scénariste, mais un film dialogué par lui est un film de Jeanson. Le style est dans les dialogues. Le scénariste n'est jamais qu'un brodeur d'histoires[1]. »

Cette unique collaboration se solde par ce que Jeanson lui-même qualifiera de « navet ». Titre : *L'Homme de ma vie.* Un mélodrame conventionnel, joué par Madeleine Robinson, Jeanne Moreau et Jane Marken, qui ne recèle en effet aucune surprise. Même la confrontation entre la fille – après vingt ans passés au collège – et sa mère – qui a mené une vie pour le moins dissolue – ne réussit pas à éveiller l'intérêt. L'une refuse d'aimer l'autre, lui lançant qu'elle aurait dû s'y prendre plus tôt ; l'autre tente de cacher son peu glorieux passé. Là-dessus vient se greffer une romance qui finit très mal quand le jeune homme découvre que sa promise ne dispose d'aucune fortune. Une succession de clichés. L'ensemble étant une coproduction italienne, l'action se déroule à Rome et le jeune premier est transalpin.

La réalisation devait être assumée par Christian-Jaque. Il se désiste. Guy Lefranc le remplace. À nouveau, celui-ci s'entend si bien avec Audiard qu'ils retravaillent ensemble sans perdre une seconde.

1. *Les Cahiers du cinéma*, mai 1985.

Ils planchent – avec la collaboration de Jean Duché, auteur du roman initial – sur *Elle et moi,* destiné à François Périer et Dany Robin. Foin de mélo, mais une comédie évoquant les rapports amoureux et les 1 001 façons dont un homme peut courtiser une femme. Le livre s'étant bien vendu, le film marche bien. Pourtant, Audiard croise des obstacles inattendus.

« Il était infoutu, mais vraiment infoutu, d'écrire une scène d'amour, affirmera Maurice Delbez, assistant sur ce film. Ce qui était très curieux parce que, quand on connaissait bien le personnage et quand, plus tard, on put lire ses bouquins, on se rendait compte à quel point il avait une profondeur de sentiment. Mais je crois qu'il était extrêmement pudique. Il aimait les masques, il se déguisait dans son écriture. Il n'était pas du tout le vachard que laissaient supposer ses dialogues, mais alors pas du tout. »

L'espace d'une courte scène, Périer prend des allures de gangster et, d'une certaine manière, précède un certain Raoul Volfoni : « Une giclée de sulfateuse dans le buffet, voilà ce qu'il mérite ce gonze-là. Sans le mettre en l'air dans sa totalité, j'te pousse la lourde, j'te lui file une mornifle dans la tronche. Pas besoin de dégoiser ! »

Ailleurs, Périer précède un autre personnage (lui aussi incarné par Bernard Blier) :

« Une supposition : que je cède. Je dis bien une supposition… Que mangera-t-on à dîner ? »

Enfin, une autre réplique reviendra à plusieurs reprises dans les œuvres d'Audiard :

« Dommage que les postes de télévision coûtent si cher.

– Oh, mais tu sais, le prix s'oublie, la qualité reste. »

* * *

Cette année 1951 marque un changement notable dans la vie de Michel Audiard : il tombe amoureux d'une jeune femme n'ayant rien à voir avec le monde du cinéma. Où et quand a lieu leur rencontre ? Nul ne le saura jamais car ni l'un ni l'autre ne l'évoquera. Toujours est-il que Michel, casquette sur la tête et cigarette aux lèvres, succombe au charme d'une « fille de la haute » issue d'une famille d'aristocrates aisés, les Meynis de Paulin. Une noble lignée, propriétaire, depuis août 1830, du château de la Fayolle à Saint-Martin-d'Estreaux (Loire).

« En rencontrant ma mère, il est tombé sur une famille à laquelle il ne s'attendait pas du tout, racontera son fils Bruno. Mon grand-père – donc le père de ma mère – était ce que l'on appelle un hobereau. Il appartenait à la petite aristocratie et défendait les prérogatives de sa caste. Dès le départ, il détesta Audiard. Un dégoût viscéral. Il ne cessa jamais de l'accabler de reproches. Mon grand-père trouvait odieux que ce monsieur puisse courtiser ma mère alors qu'il était déjà marié et père de famille. Une telle attitude était, à ses yeux, totalement amorale. Ensuite, il ne supportait pas ses films qu'il rabaissait au comble de la vulgarité. Enfin, il reprochait à mon père d'être de “basse extraction” ; un prolétaire pour être clair. Le plus étonnant est que jamais mon grand-père ne changea d'avis. Il connut Michel débutant, sans le sou, assista à sa formidable ascension sociale mais cela ne changea rien. Un homme vulgaire reste vulgaire, quel que soit son moyen de locomotion, en vélo ou en Porsche. C'était vraiment le choc de deux mondes : d'un côté un milieu méprisant le peuple, de l'autre un homme issu du peuple. Comment auraient-ils pu s'entendre ?… Mon père ne parlait jamais de cette haine tenace, mais il savait que ma mère en souffrait. »

L'idylle s'épanouit.

Le galant n'est pas seulement époux, il est également scénariste. Et ce n'est pas le travail qui manque. Georges Masse est aux aguets, encore et toujours. Après avoir entraîné ce héros à Tanger, puis à Marseille, Michel décide de le faire se promener du côté de Venise. Règlements de comptes entre trafiquants d'or dans la Cité des Doges. Le titre mélange habilement action et séduction : *Massacres en dentelles*. D'aucuns purent y voir un hommage à la ville du Puy, berceau des Audiard…

Du côté de la production, on fait de plus en plus confiance au jeune scénariste. Plus question de lui demander de mettre un frein à sa folie ni de corriger ses répliques. Son texte, plus encore que le charme personnel de Rouleau, ayant largement contribué au succès des deux précédents opus, mieux vaut lui laisser la bride sur le cou. En conséquence, Michel frôle la caricature, ce qui n'est pas du goût de tout le monde. *France-Soir* ne parvient toujours pas à digérer la pilule : « *Massacre en dentelles* est une Série noire dialoguée par un auteur qui n'y croit pas et mis en scène par un réalisateur qui fait semblant d'y croire. » Dans *L'Observateur*, Jacques Doniol-Valcroze enfonce le clou : « MM. Hunebelle et Audiard se moquent du monde... ou alors ils n'ont pas de talent pour le cinématographe et ils feraient mieux de changer de métier. Les remplaçants ne manquent pas. » Jean Dutourd, dans *Carrefour*, considère l'ensemble du film « inepte » et s'en prend directement à son scénariste. Audiard lui répond sans tarder, via *Combat* : « Moi, je l'aime bien ce brave Dutourd. Même sans talent. Pas tout à fait sans talent, d'ailleurs... Car il en faut, dans un certain genre, pour se glisser comme il l'a fait aux places vacantes. On connaît l'histoire : le journal *Carrefour* ayant publié un article bourbeux sur le cinéma français, le critique François Chalais a démissionné dudit journal. Aucun critique – ne mourant pas de faim – n'aurait accepté la succession. Simple affaire de dignité. Après le carrefour, l'impasse.

– Que faire ?

– Prenons n'importe qui !

– N'importe qui ? Attendez donc, ce nom me rappelle quelqu'un !

Dutourd parbleu ! Après l'impasse, le caniveau. Ou, plus exactement, le dos d'âne. Heureusement qu'à défaut de plume (qui, en l'occurrence, aurait pu être celle du paon), ce brave Dutourd a une qualité : il n'est pas fier. Il a sauté sur le fauteuil libre... [...] Voilà bien un triste exemple de la versatilité humaine : Chalais s'en va, tout le monde se lamente ; Dutourd arrive, tout le monde se marre ! [...] Promu journaliste de cinéma, il réussit à être ignoré du cinéma tout en ignorant le journalisme. [...][1] »

Droit de réponse au vilipendé qui, illico, écrit ce qu'il pense de son accusateur : « Je le considère, après son article, comme un malhonnête homme et un imbécile. » Les flammes de leur querelle ne s'éteindront jamais...

En dépit – ou à cause – de ses succès, Audiard commence déjà à se mettre à dos une frange de la critique. Ce n'est qu'un début. Dans les

1. *Combat*, 26 mars 1952.

années à venir, les attaques fuseront de toutes parts. Hostiles, méchantes, ignobles. Souvent, Michel feindra l'indifférence. Parfois, il répliquera vertement, toujours il sera touché car les coups, même portés par des pousse-mégots, laissent des traces…

De son côté, n'étant jamais à une contradiction près, Michel ne se gêne pas pour dézinguer certains confrères. Ainsi Marcel Pagnol, dont on loue les qualités de réalisateur : « Au temps de [René] Clément, de [Joseph] Mankiewicz, de [Carol] Reed, de Christian-Jaque et de [Robert] Bresson, il ne vient à l'idée de personne que M. Marcel Pagnol puisse donner des leçons de cinéma. Scénariste, bien sûr. Dialoguiste, tant que tu veux. Mais, pour ce qui est du reste… » Et de s'en prendre à *Manon des sources* : « Issu du "cinéma repensé", *Manon des sources* serait l'histoire de l'eau. Ou, plus exactement, l'histoire de péquenots dont le village se trouve brusquement privé d'eau. Bref, le film paysan. Passionnant, dis donc ! […] D'autant que, si les paysans manquent d'eau, nous autres citadins pouvons leur en vendre. Au prix où ils nous la vendaient en 40, sur les sentiers primesautiers de l'exode, par exemple. Un petit coup de néo-réalisme ! Ça, ce serait du cinéma repensé, et même remâché. Je ne sais pas si ça tiendrait, mais je crois que ça pourrait plaire[1]. »

Au moment de la sortie de *Massacre en dentelles* paraît en librairie – dans la collection Super Noire (où figure déjà San Antonio) – un livre de 222 pages et 16 chapitres portant le même titre. Son auteur en est, bien évidemment, Michel Audiard. Des cinq romans policiers qu'il écrira dans sa carrière, celui-ci est, sans nul doute, le plus épais (les lignes sont très serrées), le plus original et, globalement, le plus proche d'un vrai travail d'auteur. La trame est la même que celle du film, mais les détails foisonnent tout autant que les descriptions. L'auteur y croque Venise avec humour et poésie : « Dense, molle, presque palpable, le crépuscule vénitien a une façon de glisser sur les marbres, de caresser les dômes, de bavoter des traînées d'or par-ci par-là, toujours aux endroits propices, qui vous donne – pour peu que vous ayez de l'instruction générale – des langueurs byroniennes. Ni plus, ni moins. »

1. *Combat*, 13 novembre 1952.

Le roman répond aux impératifs du genre avec d'habiles comparaisons dignes de Raymond Chandler : « Le hall où nous sommes plantés doit faire quelque chose comme 20 mètres carrés. On pourrait y faire du cheval ou du base-ball, si ce n'était la fragilité des objets d'art. Représentez-vous le hall de la gare de l'Est revu et corrigé par Ali Baba. » Les femmes sont belles et fatales et répondent aux noms de Nora Cassidi et Theresa Leoni[1]. « Chevelure platinée, visage bruni par le soleil, regard vert d'eau, maquillage surlignant des paupières légèrement bridées et une bouche saignante, c'est le genre de ménagère qu'un garçon d'avenir doit fuir s'il ne veut pas fourguer les bijoux de famille ! Personnellement, ça m'irait tout à fait pour le week-end. C'est aussi dangereux, mais pas plus, que de sauter les chutes du Niagara ou que d'ensorceler le plutonium. »

Les dialogues, moins nombreux que dans les précédents romans, n'en demeurent pas moins percutants. Cynisme de rigueur.

« Monsieur Masse, sans doute me prenez-vous pour une exaltée ? Pour une demi-folle ?

– Pourquoi me prêter des restrictions ? »

Les pirouettes verbales laissent pantois :

« Votre chèque sera présenté demain avant la fermeture des banques.

– Je le ferai protester.

– Vous ne ferez que gagner du temps...

– C'est parfois de l'argent.

– Vous croyez aux miracles ?

– Non : au proverbe. »

L'aphorisme affleure au détour des pages : « S'il fallait que les femmes s'occupent d'où vient l'argent qu'elles dépensent, les bijoutiers pourraient fermer boutique, non ? »

Un livre qui, contrairement à ce que son titre peut laisser supposer, ne fait pas vraiment dans la dentelle...

Pendant ce temps, Georges Masse vit sa vie sur grand écran. Léger recul du public puisque, cette fois, le film ne franchit pas la barre des 2 millions de spectateurs[2]. De toute façon, Raymond Rouleau souhaite

1. Respectivement transformées dans le film en Clara Cassidi et Theresa Larsen.
2. 1,88 million.

se débarrasser de ce personnage. Il rend à la fois son tablier et son smoking pour se consacrer à sa vraie passion, le théâtre[1].

Georges Masse n'aura vécu que l'espace de ces trois films, mais il a permis le démarrage d'un brillant dialoguiste.

* * *

Un peu plus d'un mois après la sortie de *Massacre en dentelles*, le 30 avril 1952, naît le deuxième fils de Michel, prénommé Jacques. Quelques semaines plus tard vient la naissance de son troisième fils, Bruno. Bien évidemment, ces deux-là n'ont pas la même mère.

Bruno est un « fils illégitime », selon la formule officielle. Pourtant Michel ne cachera jamais son existence à ses demi-frères et, au cours de son enfance, Bruno croisera Jacques à plusieurs reprises. Connaissant cet état de fait, l'on s'étonnera moins de cette (future) réplique de *Carambolages* : « Que vous ayez une maîtresse, l'homme du monde crie "bravo", mais le beau-père crie "halte-là, doucement les basses !" Question de morale. Question pratique également. N'allez pas vous figurer, jeune homme, que vous aurez de quoi entretenir deux ménages. Je le sais, j'ai essayé. »

Ce Michel aux deux visages soutiendra sans sourciller : « La vraie vocation d'un homme c'est le célibat. Ça fait partie de l'égoïsme des hommes. Il n'y a rien de plus égoïste qu'un homme... Je ne connais pas d'homme qui ne soit pas égoïste !... Tout homme rêve de sortir avec ses copains quand ça l'arrange, mais, par contre, il a toujours besoin de rentrer à la maison pour trouver sa femme et ses enfants. C'est tout de même de l'égoïsme !... J'adore faire des virées avec des copains, mais j'aime aussi être chez moi[2]. »

Audiard continue de vivre dans deux foyers, l'un à Dourdan, l'autre à Paris.

« Dans l'appartement que nous occupions avec ma mère, il avait quelques habitudes, racontera Bruno. Notamment au niveau des objets. Pour l'avoir vérifié sur des photos, il avait chez nous un briquet et un cendrier – qu'il était le seul autorisé à utiliser ! – rigoureusement identiques

1. Après avoir envisagé de jouer Arsène Lupin au cinéma.
2. *Radioscopie*, 12 mai 1978.

à ceux qu'il possédait dans son foyer de Dourdan. Pour le reste, il était un homme discret. Attentif aussi. Il n'a jamais oublié un seul de mes anniversaires. Je n'ai pas osé demander à ma mère si c'est elle qui les lui rappelait… De même, il marquait chaque Noël d'un cadeau. J'ai encore en tête l'image d'une voiture à pédales avec les phares qui s'allumaient. Et celle de mon premier vélo, un Motobécane d'un bleu superbe… »

* * *

Professionnellement, Michel est réclamé ailleurs : écrire les dialogues de *C'est arrivé à Paris*, faux polar romantique.

La fille d'un milliardaire américain (Evelyn Keyes) vient passer ses vacances à Paris. Elle y rencontre le séduisant prince Wladimir Krasnya (Henri Vidal). Beau mais menteur, ce qui va souvent de pair. L'homme croule sous les dettes et sous les menaces de créanciers peu scrupuleux…

John Berry en est le réalisateur, même si le générique ne cite qu'Henri Lavorel, qui, en réalité, se consacre à la production. Un scénario prétexte pour une virée « exotique » dans le Paris *by night,* côté endroits chics. Car, depuis le succès de *Nous irons à Paris*[1], trois ans plus tôt, on s'est rendu compte que la Ville Lumière exerce un attrait particulier sur les provinciaux et les étrangers. D'où la naissance dans un court laps de temps de *Paris chante toujours, Nuits de Paris, Rires de Paris, Femmes de Paris, Les Plaisirs de Paris, Fait divers à Paris, Sous le ciel de Paris*, entre autres. « *C'est arrivé à Paris* est une comédie moderne, mariant l'esprit français et le rythme américain », affirme la promotion.

Sans passion, Michel se met au travail. Un assistant de la production vient chercher les feuilles en son domicile de Dourdan pour les amener à Paris. En route, il fait une halte. Le manuscrit lui est volé par un malandrin qui se demandera ce qu'est ce drôle de truc… Qu'à cela ne tienne, la production demande à Audiard de lui expédier une copie. Il répond que non seulement il n'a aucune copie, mais qu'il a jeté toutes ses notes. Il n'a pas d'autre choix que de tout réécrire en quatrième vitesse !

1. De Jean Boyer.

Il oublie cette production un peu racoleuse – qui réunit tout de même 1,7 million de spectateurs – pour se consacrer aux *Dents longues*.

À la base se trouve un roman de Jacques Robert, jeune journaliste, connu pour avoir inventé le terme « existentialiste » pour désigner Jean-Paul Sartre. Sitôt son roman sorti, il le présente à Daniel Gélin avec lequel il hante les nuits de Saint-Germain-des-Prés, en compagnie d'Audiard. L'acteur, alors grande vedette, trouve le sujet plaisant et en parle à des producteurs. À l'idée d'avoir Gélin en tête d'affiche, tous sont d'accord pour le suivre les yeux fermés ou presque. Projet rapidement mis sur pied. Pourtant, Daniel refuse les metteurs en scène qu'on lui propose. Énervé, il lance qu'il préfère encore le réaliser lui-même ! Que n'a-t-il dit là ? Trop contents de lui confier la mise en scène, les financiers le prennent au mot et le comédien, un peu malgré lui, se retrouve avec l'ensemble du projet sur les épaules.

Première étape pour le tout fraîchement promu réalisateur : le scénario. Gélin s'adjoint les talents de Marcel Camus et Michel Audiard, à charge pour l'un de structurer une histoire et pour l'autre d'apporter des répliques percutantes.

« Son esprit débordait de bons mots, rapportera Gélin, mais il ne savait pas encore les amener avec rapidité et précision, il se perdait dans des méandres de répliques qui allongeaient les dialogues. Moi, je voulais un texte percutant, efficace, dans la veine du naturalisme que j'affectionnais. Je le faisais recommencer, et recommencer encore[1]. »

La besogne a pour écrin l'appartement du comédien. Fin d'après-midi, trois ou quatre fois par semaine. Avant de s'installer à la table de travail, les trois protagonistes, épaulés par Jacques Robert, s'installent à la table du repas. Ils parlent de tout sauf du film à venir. Au menu : plaisanteries, bons mots, railleries, rosseries. Vers minuit, les membres du trio se séparent. Qui pour rentrer chez lui, qui pour aller arpenter les rues germanopratines. Pas une ligne n'a été écrite, mais on a beaucoup ri ce qui, finalement, est l'essentiel.

1. *À bâtons rompus*, *op. cit.*

En dépit de ce dilettantisme de façade, le scénario des *Dents longues* prend quand même forme. Nul ne sait comment. Dans la dernière ligne droite, Daniel souhaite un ultime peaufinage au cours d'un séjour dans une auberge des environs de Paris, Les Bréviaires. Pas davantage que dans l'appartement de Gélin, l'ambiance n'y est au stakhanovisme. Michel en repart avec le manuscrit sous le bras. Il ne lui reste plus qu'à écrire les dialogues définitifs.

Venu de son Montpellier natal, un jeune et ambitieux journaliste de 25 printemps débarque à Lyon. Rapidement, il grimpe les échelons et séduit la femme de son rédacteur en chef. Monté à Paris, il entre dans un grand journal, devient le bras droit du patron… qu'il finira par supplanter… L'histoire d'un arriviste. Un peu truqueur.

Michel en profite pour caser ses propres souvenirs. Ainsi son héros écrit un papier « au flan » sur le Pakistan sans avoir quitté Lyon. Avec le recul du temps, la séquence la plus troublante reste la mort subite d'un fils. Passage dramatique. Mais pudique puisque Michel n'écrit aucune ligne de dialogue.

Il se rattrape ailleurs :

« J'ai toujours entendu dire que la fièvre, chez les enfants, ne signifiait pas grand-chose.

– Chez les enfants des autres : non ; chez les siens c'est différent. »

Daniel Gélin filme dans une ambiance détendue. Sans scrupule, il apporte diverses retouches au scénario – incluant, par exemple, une courte scène de mariage en présence de Brigitte Bardot et Roger Vadim – et aux dialogues. Selon lui, certaines répliques sonnent faux. Audiard n'est pas d'accord mais, un bienfait n'étant jamais perdu, les met de côté pour plus tard. Gélin biffe aussi les réflexions d'un personnage qui, sans explication valable, ne cesse de se référer au critique Jean Dutourd en le traitant de tous les noms. Douce, mais vaine vengeance de la part du dialoguiste. Ne reste finalement que de rares allusions à un certain Ducour dont : « Son papier ne valait pas chipette ; j'ai cru que c'était du Ducour ! »

Aux dires de Daniel Gélin, l'insuccès des *Dents longues* est imputable moins à ses défauts intrinsèques qu'à d'inattendues conséquences de sa vie privée. Au moment de la sortie du film, il fait la une des journaux en annonçant sa séparation d'avec Danièle Delorme, sa partenaire dans cette production. Le public en est choqué et, pour marquer sa désapprobation, boude le film. Une explication qui en vaut une autre…

* * *

Entre deux longs-métrages, Michel, à la demande de la PAC, rédige le scénario et les dialogues d'un court-métrage de 29 minutes intitulé *Le Duel à travers les âges*. Rien de bien sérieux dans ce documentaire pour sourire, si ce n'est la présence des acteurs-escrimeurs du club Art Sport et Culture. Le résultat précède, dans les salles, la projection de *Monsieur Taxi* d'André Hunebelle.

Ensuite, Michel planche sur *On pêche toujours le dimanche*. Titre sibyllin qui a peu à voir avec celui du roman initial : *Trou-les-Bains* (sous-titré *Histoire gaie d'une petite ville d'eau*), best-seller d'André Dahl paru en 1949. Une gentille satire des stations balnéaires et des autochtones. « Livre gai à l'extrême, bourré de traits d'esprit. La bonne humeur pétille à chaque page », écrivit la critique de l'époque.

Guy Lefranc souhaite en faire un film. Il demande à Jacques Companeez d'en rédiger l'adaptation et à Michel d'en signer les dialogues. L'histoire se situe désormais à Saint-Léger-les-Eaux. Un Américain hérite d'un grand hôtel ayant appartenu à son défunt oncle français. Il découvre une ville endormie et applique les méthodes américaines pour la réveiller.

Pour le rôle de ce cousin d'Amérique, Lefranc a la drôle d'idée d'engager Lex Barker, nouveau Tarzan des grands écrans. Sophie Desmarets serait sa partenaire. Tout cela ne va pas très loin et jamais Lex ne mettra un pied à Saint-Léger-les-Eaux.

Plus sûr, parce que produit et réalisé par André Hunebelle, est *Les Trois Mousquetaires*. Le cinéaste annonce que sa version n'aura rien à voir avec celle, célèbre mais hollywoodienne, ayant Gene Kelly pour d'Artagnan. Chez lui, précise-t-il, Louis XIII ne ressemblera pas à un joueur de cricket et Milady n'aura rien à voir avec une call-girl de Chicago ! Toutefois, il a du mal à trouver son Gascon. Gérard Philipe, qui a déjà donné dans le film de cape et d'épée avec *Fanfan la Tulipe*, décline l'offre avec son sourire charmeur. Daniel Gélin et Serge Reggiani sont pressentis à leur tour, mais Georges Marchal les coiffe au poteau, sans même deviner qu'il se fera voler la vedette par Bourvil dans le rôle de Planchet. Lequel Bourvil, trouvant son rôle trop réduit, demande qu'il soit étoffé. Audiard s'empresse de lui rendre ce menu service.

Grand amateur de Dumas, Michel n'envisage pas de trop s'éloigner de la trame du roman. Le célèbre Gascon est pratiquement un ami d'enfance. Dans *Cinémonde*, il écrit: « Je connais d'Artagnan pour avoir, durant des semaines, vécu les mêmes aventures et parlé la même langue que lui. C'est un ami, un copain. C'est pourquoi, lorsque nous eûmes expédié les affaires courantes, c'est-à-dire récupéré les ferrets d'Anne d'Autriche, déjoué les plans de Richelieu et châtié les vilains, nous avons, d'Artagnan et moi, discuté de choses et d'autres, comme ça, à bâtons rompus.

– Es-tu content de faire du cinéma ? ai-je demandé.

– Bien sûr ! a-t-il répondu (ce qui marque bien les relations amicales entre acteur et auteur).

Il a d'ailleurs ajouté:

– Ce n'est pas la première fois que ça m'arrive. J'ai débuté au temps du muet. Un Gascon muet, il n'y a qu'au cinéma que l'on voit ça !

– Tu n'en es pas mort.

– Parce que j'ai la vie dure. Mais ceci est le passé. Parlons du présent: quand André Hunebelle m'a demandé de "rempiler", j'ai dit oui, mais – on est acteur ou on ne l'est pas – j'ai posé mes conditions.

– Financières ?

– Sentimentales. Je commençais à me faire vieux dans mon rôle de chevalier sans peur et sans reproche. La vertu m'abîmait le caractère. J'aurai donc, dans la nouvelle version, des aventures galantes en série. C'est stipulé dans mon contrat.

– Et la morale, mon cher ? La morale ?

– Morbleu ! Elle sera respectée ! Ce n'est pas que j'y tenais. Hunebelle non plus, quoi qu'il en dise. Mais la morale au cinéma c'est comme un faux-col dans la vie, ça fait mieux auprès des familles. Tiens, à propos de famille, pour la première fois on verra papa avec moi sur l'écran.

– Papa ?

– Alexandre Dumas. On lui devait bien ça depuis le temps, non ?

– À quel titre ?

– Il est l'auteur.

– Ben… et moi ?

D'Artagnan m'a regardé bizarrement. Même très bizarrement. Au fond, il est moins sympathique que je ne pensais. Beaucoup moins. »

Michel retient sa verve. Louis XIII peut difficilement parler comme un héros de polar et d'Artagnan n'a rien du titi parisien. Certes, il se plie à écrire des répliques collant à peu près à la réalité des faits narrés – cette sorte de faux vieux français habituel dans les films dits à costumes, étrange langue où l'on parle de « manants » pour désigner les « caves ». « Je ne suis pas à l'aise dans le film d'époque, dira Audiard. Je suis persuadé que les gens ne parlaient pas comme la tradition veut qu'on les fasse parler. Je ne pense pas qu'en privé, la reine appelait le roi "Monsieur", je me refuse à croire ça. On continue à les faire parler comme en apparat, c'est évidemment stupide. »

Toutefois, sa plume glisse parfois vers la digression. Ainsi Richelieu dit au roi de France : « Si nous laissions les chefs d'État se battre, il n'y aurait plus de guerre possible. » Il se laisse aussi aller à de joyeux anachronismes avec le personnage de Planchet, dont « l'air un peu gauche ignorait ce que sa main droite faisait ». Et il s'amuse à transformer, l'espace d'une réplique, le Gascon en Ibère : « À moi, comte, deux mots ! » C'est surtout dans le commentaire, officiellement lu par Dumas lui-même (qui, pour l'occasion, emprunte la voix de Claude Dauphin), qu'il laisse libre cours à son inégalable verve. Il vagabonde du côté de considérations très actuelles.

Il rédige un texte brillant, truffé de clins d'œil, d'allusions, de jeux de mots, de piques et de saillies… qu'il tarde à livrer.

L'auteur trouve cependant le temps de répondre à des questions des *Cahiers du cinéma*, qui ne compte pourtant pas parmi ses lectures favorites :

« Q : Aimez-vous les critiques ?

R : Bien sûr, quand elles sont favorables.

Q : Pourquoi ?

R : Parce que ça fait toujours plaisir.

Q : D'après votre expérience personnelle, les critiques professionnels vous ont-ils jamais aidé à vous améliorer ?

R : Non. Et j'ai constaté que c'était réciproque.

Q : Que perdrait, selon vous, le cinéma, soit à la suppression des critiques, soit à l'établissement d'une critique publicitaire ou sans indépendance ?

R : Franchement, je n'en sais rien. La critique publicitaire existe, elle est souvent illisible.

Q : Pensez-vous en particulier que la critique contribue à la formation d'un meilleur public ?

R : À condition que son nom fasse autorité, peut-être. Mais avant que *Los Olvidados*[1] batte les recettes de *Nous irons à Paris*[2], ce sera long[3]. »

André Hunebelle commence à filmer ses *Mousquetaires* en mai 1953, essentiellement aux studios Saint-Maurice où l'on reconstitue des rues médiévales[4]. Il y développe ce qui va constituer sa marque de fabrique en matière de cape et d'épée[5] : l'action plus que l'approche psychologique, l'humour plus que le drame, la décontraction plus que la déclamation. Les personnages sont rapidement campés mais restent, pour les héros, sympathiques, bons vivants, et sachant manier le fer avec dextérité. C'est ce qu'attend le public, comme le confirme, un peu à contrecœur, André Lang dans *France-Soir* : « Dans la salle des Boulevards où j'ai vu le film hier après-midi, un public nombreux, ravi de retrouver de vieux amis, semblait s'amuser énormément. Il n'est pas difficile de pronostiquer un grand succès. » Auparavant, Georges Fronval a écrit dans *L'Ardennais* : « Michel Audiard a su tirer des trois volumes de Dumas une histoire passionnante, comprenant les principaux épisodes de cette extraordinaire aventure. »

Le grand public s'amuse énormément et se rue en masse dans les salles de cinéma : plus de 5 millions de spectateurs ! Mais pendant que

1. De Luis Buñuel.
2. De Jean Boyer : 6,7 millions d'entrées en France.
3. *Cahiers du cinéma*, mars 1953.
4. Les extérieurs sont filmés au château de Fontainebleau et à Coulommiers.
5. Par la suite, il tournera *Le Bossu, Le Capitan*…

les parents rient et que les enfants sautillent, les professionnels de la critique grimacent. Le commentaire de Michel Audiard est jugé iconoclaste, crime odieux, et irrespectueux face à un monument de la littérature, crime impardonnable. Dans *Le Monde*, Jean de Baroncelli note : « Les auteurs du film ont commis une grave imprudence. On ne plaisante pas avec des personnages dont l'humeur est chatouilleuse. » Son confrère de *La Croix*, Pierre-Jean Guyo, surenchérit : « Les calembours semblent parfois venir en filiation directe du bon Vermot ce qui, à la longue, est lassant. » Et le difficile André Bazin, considéré par certains comme le « pape » de la critique, se fend d'un texte qui n'a rien d'une encyclique : « Quant aux mots d'esprit anachroniques avec clins d'œil au spectateur, ce sont autant d'injures à la mémoire d'Alexandre Dumas qui ne se moquait pas de l'histoire de France même quand il lui faisait quelques entorses. »

On pourrait croire la cause entendue. Que nenni ! Un homme de lettres, futur académicien, ne supporte pas que l'on malmène, selon lui, l'un de ses pairs. Il se sent proche de Dumas et le fait savoir dans les colonnes de *Carrefour*. Ce lettré se nomme Jean Dutourd qui, depuis *Massacre en dentelles*, a toujours une dent contre Audiard. Il tire à boulets rouges : « M. Hunebelle et M. Audiard ont, semble-t-il, le sentiment qu'ils sont tous deux très intelligents. Ils pensent très sincèrement qu'ils sont plus intelligents qu'Alexandre Dumas. Ils ont pour cet auteur du dédain. Ils le trouvent sans doute enfantin, simplet, vieillot. Ils sont sûrs de lui avoir rendu service en modernisant son livre. Ils ont la meilleure conscience du monde : la plus grande satisfaction d'eux-mêmes éclate du commencement à la fin de leur ouvrage, car leur film est prétentieux pardessus le marché. Eh bien ! Je crois qu'il faut se résoudre à leur apprendre quelque chose qu'ils ne soupçonnent pas : ils ne sont pas plus intelligents que le père Dumas. Le père Dumas était un génie et il savait faire un roman. »

Le film mérite-t-il un tel traitement ? Assurément pas. Cette version, si elle ne respecte pas le roman à la lettre, en respecte au moins l'esprit en maniant panache et humour. Néanmoins, plusieurs de ses participants la décrient, dont l'acteur Jacques François (Aramis) qui la juge « carrément nulle ». Audiard lui-même ne lui trouve d'intéressant que le rôle de Planchet. Lequel Audiard manquera, quelques années plus tard, de travailler sur une autre adaptation du célèbre roman pour Jean-Paul Belmondo (d'Artagnan), Jean Rochefort (Aramis), Jean-Pierre Marielle (Porthos), Jean Gabin (Tréville), Jeanne Moreau (Milady)… Hélas, ce beau projet croupira dans les cartons pour cause de film concurrent sur le même thème.

À peine a-t-il terminé les dialogues du Gascon et de ses amis, qu'il reçoit une proposition étonnante : travailler avec Federico Fellini. Qui s'apprête à tourner *Les Inutiles*, plus connu sous son titre original *I Vitelloni*. Or, la firme française Cité-Film, de Jacques Bar, participe à la production. Elle impose Max de Vaucorbeil comme coréalisateur et… Michel Audiard comme dialoguiste. Plus précisément comme adaptateur pour la France des dialogues originaux. Le fait-il ? Son nom ne figure pas au générique, mais cela ne veut pas dire que, discrètement, il ne donne pas un sérieux coup de plume.

Il est également invité à écrire l'un des sketchs de *Destinées* que réalise Christian-Jaque. Cette fois, Michel cède sa place à Henri Jeanson.

6

Impairs et passe

Se rapprochant des truands de cinéma tout en s'expatriant – en imagination – à New York, Michel Audiard est chargé d'adapter et de dialoguer une comédie souhaitée par Fernandel. Souhait qui remonte à 1943, époque à laquelle il a été séduit par une nouvelle de Max Favalelli parue dans *Ric et Rac*. L'acteur voulait en faire un film, mais la conjoncture militaro-politique l'en empêcha. Au début des années 1950, Fernandel, approchant de la cinquantaine, remet ce projet sur le fronton de l'actualité.

Le postulat de départ – fortement influencé par *Toute la ville en parle*[1] – présente un Américain d'origine française affublé d'une myopie aiguë digne de Mister Magoo. Renvoyé du grand magasin où il travaille, il est confondu avec un dangereux gangster en raison d'une ressemblance frappante. Le pauvre hère se retrouve au milieu de truands de pacotille et de dames à forte poitrine.

Malheureusement, ni la trame ni les gags ne sortent des ornières du déjà-vu. Comme trop souvent en pareil cas, l'édifice se contente de reposer sur le talent de Fernandel.

La principale difficulté consiste à faire passer ce comédien typiquement méridional pour un authentique Américain et, par un tour de passe-passe, de justifier son accent. Audiard règle le problème en une phrase au cours de laquelle le « héros » explique qu'il est d'origine française naturalisé américain à l'âge de 21 ans !

Pour le reste, cet *Ennemi public n° 1* ne brille même pas par ses répliques. Quelques jeux de mots de-ci de-là et cette réflexion de cinéphile,

1. *The Whole Town's Talking* (1935) de John Ford.

non dénuée de pertinence : « Grâce à ses films, l'Américain moyen voit le Français, petit peuple de l'Europe occidentale, comme un monsieur décoré[1], portant fine moustache et chapeau melon avec, en plus, une légère tendance à l'adultère. »

L'action du film se situant à New York, il paraît logique d'aller tourner aux États-Unis. Tout aussi logique de demander à un cinéaste connaissant parfaitement les us et coutumes de cette cité de mettre en scène : Jules Dassin. Mais à son grand dam, celui-ci figure sur la longue liste des victimes du maccarthysme. Ses opinions politiques lui ont valu les foudres de la commission des activités antiaméricaines pour qui liberté d'opinion et liberté d'expression représentent de sombres dangers à éradiquer sans merci. Bref, Dassin est considéré *persona non grata* sur le sol américain. Pas question pour lui d'aller diriger Fernandel à New York. Meurtri, il se retire du projet seulement quarante-huit heures avant le début du tournage. Fernandel demande au jeune Henri Verneuil, avec qui il a travaillé à moult reprises, de reprendre le flambeau, c'est-à-dire la caméra. Ainsi, *L'Ennemi public n° 1* constitue la première collaboration Verneuil-Audiard.

En réalité, Michel ne se sent pas très à l'aise avec Fernandel et, surtout, avec sa façon de jouer, transformant chaque réplique en galéjade. Il n'apprécie pas non plus que nombre de ses répliques passent à la trappe. Dont cette tirade presque poétique sur la myopie : « Vous pensez que je ne vois pas plus loin que le bout de mes lunettes. C'est un peu vrai. Et c'est pourquoi il m'arrive souvent de les enlever. Je vois alors beaucoup plus loin. À l'autre bout de la vie. Un monde à moi. Plein de jolies couleurs, avec personne dedans : ni patron, ni propriétaire, ni policiers, ni percepteur, ni bandits… Rien que des contours vagues, un brouillard capricieux tombant comme une espèce de voilette. On devrait toujours mettre une voilette sur le nez des gens avant de les regarder. La vie c'est pareil. »

Déçu par le résultat, Audiard ne travaillera plus avec Fernandel, mais se rapprochera d'Henri Verneuil…

1. Fernandel lui-même a été décoré de la Légion d'honneur le 7 avril 1953, peu avant le début du tournage.

* * *

Polar toujours avec *Quai des blondes*, que Michel dialogue en trois semaines, après avoir apporté quelques retouches au scénario. Un titre en trompe l'œil puisque les blondes en question sont des cigarettes; les vedettes féminines étant respectivement rousse et châtain. « C'est une histoire sur le trafic des cigarettes américaines en Méditerranée, explique le réalisateur. Certains personnages sont fictifs, mais les événements sont scrupuleusement vécus[1]. »

Ce nouveau cinéaste n'était autre que le producteur Paul Cadéac, associé d'André Hunebelle. Ce polar est filmé en Gevacolor, procédé qui se révélera catastrophique, la pellicule perdant un peu plus de couleurs à chaque projection.

Le début de l'action se déroule à Tanger, ce qui rappelle des souvenirs à Audiard. Tanger lieu de tous les trafics, dont ceux des cigarettes américaines. Michel Auclair joue un armateur véreux, mais séduisant. Robert Hossein incarne un petit truand. Et Maurice Biraud un spécialiste de la radio qui trouve la mort dans une cabine téléphonique[2].

Le scénario est empli de brigands de pacotille, les scènes d'action manquent d'énergie, y compris les fusillades (dont une sur un bateau). Bref, le résultat ne tient ni la route ni la mer.

En petite forme, Michel Audiard aligne des formules passe-partout :

« Que fais-tu à Marseille ?

– Armateur.

– J'aurais dû m'en douter : pendant deux ans tu m'as mené en bateau. »

Le gros de l'action a pour cadre Marseille, avec un court détour par Casablanca.

Quelques critiques indulgents saluent la qualité de l'interprétation – Michel Auclair en tête – mais nul ne fait le moindre commentaire sur les dialogues… De l'avis même de Cadéac – qui renonce *illico* à la mise en scène – cette œuvre est « vraiment très mauvaise » !

---

1. *L'Écho d'Oran*, 8 décembre 1953.
2. Il a le temps de dire la phrase code « Les spaghettis poussent à Naples », qui aurait pu trouver sa place dans *Les Barbouzes*.

Complètement différent est *Sang et lumières*, un contrat qu'Audiard doit à son ami Daniel Gélin. Celui-ci se voit proposer par le producteur Jacques Bar de jouer dans une adaptation du roman homonyme de Joseph Peyré, prix Goncourt 1935, dont l'action se déroule en Espagne. Un mélodrame qui regroupe tous les poncifs du genre.

L'acteur refuse, aspirant à un peu de repos. Par honnêteté professionnelle, il consent à lire le livre. Cela le fait changer d'avis : le rôle qu'on lui propose est celui d'un torero. Il n'aura pas si souvent l'occasion d'endosser l'habit de lumière ni de participer à une authentique corrida ! Daniel exige qu'Audiard participe à l'élaboration des dialogues. Le réalisateur choisi se nomme Georges Rouquier, qui a des parts dans la société Intermondia de Jean-Paul Guibert. Il vient de se faire connaître avec *Farrebique*, étonnante chronique terrienne jouée exclusivement par des amateurs.

Pour donner au projet une « dimension internationale », les financiers imposent une pin-up du plus pur style hollywoodien. « Il a été question de Rita Hayworth pour jouer le rôle de la femme fatale, rapportera Daniel Gélin. Finalement, on choisit Zsa Zsa Gabor, pulpeuse, capiteuse, blonde et diamantée. Rouquier qui, dans *Farrebique*, avait dirigé les membres de sa propre famille dans une ambiance rude sentant le pain frais et les odeurs d'étable, est peu fait pour diriger cette poupée dorée, passée des antichambres de l'ancienne Hongrie au clinquant hollywoodien. Elle a transporté avec elle ses caprices de superstar, ce qui complique un peu le tournage[1]. »

Zsa Zsa étant déjà présente dans *L'Ennemi public n° 1*, on peut se demander si elle ne va pas devenir la nouvelle égérie de Michel Audiard. Il n'en sera rien… Au contraire, il envisage de se moquer de ses exigences – dont celle de ne se déplacer qu'à bord d'une limousine américaine – qui usent les nerfs les plus solides. Il suggère :

– Je vais lui dire que Rouquier et moi sommes affiliés au parti communiste. Rien que pour voir ce qu'elle fera ! On peut bien rigoler un peu, non ?

Suggestion non retenue.

1. *Deux ou trois vies qui sont les miennes*, *op. cit.*

Un célèbre torero décide d'abandonner le métier après la mort d'un ami. Hélas, sa « fiancée » et son agent, tous les deux attirés par l'argent, réussissent à le faire revenir dans l'arène. Il y trouvera la mort, sous le regard de la seule (jeune) femme qui l'aimait vraiment… Ce film se termine sur une corrida contre le redoutable taureau Rotador. Long passage réservé aux amateurs, qui permet à Michel Audiard de laisser passer les minutes sans écrire la moindre ligne. De toute façon, il s'est vite désintéressé de ce projet, laissant à son codialoguiste, Maurice Barry[1], le soin de faire parler les bons et les méchants.

* * *

Plus important est *Poisson d'avril*, pure comédie sur laquelle Michel planche en 1954. La rencontre professionnelle entre trois hommes : un scénariste, un réalisateur et un producteur. Le producteur en est Jean-Paul Guibert, beau-frère de Michel Audiard et de cinq ans son cadet. Le réalisateur, Gilles Grangier, fait un peu partie de la famille car sa grand-mère était très amie avec la grand-mère de Marie-Christine, épouse Audiard. C'est d'ailleurs Gilles qui a ouvert les portes du cinéma à Jean-Paul, l'engageant comme homme à tout faire dès 1948 sur *Par la fenêtre*. Toujours grâce à Grangier, il entra à la PAC. Ensuite, Jean-Paul passa chez Jacques Bar. Le 30 janvier 1950, il créa Intermondia. Prudent, il se concentra d'abord sur des courts-métrages institutionnels financés par le ministère des Affaires étrangères, le ministère de l'Éducation nationale, et l'Institut national de sécurité. Il produisit également des films chirurgicaux destinés à la clinique orthopédique du professeur Merle d'Aubigné, des films publicitaires et des films industriels. Enfin, il changea de braquet pour se consacrer aux films de cinéma, et demanda à ses proches – Grangier et Audiard – de l'épauler dans cette périlleuse entreprise.

Michel et Gilles adaptent de concert un scénario de Gérard Carlier racontant comment un brave, mais pas très malin, mécanicien de garage achète presque de force un attirail de pêche et, n'ayant pas

1. Également directeur de la photographie sur ce film.

prévenu son épouse, se retrouve entraîné dans une série de complications vaudevillesques.

Les séances d'écriture ont pour cadre le modeste deux-pièces cuisine de Michel, boulevard de Port-Royal. Le plaisir passe avant le travail. Cela convenait à Grangier. De ce fait, ils s'entendent à merveille, d'où leur longue et fructueuse collaboration. Ils deviennent si complices qu'Audiard se permet de se mêler de la distribution. Non pour les rôles principaux, déjà choisis (Bourvil et Annie Cordy), mais les secondaires. Il suggère d'engager pour le court (4 jours de tournage) rôle du garde champêtre Louis de Funès, qu'il a déjà fait parler. Grangier obtempère, il n'aura pas à le regretter. Premier affrontement cinématographique entre Bourvil et de Funès.

Sur le plateau, Gilles reçoit la confirmation de ce qu'il pressentait: « C'est à ce moment que j'ai senti que les acteurs étaient ravis de dire de l'Audiard. C'est logique: les acteurs sont contents quand ils ont un texte. Et cela facilite les choses au metteur en scène[1]. »

Pourtant, Annie Cordy – pour qui c'est le premier « vrai » film après sa courte participation dans *Si Versailles m'était conté* – ne découvrira que bien des années plus tard que l'auteur des dialogues de *Poisson d'avril* n'est autre que Michel Audiard ! « Vous savez, dira-t-elle, à l'époque on se préoccupait peu des auteurs. Même pour les chansons. On reprenait des chansons de Mariano, de Bourvil sans savoir qui les avait écrites. »

À la décharge de la comédienne, il convient de préciser que le dialogue d'Audiard est assez peu mémorable. On ne reconnaît sa patte qu'à travers de petites piques contre le général de Gaulle, un portrait acide des garagistes sans scrupule et l'évocation de Chandernagor, l'un de ses dadas exotiques. Plus, une tirade pleine de menaces, à la Volfoni : « En vous voyant, jeune homme, savez-vous à quoi je pense ? À la bombe atomique, à la mort-aux-rats, à la guillotine. Des loustics comme vous, on devrait leur couper la langue et appâter les poissons avec. Quant à votre bambou hawaïen, vous pouvez vous le... »

1. Cité par François Guérif dans *Passé la Loire, c'est l'aventure* (Le Terrain vague, 1989).

Poisson d'avril sort le 28 juillet 1954 presque cinq ans jour pour jour après *Mission à Tanger*. Sans être un scénariste star, Michel Audiard est devenu un auteur très demandé, avec une moyenne de trois ou quatre films par an, ce qui est remarquable. Il vit exclusivement de sa plume et rien ne peut lui faire plus plaisir.

Au moment de cette sortie, Michel planche sur un autre projet d'envergure : l'adaptation du *Caporal épinglé*, roman paru en 1947 dans lequel Jacques Perret raconte ses souvenirs de captivité et d'évasion. Guy Lefranc, qui connut les stalags, s'attaque au sujet.

« C'est parce que le cinéma nous casse généralement les pieds avec les militaires que nous avons eu envie d'en faire un film sur les soldats, écrit Audiard. Je parle, bien sûr de vrais soldats, des soldats qui font la guerre et auxquels il arrive même de la perdre et d'en assumer intégralement les frais. [...] Jacques Perret est un écrivain qui a beaucoup moins de lecteurs que certains et beaucoup plus de talent que tout le monde. [...] En lisant le roman, il y a environ quatre ans, Guy Lefranc et moi avions immédiatement pensé que l'on en ferait un film. [...] Ainsi, le pénible métier de scénariste a parfois du bon. Il faut en profiter. C'est la raison pour laquelle Guy Lefranc et moi allons essayer de contourner les traditions et de faire du bon cinéma avec la bonne littérature[1]. »

Perret participe à l'adaptation. Le travail d'écriture est plus long que prévu. En 1958, le projet se concrétise. De jeunes acteurs sont approchés : Daniel Gélin, Jean-Marc Thibault, Pierre Mondy, Jean Carmet, Jacques Jouanneau. Et une date de début de tournage est fixée : 15 avril. Il n'y aura pourtant aucun démarrage car la production rencontre des difficultés financières. L'idée sera reprise par Jean Renoir, qui invitera Guy Lefranc à venir travailler avec lui, mais non Michel Audiard. Du casting initial, Renoir conservera Jouanneau et Carmet mais, pour les autres rôles, préférera Jean-Pierre Cassel, Claude Brasseur et Claude Rich, après avoir envisagé un certain Jean-Paul Belmondo. Michel sera un peu dépité d'avoir été si brutalement écarté. Jamais il ne travaillera avec Jean Renoir.

1. *L'Écho d'Oran*, 13 septembre 1955.

* * *

Retour au polar avec *Série noire*, réalisé par Pierre Foucaud (scénariste de *Quai des blondes*). Erich von Stroheim vient faire une apparition éclair plus pour amasser quelques sous que pour apporter un titre de gloire à une fin de carrière déliquescente.

Ici point de surprise car le héros (Henri Vidal), un inspecteur de police, se déguise en gangster pour mieux abuser la confiance de malfaisants. Pour économiser du temps et de l'argent à la justice française, il s'arrange pour que les truands s'éliminent entre eux. Le tout sur des airs de jazz interprétés au saxo soprano par Sidney Bechet.

Contrairement à ce que son titre peut laisser supposer, cette œuvre n'a rien à voir avec la célèbre collection littéraire. En réalité, le scénario a été déposé en 1946 par Pierre Gaspard-Huit sous le titre *Leur compte sera réglé*[1], adaptation d'un roman de Raymond Fauchet, *Tué le soir*, écrit en 1935 ! Mais, au lendemain de la guerre, on avait jugé cette histoire trop audacieuse. Huit ans plus tard, même retravaillée par Foucaud, elle n'a guère plus d'éclat…

Les principaux reproches ne s'adressent pas aux dialogues mais au titre. Pourquoi emprunter un titre aussi célèbre pour un film aussi mauvais ? se demandent bien des journalistes… Pourtant, il était bien moins mauvais que *Les Gaîtés de l'escadron*, film italien auquel le nom d'Audiard se retrouve lié.

Tout émane des producteurs transalpins. Désireux de s'adjoindre la popularité de Daniel Gélin et prêts à le payer à prix d'or, ils lui demandent de venir travailler sur leur sol, lui faisant miroiter une prestigieuse adaptation de la célèbre pièce de Courteline – dont les précédentes, bien que jouées par Raimu, entre autres, n'étaient pourtant pas fameuses – et la présence de Julien Duvivier derrière la caméra.

Malheureusement, ledit Duvivier n'a aucune envie de participer à cette pantalonnade. Il est remplacé par Paolo Moffa. Cela commence à sentir le roussi. De plus, le rôle de Gélin, en marquis d'Héricourt, est

1. Le film fut, par la suite, exploité sous le titre imaginé par Pierre Gaspard-Huit, mais sans plus de succès.

considérablement diminué ; bien qu'apparaissant en seconde position au générique, derrière Vittorio De Sica qui, lui, ne surgit sur l'écran qu'après une heure de projection ! En réalité, les personnages centraux du film sont le benêt Vergisson joué par Alberto Sordi et le galonné pète-sec incarné par Paolo Stoppa.

Côté scénario, le texte de Courteline est malmené. Les scénaristes romains, plus nourris à la farce qu'à la comédie, ne comprennent rien à l'humour de Georges. Gélin menace de se retirer. On le calme en acceptant que deux collaborateurs de son choix soient appelés à la rescousse : Marcel Camus et Michel Audiard. Ceux-ci partent pour Rome avec la ferme intention de défendre le patrimoine français. Tâche ardue. Soudain surgit le nom de Silvana Pampanini. Inquiet, Michel demande à la production quel rôle elle compte jouer.

« La cantinière, lui répondit-on.

– Il n'y a pas de cantinière dans *Les Gaîtés de l'escadron* ! »

Il y en aura quand même une. Elle succombe aux assauts un peu brutaux de d'Héricourt...

Pour faire bonne mesure, Paolo Moffa greffe un texte moins célèbre de Courteline – sans aucun lien avec l'escadron et ses joyeusetés – *Le Mal à la gorge*. Audiard ne décolère pas. Même ses amis ne parviennent pas à le calmer.

La talentueuse Suso Cecchi D'Amico, collaboratrice habituelle de Luchino Visconti, navrée de ces tracas, lui explique qu'elle aussi se trouve pieds et poings liés par la production. Histoire de lui changer les idées, elle invite Michel à travailler à ses côtés sur *Le Carrousel fantastique*[1], œuvre d'inspiration poétique dans laquelle un marchand de chansons traverse les siècles avec son piano mécanique. Le réalisateur est déjà choisi : Ettore Giannini, qui souhaite des améliorations du scénario. Suso et Michel travaillent de concert, sans être crédités au générique.

Cette collaboration remet du baume au cœur de Michel. Le soir, après ses travaux d'écriture (un peu pour *Les Gaîtés de l'escadron*, beaucoup pour *Le Carrousel fantastique*), il rejoint la petite communauté française qui

1. Titre original : *Carosello napoletano.*

comprend Charles Vanel et Jean Richard. Fiestas et blagues de potaches. Et personne ne se soucie plus du film de Moffa qui, d'ailleurs, tombe rapidement dans l'oubli…

Depuis son entrée à la PAC, Audiard n'a pas chômé. Sa réputation dans le métier a grandi, ses exigences financières aussi. Désolé, Paul Cadéac lui explique qu'il n'a plus les moyens de se payer ses services. Michel reprend sa liberté. Ce qui l'arrange bien car son beau-frère, Jean-Paul Guibert, fort de l'expérience de *Poisson d'avril*, compte développer sa maison de production Intermondia, dont les locaux sont désormais au 11 boulevard Malesherbes[1].

1. Après avoir été au 19 avenue du Général-Leclerc.

7
BSA extra-piste

Gilles Grangier connaît Jean Gabin depuis 1936, époque où l'un officiait en tant que régisseur et l'autre grimpait dans le petit monde des acteurs. Une quinzaine d'années plus tard, Gabin, qui traversait une période professionnelle assez sombre, demanda à Grangier de le diriger dans *La Vierge du Rhin,* d'après un roman de Pierre Nord. Le cinéaste s'acquitta de cette tâche avec efficacité et le comédien, qui aimait travailler avec des personnes de confiance, lui en sut gré. Il lui suggéra de lui faire signe dès qu'il disposerait d'un bon sujet.

Or, en 1954, Gilles dégote l'histoire sobre d'un routier amoureux d'une institutrice qui, parce qu'il croit avoir écrasé un homme, se retrouve avec des gangsters sur le dos. Le roman, paru dans la Série noire sous le numéro 217, est signé Georges Bayle. Bizarrement, en inscrivant son nom au générique du film, une employée, sans doute distraite, fait une coquille. *Du raisin dans le gaz-oil* devient *Du raisiné dans le gaz-oil* ! Or, non seulement ce nouveau titre ne signifie pas grand-chose, mais, de plus, il n'est nullement question de raisin dans l'intrigue. « Raisiné » est un mot d'argot désignant le sang... Quoi qu'il en soit, l'action se déroule chez les poids lourds. Bonne idée car le milieu des routiers est quasiment inédit dans le cinéma français.

Grangier en parle au producteur Jean-Paul Guibert, très intéressé à l'idée d'avoir Gabin en tête d'affiche. Seulement qui dit Guibert, dit Audiard. Ils sont unis par des liens familiaux, mais aussi, depuis peu, par contrat. Reste à convaincre le comédien bougon d'accepter ce nouvel auteur. En réalité, Gabin aurait bien aimé renouer avec Prévert, mais celui-ci s'est éloigné du cinéma, préférant la douceur de Saint-Paul-de-Vence à la moiteur des studios. Grangier vante les mérites de son candidat avec emphase. « Si c'est un de tes potes, ça va être beau ! » commente Jean. Gilles précise que le pote en question est également le beau-frère du producteur. Jean tique. Ça pue le favoritisme, la magouille, l'incompétence. Rien de tel pour activer sa méfiance. Grangier doit insister à plusieurs reprises pour persuader Gabin d'accepter un essai. Ayant enfin admis que Prévert ne souhaite pas revenir à l'écriture de scénario, l'acteur cède. Aussitôt, Gilles téléphone à Michel pour le pousser à mijoter une scène de tendresse. Impressionné à l'idée d'écrire pour l'un des acteurs phares de son adolescence, Audiard relève ce défi.

Quelques jours plus tard, Gabin parcourt une dizaine de pages de dialogues. Sans manifester la moindre émotion, il repose les feuillets, relève la tête et dit à Grangier : « C'est un cadeau, ton mec. » Examen réussi avec les félicitations du jury. Le lot en est une poignée de main. Que Jean et Michel échangent à la Brasserie alsacienne, lieu de leur premier repas en commun. Premier d'une interminable série !

S'il a remporté une bataille, Audiard n'a pas encore gagné la guerre. Écrire quelques pages de dialogue, c'est bien, écrire tout un scénario c'est mieux, c'est aussi plus difficile. À tout moment, Gabin peut jeter le manuscrit aux orties. Dès leur première rencontre, Jean a annoncé à Michel : « Je ne vous connais pas mais je sais ce que vous avez fait, alors c'est OK, on peut essayer. Mais si ça ne colle pas, on s'arrêtera là. »

Grangier a foi dans le talent de Michel et devine qu'il sera à l'aise dans l'univers des prolétaires. Ensemble, ils construisent le script, dressant des portraits psychologiques convaincants, soignant les seconds rôles et veillant à ne pas trop déraper du côté de l'humour. Même si les personnages y sont pittoresques, *Gas-Oil* – titre définitif – reste un sujet tragique.

Impatient de savoir si Gabin maintient son accord, Guibert veut lui soumettre un texte le plus tôt possible. Version non définitive sous le bras, producteur, réalisateur et scénariste prennent le train pour Deauville où le comédien les attend, sereinement réfugié dans sa propriété. Salutations d'usage rapidement expédiées, Gabin empoigne le script et le lit de bout en bout. Son œil de maquignon du cinéma ne saute pas une ligne. Verdict : « Ça, mes enfants, c'est bien, c'est bon. C'est du BSA extra-piste ! »

Sourires de Grangier et d'Audiard qui savourent la comparaison. Étonnement de Guibert qui se demande un court instant si l'acteur numéro 1 du cinéma français n'est pas en train de basculer dans la régression mentale. En réalité, l'expression fait référence à une publicité installée sur des panneaux entourant les pistes des vélodromes d'avant-guerre : « Employez les roulements à billes BSA. Le BSA extra-piste, le *nec plus ultra* du roulement à billes. » Conclusion : pour Gabin, ce texte est de la meilleure qualité. Un détail important n'est pourtant pas réglé : la fin. Celle du livre est rejetée. Réunion au sommet. C'est-à-dire dans de confortables fauteuils après un bon repas. Presque par hasard, un soir d'été, dans le propre domicile de Grangier, jaillit la fin tant attendue.

« Ce soir-là, racontera le cinéaste, Audiard, Gabin et Jean-Paul Guibert étaient venus dîner à la maison. Nous nous étions installés pour prendre le café autour d'une table basse. C'est alors que le déclic se produisit, la visualisation de la scène : la table supportant le café devint la voiture des gangsters, qui était finalement prise au piège, encerclée par les routiers au volant de leurs poids lourds que nous incarnions dans nos fauteuils. Cela se passait en été, les fenêtres de mon appartement étaient ouvertes. La solution trouvée avait fait largement monter le ton de la conversation… Le lendemain matin, mes voisins s'inquiétaient malicieusement : "Alors, les gros culs vont bousiller des salopards ?" Ils avaient tout entendu, de même que la plupart des habitants de la rue de Chartres, à Neuilly, à qui nous avions involontairement révélé la fin de notre film. "C'est pas *Gas-Oil* que vous auriez dû l'appeler, c'est *Tapage nocturne !*"[1]… »

Ne reste plus qu'à établir les contrats. Ce que s'empresse de faire Guibert le 15 mars 1955 :

Michel Audiard : 2 millions de francs (forfait fixe)

Jean Gabin : 15 millions de francs pour 48 jours de tournage (dont 10 % pour son agent André Bernheim, soit 1,5 million)

Jeanne Moreau : 2,5 millions de francs pour 24 jours de tournage

1. *Flash-Back* (Presses de la Cité, 1977).

Durée du tournage : 61 jours

Coût total du film : 99 887 840 francs

Scénario bouclé, titre définitif trouvé[1], contrats signés, le tournage débute le 25 mai 1955[2] et se déroule dans des conditions optimales avec une troupe de qualité : Jeanne Moreau[3], Ginette Leclerc, Henri Crémieux, Marcel Bozzuffi, Robert Dalban, Albert Dinan, Roger Hanin, Jean Lefebvre, Jacques Marin, Albert Michel... Grangier plante ses caméras à la fois dans la région parisienne (Gennevilliers, Montmorency, Meaux...) et dans le Puy-de-Dôme, dans un secteur sauvage et montagneux s'étendant de Marols à Saint-Nectaire. Sans oublier Goussainville où les jeunes élèves de l'école communale sont invités à faire de la figuration.

Comme il l'a fait avec Louis Jouvet, Audiard prend plaisir à venir sur le plateau, ne fût-ce que pour admirer Gabin. Il est à la fois ému d'entendre ce monstre sacré prononcer sa prose et étonné par son respect de la chose écrite. « Gabin était un dieu pour moi, affirmera-t-il. J'étais très marqué par les grands films qu'il avait faits. Seulement, où il y a eu miracle, c'est que j'ai trouvé en Gabin l'acteur le plus respectueux du texte que j'aie jamais connu ; ça frise la perversité chez lui car ce qui est écrit est sacré et il ne faut même pas changer une virgule[4]. »

Le courant entre les deux hommes provoque rapidement une amitié sincère. Les surnoms jaillissent : Michel devient le « Petit Cycliste » et Jean, le « Vieux ». Ils se retrouvent souvent à bavarder de tout et de rien, de sport et de cinéma, de littérature et de souvenirs ; entre les prises de vues, mais également le soir, où il n'est pas rare de les voir dîner dans un restaurant de bonne cuisine française, souvent accompagnés par Grangier.

« Nous avions avec Audiard des séances épiques en essayant de coller Gabin sur les divers palmarès du Tour de France depuis sa création et sur la liste chronologique des champions du monde de boxe, témoignera le réalisateur. Mais, de Faber à Pélissier, de Philippe Thys à Bottecchia, Jean se montrait incollable. Une nuit, Audiard, excédé, tenta d'élever le débat,

1. Un temps, il fut question de *Route de nuit*.
2. Pour s'achever le 6 août.
3. Après que le nom de Micheline Presle fut avancé.
4. *Ciné-Revue*, 5 juillet 1962.

après des heures consacrées au sport cycliste : "Tu ne vas pas me dire que c'est une érudition, ça ! On le sait que tu n'as jamais rien lu d'autre que *L'Équipe* et *L'Auto* dans toute ta vie ! Tiens, si on parlait un peu de Céline ?" Là-dessus, mon Gabin, impavide sous l'insulte, lui récita par cœur trois pages du *Voyage au bout de la nuit* ! N'oublions pas qu'il avait fréquenté Jacques Prévert qui lui avait fait lire les bons auteurs… Mais quand un journaliste lui cassait les pieds, il en rajoutait dans l'inculture, et si vous lui aviez parlé de Chateaubriand, il vous aurait répondu que c'était un square[1] ! »

La première mondiale de Gas-Oil a lieu le 12 octobre 1955 à la salle Pleyel de Paris. À cette occasion est remis le prix Entraide et Courtoisie routière à un certain M. Jean Brouat d'Agen, qui a volontairement précipité son 12 tonnes dans un ravin afin d'éviter une voiture de tourisme en sens inverse, dont le conducteur avait perdu le contrôle. Audiard regrette de n'avoir pas pensé à glisser une telle scène dans le film.

Sortie quelques semaines plus tard, cette production est favorablement accueillie par le public, ravi de retrouver Jean Gabin dans un rôle assez proche de ceux qu'il avait tenus avant la guerre. À compter de ce film, la cote d'Audiard ne cesse de grimper et ses exigences aussi. Non seulement financières, mais aussi techniques puisqu'il demande que son nom soit inscrit de plus en plus gros au générique et sur les affiches. Il est en train de devenir la star des dialoguistes…

* * *

Sans attendre la sortie de *Gas-Oil*, il a prêté son concours à une œuvre de commande et de faible envergure : *La Bande à papa*. L'unique raison de ce projet réside dans le succès grandissant de Fernand Raynaud à la fois dans les salles de spectacle et sur la scène de *36 chandelles*, à la télévision. Un succès qui donne des envies aux producteurs de cinéma. Guy Lefranc est mandé pour mettre en scène. On réfléchit autour d'une histoire intitulée *Bonne bouille*, finalement rejetée. Lefranc préfère une idée de Roger

1. *Flash-Back*, *op. cit.*

Pierre grâce à laquelle Fernand jouerait un employé de banque un peu benêt qui se retrouve tiraillé entre un père gangster et un futur beau-père inspecteur de police. Histoire simpliste émaillée d'extraits de sketchs de Raynaud, « Le 22 à Asnières » devenant, par exemple, « Balzac 18.01 à Paris ». Pour marquer le coup, on décide d'associer le nom d'Audiard, gloire montante dans le milieu des scénaristes, ainsi que celui de Frédéric Dard, gloire confirmée dans le milieu des polars hors norme. Tous deux rédigent les dialogues. Tâche vite expédiée.

L'ensemble est réalisé avec une pointe de nonchalance : Raynaud, qui affiche 29 ans, est rajeuni de cinq ans, pendant que son père cinématographique, Noël Roquevert, est rajeuni de treize ans, passant de 63 à 50 ans ! Quant à l'inspecteur principal, il change de prénom en cours de film, passant d'Eugène à Victor. Tout cela manque de rigueur. Cela manque aussi d'originalité et le film y aurait beaucoup gagné s'il s'était contenté de montrer un affrontement entre Noël Roquevert et Louis de Funès. Hélas, il y a Raynaud…

Audiard a mieux à faire que servir la soupe à un jeune comique qui ne percera jamais au cinéma. Gabin le réclame ! Gilles Grangier a convaincu les productions Fernand Rivers de financer l'adaptation d'un roman de Simenon, *Le Fils Cardinaud*. Avec Jean dans le rôle principal. Le 7 mai 1955 est établi le premier contact solide avec Simenon. Le 2 juin, les contrats sont signés. Michel est aux anges à l'idée de sculpter des phrases sur un matériau de Simenon. Il a lu tous ses livres et s'affirme fasciné par son univers, mélange de quotidien et d'inattendu, où l'ambiance générale revêt autant d'importance que l'intrigue. « On dit que Simenon c'est le Balzac du pauvre, raillera-t-il. Ce n'est pas du tout mon opinion. J'ai l'impression que c'est Balzac qui est le Simenon du pauvre[1] ! »

Quelle n'est pas sa surprise de constater la difficulté de respecter à la lettre ce prolifique auteur. S'il s'escrime sur la trame, il s'investit aussi dans les dialogues, constatant qu'il est pratiquement impossible de reprendre des phrases de Georges. « Le dialogue de cinéma est une espèce de charabia faisant illusion parce qu'il est fait pour être dit, non pour être lu, ajoutera

1. *Bibliothèque de poche*, *op. cit.*

Audiard. C'est pourquoi un dialogue de romancier est inutilisable au cinéma. J'ai eu cette mauvaise surprise en adaptant Simenon qui semble d'une justesse étonnante. Ses descriptions et sa fameuse atmosphère sont cinématographiques, pas ses dialogues, alors qu'ils se lisent merveilleusement bien[1]. » Il précisera : « Quand vous adaptez Simenon, vous ne gardez presque rien. On croit que Simenon correspond bien au cinéma, ce n'est pas vrai : tout se passe dans le crâne des personnages. Mais vous disposez de l'essentiel : l'épaisseur, la chair… Partant de cela, on peut faire mille choses[2]. »

Certes, il aurait préféré adapter un roman moins connu, paru en 1935 : « Il y a un livre de Simenon qui a été peu lu, je crois, qui s'appelle *Les Clients d'Avrenos*, qui est un grand livre, dira-t-il. S'il n'était pas signé de Simenon, on lui aurait fait un sort, très certainement. Il aurait eu je ne sais quel Goncourt[3]. »

Respecter l'esprit de Simenon tout en taillant des répliques à la personnalité de Gabin : bel enjeu. Contrôlant ses élans lyriques, mais ne bridant en rien son efficacité, Audiard sait trouver des formules efficaces dont une qu'il réutilisera par la suite : « Pendant douze ans on a fait chambre commune, mais on a fait rêves à part. » Sans trop le dire, il réussit à reprendre au mot près certains dialogues de Simenon…

Le Fils Cardinaud ressemble par certains aspects à *La Femme du boulanger* et des exégètes pointus pourraient dresser des ponts entre ces deux œuvres fortes. Gabin ne se retrouve ni boulanger ni habitant du Castelet mais patron pêcheur à La Rochelle, ce qui ne l'empêche pas d'être cocu. Durant tout le film, il part à la recherche de sa femme envolée au bras d'un godelureau, quitte à devenir la risée des nombreuses personnes qui le jalousent. Gabin ayant plus souvent joué les séducteurs que les maris trompés, ce revirement constitue à lui seul un événement.

Jean est enchanté du résultat car, comme le souligne Michel, « il n'aimait pas la littérature dans les dialogues ». Il ne regrette que le changement

1. Cité par François Guérif dans *Le Cinéma policier français* (Henri Veyrier, 1981).
2. *Cinématographe*, décembre 1979.
3. *Bibliothèque de poche*, *op. cit.*

de titre : *Le Fils Cardinaud* devenant, pour des raisons strictement commerciales, *Le Sang à la tête*[1].

Le tournage démarre le 15 février 1956 dans les studios Éclair d'Épinay, avant de se déplacer à La Rochelle.

Le public se montre enchanté, autant que la critique qui tresse des louanges.

« Tout le dialogue de Michel Audiard est dans ce ton quotidien et impitoyable, écrit Jean Serge dans *Paris-Presse*. Il est d'un réalisme à la fois habituel et exceptionnel qui "colle" exactement à la vérité des personnages. Depuis Jacques Prévert, jamais le cinéma n'avait trouvé un auteur aussi parfaitement apte à créer une atmosphère. » « Audiard paraît dans sa grande forme. Il a les mots fulgurants qui font sauter une salle, mais aussi les roueries qui le poussent à rendre odieux un ou deux personnages, sans raison d'action absolue, pour s'offrir le luxe de les cingler ensuite d'une seule réplique. », estime Rodolphe-Maurice Arlaud dans *Combat*. Et Jean de Baroncelli dans *Le Monde* : « Quant à Michel Audiard, ses dialogues sont de premier ordre. »

Revers de la médaille : cette ferveur d'une bonne partie de la critique, le soutien du public qui se déplace nombreux (près de 2 millions de spectateurs) irritent des esprits chagrins désireux de se faire passer pour d'authentiques défenseurs du septième art. Outré que ses confrères osent porter *Le Sang à la tête* au rang de chef-d'œuvre – ce qui est, effectivement, un peu exagéré – le jeune François Truffaut clame haut et fort son indignation. Concrètement, il déverse sa bile dans les colonnes d'*Arts*, journal dans lequel il fait preuve d'une certaine acrimonie. Il signe un article assassin dans lequel il s'en prend à tous les intervenants du film, sans oublier le dialoguiste : « Il abonde dans le sordide et multiplie les pires mots d'auteur qui sont la marque de son style ; voilà du sous-Jeanson, du Jeanson des mauvais jours ou de sous-préfecture. La vulgarité et une certaine bassesse de sentiment dominent ce film contre lequel un critique quelque peu indépendant doit lutter. »

---

1. Gilles Grangier affirmera que le titre original pouvait faire penser à une histoire religieuse. De toute façon « fils de » ne pouvait pas correspondre à Gabin. Le titre définitif colla mieux à sa personnalité.

Successeur de Prévert pour l'un, sous-Jeanson pour l'autre, Michel a le choix…

Finalement, le jugement ultime ne revient-il pas à Simenon lui-même? Il est mieux placé que quiconque pour s'apercevoir des changements entre ses romans et les films qui en sont tirés. Le *hic* était que, déçu par de précédentes expériences, il se désintéresse des adaptations cinématographiques. Il fait, pourtant, une exception : lors de la sortie du *Sang à la tête*, il félicite ouvertement ses auteurs. Cet enthousiasme s'estompera avec le temps car, bien des années plus tard, en 1976, à la suite d'une télédiffusion du film, il écrira : « La semaine dernière, pour la troisième fois seulement de ma vie, j'ai regardé l'adaptation cinématographique, reprise par la télévision, d'un de mes romans. La vedette en était mon ami Jean Gabin que j'admire ; l'adaptateur en était un autre ami, Michel Audiard, que j'admire aussi. Je suis resté devant le petit écran pendant une heure et demie, stupéfait, mal à l'aise, car je ne reconnaissais ni l'histoire, ni les personnages. Il n'y avait de réel dans le film que le banc de poissons à la criée de La Rochelle et les tours qui commandent l'entrée du port[1]. »

En dépit de la sévérité de ce jugement, *Le Sang à la tête* fait d'Audiard une vedette dans son domaine. Il quitte son Paris natal au profit de la calme et champêtre localité de Dourdan, fief des Guibert, où il s'installe dans une propriété baptisée « L'Enclos ». Là, il établit son bureau à l'écart, au fond du grand jardin, et devient rapidement pote avec la plupart des commerçants, à commencer par le limonadier de la place principale. Cependant, il regrette que cette cité paisible, patrie adoptive de Jean-François Regnard, auteur du *Légataire universel*, ne possède pas une rue ou même une plaque au nom de celui-ci.

Quelques semaines avant la sortie du *Sang à la tête*, Michel revint sur le travail d'adaptateur de roman : « Un scénariste est en général prié d'avoir des idées, de préférence originales. Un dialoguiste peut en prêter à quelques-uns de ses personnages (pas trop cependant). Un adaptateur, lui, a le devoir d'en être résolument dépourvu, s'il tient à travailler de façon régulière et s'il veut jouir de la considération générale. L'essentiel

1. *Tant que je suis vivant*, 9 mai 1976.

de son travail consiste à se servir des idées des autres, à savoir : les idées de l'auteur, du producteur, de la petite amie du producteur, et parfois même, cela s'est vu, du metteur en scène. [...] Lorsqu'un producteur achète les droits d'un roman connu, ce ne peut être que dans le but d'en extraire un film qui ne présentera aucune similitude, même fortuite, avec l'œuvre originale, sauf, bien entendu, si le livre est réellement très mauvais. En fonction d'une entente facile et préalable, une adaptation n'a pas à être réussie ou ratée, mais traitée dans le sens attendu par le producteur. Ce qui n'a d'ailleurs aucune espèce d'importance, puisque le dialoguiste n'en tiendra aucun compte et s'arrangera pour tout chambarder, en commençant, s'il le faut, par la fin. On écrit *Les Deux Orphelines* et on tourne *Les Trois Mousquetaires*[1]. »

1. *France film international,* 20 mars 1956.

8
Plume au vent

« Ce film me fait frémir depuis vingt ans. Le soir où il est diffusé à la télévision, je fais coucher toute la famille dès 20 heures. Je dis : "La télévision est cassée !", ou "Ce soir il n'y a rien de bien !" Il y a des scènes dites gaies dans les cabines de mannequins ! Même pas des pornos. Pire ! Un remords permanent[1]. »

Quel est donc ce film qui met Michel Audiard dans un état pareil ? Une production bien innocente financée et réalisée par André Hunebelle, interprétée par la digne Madeleine Robinson : *Mannequins de Paris*. Une histoire polissonne ? Même pas. La banale aventure du mari de la patronne d'une maison de haute couture qui, se sentant délaissé, s'en va courir la gueuse auprès des mannequins. D'où l'affiche – nullement érotique – qui précise « avec les plus jolies filles de Paris ». Dans le communiqué de presse, les publicitaires insistent plus sur les robes que sur celles qui les portent : « Le titre du film en dit le genre et caractérise en deux mots son prestigieux attrait. La haute couture, la Ville Lumière, les jolies femmes… Paris ! La couleur, l'écran large, une "collection" inédite créée tout exprès pour le film, quelques-uns des authentiques mannequins de la haute mode parisienne, l'élégance des salons de couture et le charme de la Côte d'Azur, autant d'éléments qui plaideront en faveur de *Mannequins de Paris*. »

Pas de quoi fouetter un chat et encore moins justifier l'opprobre. D'autant qu'il y avait déjà une courte scène de mannequins dans *Le Passe-Muraille*. Si ces mannequins motivent peu les Parisiens, blasés, elles

1. *Télé 7 Jours*, 29 octobre 1983.

tournent la tête aux provinciaux. En tout, 1,4 million de personnes font le déplacement, confirmant qu'Hunebelle a le soutien d'une frange non négligeable du public[1].

Aucune honte, en revanche, à écrire puis à parler de *Courte-Tête*, œuvre importante à plus d'un titre dans la carrière de Michel. D'abord, elle traite du milieu des courses hippiques qu'il connaît bien. Vu non du côté des riches propriétaires, mais de celui des petits parieurs, pour ne pas dire des petits arnaqueurs : un faux entraîneur, épaulé par un faux jockey et un faux militaire, tente d'escroquer un vrai « pigeon royal », partant du principe avéré que le turf est la plus vaste entreprise de pigeonnage en ce bas monde !

Ensuite, elle favorise sa rencontre avec Albert Simonin.

Tous deux sont enfants du siècle ; mais l'un de quinze ans l'aîné de l'autre. Tous deux sont natifs de Paris ; mais l'un vers des contrées lointaines, inaccessibles : la porte de la Chapelle. Tous deux ont grandi dans la rue ; pour Albert en vendant des fleurs à l'âge de 12 ans. Tous deux ont goûté au journalisme. Tous deux portent une casquette. Tous deux aiment la langue verte ; mais, à la différence de Michel qui soutient ne manier l'argot qu'à doses homéopathiques, Albert est considéré comme un spécialiste, au point d'être surnommé « le Chateaubriand de l'argot » par Léo Malet. Tous deux adorent la lecture et les romans policiers ; mais Simonin a connu un énorme succès avec *Touchez pas au grisbi,* paru dans la Série noire en 1953 et préfacé par Pierre Mac Orlan. Tous deux sont faits pour ériger conjointement toutes sortes de scripts ; l'un a un sens inné du dialogue et l'autre un sens inné de la construction scénaristique. Une collaboration efficace d'où va naître une pléiade de films.

« Ce qui nous réunit, expliquera Albert, c'est que nous avons connu les mêmes personnages. Qu'ils soient de Charonne, qu'ils soient de La Chapelle, qu'ils soient de Belleville, qu'ils soient du parc Montsouris, les faubouriens sont les faubouriens. C'est ce qu'ont beaucoup de peine à comprendre certains de nos confrères qui, eux, sont nés à la plaine Monceau ou dans le seizième. Ça les étonne que nous ayons des

1. En cette année 1956, Paris est à l'honneur sur grand écran : *Notre-Dame de Paris, La Traversée de Paris, Si Paris nous était conté, Paris Palace Hôtel, Rencontre à Paris*, etc.

personnages qu'ils n'ont jamais rencontrés. Parce que, eux, quand ils s'aventurent dans les faubourgs, c'est un safari ! »

Albert préfère ne pas évoquer son passé trouble. Durant la guerre, il s'est associé à des journaux teintés de gris, et même de vert-de-gris. Il s'est également fourvoyé du côté du Centre d'action et de documentation, dont le but premier était de s'en prendre aux juifs et aux francs-maçons. Il a, d'ailleurs, participé à l'écriture d'une brochure, *Le Bourrage de crâne*, visant, justement, juifs et francs-maçons. Cela lui a valu, à la Libération, une peine de cinq ans de prison, écourtée par une amnistie. Pour le grand public, il reste l'auteur et l'un des scénaristes de *Touchez pas au grisbi*. Depuis, il a travaillé sur *Interdit de séjour*, de Maurice de Canonge, à l'impact nettement moindre.

Simonin manifeste un don peu commun pour dénicher des histoires originales et les transformer à sa manière. Celle de *Courte-Tête* lui est inspirée par un fait divers survenu avant la guerre. Il le modèle à la sauce humoristique. Audiard y ajoute sa touche, signant des dialogues cinglants.

Mis en scène par Norbert Carbonnaux[1], le film réussit un honnête parcours au box-office. Dans *Art,* François Truffaut, feignant de ne pas tenir rigueur à Audiard d'avoir commis *Le Sang à la tête*, s'exclame : « Enfin un bon film comique ! », et ajoute : « *Courte-Tête* ne sera pas considéré comme un chef-d'œuvre, il n'aura pas les honneurs d'un festival, ne fera pas le tour du monde et ne recevra aucun prix ; il n'empêche qu'il y a, selon moi, dix fois plus d'invention, de fantaisie et de nouveautés que dans *Les Belles de nuit* ou *Les Grandes Manœuvres*[2]. » Étrange revirement de la part de ce chantre de la Nouvelle Vague qui ne cache pas son mépris du « cinéma de papa »... Pendant ce temps, André Bazin, du *Parisien libéré*, semble n'avoir pas bien regardé le générique puisqu'il note : « Les dialogues d'Yvan Audouard sont drôles, mais manquent de style. »

Courte-Tête[3] permet à Audiard d'offrir un vrai grand second rôle à Louis de Funès. Certes, la tête d'affiche est tenue par Fernand Gravey, en margoulin aux allures aristocratiques, mais de Funès, en roi du

1. Assisté par Jacques Deray et Georges Lautner !
2. Tous deux réalisés par René Clair.
3. Qui faillit s'intituler *Les Ramasse-miettes*.

déguisement, se retrouve quatrième au générique, juste derrière Jean Richard (la victime) et Jacques Duby (le soi-disant jockey). Il campe un savoureux combinard non exempt de mimiques ni d'accents inattendus.

Brillant dans la comédie, Michel Audiard est aussi attendu ailleurs : dans le pur polar. *Jusqu'au dernier* – qui porta pour premier titre *Les Violents* – de Pierre Billon réunit un trio de prestige : Paul Meurisse, Raymond Pellegrin et Jeanne Moreau. Afin de récupérer un magot, un truand dénonce ses complices à la police. Hélas pour lui, certains en réchappent. L'ami peu fidèle trouve refuge dans un cirque où il tombe sous le charme d'une séduisante jeune femme…

Cette production connaît de nombreux déboires, jusqu'à être interrompue en plein tournage, faute de financement. Quand les prises de vues redémarrent, Billon demande à Audiard des modifications de dialogues. L'intéressé établit ses quartiers dans un bistrot proche des studios. Il y écrit jusque tard le soir, finissant par tendre ses feuilles à un jeune assistant, impatient de les emporter, qui se nomme… Claude Pinoteau.

La publicité de ce film se base plus sur la notoriété des acteurs que sur l'originalité du contenu. Elle clame qu'il s'agit « d'une histoire captivante où s'entremêlent l'amour et le danger ». Pourtant, la fausse bonne idée de lancer des truands dans le monde du cirque apparaît éculée. Le public, écrasé sous la montagne de films policiers, réclame de la fraîcheur et de l'inédit. Il réclame aussi Jean Gabin.

Gaumont parvient à convaincre celui-ci grâce à des arguments sonnants et trébuchants. Réunissant à nouveau sa fidèle équipe Grangier-Audiard, le Vieux exige une histoire solide et charpentée. On sélectionne un roman d'Auguste Le Breton regroupant les ingrédients du genre : un chef de gang au grand cœur et aux vestons bien coupés, une intrigue pleine de rebondissements, des personnages secondaires patibulaires, et, en prime, une bonne dose de violence.

Audiard entre pour beaucoup dans le choix de ce livre. Il souhaite l'adapter et en écrire les dialogues. C'était compter sans Auguste Le Breton qui ne vend les droits qu'à la condition *sine qua non* de s'occuper personnellement des échanges verbaux. Depuis le succès de son *Rififi chez les hommes*, il estime que, peu ou prou, tout le monde le plagie. En tant qu'ancien truand[1], précise-t-il, il se sent bien placé pour faire jacter les bandits de grand chemin. Pour le prouver, il ne se déplace jamais sans un revolver Luger qu'il affirme chargé. Et chaque fois qu'il retrouve Audiard – qui a établi ses quartiers d'été dans une petite auberge de Montfort-l'Amaury – il ne manque pas de lui exhiber cette arme avec, dans la plus belle tradition des westerns, une entaille pour chaque victime. Michel se retient de sourire.

Une fois oublié ce côté gros bras de cour de récréation, les deux hommes nouent des relations cordiales, ne serait-ce que grâce à une passion commune : le vélo. Conséquence : le film comporte une courte référence aux cyclistes du dimanche. On y note également une scène filmée à Dourdan, cas unique dans la longue filmographie d'Audiard !

« Michel Audiard, quand il voulait séduire, était irrésistible, témoignera Gilles Grangier. Et Auguste avait bien accepté Michel parce que Michel le faisait marrer. De plus, Auguste était content parce que le film était dur. Je me suis battu pour cela. Gabin était formidable. Son personnage était d'une grande brutalité et il foutait vraiment la trouille[2]. »

Cette dureté fera que le résultat final, sorti sous le titre *Le rouge est mis*, se retrouvera interdit aux moins de 16 ans.

Le tournage débute en janvier 1957. Seulement quelques jours auparavant, Gilles Grangier a découvert son interprète idéale. Elle appartient à la Comédie-Française et se nomme Annie Girardot[3].

« Il s'agit d'un "policier" classique, avec règlements de comptes, annonce Grangier, mais l'accent est mis sur l'amitié de deux frères, l'aîné et le cadet, dont la maladresse provoque le drame. C'est cette amitié qui humanise l'histoire[4]. »

Le coproducteur Alain Poiré, choqué par la violence du film, suggère un happy end. Il se heurte à l'opposition des auteurs. Quant au têtu Le Breton, n'écoutant que lui-même, il n'hésite pas à abuser de l'argot dans ses dialogues, ce que regrette Michel. Certaines répliques s'embourbent dans

1. Surtout ancien bookmaker.
2. *Passé la Loire, c'est l'aventure, op. cit.*
3. Parmi les acteurs annoncés figura Jean-Louis Trintignant. Marcel Bozzuffi lui fut préféré.
4. *Unifrance Films*, 20 février 1957.

le mauvais goût. Un exemple : un truand bon vivant met la main aux fesses d'une femme facile. Réprimandé par Pépito le Gitan qui lui fait remarquer que ce ne sont pas des manières de gentleman, le malotru rétorque : « Elle avait de la poussière sur le valseur. » On a connu plus raffiné.

En dépit de sa violence, et de la présence de Gabin, *Le rouge est mis* a du mal à se démarquer du lot. Dans *Le Monde*, Jean de Baroncelli souligne : « Il est difficile de faire preuve d'originalité dans les limites étroites d'un mythe 100 fois exploité. Les personnages sont stéréotypés, les situations archicommunes. Le tort principal de ce film de Gilles Grangier est de venir après ceux de [Jules] Dassin et de [Jacques] Becker. »

En visite sur le plateau de tournage, comme il aime le faire quand s'y trouve le Vieux, Michel est frappé par la présence peu discrète d'un acteur dont il ignore le nom et qui tient un rôle secondaire, celui de Pépito dit le Gitan. Il l'observe face aux caméras et surtout face à Gabin qui a la réputation de « bouffer » ses partenaires. Étonnement. Admiration. Cette force de la nature fait le poids face au monstre sacré. Il le doit à la fois à une carrure impressionnante forgée à la dure discipline de la lutte gréco-romaine et du catch et à une force de caractère aussi carrée que ses épaules. Ce phénomène a grandi dans la rue, possède un sens de l'amitié aigu, aime la pêche et les voitures. Tout pour plaire à Michel qui se promet de le retrouver dans un prochain film. Il se nomme Lino Ventura…

* * *

Après avoir été assistant puis conseiller technique pendant une dizaine d'années, Marcel Camus souhaite réaliser son premier film. Il est soutenu par son ami Daniel Gélin, ainsi que par Michel Audiard, qui l'aide à trouver un sujet. Or, en pleine discussion, Mme Audiard surgit, brandissant un roman de Jean Hougron, *Mort en fraude*. Camus entame sa lecture le soir même. Le lendemain, il revient avec la ferme décision d'en tirer un film, même s'il souhaite prendre beaucoup de libertés avec le sujet.

Camus souhaite surtout montrer la vie difficile des habitants d'Indochine pris dans une guerre qui n'en finit pas ; tout en dévoilant le folklore local. Une des rares productions françaises à oser jeter un œil sur cette

Indochine, terre de combats. L'intrigue se situe en 1950 et repose sur un homme (Gélin) qui doit ramener de France un paquet contenant 500 coupures de 100 dollars. Malheureusement, on le lui dérobe à l'escale de Singapour. Traqué, il prend la fuite et se réfugie dans un petit village au cœur du conflit.

Camus se rend sur place faire des repérages. Il trouve l'endroit idéal à 500 kilomètres de Saigon. Pendant ce temps, Audiard se demande comment placer des dialogues. D'autant que l'odieux personnage central, d'un naturel peu expansif, est entouré de gens pratiquant peu la langue de Molière.

Les premières images sont mises en boîte en octobre 1956. Lorsqu'il visionne le résultat, Michel ne cache pas son désappointement. À quelques proches, il précise même qu'il déteste… Il n'est pas le seul à être déconcerté. Le public aussi. Seul l'aspect « documentaire » attire certains spectateurs.

* * *

Daniel Gélin toujours. Avec *Retour de manivelle :* l'aventure sombre d'un jeune homme pris dans un complot qui le dépasse. Piégé par un mari sans scrupule – qui se suicide – et par une femme fatale qui le phagocyte, le pauvre hère s'en sort mal…

Des accents hitchcockiens pour une œuvre tirée d'un roman de James Hadley Chase. Michel, préposé aux dialogues, choisit la sobriété, même si la gent féminine n'en sort pas indemne. Il s'amuse avec le commissaire Plantavin. Denys de La Patellière, le réalisateur, lui apprend qu'il sera interprété par Bernard Blier. Une rencontre au sommet.

« N'entre jamais dans la police : 60 000 francs par mois à bosser jour et nuit, c'est pas un salaire.

– Soyons juste : c'est pas non plus un métier. »

Michel et Bernard deviennent plus que des amis : des inséparables. Preuve de leur complicité : les surnoms. L'auteur reste le Petit Cycliste et l'acteur se transforme en l'Argentin car, par un curieux hasard du destin, il est effectivement né dans cette exotique contrée ! Ils deviennent si proches que, bien des fois, Blier affirmera qu'Audiard lui vole ses propres réflexions dans la vie courante. Pas entièrement faux, mais pour le moins exagéré. En réalité, Audiard connaît tellement son compère qu'il sait quelles répliques lui faire dire. Et ce qui est vrai avec Blier l'est aussi avec Gabin, Ventura puis, par la suite, Belmondo, Delon et quelques autres. Michel possède un don pour trouver avec précision les mots qui sonnent le mieux chez chaque comédien.

Son talent n'est pourtant pas prisé par tous. À l'occasion de la sortie de *Retour de manivelle*, François Truffaut revient à l'assaut : « Les dialogues de Michel Audiard dépassent en vulgarité ce qu'on peut écrire de plus bas dans le genre. Ce n'est pas un dialogue naïf ou faussement littéraire, mais cynique et roublard. Il prouve de la part de Michel Audiard un mépris du cinéma, des personnages de film et du public en général. »

* * *

Michel Audiard est plus préoccupé par son métier que par sa fonction de père. En ce milieu des années 50, les messieurs se consacrent à leur carrière, délaissant trop souvent leur famille ou faisant confiance à leur épouse pour s'en occuper. Or Michel a deux familles, et plusieurs fils.

« On m'a envoyé en pension quand j'avais 12 ans, rapportera Jacques. Histoire de justice familiale. Mon frère y était, il fallait que j'y aille. L'argument était un peu faible, mais c'était comme ça. J'ai détesté la pension. C'était purement et simplement la taule. Un bagne de riches, près de Jouy-en-Josas, semblable à celui que décrit Modiano dans *De si braves garçons*, un établissement un peu militaire avec lever des couleurs, marches au pas, punitions corporelles... Ça a disparu, grâce à Dieu ! Je haïssais cet endroit, la société des garçons entre eux, la rivalité, le sport... Du coup, j'ai passé le plus clair de mon temps dans la bibliothèque de l'établissement, dont j'ai consciencieusement rincé les rayonnages, de Proust à André Dhôtel... J'ai fini par me faire virer et je me suis retrouvé à Paris, chez les curés, où j'étais interdit de bibliothèque[1]. »

1. *Télérama*, 18 octobre 2010.

De son côté, Bruno rapportera : « Quand il fut temps pour moi d'entrer à l'école, mon père mit en action les grands moyens. Hors de question que je fréquente, comme lui, la Communale et autres établissements "au rabais". Il fit en sorte que je sois formé par les "meilleurs" établissements. Le nec plus ultra, la crème de la crème. Hélas, sa connaissance en la matière était limitée : il confondait "meilleurs" et "plus chers". Je sais que lui-même n'aurait supporté aucune des prisons scolaires où il me fit "enfermer". Les élèves y étaient souvent brillants, mais restaient avant tout des "clients". En tant que père, je ne l'ai jamais trouvé très attentif envers les enfants, y compris les siens. Mon père ne s'intéressait aucunement à ma scolarité. Une ou deux fois seulement, il m'a demandé à quel niveau j'en étais, section Histoire de France. Nos relations ne se sont vraiment construites qu'après mes dix premières années et, encore plus, passé mon adolescence. Raison pour laquelle on trouve peu d'enfants dans ses films. Ça l'encombrait. Il n'avait pas le mode d'emploi. »

* * *

Toujours à la tête d'Intermedia, qui poursuit un beau parcours, Jean-Paul Guibert a l'idée de faire jouer à Gabin le plus célèbre des commissaires français. Il vient d'acheter à Simenon les droits de deux romans, de la série des Maigret. Et, dans ces tractations, le nom de Gabin a pesé lourd. Le 2 janvier 1957 est signé le contrat avec Simenon. Dans la foulée, Guibert parvient à faire signer à la star un contrat portant sur trois ans et six films, tous dialogués par Audiard.

Ainsi, Jean prend la succession de Pierre Renoir, Harry Baur, Charles Laughton, Michel Simon, Albert Préjean qui, avant lui, ont incarné le célèbre commissaire sur grand écran. Belle aubaine pour Audiard qui s'était déjà fait la main sur *Le Fils Cardinaud* et adore décortiquer l'univers de Simenon. Le choix du roman est laissé à Jean Delannoy qui réalisera le film. Ce sera *Maigret tend un piège*.

Pour adapter ce roman, paru seulement deux ans plus tôt, Delannoy fait appel à son ami le journaliste romancier Rodolphe-Maurice Arlaud et, bien entendu, à Audiard, dont il apprend à connaître la personnalité :

« Michel a un immense talent, mais je lui découvre, en plus, une qualité d'âme que ne laisse pas toujours deviner sa gouaille de titi parisien[1]. »

Ensemble, ils prennent soin de construire une enquête avançant pas à pas, sans véritablement de rebondissements, marquée seulement par l'entêtement de Maigret qui, paradoxalement, songe à sa retraite. Cette atmosphère contribue à la puissance de cette production qui, par incidence, est probablement la première en France à traiter du cas d'un tueur en série, que personne n'ose encore appeler *serial killer*. Les faits ont pour cadre le quartier du Marais où un tueur nocturne assassine des femmes seules. Voulant piquer l'amour-propre du meurtrier, Maigret invente un faux coupable auquel il offre le maximum de publicité…

Par respect pour l'œuvre de Simenon, Audiard écrit un dialogue d'une sobriété exemplaire. Il lui arrive, cependant, de déraper. En employant des mots d'argot, ce qu'à aucun moment Maigret ne s'est permis dans toute sa longue carrière littéraire ! Il met en avant le personnage de Maigret, ne laissant qu'une portion congrue aux rôles secondaires pourtant tenus par des acteurs de la trempe d'Annie Girardot, Jean Desailly, Lucienne Bogaert, Olivier Hussenot et, dans une participation non créditée au générique, Lino Ventura[2].

Jean se trouve rapidement à l'aise dans les habits confortables de Maigret. Et pour cause : il les choisit lui-même. Il se rend au magasin La Belle Jardinière où il privilégie des costumes lui rappelant son grand-père, avec ceinture et bretelles. Il se sent moins à l'aise avec les dialogues d'Audiard. Détestant les longues tirades, l'acteur demande des coupes dans certains « tunnels ». Refus sec de Michel. Paulette Dubost, qui joue le rôle de Mauricette Barberot, se souviendra des « prises de bec terribles » entre les deux hommes. Le soliste et le compositeur doivent apprendre à accorder leurs violons.

Quant à la jeune Annie Girardot – qui a dit de l'Audiard sans trop le savoir dans *Le rouge est mis* – elle peut enfin faire la connaissance du « maître ». Elle le découvre au cours d'un de ces « déjeuners incroyables »

1. Cité par Pierre Assouline dans *Simenon* (Julliard, 1992).
2. Dans le scénario, son personnage d'inspecteur de police est plus développé, mais la plupart de ses scènes sont supprimées, pour mieux se concentrer sur Maigret.

qui réunissent Gabin, Ventura et Audiard dans un restaurant sis au 22 rue de la Convention où le Vieux a ses habitudes.

La distribution est difficile à établir. Pour le rôle de Marcel Maurin sont envisagés Philippe Lemaire, Claude Leydu, Michel François, Philippe Mareuil. Jean Desailly l'emporte.

Tournage du 22 juillet au 28 septembre 1957 au studio d'Épinay, où sont construits tous les décors, y compris celui de la place des Vosges.

Le public réserve un accueil favorable à ce *Maigret tend un piège*. Ce qui poussera Gabin à reprendre du service par deux fois : dans *Maigret et l'affaire Saint-Fiacre* puis dans *Maigret voit rouge*. Georges Simenon en est enchanté : « Gabin a fait un travail hallucinant, dit-il. Ça me gêne du reste un petit peu parce que je ne vais plus pouvoir voir Maigret que sous les traits de Gabin[1]. » Dans *France-Soir*, Robert Chazal parle de « chef-d'œuvre du genre » et termine son article en ces termes : « Mis en scène par un Delannoy en pleine possession de son talent, très habilement dialogué par Michel Audiard, cette œuvre de classe redonne au film policier de nouvelles lettres de noblesse. » La surprise vient de là où ne l'attendait pas. De Jean Dutourd qui met de l'eau dans son vinaigre et convint avec prudence : « Michel Audiard qui, il y a quelques années, écrivait des dialogues pleins de vulgarités et de balivernes, a fait des progrès étonnants. Son texte pour *Maigret tend un piège* est vif, naturel, abondant, et parfois savoureux. »

* * *

Jean Gabin s'impose de plus en plus comme la star numéro 1 du cinéma français. Une pointure. Une légende. Il accumule les succès publics voire les triomphes. De partout lui arrivent des projets, qu'il refuse pour la plupart, tant il aime travailler avec sa propre équipe, Michel Audiard en tête. Pourtant, il lui manque le grand rôle qui auréolera la seconde partie de sa carrière.

1. *L'Express*, 6 février 1958.

Or, la firme Pathé se souvient que *Les Misérables* de Raymond Bernard lui a rapporté beaucoup d'argent deux décennies auparavant. Pourquoi ne pas financer une nouvelle version du roman ? Avec Gabin dans le rôle de Jean Valjean, personnage dont la stature quasi mythique et le physique de colosse lui correspondent parfaitement. Hugo-Gabin : belle tête d'affiche ! Et en couleurs ! Les producteurs s'empressent d'en parler au principal intéressé, non point Victor puisqu'il est passé de vie à trépas, mais Jean qui a toujours bon pied, bon œil, bonne fourchette et mauvais caractère. Il accepte sans montrer un enthousiasme délirant, car il ne montre jamais d'enthousiasme délirant.

La production est lancée. Pour la réalisation, Jean Gabin suggère Jean-Paul Le Chanois. Par contrat, il peut imposer son dialoguiste. Toutefois, Audiard, bien qu'adorant Victor Hugo, estime qu'il est un peu vain de l'adapter au cinéma car y manquera la puissance des mots. De plus, il ne partage ni le même humour ni la même approche politique que Le Chanois. Ils semblent faits pour ne pas s'entendre et, malheureusement, c'est ce qui arrive. Après quatre jours, Audiard quitte la table de travail.

Marcel Lathière, P-DG du Consortium Pathé, rapporte les faits de manière un peu différente :

« On organisa un dîner au Fouquet's avec Jean-Paul, André Bernheim, Jean Gabin et Michel Audiard. […] Au cours de ce dîner nous avons eu droit à un sketch formidable : un résumé par Jean Gabin du rôle de Jean Valjean concocté par Michel Audiard… Un numéro extraordinaire mais qui prouvait que le projet pour *Les Misérables* de Victor Hugo serait oublié. Ce qui avait été prévu avec Michel Audiard fut donc rompu[1]. »

Réconciliation impossible.

« Le Chanois et Audiard ne pouvaient pas s'entendre, précisera Pierre Granier-Deferre qui les connaissait bien. Le Chanois était un homme intelligent, mais totalement inhibé dans son élan politique, buté. Ce n'était pas un imbécile, il était très cultivé, mais son humour s'arrêtait très vite ; il s'arrêtait à la tranche humanitaire et politique. Avec Audiard, ça ne pouvait pas marcher car il faisait exprès de le provoquer. Ce faux

1. Cité par Philippe Renard dans *Un cinéaste des années 50, Jean-Paul Le Chanois* (Dreamland, 2000).

fasciste, ce faux antisémite était capable d'un numéro destiné à choquer les gens qui n'étaient pas dans le coup. Et puis c'est vrai qu'Audiard, sans être fasciste, n'était pas de gauche. Alors que Le Chanois était d'une tradition marxiste, plus que stalinien. »

Audiard est remplacé par René Barjavel. Néanmoins, Gabin lui transmet quelques extraits du dialogue en lui demandant de « lui arranger le coup » ici ou là. Ce que fait Audiard.

Loin des *Misérables*, Michel retrouve son ami Daniel Gélin. Il est la vedette de *Trois jours à vivre*, tiré d'un roman de Peter Vannett. L'occasion de dépeindre le monde des acteurs de théâtre en tournée ; principal intérêt d'une intrigue qui, située dans n'importe quel autre décor, eût été ennuyeuse. Simon Belin (Gélin), seul témoin d'un crime, pour se faire un peu de publicité, accuse à tort un « repris de justice et mauvais garçon notoire ». L'homme (Lino Ventura) est condamné à vingt ans, mais, les prisons françaises étant ce qu'elles sont, il s'évade au bout de six mois. Dès lors, il annonce à son accusateur qu'il ne lui reste plus que trois jours à vivre. Ce qui tombe bien puisque c'est le titre du film... Le rôle féminin est tenu par Jeanne Moreau. Le tout mis en scène par Gilles Grangier.

Les motivations des personnages paraissent insuffisamment claires pour retenir l'attention. L'attrait réside dans la peinture d'une petite troupe de théâtre et – même si le film comporte un peu trop d'extraits de *Lorenzaccio* – quelques scènes ne manquent pas de piquant, en grande partie grâce au jeu volontairement outrancier de Roland Armontel et Aimé Clariond en vieux cabots. Et l'on y trouve cette belle réplique : « Tout ce qui est écrit est fait pour être joué. C'est à toi d'apporter du style quand l'auteur n'en a pas, et ça arrive souvent ! »

Tout en restant avec Grangier, Michel retrouve Gabin pour *Le Désordre et la Nuit*, sujet apporté par Jacques Robert, auteur du roman, qui clame qu'il s'agissait d'un rôle en or. Jean se méfiait comme de la peste de ses prétendus Midas du scénario. Poussé par Grangier, lui-même poussé par Robert, il accepte de lire le livre. Non sans rechigner, il accepte de jouer l'inspecteur Georges Vallois à condition que son Petit Cycliste de scénariste favori participe à l'adaptation et, bien entendu, aux dialogues.

Jacques Robert ayant demandé de participer à l'écriture du scénario, Grangier l'amène à Dourdan chez Audiard. Retrouvailles après l'aventure des *Dents longues*. Le romancier se voit affublé du peu sympathique surnom de « petite frappe andalouse » car Michel trouve ridicules ses allures de bellâtre des milieux interlopes. Il préfère l'éviter et écrire en bonne entente avec Grangier. Tous deux transformèrent Georges Vallois en un personnage à la Gabin, ce qui fausse la donne. L'inspecteur est officiellement désigné comme un alcoolique, mais n'en porte ni les stigmates ni les séquelles. De même, il fait de la principale suspecte – et unique témoin – sa maîtresse ce qui ne paraît pas le troubler outre mesure et ne le déstabilise même pas face aux remontrances de son supérieur… Pour le reste, le film, qui se veut suspense psychologique, sert surtout de prétexte à une visite superficielle du Paris *by night* avec danses lascives et musiques envoûtantes. La sensualité de Nadja Tiller et la classe de Danielle Darrieux apportent un habile contrepoint au comportement peu détendu du monolithique Vallois.

* * *

Gabin ne peut plus se passer d'Audiard et pas seulement parce que le contrat que lui a fait signer Jean-Paul Guibert les lie presque intimement. Le défi qu'il lance en 1958 pourrait faire reculer le dialoguiste : Audiard est chargé de faire parler les gens du grand monde. Le Vieux vient, en effet, d'accepter le rôle principal des *Grandes Familles,* d'après le roman de Maurice Druon. Un prix Goncourt, voilà qui va changer Michel de ses habituels polars. La gageure paraît d'autant plus impressionnante que *Les Grandes Familles*, applaudi par la critique, a connu un vif succès dès sa publication[1]. On lui trouve des vertus balzaciennes, voire dostoïevskiennes, dans sa présentation minutieuse d'une certaine caste de dirigeants.

1. 250 000 exemplaires en France, plus des traductions en Angleterre, en Scandinavie, aux États-Unis, au Japon, etc.

Gabin reçoit 37 millions pour deux mois de tournage[1].

Avec Denys de La Patellière, en charge du projet, Michel construit un scénario en béton. Il faut tailler dans l'épais roman, rendre secondaires, voire anecdotiques, plusieurs personnages et resserrer l'ensemble afin de renforcer l'impact dramatique. Le résultat aurait aussi bien pu s'appeler *Le Chef de famille* tant tout tourne autour de Noël Schoudler, obligé de composer avec un fils incompétent, un fondé de pouvoir inconséquent et un cousin inconvenant.

L'intrigue, mêlant gros sous et affaires de famille, se situe chez les patrons de banque et les requins de la haute finance. Or, s'il est bien un univers que Michel connaît mal, c'est celui-là ! Il part à la rencontre d'agents de change et de professionnels de la finance pour se familiariser avec leur style, leur phrasé, leur musique, bref se « frotter à leur langage », comme il le dit lui-même.

Il fait bien. Il fait même plus que bien. Les échanges entre Jean Gabin et Pierre Brasseur constituent des morceaux d'anthologie. Pour le reste, Michel puise parfois dans le roman. Ainsi, pour la confrontation entre père et fils, quand le premier refuse une augmentation de capital. La formule « Les traites sur l'horizon, ça ne pardonne pas » est de Druon. Toutes les autres sont d'Audiard !... Quant aux passages sur la Bourse, ils sont allégés afin de rester à la portée du grand public.

« Nous avons décidé d'isoler dans les actions multiples des *Grandes Familles*, celle qui était la plus spectaculaire, celle qui pouvait suffire à l'écran pour donner le portrait le plus représentatif du milieu de la finance, explique Druon, qui chapeaute l'adaptation. Le romancier ne peut espérer retrouver l'intégrité de son ouvrage dans un film. S'il y a adaptation, il y a compromis, fatalement[2]. »

Pour la première fois de sa carrière, Gabin joue un grand-père.

Pour la première fois des scènes sont filmées dans l'enceinte même de la Bourse parisienne, avec l'accord du syndic des agents de change.

1. Se classant ainsi au troisième rang des acteurs français les mieux payés, derrière Fernandel et... Brigitte Bardot.
2. *Unifrance film*, 31 mai 1958.

Peu avant la sortie, Denys de La Patellière rend hommage aux créateurs de cette œuvre ambitieuse : « *Les Grandes Familles*, un film de Denys de La Patellière ? Non. Un film de Maurice Druon d'abord. Parce que Noël Schoudler, c'est lui ; Lucien Maublanc, c'est lui ; la Bourse c'est lui. Et que rien ne serait arrivé s'il ne s'était éveillé un matin de 1947 avec en lui ce terrible univers des *Grandes Familles*. Que ce soit aussi un film de Michel Audiard, il est presque inutile de le dire puisqu'à Noël Schoudler, à Maublanc, à Lachaume, à François, c'est lui qui a donné la parole. Mais quand Jean-Paul Guibert, parmi les dix histoires qui s'entremêlent dans le roman, choisit de peindre sur fond de Bourse la tragique erreur de Schoudler, il fait des *Grandes Familles* son film. Quand Jean Gabin, enfin, imprime au personnage du vieux chef de clan un style si définitif que Maurice Druon lui-même ne peut plus l'imaginer autrement, ne signe-t-il pas par là même le film en son entier ? »

La Patellière omet de préciser que Pascal Jardin participa à l'écriture du scénario. Sans être, il est vrai, crédité au générique.

Belle réussite et beau succès : 4 millions de spectateurs !

Les Grandes Familles s'inscrit parmi les textes les mieux maîtrisés par Michel Audiard.

« Nous sommes pourtant de la même famille.

– Nous ne donnons pas le même sens à ce mot.

– Ah, voilà… Nous avons de l'argent tous les deux : toi tu représentes le patronat, moi le capitalisme ; nous votons à droite : toi c'est pour préserver la famille, moi c'est pour écraser l'ouvrier ; dix couples : chez toi c'est une réception, chez moi une partouze. Et, le lendemain, si nous avons des boutons : toi c'est le homard, moi c'est la vérole. »

De quoi rappeler à ceux qui ont la mémoire un peu courte qu'il est capable de s'attaquer à presque tous les sujets. Pourtant, Michel n'a pas encore donné la pleine mesure de son talent.

9
Les principes d'Archimède

Rarement un scénariste-dialoguiste n'aura été autant sollicité que Michel Audiard. Ce que souligne France Roche, parfaite connaisseuse de son ex-camarade de *Cinévie* : « Michel Audiard fut le journaliste le plus paresseux de Paris. Il n'écrivait ses articles qu'avec le revolver (moral) sur la nuque et une avance de caisse sous les yeux. Il est devenu le scénariste le plus travailleur du cinéma français. En quatorze mois, il va écrire les adaptations et dialogues de six films. Toujours le revolver (moral) sur la nuque, mais plus de chèques sous les yeux. Car il commence à être blasé : il sera sans doute cette année l'auteur de films le plus payé. Il aura aussi les plus belles muses. Un auteur de film ne travaille vraiment bien que lorsqu'il connaît "sa" vedette. Michel aura la plus sexy : Brigitte Bardot. Il va commencer *Paris-Londres*, dont elle sera l'héroïne. [...] Son partenaire sera peut-être David Niven, avec qui le producteur Raoul Lévy est en pourparlers. Toujours pour Brigitte, Audiard écrira les dialogues de *Voulez-vous danser avec moi ?* que Michel Boisrond réalisera d'après un roman américain, *Valse blonde*. Michel aura aussi Michèle Morgan pour inspiratrice. Il la fera parler dans *Dis-moi qui tu es*. Les trois autres films seront des "Gabin" pour le producteur Jean-Paul Guibert : *Le Clochard*, que Gilles Granger réalisera en novembre. [...] Il aura un "pote" fidèle joué par Brasseur ou Bourvil. Gabin deviendra au printemps 1959 un officier français de l'exode de 1940. Réalisateur : Jean Delannoy. Enfin, il retrouvera la pipe de Maigret en automne 1959. Tous ces films ne sont pas des projets, mais des solides contrats bien signés[1]. »

1. *France-Soir*, 13 juin 1958.

Certains ne verront pas le jour, d'autres subiront des modifications. Il n'en demeure pas moins vrai qu'Audiard croule sous les commandes.

* * *

Le cinéma possède cette vertu de pouvoir sauter d'un univers à l'autre avec allégresse. Ainsi, après avoir trempé dans l'univers des grands bourgeois, Michel Audiard baguenaude dans celui des clochards. Toujours pour Gabin qui, pour une fois, est à l'origine du projet.

Le Clochard prend forme autour d'une table de bistrot. Dans un établissement sis du côté du carrefour de l'Alma, où Gabin aimait prendre ses aises, il émet l'idée de jouer un clochard. Ça le fait marrer. Il s'y voit déjà. Et il entend déjà les dialogues d'Audiard, faisant de ce marginal un philosophe. Michel et Grangier sont les témoins privilégiés de cette naissance. Le premier dit banco, plus pour faire plaisir au Vieux que par envie sincère. Le second se montre plus circonspect car il ne voit pas comment construire une histoire à partir de ce simple postulat. Un clochard, c'est bien, mais il fait quoi ?

Gabin ne renonçant pas à son idée, il faut aller jusqu'au bout. Et le trio contacte l'inévitable Jean-Paul Guibert. Consterné à l'idée de voir l'acteur en clodo, lui aussi suit avec des pieds de plomb.

Reste à inventer une histoire. Dépourvus d'enthousiasme, Gilles et Michel ont du mal à trouver des situations originales. Et faire d'Archimède – de son vrai nom Joseph Hugues Guillaume Boutier de Blainville – un clochard capable de réciter Apollinaire de mémoire, ne résout pas le problème. Grangier sollicite l'aide d'Albert Valentin, écrivain, poète, scénariste de *Boudu sauvé des eaux* et grand pourvoyeur d'anecdotes. À charge pour lui de fournir des situations cocasses. Ainsi est fait. Cahin-caha. L'esquisse de scénario achevée, ils la portent à Gabin dans sa propriété normande. L'air de la campagne tempérant un naturel qu'il a bougon, l'acteur tente de convaincre ses deux amis de se retirer au vert. « Venez donc habiter ici, les gars, ne cesse-t-il de leur répéter. L'air est sain, ça vous rebectera les éponges. Le mauvais temps en Normandie, c'est une légende. » Ce à quoi Michel, reprenant à son compte une étude très poussée d'Alphonse Allais, rétorque inévitablement : « C'est pas une légende, c'est une évidence ! À Deauville, si tu vois Le Havre, c'est qu'il va pleuvoir. Si tu ne vois pas Le Havre, c'est qu'il pleut déjà ! » Michel le Parigot n'arrive pas à comprendre pourquoi Jean est devenu plus normand que les autochtones.

– Mais enfin, Jean, reconnais qu'il pleut tout le temps dans ta Normandie. C'est pas une vie !

– Justement, c'est mieux.

– Mieux ? Qu'est-ce que ça t'apporte la pluie ? À part des escargots et des rhumatismes.

– Ça n'apporte rien justement !... Ça éloigne les gens... Plus le temps est mauvais, moins y a de monde. C'est pas divin, ça ?

Sous la grisaille les auteurs dévoilent leur brillant scénario. Parmi leurs géniales trouvailles figure celle d'Archimède loqueteux débarquant dans une soirée très mondaine où, après y avoir fait scandale, il esquisse quelques pas de charleston. Gabin dit non. « Je ne danserai pas le charleston ! Ce n'est plus de mon âge. Et puis je vais avoir l'air d'un con avec mes grosses pompes. » Il en faut plus pour faire reculer Audiard et Grangier. Pliant sous l'opprobre, ils font mine de ranger leur trouvaille au magasin des accessoires, mais la ressortiront perfidement au moment des prises de vues. Ce jour-là, Gabin acceptera de mauvaise grâce de faire un essai. Dès les premières mesures, il se prendra au jeu et se lancera dans un numéro inouï. Il demandera même à refaire la prise trois fois !

Le titre du projet est, donc, *Le Clochard*. Des affiches sont imprimées en ce sens. Quelqu'un remarque que ce titre fait plus pathétique que comique. Il faut à la hâte coller des papillons *Archimède*, car le label définitif devient *Archimède le clochard*.

Se déplaçant seul mais vivant en communauté, ce monsieur est flanqué de collègues des bas-fonds chargés de donner un peu de piquant à l'histoire. Michel suggère Julien Carette dans le rôle de Félix, le clochard aux chiens. Un point cause du tracas. Il est de notoriété publique que Carette cache des bouteilles dans tous les coins du plateau, y compris dans la cuvette des toilettes. Une surveillance accrue s'imposera. Mais ce que ne sait aucun des créateurs de cet *Archimède le clochard*, est que Carette éprouve de réelles difficultés à tenir debout et se montrait incapable de retenir un texte. À la hâte on raccourcit ses répliques et on transforme son personnage en un clochard allongé car victime d'une mauvaise chute… Pour ce voleur de chiens, Michel s'inspire d'un marginal rencontré dans sa jeunesse. Lui aussi piquait les clebs pour les rendre à leurs propriétaires moyennant récompense.

Après les refus de Bourvil et Brasseur, le rôle d'Arsène eût dû être offert à Jean Richard. Tel est le vœu de Gilles Grangier. Jean-Paul Guibert lui préfère Darry Cowl pour l'unique raison qu'il est moins cher. Quand il l'apprend, Gabin entre dans une de ses colères légendaires. Il s'était fait à l'idée de travailler avec Jean Richard, dont il apprécie la bonhomie, et connaît mal le plus célèbre bègue du cinéma français. Si mal qu'il ne sait pas qu'il était naturellement bègue. Cela donne lieu à un début de tournage épique. Gabin, convaincu que Darry Cowl butait sur ses répliques pour ajouter d'inutiles effets comiques, s'énerve plus souvent qu'à son tour et menace de quitter le plateau. Grangier lui jure sur l'honneur que Darry est aussi bègue dans la vie qu'à l'écran. « Évidemment, répond Jean, si c'est un cas clinique… » Laissant sa mauvaise foi au vestiaire, il observe le jeu de son principal partenaire et l'apprécie. « Mon petit pote, finit-il par dire, toi et moi, c'est du bronze. On va leur montrer ce qu'on sait faire. »

Jean apporte sa touche personnelle. Par exemple, buvant un verre, il glisse un : « Rentrons vite celui-là avant qu'il pleuve », phrase typique de paysan normand, déjà présente dans *Gas-Oil*[1] !

Tout au long des prises de vues, Gabin se mêle du scénario, ce qui n'est pas dans son habitude[2]. Jusqu'à émettre le vœu de faire une suite. D'où la nécessité de modifier la fin qui devient plus ouverte. Archimède se retrouve sur le bord d'une plage azuréenne après avoir remis au garde-à-vous un militaire à la retraite. Déjà, Jean imagine cet Archimède prolongeant son « année sabbatique » sur la Côte d'Azur et continue de rêver : ce clochard peut être pour lui ce que Don Camillo est pour Fernandel. Il déchantera vite. Pourquoi ? Pour la plus simple des raisons :

1. Et dans *La Belle Équipe* (1936).
2. Le générique précisera « d'après une idée de Jean Moncorgé » (son véritable nom).

Archimède le clochard déçoit. Pas le public, qui s'amuse, mais tous ceux qui y ont participé. Dont Gabin lui-même. Ce personnage l'a amusé certes mais, à la réflexion, il n'a plus envie de le reprendre. Et Archimède entre paresseusement dans la boîte aux souvenirs.

* * *

Si ce clochard est porté sur la dive bouteille, ce fut bel et bien l'alcoolisme qui se retrouve au cœur de *Pourquoi viens-tu si tard...*[1] que dialogue ensuite Michel et qui n'a rien d'une œuvre comique. Un réquisitoire contre l'attitude permissive de la société face au fléau de l'alcoolisme. Les auteurs veulent démontrer que le buveur est un être faible que la société se doit de protéger contre lui-même et contre les fournisseurs du vice. La phrase clef de cette production mélodramatique est lancée par une avocate au bord des larmes : « C'est une maladie de boire, une maladie terrible. Les tuberculeux apitoient, les infirmes bouleversent, les alcooliques font rire. » Flamboyant propos au pays du beaujolais, du pastis et de l'armagnac.

Au-delà de la mise en cuve des pourvoyeurs de boissons, *Pourquoi viens-tu si tard...* présente une histoire d'amour entre une avocate (Michèle Morgan) et un sémillant photographe de presse (Henri Vidal), perturbés par un odieux individu – par ailleurs animateur de télévision (Claude Dauphin) – qui discrédite la spécialiste du barreau en pleine audience via une révélation explosive : elle est une alcoolique invétérée !...

Pas question de s'amuser avec ce sujet dur – réalisé par Henri Decoin – et pas question d'envisager des délires éthyliques, mais poétiques qui auraient pu annoncer ceux de *Un singe en hiver*. L'alcoolisme ne doit ni faire rire, ni faire rêver. Ici, on fit dans le sobre, si l'on peut dire...

À noter, cependant, la courte présence d'un camelot, incarné par Robert Dalban, qui, en quelque sorte, préfigure, avec douze ans d'avance, le héros de *Comment réussir quand on est con et pleurnichard*. Ce vendeur d'un tord-boyaux appelé « Le Petit Joyeux » ne manque pas de faconde

1. Ex-*Dis-moi qui tu es*, puis *La Grande Bagarre*.

pour fourguer sa mixture à 11 degrés : « Le soleil des foyers, le vin qui élimine la fatigue, qui débarrasse l'organisme de toutes ses impuretés. C'est une véritable source de jouvence ! »

Les créateurs de ce film espèrent qu'il provoquera polémique et débat, dans la lignée de *Le Poison* de Billy Wilder, qui provoque une petite onde de choc outre-Atlantique. Tel n'est pas le cas. Bien qu'appréciée, cette production est vite oubliée...

Moins dur est *Amour, mon cher amour* que Michel propose au producteur René Thévenet qui a financé *Série noire*. Une comédie dramatique dont, pour une fois, il est l'auteur à part entière. Dans une petite ville de province, une jeune vendeuse attend un enfant. Le père est un étudiant couvé par sa mère qui parvient à l'éloigner de la femme qu'il aime... Thévenet accepte mais impose Louis Duchesne pour sa première (et finalement unique) mise en scène[1].

L'ensemble subit diverses modifications, à commencer par le titre qui devint *Péché de jeunesse*, ce qui ne signifie plus grand-chose. Les acteurs principaux en sont Madeleine Robinson, Agnès Laurent et Gil Vidal.

Tourné dans les premières semaines de 1958, *Péché de jeunesse* sort le 17 juin 1959, le même jour que *La Bête à l'affût*, production à laquelle Michel a fait mine de participer. Concrètement, il a été attiré par la somme proposée. Argent qu'il dépense bien vite. Le réalisateur, Pierre Chenal, demande à lire l'adaptation de *Forests of the Night*, polar de Day Keene, que Michel est censé faire. Or, débordé de travail, celui-ci demande à Denys de La Patellière de s'en occuper. Le résultat – signé Audiard ! – est expédié à Chenal, qui s'affirme déçu. La date de début de tournage approchant, Chenal sollicite Rodolphe-Maurice Arlaud pour retravailler l'histoire et André Tabet pour rédiger les dialogues. Audiard n'a, donc, quasiment rien écrit sur ce film, mais étant lié par contrat, son nom apparaît sur les affiches et au générique !

Cette fausse intrigue policière narre la rencontre entre un prisonnier évadé qui clame son innocence et une jeune veuve qui clame son amour. Hélas, le monsieur est un fieffé saligaud et, déçue, la femme le rend à la

1. Il poursuivra sa carrière dans la production.

police comme elle rendrait un chien malade à la SPA… Françoise Arnoul et Henri Vidal tiennent ces deux rôles tandis que Michel Piccoli campe l'inévitable commissaire.

* * *

Si Audiard a délaissé *La Bête à l'affût* c'est pour mieux se concentrer sur une nouvelle enquête de Maigret. Simenon réapparaît par le truchement de *Maigret et l'affaire Saint-Fiacre*.

Gabin a pourtant dit non. Même s'il aime beaucoup Maigret, il n'a aucune envie de finir sa carrière en accumulant les enquêtes et en fumant la pipe. Il accepte en fin de compte de marcher sur les traces de la prime jeunesse du commissaire, au château des Saint-Fiacre. Le roman de Simenon qui sert de canevas est mis sens dessus dessous. Dans le livre, Maigret n'a qu'un rôle passif, le comte de Saint-Fiacre menant seul l'enquête. Michel Audiard ne conserve aucune des phrases de Simenon, à une exception près : à Maigret qui lui demande s'il connaît le coupable, le curé répond : « Dieu le connaît. »

Maigret et l'affaire Saint-Fiacre rencontre un succès similaire à celui de son prédécesseur et justifie la mise en chantier de *Maigret voit rouge* auquel Audiard ne participe pas, trop occupé par ailleurs.

Il se glisse dans l'univers de *125 rue Montmartre*, que lui propose Grangier. Son interprète principal en sera un acteur qui, depuis son apparition dans *Touchez pas au grisbi*, a tourné pas moins de 20 films en cinq ans et affirmé un talent de plus en plus solide. Ayant accédé aux premiers rôles, et à la notoriété, avec *Le Gorille vous salue bien*, il dispose désormais d'un droit de regard sur les dialogue et scénario. N'ayant aucune envie de suivre une carrière de « gros dur » à la Eddie Constantine, Lino Ventura s'enthousiasme pour *125 rue Montmartre* qui lui offre la possibilité d'incarner à la fois un homme de la rue et une victime[1].

1. Pendant un (court) temps, ce projet fut annoncé avec Bourvil et Annie Girardot dans les rôles principaux.

L'histoire est tirée d'un roman d'André Gillois qui a obtenu le prix du Quai des Orfèvres en 1958. Livre qu'Audiard ne lit pas, préférant travailler directement sur le scénario !

125, rue Montmartre est l'adresse des Messageries de la presse parisienne, c'est-à-dire des vendeurs de journaux et des cyclistes chargés de les distribuer aux quatre coins de Paris. Que de souvenirs pour Michel qui a hanté ces lieux au temps de sa pas si lointaine jeunesse. Pour Ventura aussi, cela prend la forme d'un retour aux sources car, gamin, il a empoché quelques sous comme crieur de journaux, métier qu'il retrouve dans ce film. Le Paris populeux, l'entraide entre copains, les quartiers plébéiens servent de toile de fond à cette trame policière dans laquelle un brave homme un peu naïf se retrouve accusé d'un meurtre qu'il n'a, évidemment, pas commis.

Durée du tournage : 6 semaines, dont 24 jours au studio de Boulogne et 12 jours en extérieur.

Michel reçoit 5 millions de francs (dont 500 000 reversé à son agent André Bernheim), l'une des plumes les plus chères de Paris… Quant à Lino, son statut de vedette est estimé à 10 millions, pour huit semaines de travail. Budget total du film : 130 millions.

125 rue Montmartre permet à Lino et Michel de mieux se découvrir. Ils n'ont pas fini de travailler ensemble…

Nettement moins plaisant est le travail autour d'une commande du producteur Raoul Lévy qui souhaite offrir une comédie à une jeune beauté au lancement de laquelle il a contribué : Brigitte Bardot. Belle ambition qui prend beaucoup de temps à se concrétiser. Bien que le cadre en soit la Seconde Guerre mondiale, le ton doit être à l'humour débridé avec pour personnage central une héroïne malicieuse et sexy. Après avoir écarté *Paris-Londres*, le titre de cette pochade devient *Babette s'en va-t-en guerre*.

Dès le départ, le projet prend de la gîte. Le script, qui doit beaucoup à Lévy lui-même, est refusé par Bardot, qui y aurait été une employée de lupanar. « Le scénario que l'on avait soumis à mon approbation me faisait hurler d'horreur et de désespoir, écrira-t-elle. Comment *Babette*, ce film que j'imaginais charmant et drôle, pouvait-il être devenu un scénario aussi minable et sans intérêt ? […] J'avais accepté l'idée charmante de cette petite résistante malgré elle, et je me retrouvais avec une histoire de Mata Hari sexy, vulgaire, qui couchait avec tout le monde[1]. »

Gérard Oury est appelé à la rescousse. Il n'a pas encore tourné *La Grande Vadrouille*, mais son imagination fourmille de gags. Et l'idée de les placer dans une ambiance de guerre mondiale ne le gêne aucunement. Il transforme Babette en une domestique. De maison close, tout de même. Enfin, pas tout à fait puisque, au moment où elle se présente, la maison ouvre ses volets, signe de sa fermeture. La jeune innocente suit un périple qui la mène dans l'univers dangereux des agents secrets où elle est chargée de séduire, puis d'enlever un général allemand... Pour emballer le tout, Lévy sollicite Michel Audiard, dont le contrat est en train de prendre la poussière.

« J'ai eu un gros coup avec Brigitte Bardot durant *Babette* qui aurait pu être un film charmant et qui a été trop édulcoré, racontera-t-il. Notez que ce ne fut pas tellement la faute de Brigitte qui, elle, au demeurant, est très gentille ; mais c'est son entourage qui la gâte. Ainsi, lorsque, discutant d'un sujet ou d'un dialogue, Brigitte émet une réserve qui lui paraît juste, mais dont on arriverait aisément à lui faire accepter le mal fondé, aussitôt quelqu'un de son entourage – et, à l'époque, en ce qui me concerne, il s'agissait de Raoul Lévy – s'écriait : "Ah non, c'est impossible... Du moment que Bri-Bri l'a dit, il faut se fier à l'instinct de Bri-Bri !" En fait, B.B. étant le carnet de chèques d'un tas de gens, leur seule idée est de ne jamais la contrarier pour que le compte soit toujours approvisionné[2]. »

La rancœur de Michel s'explique aussi par le fait qu'une bonne partie des dialogues de Brigitte est réécrite par un auteur qui tient à rester anonyme. Corriger de l'Audiard ? Diantre !

Sur le plateau de *Babette*, la star s'intéresse de moins en moins à son rôle et de plus en plus à son principal partenaire, Jacques Charrier. Ce fringant jeune homme doit sa place au désistement de David Niven qui a eu le bon goût de refuser le rôle. Pourtant, Bardot se fait presque voler la vedette par Francis Blanche qui, dans un incroyable rôle d'officier SS

1. *Initiales B.B.* (Grasset, 1996).
2. *Ciné-Revue*, 5 juillet 1962.

surnommé Papa Schultz[1], offre une composition aussi hilarante qu'inoubliable. Ce chef de la Gestapo parisienne est un sanguinaire qui rêve à la fois de faire fusiller tout le monde et de faire avouer les survivants. Francis Blanche le propulse au-delà du ridicule.

Preuve de l'incroyable popularité de Bardot : *Babette s'en va-t-en guerre* réunit 4 657 000 spectateurs ! Le phénomène Bardot étant international, le film sort aux États-Unis sous le titre *Babette Goes to War* et sous le label « An hilarious film ! ».

Michel reste sous l'Occupation, fictivement parlant, avec *Les Yeux de l'amour*, histoire sentimentale et mélodramatique entre une vieille fille quadragénaire (Danielle Darrieux) et un pseudo-résistant devenu accidentellement aveugle (Jean-Claude Brialy) qui se réfugie chez elle.

Bien que cette production en affiche les stigmates, Denys de La Patellière se défend d'avoir filmé un mélo : « Si l'on appelle mélo toutes les belles histoires d'amour, alors mon film est un mélo. Mais si l'on donne à ce mot un sens péjoratif qui laisse prévoir un sujet larmoyant et artificiellement dramatique, soyez rassurés. Cette histoire, inspirée d'un fait vécu, ne se bornera pas à toucher et à émouvoir, elle fera rire aussi. Je renonce même au snobisme des conclusions amères puisque tout finit bien. »

Pour amuser le public, Audiard cible l'essentiel de ses bons mots sur le personnage de la châtelaine faussement impotente et carrément râleuse destiné à Françoise Rosay, dont le franc-parler est réputé. Évoquant la bonne, ne dit-elle pas à sa propre fille : « Elle n'a peut-être pas ton ovale raphaélien ni tes fines attaches mais elle fait courir les hommes. Toi aussi d'ailleurs, mais pas dans le même sens. » Bien servi aussi est le docteur, joué par Bernard Blier, qui se lance dans des joutes verbales à fleurets non mouchetés contre l'acariâtre septuagénaire. « En cas d'agonie simple, je lui ai prescrit des sirops, en cas d'agonie aiguë, des piqûres, en cas d'agonie définitive, des suppositoires… Eh bien qu'elle prenne les trois et qu'elle nous foute la paix ! »

Un festival de sarcasmes qui ne plaît pas à tout le monde. « Par la faute d'Audiard, s'indigne Jean Rochereau dans *La Croix*, une demi-douzaine,

1. En hommage à *Stalag 17* (1953) de Billy Wilder.

au moins, de scènes des *Yeux de l'amour* frôlent la polissonnerie, tombent dans le mauvais goût et manifestent à l'endroit de la religion un déplorable esprit de persiflage. »

Michel ne se contente pas d'égratigner soutanes et uniformes, il glisse dans son texte plusieurs références littéraires dont Bossuet, Dostoïevski et Maupassant. Pas si mal…

10
Gabineries

Retournant vite à Gabin, qui menace de s'impatienter, Michel Audiard propose d'adapter un livre de René Lefèvre, acteur par ailleurs[1]. Jean en prend connaissance et s'affirme emballé : le rôle du contremaître quinquagénaire qui, parce que veuf, assume seul l'éducation de ses trois enfants, le ravit. Il lui rappelle ses personnages populaires d'avant-guerre.

Quant à Audiard, l'idée d'évoluer dans l'univers des petites gens avec bistrots, réflexions à l'emporte-pièce et pointe d'anarchie provoque chez lui des frissons de plaisir. Il barbote dans son élément avec l'aisance d'un caïman dans un bayou de Floride. Pour se faire plaisir, et faire plaisir à son ami, il développe la partie « cyclisme », transformant l'un des fils en champion de France amateur. Et Gabin se retrouve à mimer une scène de course tout en lançant des noms de rois de la petite reine.

Le scénario s'éloigne du roman, faisant d'Henri Neveux un veuf alors que, dans le livre, le fossé se creuse entre lui et son épouse. À l'écran, le conflit le place devant sa fille. « Je te préviens que si tu me ramènes un gosse de ce mec-là, je le fais empailler et je le mets sous globe : je veux que les Martiens voient ça ! »

Rue des Prairies, titre du roman qui, une fois n'est pas coutume, est conservé, ne fait pas que présenter un père de famille bougon ; il évoque, à sa manière, le conflit des générations dont les journaux font déjà leurs gros titres. Les publicitaires chargés de la promotion du film ont la très mauvaise idée de placarder : « Jean Gabin et la Nouvelle Vague ». Or cette production, réalisée par Denys de La Patellière, reste d'une facture

1. Et partenaire de Jean dans *Gueule d'amour* (1937).

traditionnelle et la « Nouvelle Vague » en question désigne uniquement les trois jeunes acteurs : Marie-José Nat, Claude Brasseur et Roger Dumas.

« Je n'étais pas suffisamment important à l'époque pour côtoyer Audiard, rapportera Brasseur. Il était surtout avec Gabin et La Patellière. La seule chose que je peux dire et que peu de gens savent, c'est que la plupart de ses dialogues lui ont été inspirés par Gabin. Jean parlait vraiment comme ça, ce qui n'enlève rien au talent de Michel. Il ne s'est jamais caché d'avoir été extrêmement inspiré par le parler, le phrasé de Gabin. »

À aucun moment ni La Patellière, ni Gabin, ni Audiard ne cherchent à racoler du côté du cinéma dit de la Nouvelle Vague. Hélas, le mal est fait. Les fers de lance du jeune cinéma s'en prennent au film dans son ensemble et à sa publicité en particulier. François Truffaut croit lire en guise de slogan : « Jean Gabin règle ses comptes à la Nouvelle Vague » – ce qui n'est absolument pas le cas ! – et cela le met de méchante humeur. Il s'énerve, attaque, pourfend et classe les fabricants de ce film parmi ses bêtes noires : « *Rue des Prairies* est un film qui participe de la manœuvre d'abrutissement concerté du public, dans laquelle s'est souvent complu le cinéma français, écrit un certain Yves Boisset. Tout en respectant prudemment les tabous des barrières sociales, le film sacrifie avec une sage roublardise, au mythe démagogique de l'ascension sociale cher à l'inévitable Michel Audiard. [...] Par ailleurs, le film est interprété, si l'on peut dire, par un certain Jean Gabin qui n'a plus rien de commun avec le grand comédien qui régna longtemps sur le cinéma français[1]. »

En guise de contre-feu, Michel Audiard fait tonner l'artillerie lourde. Dans un article incendiaire, il accuse cette Nouvelle Vague de provoquer le rejet d'une partie du public : « La télévision connaissant une période stagnante, je soupçonne ses dirigeants d'avoir inventé la Nouvelle Vague afin de dégoûter définitivement du cinéma quelques milliers de spectateurs et, ainsi, de les récupérer. Non seulement l'opération a réussi, mais elle se révèle triomphale. Après l'offensive des *400 Coups*, la vente des récepteurs a repris. Après l'opération de *Hiroshima*[2], elle a carrément doublé. Ayant ainsi rempli sa mission, la Nouvelle Vague se retire. C'est-à-dire

1. *Arts*, novembre 1959.
2. *Hiroshima, mon amour* (1959) d'Alain Resnais.

qu'après avoir essayé de prendre d'assaut les façades des Champs-Élysées, elle reflue vers son point de départ : la salle de rédaction des *Cahiers du Cinéma*. Submergés par leur propre clapotis, les nouveaux petits maîtres-nageurs ont déjà de l'eau jusqu'au menton. Il ne restera bientôt plus sur la plage déserte que les corps des producteurs noyés. [...] Certains disciples des *Cahiers* ont pourtant fait des films, insinueront les vétilleux. Oui. Ils en ont fait un, parce que tout le monde, même un Jean-Luc Godard (vous voyez jusqu'où je descends) peut en faire un. Tout romancier, tout cinéaste, tout journaliste, a au fond de lui, une autobiographie qui sommeille, un nombril du monde à exhiber. Il suffit d'avoir eu des mots avec papa ou maman, d'avoir été amoureux de la fille du crémier, ou d'avoir chapardé une poignée de bonbons à un étalage, pour avoir des traumatismes à étaler et des révoltes à faire connaître. Ah, la révolte, voilà du neuf ! de l'original ! du payant ! [...] Un œil sur le manuel du petit anar et l'autre accroché sur la Centrale Catholique, une main crispée vers l'avenir et l'autre masquant son nœud papillon, M. Truffaut aimerait persuader les clients du Fouquet's qu'il est un individu dangereux. Ça fait rigoler les connaisseurs, mais ça impressionne le pauvre Éric Rohmer. [...] Car, si autrefois les gens qui n'avaient rien à dire se réunissaient autour d'une théière, ils se réunissent aujourd'hui devant un écran. [...] Voilà où ils en sont, ou plutôt où ils en étaient. Car il serait incohérent de continuer à parler d'eux au présent. La Nouvelle Vague est morte. Et l'on s'aperçoit qu'elle était, au fond, beaucoup plus vague que nouvelle[1]. »

Loin de cette querelle d'initiés, *Rue des Prairies* poursuit son chemin avec succès. Gabin s'est attaché à ce rôle de contremaître. Plus que les chefs de gang et les flics intraitables, c'est ce type d'individus qu'il affectionne et Michel l'a bien compris.

* * *

L'association Gabin-Delannoy-Audiard se reforme autour d'un roman de Simenon, cette fois sans rapport avec Maigret. *Le Baron de*

1. *Arts*, novembre 1959.

l'écluse narre un épisode doux-amer d'un mythomane qui se donne des grands airs, gagne un yacht (*L'Antarès*) au jeu et se retrouve coincé dans une écluse champenoise où, par la force des choses, il doit frayer avec les petites gens du cru. Michel décide d'en faire une comédie en rendant ce personnage de faux baron plus flamboyant que dans le livre. La première partie, qui a pour cadre Deauville, est entièrement inventée.

Jean en est ravi, car il habite dans cette cité côtière. Il déchante quand il apprend que les décors deauvillois, y compris les célèbres planches, seront en partie reconstitués dans des studios parisiens, l'obligeant à quitter son confort normand.

La base de l'adaptation est confiée à un auteur de talent, certes, mais qui a rarement fait s'esclaffer ses lecteurs : Maurice Druon. Sa présence se justifie par sa connaissance du monde des jeux et de la jet-set deauvilloise. De la sorte, *Le Baron de l'écluse* part de manière un peu bancale, Audiard devant plaquer des dialogues drôles sur une histoire qui ne l'est pas. Elle s'annonce même ennuyeuse puisque, après un départ sur les chapeaux de roues, elle s'enlise dans cette écluse où, de la volonté même de Simenon, il ne se passe quasiment rien. Sans les répliques de Michel, sans les talents de Gabin, sans Micheline Presle en fêtarde invétérée et Blanchette Brunoy en restauratrice bien proprette, le film basculerait dans la chronique désenchantée.

Cette production paraît dans les salles pratiquement en même temps que *Plein soleil* de René Clément avec Alain Delon, *Classe tous risques* de Claude Sautet avec Lino Ventura et Jean-Paul Belmondo et *Le Trou*, de Jacques Becker. Bel éclectisme du cinéma français en ces années 1960. Tous, y compris *Le Baron*, connaissent de beaux succès.

Le Baron de l'écluse marque la fin du contrat liant Jean Gabin au producteur Jean-Paul Guibert. Un contrat qui, comme convenu, a porté sur six films : les deux Maigret, *Les Grandes Familles, Archimède le clochard, Rue des Prairies* et ce *Baron*. Six films, six succès… qui font passer le cachet de l'acteur de 5 à 25 millions ! Le tandem Gabin-Audiard restait le plus rentable de tout le cinéma français. Et aussi le plus cher.

Mais, sans contrat, l'acteur se sent démuni.

« J'avais une maison à Deauville et Gabin habitait en face, racontera le producteur Jacques Bar. Il était très démoralisé parce qu'il aimait sa sécurité. Il m'a dit : "Jean-Paul m'a laissé tomber, c'est la catastrophe, je ne retrouverai jamais une équipe pareille." Je lui ai dit : "Jean, si vous n'avez pas de problème avec Audiard, Verneuil ni Grangier, nous allons former une équipe." Je lui propose de l'engager pour deux films par an : l'un fait par Grangier, l'autre par Verneuil, avec Audiard comme auteur de base, à charge pour lui de nous trouver les sujets. »

Le contrat porte finalement sur trois ans et trois films. Les quatre principaux signataires seront rétribués au mois : 50 000 francs pour Gabin, 20 000 pour Grangier, Verneuil et Audiard. Ce dernier bénéficie d'une clause lui permettant d'exercer ses talents ailleurs.

Premier titre de ce nouveau lot : *Les Vieux de la vieille*. Par de nombreux aspects, il rappelle *Archimède le clochard*, chronique à la fois loufoque et touchante de trois vieillards insupportables qui se rendent à l'hospice pour en sortir aussi vite… Gabin y joue un homme d'un certain âge dans la France profonde. Cette fois, l'histoire repose sur un roman amusant et structuré puisque écrit par René Fallet, ami personnel de Michel Audiard. On est en bonne compagnie…

À 56 ans, Gabin estime qu'avec ses cheveux blancs, un bon maquillage et un costume *ad hoc*, il peut faire un vieux monsieur des plus crédibles. Pour l'un de ses partenaires, il choisit Noël-Noël (63 ans), dont il apprécie la fantaisie. Pour le troisième élément du puzzle, Gabin propose Fresnay (63 ans également). Ils n'ont pas travaillé ensemble depuis vingt-trois ans, date de l'illustre *La Grande Illusion*. Jacques Bar lui préférait Fernandel, d'un an plus âgé que Gabin. Jean maintient sa position et obtient gain de cause. Ce refus catégorique a de quoi étonner. Car Jean et Fernandel se connaissent très bien. Ils s'apprêtent même à fonder ensemble une maison de production, la Gafer. En 1964, ils travailleront ensemble pour *L'Âge ingrat…* de Gilles Grangier. L'entêtement de Jean déséquilibre le film. Certes, Fresnay est un grand acteur, mais peu rompu aux exigences de la comédie. Même dans la célèbre trilogie de Pagnol, il a joué sur un registre dramatique. Avec sa voix tranchante, son aspect de protestant austère, il n'a rien d'un amuseur-né, au contraire d'un Noël-Noël (qui, de fait, rafle tous les effets comiques).

Ce n'est pas la seule erreur. Grangier conviendra que la fin était bâclée. « C'est la faute d'Audiard, affirmera-t-il. Il y avait cette femme qu'ils avaient honorée tous les trois. Le Vieux aurait bien aimé Madeleine Renaud mais ça emmerdait Michel de réécrire des scènes, surtout des scènes de femmes. Je voulais une vieille qui soit à la hauteur, ça aurait donné une fin épatante. Au lieu de ça, on a pris une femme charmante, Mona Goya, qui n'avait rien d'une paysanne. Elle a eu beaucoup de courage parce qu'elle est tombée dans une famille qui n'est pas la sienne. Mais ce n'était pas ça. Je m'en suis voulu après[1]. » Bilan : la scène des retrouvailles avec la femme apparaît tronquée sur l'écran.

Les Vieux de la vieille est présenté en avant-première sur les Champs-Élysées le 1er septembre 1960, en présence des trois acteurs principaux. Les bénéfices de cette soirée de prestige sont reversés aux maisons de retraite pour comédiens de Ris-Orangis et de Pont-aux-Dames.

Un geste généreux qui n'empêche pas cette production de symboliser tout ce que déteste la jeune critique française : film avec de « grosses » têtes d'affiche, cinéaste cherchant plus à mettre ses acteurs en valeur qu'à signer une œuvre personnelle, dialogue semé de bons mots. Michel Audiard trouve sur sa route de nouveaux ennemis qui ne le lâcheront pas. Il vole dans les plumes de ces freluquets qui ont besoin de brûler leurs aînés pour asseoir leur personnalité. « Le cinéma de papa faisait le plein, le cinéma de fiston fait le vide, écrit-il. On aurait dû se méfier : avec une appellation qui avait une petite consonance balnéaire, la Nouvelle Vague a envoyé des millions d'ex-spectateurs dans la nature. Et définitivement. Le jeune cinéma a fait en deux ans plus pour le développement de l'automobile et de l'hôtellerie que le Touring-Club en un demi-siècle[2]. »

Plus tard, dressant un premier bilan de l'action de ces francs-tireurs, il se forcera à une relative objectivité : « Si je veux être sincère, je n'ai pas détesté – en tenant compte qu'il s'agissait du travail imparfait de débutants – *Les Cousins* de Chabrol ou *À bout de souffle* de Godard. Hélas,

1. *Passé La Loire, c'est l'aventure, op. cit.*
2. Cité par Alain Poiré dans *200 films au soleil* (Ramsay, 1988).

depuis, chacun de leurs nouveaux films respectifs m'a paru aller de mal en pis. Sauf pour François Truffaut. Lui c'est *Jules et Jim*, son plus récent film, qui, le premier, me paraît valable alors que toutes ses réalisations précédentes m'ont paru insupportables. Le bilan est mince par conséquent et la Nouvelle Vague, pour moi, c'est l'éternelle fable de la montagne qui accouche d'une souris. Avec le recul, vous verrez que dans cinq ans on en aura honte. Il est vrai que dans le monde du cinéma on n'a honte de rien, alors[1]… »

1. *Ciné-Revue*, 5 juillet 1962.

11
Assemblées dissemblables

« La politique, Messieurs, doit être une vocation. Je suis sûr qu'elle l'est pour certains d'entre vous mais, pour le plus grand nombre, elle est un métier. Un métier qui ne rapporte pas aussi vite que beaucoup le souhaiteraient et qui nécessite de grosses mises de fonds, car une campagne électorale coûte cher. Mais, pour certaines grosses sociétés, c'est un placement amortissable en quatre ans. Et pour peu que le protégé se hisse à la présidence du Conseil, alors là, le placement devient inespéré. Les financiers d'autrefois achetaient des mines à Djelitzer ou à Zoa, ceux d'aujourd'hui ont compris qu'il valait mieux régner à Matignon que dans l'Oubangui et que fabriquer un député coûtait moins cher que de dédommager un roi nègre. »

Ce passage est extrait du long discours du président Émile Beaufort. Un discours totalement inventé puisque ne figurant pas dans le roman de Simenon, à l'origine du projet. Prononcé par un acteur en pleine possession de sa maestria devant une Chambre des députés reconstituée en studio, il constitue l'un des moments forts du *Président*, film sur la politique et la fin de vie d'un juste, réalisé par Henri Verneuil. Un discours qui n'a rien perdu de son acuité ni de sa virulence et qui, dans ses grandes lignes, pourra être encore utilisé pendant bien des générations. Une réussite parfaite, l'œuvre d'un artisan devenu artiste, d'un artiste passé maître.

Ce texte, paradoxalement, cause bien du souci à son interprète. À l'instar de beaucoup d'acteurs souhaitant rester « frais » au moment du tournage, Gabin n'apprend jamais ses dialogues par cœur. Il les connaît rarement au mot près. D'où son aversion pour les longues tirades. Il l'étudie et apprend au mot près le discours présidentiel pendant des jours, ce qui ne le rend pas d'humeur guillerette. Il ne s'autorise que de rares coupures. L'une visait directement les hommes politiques :

« Lorsque, il y a quelques mois, les plus qualifiés parmi les maîtres-nageurs de cette aimable assemblée sont venus me trouver pour éviter une crise de régime, j'ai pris un engagement : celui de gouverner. Or, gouverner ne consiste pas à aider les grenouilles à administrer leur mare. »

Henri Verneuil lui-même supprime une altercation avec un député :

« Je ne parlerai même pas du cas assez ambigu de M. Rueil de Hauteville qui défend, avec talent d'ailleurs, la cause du désarmement et dont la famille fabrique depuis plusieurs générations des armes automatiques de réputation mondiale.

– Les Rueil de Hauteville n'ont pas de leçon à recevoir, monsieur Beaufort ! Ils pourraient, par contre, vous en donner !

– Je vous crois. Venant de gens qui allient la vocation de pacifistes au métier d'armurier, j'aurais, certainement, en effet, beaucoup de choses à apprendre ! »

Publié en octobre 1957, donc sous la IVe République, le roman de Simenon, plus qu'un livre sur la politique, est une réflexion sur la vie, donc sur la mort, et sur la vieillesse. À la clef, un bilan amer sur la trahison des proches. Peu de dialogues, quelques souvenirs, beaucoup de constats désabusés.

Respectant la trame – mais changeant radicalement la fin – Verneuil et Audiard retroussent leurs manches pour transformer cette prose en images. D'abord adapter le personnage du Président aux dimensions et à l'âge de Gabin. Dans le livre, il affiche 82 ans et se présente sous l'aspect d'un vieillard décati que les enfants surnomment « Tête de mort ». Rien à voir avec Jean qui, à 56 ans, pète de santé. Il accepte de se vieillir jusqu'à 73 ans, mais non au-delà.

Un Gabin qui n'a aucune envie d'exposer ses positions politiques. « Cela ne changerait rien, résume-t-il. Il faut subir, de quelque côté que ça vienne. Subir et payer, ça c'est le grand truc ! Non, je ne voudrais même pas être élu conseiller municipal[1]. » Audiard lui demande comment il voit cette noble figure. Gabin de répondre : « Comme Clemenceau ! » Moue du dialoguiste qui ne nourrit pas une estime particulière pour cette vieille baderne. Après relecture des écrits du Père la Victoire, il finit par convenir que son ami a raison : en dépit de sa férocité proverbiale, Clemenceau fut l'un des rares grands hommes politiques intègres des dernières décennies ! Il est cité dans le dialogue et son portrait trôna dans la chambre du Président. De plus, la phrase « Je suis un mélange d'anarchiste et de conservateur… dans des proportions qui restent à déterminer », émane directement dudit Clemenceau[2].

Ensuite, les deux scénaristes adaptent le personnage de Philippe Chalamont (60 ans dans le livre) à la dimension de Bernard Blier (44 ans).

Pour les dialogues, Audiard s'inspire des grands discours politiques, de Jaurès à de Gaulle. Résultat : des allocutions plus efficaces et plus mordantes que celles habituellement entendues à la tribune. Pour le reste, il puise dans les écrits de Simenon, reprenant parfois des répliques au mot près. Ce faisant, il cherche à faire de Beaufort un homme politique hors norme, n'hésitant pas à parler des maisons closes et des Dolly Sisters[3] !

Gabin respecte le texte. « Une ou deux fois, rapportera Verneuil, Gabin a refusé de dire une réplique. Dans ces cas-là, Michel boudait, il ne venait plus sur le plateau pendant deux semaines, pour marquer le coup. Et puis Gabin finissait par dire la réplique. Alors, le lendemain, Michel débarquait sur le plateau et déclarait à la cantonade : "J'ai appris que mon texte sublime avait été entièrement dit sur ce plateau." Dès lors, c'était reparti. Autrement, ils s'entendaient parfaitement. Ils savaient très bien l'un et l'autre jusqu'où il ne fallait pas aller trop loin[4]. »

Tourné en décembre 1960, *Le Président* est présenté au public dès le 1er mars de l'année suivante à l'occasion d'une première prestigieuse au cinéma Berlitz, à Paris. Pour coller au sujet du film, Gabin, un peu médusé, est accueilli par la garde républicaine, de même qu'Henri

1. *France-Soir*, 25 décembre 1960.
2. Elle se trouve dans *Les Silences de M. Clemenceau* (Albin-Michel, 1929).
3. Duo de danseuses américaines célèbre au temps des Années folles.
4. *Paris Match*, 3 août 1985.

Verneuil, Bernard Blier et… Michel Audiard, qui n'aurait pu se douter que ses écrits lui offriraient pareil traitement.

Invité à cette soirée, l'ancien président du Conseil, Georges Bidault, se déclare satisfait et n'émet qu'une seule réserve : « Il y a des invraisemblances, mais elles sont honorables. Croyez-moi : dans la réalité on ne fait pas signer aussi facilement des aveux de trafics d'influence à de futurs présidents du Conseil ! »

> « C'est le mérite de Verneuil et d'Audiard d'avoir presque toujours réussi à nous intéresser et, parfois, à nous émouvoir avec un homme politique. » Robert Chazal, *France Soir*

> « Les mots, qu'ils participent d'un art abstrait ou réaliste, font toujours honneur à la verve désormais fameuse d'Audiard. »
> Louis Chauvet, *Le Figaro*

> « Michel Audiard a semé ses dialogues de "rosseries" qui réjouiront les républicains de tout poil. » Jean de Baroncelli, *Le Monde*

Le Président constitue un moment important dans la petite histoire du cinéma français même si certains parlent de « poujadisme » là où il s'agit tout simplement de bon sens. D'abord, c'est l'un des rôles les plus marquants de Gabin. Il y déploie la puissance de son talent. Ensuite, Audiard démontre qu'il excelle dans tous les genres. Il peut amuser, distraire, faire rire, qualités déjà précieuses, mais il sait aussi trouver les mots en forme de munitions pour charger des phrases plus meurtrières qu'un fusil de chasse. On connaissait son sens du raccourci, on redécouvre son sens de la formule. Enfin, *Le Président* soude l'amitié entre Verneuil et Audiard, tous deux couchés dans les contrats de Gabin. « Il n'y a pas un comédien qui refuse le dialogue d'Audiard, affirme Verneuil. C'est le rêve pour un comédien d'avoir la réplique qui fait mouche ! »

En réalité, les deux hommes ont déjà fait un galop d'essai côte à côte grâce à un sketch de *La Française et l'Amour*, qui précède de peu ce pamphlet sur la IVe République. Un sketch écrit par France Roche, inspirée par une histoire survenue à Henri-Georges Clouzot, lequel, après avoir séduit une actrice, s'entendit dire par le mari de celle-ci qu'il pouvait la garder! France fit appel à son ami Michel.

Trois personnages en lice: un jeune séducteur, une femme qui ne demande qu'à être conquise et un mari qui ne l'entend pas de cette oreille. Le trio classique qui fit les belles heures du théâtre de boulevard... Au départ, il devait être tenu par trois personnalités appréciées par Audiard: Daniel Gélin, Annie Girardot et Henri Vidal. Hélas, la mort soudaine de ce dernier bouleversa la donne poussant à un changement complet de distribution. Le malheur des uns fit le bonheur des autres et en premier lieu de Michel à qui fut donnée l'occasion de remarquer deux acteurs qu'il allait aimer faire parler: Jean-Paul Belmondo et Paul Meurisse.

Belmondo fut un choix d'Henri Verneuil qui en avait entendu parler sans avoir vu aucun de ses films. Il devint le jeune amant ridiculisé par le mari de sa maîtresse. La présence de Meurisse étonna car ce grand comédien au phrasé particulier avait peu versé dans le comique.

L'ensemble reposait sur un sondage organisé par l'IFOP. Il y était affirmé que 20 % des femmes interrogées avouaient avoir trompé leur mari, et que 38 % reconnaissaient ne pas être à l'abri de l'adultère. Chiffres de 1960.

***

En cette même année 1960, Michel Audiard adapte et dialogue une œuvre apparemment hybride: grosse production, mais peu d'acteurs, film de guerre sans action d'éclat, huis clos en plein désert, drame tragique pimenté de nombreuses notes d'humour. Inclassable. Et pourtant inoubliable. Tout commence par un synopsis de René Havard, *Commando perdu*.

1942. Libye. Un groupe de volontaires français attaque un camp allemand. Au cours du combat, le lieutenant trouve la mort. Restent quatre hommes. Ils cherchent à rejoindre El-Alamein qui n'est pas la porte à côté. En chemin, ils font prisonnier un officier nazi...

Rapidement, la Gaumont en acquiert les droits et demande à son auteur d'en signer le scénario. L'adaptation est confiée à Denys de La

Patellière et Michel Audiard qui trouvent un nouveau titre : *Un taxi pour Tobrouk*, estimant le précédent titre trop proche de *La Patrouille perdue*, classique de John Ford qui présente des soldats américains perdus en Mésopotamie durant la Première Guerre mondiale.

Quinze ans après la fin d'un conflit qui balafra la planète, l'heure n'est pas encore à une remise en cause de la guerre. Bien au contraire, les films sur le sujet se veulent épiques et mouvementés. Qu'ils soient américains ou français. Pour preuves les succès récents : *Le Bataillon du ciel*, *La Bataille du rail*, *La Bataille de l'eau lourde*... Seul le récent *Pont de la rivière Kwaï* laisse entrevoir un changement dans les mentalités. Mais ce n'est qu'un revirement passager : au moment où Gaumont expédie son taxi vers Tobrouk, Darryl F. Zanuck démarre, à grands frais, son *Jour le plus long* ! Deux poids, deux mesures.

Denys de La Patellière s'approprie le projet : « Je pensais qu'il était intéressant de faire un procès de la guerre mais sans grandiloquence, dira-t-il, basé sur des vies normales de combattants, pas sur de grandes considérations. » En parfaite harmonie avec Michel, il l'oriente dans une direction peu belliqueuse. « J'avais envie de faire un film sur la guerre en en montrant les côtés absurdes, puisque j'y ai perdu deux frères, ajoutera-t-il. J'avais envie de m'attaquer à la guerre par son côté stupide, absurde, grotesque. Avec Michel, nous avons traité ce sujet de gens paumés dans le désert pour montrer le côté stupide de cette situation. J'avais plus d'expérience que lui de la guerre en tant que militaire, mais Michel n'avait pas besoin d'avoir été longtemps dans l'armée pour faire parler les militaires... Le film n'est pas une vision noire des hommes, le comportement de nos personnages n'y est jamais lâche ni minable. Dans le quotidien de la guerre, on se marre souvent, on ne se bat pas 24 heures sur 24. »

Pour Michel, hors de question de transformer les braves soldats de cette histoire en super-héros ; « Rien ne m'irrite plus que ces films sur l'Occupation où l'on voit des Français courageux et débrouillards ridiculiser les Allemands, précise-t-il. Les Français ont tremblé de peur pendant quatre ans, c'est sans doute le peuple qui s'est conduit le plus mochement[1]... »

1. *Le Film français*, 29 octobre 1976.

Le producteur Deutschmeister partage ces points de vue : « Je suis israélite, j'ai souffert de la guerre et j'ai décidé de faire tout ce qui sera possible pour rapprocher les hommes, surtout les Français et les Allemands. Dans mes films : pas de Gestapo, pas de SS, pas de camp de concentration. Ce n'est pas en rappelant les erreurs passées ni en présentant les défauts des peuples qu'on peut les aider à se comprendre, mais en mettant leurs âmes à nu[1]. »

Pendant que les caractères des personnages se précisent, des contacts sont pris pour les cinq rôles principaux. Lino Ventura, Charles Aznavour, Maurice Biraud, Hardy Krüger et le méconnu German Cobos – comédien espagnol présent pour des raisons de coproduction[2], répondent à l'appel. Robert Hossein est contacté, mais il était trop occupé par la réalisation du *Goût de la violence*, autre production Gaumont.

Costumes respectifs : un brigadier, tendance fusilier marin, ex-champion d'Europe de boxe ; un ancien externe des hôpitaux de Paris ; un homme enfoncé dans la guerre pour se changer les idées ; un Teuton pas si nazi que cela ; un évadé de la prison de Bayonne. Cinq personnalités dissemblables. Une exemplaire distribution des cartes.

Connaissant bien Ventura et Biraud, ne demandant qu'à mieux connaître les autres, Michel laisse sa plume courir sur la feuille du dialogue qu'il écrivit en… seulement quinze jours ! La rancœur perce derrière bien des répliques. Certaines sont entrées dans le patrimoine culturel français, dont : « Deux intellectuels assis vont moins loin qu'une brute qui marche. »

« Ce n'était pas une comédie, soulignera le producteur Alain Poiré, mais le fait que Michel ait réussi à glisser au milieu des notes d'humour changeait absolument tout. Le drame prenait une autre dimension. »

La présence d'Hardy Krüger pose quelques problèmes. Le producteur Henry Deutschmeister l'a contacté très tôt, lui expédiant une première mouture du scénario traduite en anglais. Hardy l'accepta. À son arrivée en France, il rappela qu'il ne parlait pas un mot de français. Deutschmeister modifia le planning pour qu'Hardy suive six semaines de leçons intensives.

1. *Paris Match*, 22 juillet 1961.
2. Doublé dans la version française par Marcel Bozzuffi.

L'acteur finit par se débrouiller grâce aux conseils de ses partenaires, et n'a nul besoin d'être doublé.

Quant à Charles Aznavour, il est dans son élément. « J'étais à l'aise avec l'argot avant même de rencontrer Audiard, dira-t-il, parce que je le parlais avant de faire du cinéma. J'étais un "parigot". J'avais vécu dans des quartiers qu'on appelait "la zone" à l'époque et qui sont ensuite devenus "la banlieue", qui avaient leur langage propre. Je parlais l'argot du dix-neuvième arrondissement de Paris. Je précise qu'il existait des argots différents : celui des quartiers, particulièrement du dix-neuvième et du vingtième, celui des voyous, des métiers, des bouchers... René Havard qui était coauteur du script, et auteur du roman tiré du film, espérait obtenir le rôle. C'était fait pour lui en vérité. Il avait tout pour ça : il était juif, il était bon comédien, il était sympathique. Seulement, le producteur Deutschmeister, patron de la Franco-London Films, trouvait qu'avec Lino Ventura, Maurice Biraud et Hardy Krüger, l'affiche n'était pas suffisamment forte. Il a dit : "Je veux Aznavour pour le rôle de Samuel Goldman." »

Tournage sous le soleil d'Almería, en Espagne. « Almería, en 1960, était un village à la population rare, primitive et pauvre, qui vivait de la pêche et dont les enfants – et leurs poux – sortaient peu des maisons creusées dans le roc, notera Alain Poiré. Seuls points de chute : un petit hôtel minable, caniculaire et un restaurant qui empestait l'huile rance[1]. »

Denys de La Patellière bénéficie du concours de l'infanterie espagnole, des avions de la Royal Air Force, d'automitrailleuses de l'armée africaine et de tanks légers allemands. De quoi filmer un grand spectacle à la mode hollywoodienne !

« Ce fut un tournage réalisé dans des conditions assez difficiles, poursuivra Aznavour, mais ça a été vraiment passionnant et les histoires cocasses sont nombreuses. Je me souviens que Denys de La Patellière nous avait dit : "Vous ne laverez pas votre linge durant tout le tournage. Ne faites pas nettoyer les costumes. Je veux que tout ça, ça tienne debout ! Pourquoi ? Parce qu'ils sont perdus dans le désert, vous ne croyez pas

1. *200 films au soleil. op. cit.*

qu'ils ont une blanchisseuse à disposition entre chaque séquence !" [...] Je crois que je n'ai jamais vécu dans ma vie, un autre tournage aussi fantastique que celui-là. On a été heureux tout le temps ensemble. [...] C'était formidable et je crois que c'est ce qui a contribué au succès du film. C'est ce côté "école buissonnière" que j'ai aimé. C'était du "cinéma buissonnier", voilà ! »

Le travail pâtit des démêlés avec les douaniers espagnols et de promesses non tenues. Le beau matériel militaire promis brille par son absence. De plus, le soleil exerce une influence néfaste sur les esprits. Et Ventura en vient à détester cette histoire qui lui paraît manquer de punch. « Lino se mettait toujours à la place du personnage, expliquera de La Patellière. Il répugnait à toute situation, toute phrase que lui, Lino Ventura, n'aurait pas faite ou pas dite. Et Michel essayait de lui expliquer que le personnage n'était pas Lino Ventura mais quelqu'un d'autre. Il avait un peu de mal. J'ai assisté à des discussions épiques, mais très drôles, entre eux, car Michel était très amusant dans ce genre de joute créative. »

Charles Aznavour savoure ses répliques : « Audiard m'a fait dire des choses qu'il pensait profondément. Mais ça ne m'a pas empêché de lui faire part de certaines remarques dont il a tenu compte. Par exemple, à la fin du film nous laissons l'Allemand s'échapper. J'ai dit à Audiard que le juif ne pouvait pas être d'accord avec le reste du petit groupe. Il fallait qu'il trouve quelque chose et, là encore, Audiard a été brillant et rapide. Il m'a dit "J'ai trouvé" et il m'a fait dire à l'Allemand : "J'ai été cocu et j'aime pas ça... Moi pendant que je découvrais Goethe, vous en étiez déjà à *Mein Kampf.* Les Français ont toujours eu un livre de retard." C'était du très bel Audiard. Il avait compris ce que je voulais dire parce qu'on ne pouvait pas laisser un personnage qui s'appelait Samuel Goldmann laisser l'Allemand partir en disant "On est tous gentils, on est tous mignons" ! »... »

Le réalisateur bénéficia d'une relative liberté offerte par Gaumont. Car cette firme est accaparée par *Le Goût de la violence*, qui pompe beaucoup d'argent pour cause de tournage au Mexique.

La Patellière va de mauvaise surprise en mauvaise surprise. Ainsi, doit-il interdire l'usage du chocolat. Pourquoi ? En raison du papier argenté servant d'emballage ! Un coup de vent et hop, la feuille légère s'envole pour se ficher dans le sable quelques dizaines de mètres plus loin. De là, elle brille sous les effets du soleil comme une boule à facettes dans une discothèque. On expédie un assistant la récupérer. Lequel assistant laisse des traces dans le sable qu'il faut ensuite effacer. Grosse perte de temps… Tout cela ronge un peu plus l'humeur de Ventura. Sa colère monte quand il apprend que La Patellière a décidé de modifier la fin. Au lieu d'une image de cinq cadavres couchés sur le sable avec une musique militaire en toile de fond, il opte pour un défilé de la victoire sur les Champs-Élysées. Mais un défilé amer…

« Curieusement, Lino ne croyait pas du tout au succès du film, révélera Aznavour. Il m'a dit : "Ah, voilà encore un film qui fera un bide !" Il n'a pas voulu le voir. Un jour, alors que le film commençait à devenir un gros succès public, je l'ai piégé. J'avais chez moi deux projecteurs 16 mm, je l'ai invité à la maison avec Patellière et, par surprise, je lui ai projeté *Un taxi pour Tobrouk* ! Malgré son côté bougon, là, il ne pouvait pas faire autrement. Il m'a dit, "Ah t'es con, mais c'est vrai t'as raison. Je comprends maintenant pourquoi ça marche, c'est un très bon film. Finalement, je suis content de l'avoir vu"… »

Après avoir failli être sélectionné au Festival de Cannes, ce taxi roule vers les écrans français le 10 mai 1961. Certains critiques n'apprécient pas le résultat. Tel Gérard Gozlan dans *Les Lettres françaises* : « Un film simpliste qui ne fera pas long feu. » Le public ne partage pas cet avis et réserve un accueil plus qu'enthousiaste à ce *Taxi pour Tobrouk*. Près de 5 millions de spectateurs. Très gros succès. Premier film français de l'année !

« Le succès d'*Un taxi pour Tobrouk* a été vraiment inattendu, résumera Denys de La Patellière. Beaucoup de gens, y compris chez Gaumont, n'y croyaient pas. Au point que, à Paris, il n'est pas sorti dans des salles Gaumont. De plus, il est sorti avec à peu près aucune affiche. Nous sommes descendus à Cannes, pendant le festival, et nous avons fait une projection rue d'Antibes. Et, à la stupéfaction générale, il y avait presque une émeute pour entrer dans la salle. Ça a fait un triomphe […] Pourquoi ? Je ne sais pas. »

Les bons mots d'Audiard font le tour de France et sa renommée un bond prodigieux, d'autant que ce film sort seulement deux mois après *Le Président*. Au royaume des dialoguistes, il est le numéro 1.

Dans *Paris Match*[1], le journaliste Jean-Paul Penez n'y va pas par quatre chemins : « On dit beaucoup que le succès du *Taxi* est le triomphe du dialoguiste Michel Audiard. Il est ou sera le Jeanson de la nouvelle génération, celle qui a 40 ans. C'est l'âge de cet ancien journaliste, qui a signé 50 dialogues de films. Très brillants et très "publics" aussi ; c'est ce qu'on lui demande. On lui en demande 40 par an, il en fait 4. Les producteurs pensent que Michel Audiard détient la recette du bon dialogue. »

Michel a-t-il une recette ? « Je voudrais bien la connaître, admet-il. Je crois qu'elle réside dans la simplicité d'expression. Il faut que les personnages parlent un langage banal, comme celui de tous les jours. Je ne crois pas aux longs dialogues philosophiques. Le cinéma est un art visuel : l'image doit se substituer à la littérature. »

Un taxi pour Tobrouk obtient le Grand Prix 1961 du cinéma français, récompense prestigieuse créée en 1934 et décernée dans les salons du prix Interallié par un jury présidé par Marcel Achard. Il obtient également le prix Femina belge « en faveur de la paix du monde et du rapprochement des peuples ».

* * *

Lino Ventura se retrouve au générique des *Lions sont lâchés*, également financé par Deutschmeister. Une œuvre grinçante réalisée par Verneuil et dialoguée par Audiard, sur un scénario de France Roche. Michel touche un minimum garanti de 140 000 francs (moins les inévitables 10 % à son agent Bernheim), plus 1,40 % des recettes salles et 2,10 % sur la vente dans tous les autres pays. Le budget du film est estimé à 2,85 millions de nouveaux francs. Une rallonge se révélera nécessaire en cours de tournage.

Au départ se trouve un roman épistolaire à succès signé Nicole[2]. France Roche et Michel prennent leur quartier d'hiver à Megève. Audiard – pour qui il n'est pas question de slalomer sur la poudreuse – retrouve moult amis, délaissant souvent sa table de travail. En réalité, il se sent peu à l'aise avec le sujet : une jeune femme cherchant à faire son chemin dans

1. Du 22 juillet 1961.
2. En réalité, Françoise Parturier et Josette Raoul-Duval.

le Tout-Paris. Un rôle destiné à Claudia Cardinale qui, en plus d'être jeune et splendide, est la compagne du producteur Franco Cristaldi, qui, comme tout bon Italien, se montre d'un tempérament jaloux. Michel doit noircir beaucoup de pages, car les membres du Tout-Paris sont d'impénitents bavards. « Il est parfaitement superflu de connaître les choses dont on parle. Je dirais même que la sincérité en général dénote un certain manque d'imagination. »

« Je tiens avant tout à ce que mon film soit fidèle au livre, affirme le réalisateur Henri Verneuil[1]. Je respecte l'intrigue. La seule entorse est celle-ci : Michèle Morgan (Cécile) au lieu d'habiter Bordeaux vivra à Montfort-l'Amaury. De là, elle donnera ses précieux conseils à Claudia Cardinale[2]. »

Premier tour de manivelle : 18 mars 1961. Le fait que l'héroïne couche avec des amants de passage sans avoir officiellement divorcé fait hausser les sourcils. L'incitation à la débauche pointe. Pas de quoi fouetter un chat, mais de quoi inquiéter les censeurs qui font grise mine. *Les lions sont lâchés* est frappé d'une interdiction aux moins de 18 ans.

« Il y avait deux difficultés dans ce film, expliquera Michel. D'abord faire des images élégantes. Mais ça, Henri Verneuil étant lui-même un homme élégant, la question a été vite résolue… Ensuite faire parler le Tout-Paris. Parce que, pour moi, il y avait une difficulté au départ c'était d'éviter le style "Chère baronne, repassez-moi donc les hors-d'œuvre…", "Mais oui, monsieur le comte…" Ça, c'est la soirée chez les brosses à rebours et ça n'a rien à voir avec le Tout-Paris. »

La première a lieu, le 20 septembre 1961, devant, justement, le Tout-Paris qui n'a d'autre choix que de sourire.

La prose des *Lions* souffre de la comparaison avec celle du *Taxi*. Dans *Arts*, Roger Boussinot, qui déteste le film, s'interroge et s'inquiète : « Je n'arrive pas à croire que les dialogues soient de Michel Audiard. Cette logorrhée, cette inintelligence des rapports de la parole et de l'image ne peuvent pas être nées sous la plume de celui qui a écrit les répliques d'*Un taxi pour Tobrouk*. » Et, dans *Libération*, Jeander estime : « Cette satire du

1. Primitivement, Denys de La Patellière avait été annoncé.
2. *Cinémonde*, 23 mai 1961.

tout-Paris reste tout de même bien superficielle. Certes, le dialogue de Michel Audiard donne trois ou quatre répliques qui ne manquent pas d'acidité. [...] Tout cela n'est pas tellement méchant. »

En réaction, Michel met les choses au point :

« Les mauvaises langues ne manqueront pas d'insinuer perfidement que si j'ai dialogué *Un taxi pour Tobrouk* et *Les lions sont lâchés* c'est parce que je raffole de la guerre et que je déteste les dames. Les gens de bonne foi, s'il en reste, rectifieront d'eux-mêmes. [...] En vérité, ce qui m'a séduit dans ce double programme c'est que j'ai rarement eu, en un temps si rapproché, l'occasion de travailler à deux films aussi diamétralement opposés. En effet, contrairement aux petits tâcherons de la Nouvelle Vague, je n'aime pas beaucoup faire 36 fois le même film. [...] Du *Taxi* aux *Lions*, on passe de la gnôle au champagne. Ce n'est pas désagréable non plus le champagne. [...] Françoise Parturier m'a dit s'être beaucoup amusée à écrire son livre, France Roche s'est amusée à l'adapter, Henri Verneuil le tourne en s'amusant. Et j'ai pu, en travaillant au dialogue, satisfaire mon vice, abominable et notoire, des mots d'auteur[1]. »

1. *Le Film français*, 3 mai 1961.

12

Visites de caves

Michel Audiard s'intéresse de près au roman *Le cave se rebiffe* de son camarade Albert Simonin. Deux truands plus très frais, Max le Menteur et Pierrot le Gros, achètent un bar fermé depuis des mois. Mal leur en prend car une bande de va-nu-pieds vient leur mettre des bâtons dans les roues. Les deux potes remontent la filière ennemie… Rien de palpitant hormis l'argot de Simonin. Pourtant, Audiard y relève un petit incident qui arrive comme un cheveu sur la soupe : Max est chargé par le Dabe, personnage un peu mystérieux, de séduire une épouse peu fidèle afin qu'elle pousse son cave de mari à participer à l'impression de faux billets. Le cave s'exécute mais disparaît avec le magot. D'où la réplique : « C'est drôle : on charrie le cave, on le charrie pendant des années puis, un jour, sans qu'on s'y attende, le cave se rebiffe. »

Michel sait que là se cache la bonne idée : un cave entraîné par sa femme dans le trafic de faux talbins. Telle quelle, l'histoire ne remplirait pas un court-métrage. Nécessité impérative d'y trouver un rôle pour Gabin. Il sera le Dabe[1]. Michel puise dans des éléments du livre pour alimenter ce truand hors norme. Le Dabe devient un authentique marchand de café, ancien malfrat retiré en Amérique du Sud. L'imagination galopant, ce Dabe acquiert une carrure absente du roman : un caïd des caïds, une pointure, une épée. Un rôle en or pour Gabin.

Sur sa lancée, Michel redistribue les cartes : la voiture américaine de Max est attribuée à Éric Masson, play-boy chargé du jeu de la séduction ; le lupanar fermé sur lequel se lamente le Gros se trouve refourgué

1. Le « roi » en argot.

à Charles Lepicard, « cerveau » du futur trafic, etc. Une réplique, et une seule, sort indemne de ce mixage, encore est-elle remaniée : « Son autorité naturelle, le beau Lucien, y avait plus qu'à la maison qu'il trouve à l'exercer, sur la mère Odette. Comme beaucoup, il lui avait manqué un commandement pour foutre la paix à sa femme et aussi de ramener à la cabane le volume d'oseille sans l'apport duquel, dans un ménage, l'autorité devient tyrannie et l'autoritaire un simple emmerdeur prétentieux. » Qui devient à l'écran : « Si vous voulez mon avis, ma petite dame, dans un ménage, quand l'homme ne ramène pas un certain volume d'oseille, l'autorité devient ni plus ni moins que de la tyrannie et l'autoritaire un simple emmerdeur prétentieux. »

L'équipe de choc Grangier-Simonin-Audiard édifie un film drôle de bout en bout, empli de personnages caricaturaux. Albert construit la charpente, Michel la transforme en comédie, Gilles veille à ce que l'ensemble reste cohérent. Ainsi *Le cave se rebiffe* prend forme.

Un trio de gagne-petit décide de monter le gros coup car il a « à sa pogne » un graveur en or, capable de dessiner à la perfection une plaque pour imprimer des faux billets. Ces apprentis faux-monnayeurs décident de se faire épauler par un spécialiste du genre. Le Dabe débarque de sa retraite sud-américaine, monte l'opération, mais ne tarde pas à se rendre compte que ses éminents associés essaient de le truander… Pour ne pas faire croire qu'elle fait l'apologie du crime, la fine équipe d'auteurs ajoute un carton final : « Il va sans dire que les protagonistes de cette vilaine histoire furent arrêtés la semaine suivante et condamnés aux peines prévues par l'article 139 du code pénal. »

Le tout est soumis à Jean Gabin, toujours retiré en Normandie. En deux heures, il lit. Son enthousiasme est tel qu'il invita les trois amis à dormir chez lui. Ils y restent deux jours. Jean n'émet qu'une seule réserve : une séquence – celle de la rencontre entre le Dabe et son futur associé – doit se dérouler en Amérique du Sud. Pas question pour l'acteur d'effectuer un tel voyage. « T'es pas fou ? lance-t-il à Grangier. Qu'est-ce que tu veux que j'aille foutre là-bas ? N'oublie pas un truc, Gilles : passé la Loire, c'est l'aventure ! » Et la séquence sera tournée à l'hippodrome d'Hyères (Var). Cela donnera d'ailleurs lieu à une anecdote qui amusera la presse locale.

Huit jours avant ce déplacement, Gabin et Blier se mettront en quête du meilleur aïoli local. Il se trouve, leur dit-on, au restaurant Le Provençal, à Giens. Ils prendront réservation. Le jour J, tout se passera de manière idéale. Après avoir savouré cet aïoli, les deux amis feront une sieste bien méritée. À leur réveil, ils commanderont une bouillabaisse pour le soir même…

Les auteurs mijotent une distribution qui ravit Gabin : Bernard Blier, Maurice Biraud, Franck Villard, Ginette Leclerc, Françoise Rosay, Antoine Balpétré, Albert Dinan, Robert Dalban, Jacques Marin… Et, sur la recommandation d'André Bernheim, agent à la fois de Gabin et de Grangier, ils offrent le rôle de la belle « cavette » à Martine Carol dont la carrière périclite. Ce sera son dernier rôle marquant.

D'un commun accord, Gabin et Blier annoncent que ce film marquera la fin de leur collaboration. On les a trop vus côte à côte sur l'écran ; et ils ne tiennent pas à devenir les Morelon et Trentin du cinéma français, référence à un célèbre tandem cycliste. Ils auront, pourtant, l'occasion de se revoir.

Le tournage s'effectue dans des conditions idéales. Parmi son foisonnement de bons mots, Michel glisse une phrase en forme de clin d'œil perceptible par les seuls initiés : le Dabe, admirant le travail de son graveur, constate : « C'est du BSA extra-piste ! »

La plus célèbre réplique du film, celle qui fait le tour de France et se grave dans les mémoires, reste celle de Gabin qui, sollicité d'un conseil avisé, répond : « Entre nous, Dabe, une supposition… Je dis bien une supposition : que j'aie un graveur, du papier et que j'imprime pour un milliard de biftons… En admettant, c'est toujours une supposition, en admettant qu'on soit cinq sur l'affaire, ça rapporterait combien à chacun ? – Vingt ans de placard. Les bénéfices ça se divise, la réclusion ça s'additionne. »

Le cave se rebiffe est une réussite totale. La trame est solide et ménage quelques bonnes surprises ; les acteurs sont étincelants, y compris dans les seconds rôles ; Gabin mène le jeu avec l'autorité qu'on lui connaît, tandis que Blier compose un rôle de veule qui deviendra sa spécialité et explosera dans *Les Tontons flingueurs*. Cerise sur le gâteau : les dialogues comptent parmi les plus achevés et les plus percutants écrits par Audiard. « J'ai beaucoup aimé faire *Le cave se rebiffe*, admet-il, je l'ai écrit en douze jours. La scène entre Gabin et Françoise Rosay ralliant toutes mes préférences[1]. »

Dans *Arts*, Roger Boussinot ne peut s'empêcher de parler de « cinéma de grand-papa ». Dans *Télérama*, Gilbert Salachas écrit : « C'est un film qui ne possède aucune existence, aucune profondeur, aucune réalité. Néanmoins, il est agréable et plaisant, comme l'est un monologue de bon chansonnier qui parle pour ne rien dire. » Et Morvan Lebesque dans *L'Express* : « *Le cave se rebiffe* est un bon film, bien fait, parfaitement cohérent et honnête. » Selon Michel Aubriant, de *Paris-Presse* : « Michel Audiard a dialogué en roue libre avec sa verve coutumière. »

L'intéressé commence à être habitué à, sinon blindé contre, ces commentaires. Peu lui importe tant qu'il continue à avoir des commandes. « Je me limite à des producteurs et des metteurs en scène qui sont des copains, dit-il. Ça m'évite des fatigues et des crises de nerfs[2]. »

En revanche, il lui arrive de provoquer des crises de nerfs chez ses financiers ou ses partenaires d'écriture. Ainsi tarde-t-il à rédiger les dialogues d'un sketch des *Amours célèbres* dans lequel deux actrices s'entre-déchirent verbalement.

Le producteur s'impatiente. Avec un aplomb papal, Michel lui répond qu'il ne peut décapuchonner son stylo tant que France Roche, autrice du script, ne lui a pas envoyé ses pages. Mensonge éhonté, mais présenté avec une telle fourberie que le producteur fonce dans le panneau. Audiard gagne ainsi plusieurs jours. Il reçoit un nouveau manuscrit par la poste un samedi et dépose ses dialogues le lundi ! « Moi, j'avais mis plus d'un mois pour écrire ce sketch et lui a écrit les dialogues en un week-end ! » fera mine de s'indigner France Roche.

Quant à la mauvaise foi de Michel, elle n'irrite sa victime qu'un temps. « Michel non seulement ne voulait pas avoir d'ennemi, mais voulait qu'on l'aime, ajoutera France. On ne pouvait pas se fâcher avec lui parce qu'il ne voulait se fâcher avec personne. »

1. *Ciné-Revue*, 5 juillet 1962.
2. *Ibid.*

Sous des abords historiques, cette saynète est totalement inventée par France Roche qui s'inspire des querelles qui, depuis toujours, font frémir les couloirs de la Comédie-Française. Pour beaucoup, cet affrontement (joué par Edwige Feuillère et Annie Girardot) constitue le meilleur élément d'un lot très inégal. Le dialogue y est étincelant mais, sans doute, un peu trop français, de même que les références à la Comédie du même nom. Car, dans plusieurs pays, les distributeurs locaux couperont purement et simplement ce sketch !

* * *

Retour à Simenon pour *Le Bateau d'Émile*, prévu pour Ventura et Girardot et financé par Jean-Paul Guibert. « Nous nous sommes inspirés de la nouvelle de Simenon, précise le réalisateur et scénariste Denys de La Patellière. Ce qui nous a plu, ce sont la situation et les personnages dont nous avons nourri le sujet[1]. »

Également exploitée sous le titre *Le Homard flambé*, cette œuvre repose sur une histoire d'héritage. On n'en est pas encore au temps des *Tontons flingueurs*, mais les problèmes de succession provoquent déjà des dégâts. En l'occurrence, un vieillard excentrique, à l'article de la mort, désigne comme légataire universel le fils qu'il a eu, quarante ans auparavant, avec une employée de son père. Cette idée n'est pas du goût du frère du futur défunt, propriétaire d'un vaste empire industriel et maritime. Il tente de circonvenir son marin-pêcheur d'héritier en lui proposant un poste de capitaine d'armement à la condition de se séparer de son encombrante compagne, chanteuse peu discrète au Mistigri. Le batelier manque de céder et va même jusqu'à fomenter l'assassinat de sa dulcinée…

Tournage à La Rochelle puis aux studios d'Épinay où l'on construit l'intérieur de la somptueuse maison de l'armateur. Dès les premiers jours, insatisfait du scénario, Lino Ventura réclame des modifications. Cela force Michel de monter dans un train pour faire le déplacement jusqu'à la côte Atlantique. « Je me souviens que j'avais la chambre à côté

1. *La Tribune de Genève*, 7 décembre 1961.

de celle Lino, rapportera Annie Girardot. Et Lino est quelqu'un de très difficile. C'est-à-dire qu'il n'est jamais content de ce qu'on lui a écrit. Alors ce pauvre Michel a été obligé de cavaler. J'entendais leurs discussions : "Non, tu comprends, mon personnage ne peut pas faire ceci, ni cela…" Il en a bavé, Michel. Je lui disais : "Mais enfin, défends-toi !" Moi je n'ai jamais compris que les acteurs discutent un dialogue en cours de tournage. C'est quelque chose que je n'ai jamais fait. Et le pauvre Michel devait réécrire… »

Michel en profite pour mieux connaître Annie Girardot, qui devient vite une proche amie. « Dès les premiers rushes, dira-t-elle, j'ai découvert quelque chose que je ne savais pas avoir en moi. C'est son dialogue, son texte qui m'ont façonnée autrement. C'était aussi la chose la plus difficile à faire : envoyer des répliques à faire hurler les gens de rire, en restant pratiquement sans bouger. Ça, Gabin le faisait très bien… Michel m'a inoculé quelque chose. Il m'a comprise dès *Le Bateau d'Émile*. Il savait ce que j'étais, qui j'étais[1]. »

Ils feront cinq films ensemble, cinq occasions pour la comédienne de savourer une prose adaptée à sa personnalité. « Dire les mots d'Audiard, écrira-t-elle, c'est enfiler une robe de soie sur une peau bronzée, s'enduire d'une huile parfumée, un plaisir sensuel et joyeux, quelque chose de physique qui me révèle naturellement. C'est jouissif. J'entre dans ses textes en toute simplicité parce qu'ils me correspondent. Il me fait grandir, me donne mon carburant. Comme tous les hommes qui m'ont aimée. Avec lui, je découvre que je suis belle, que je peux séduire en faisant rire. Cocteau a fait ma tête, Audiard ma voix[2]. »

Cette production unit pour la dernière fois les noms d'Audiard et de La Patellière. Après six films. Après des heures de fous rires. Après quelques déconvenues aussi. « Je n'ai jamais connu quelqu'un qui soit aussi en retard en permanence, affirmera le réalisateur. Je ne crois pas l'avoir jamais vu arriver à l'heure à un rendez-vous. Et avec des retards qui pouvaient aller jusqu'à plusieurs jours ! Moi, une fois, je l'ai attendu à Dourdan pendant toute une journée. »

1. *Le Soir*, 31 mars 1971.
2. *Partir, revenir, les passions vives* (Le Cherche midi, 2003).

Bien que peuplé de personnages hauts en couleur et forts en gueule, *Le Bateau d'Émile* est avant tout une histoire d'amour. On s'y dit rarement « Je t'aime », mais on se le fait comprendre, quitte à tout casser. Les personnages principaux – respectivement joués par Lino Ventura, Annie Girardot, Pierre Brasseur et Michel Simon – sont tous des personnalités bien trempées n'ayant pas leur langue dans leur poche.

« Quant aux dialogues, ils sont de Michel Audiard, écrit Jeander dans *Libération*. C'est un tendre Michel Audiard. L'amour véritable se traduit, pour lui, par des engueulades maison et du silence. Et puis c'est un féroce, Michel Audiard : ceux qui n'aiment pas et qu'il n'aime pas, il les vitriole. À la petite cuillère ou à grand bol. Ça porte, et ça laisse des traces. »

Le nom d'Audiard grandit sur les affiches et les génériques, jusqu'à rivaliser avec celui des vedettes. Payé désormais entre 37 et 40 millions par film, lui, qui, autrefois, avait dû économiser sou par sou pour s'acheter son premier vélo, roule désormais en Ferrari, sans pour autant renoncer à sa légendaire casquette, ni à ses bistrots typiquement parisiens. « Si je porte une casquette, c'est simplement parce qu'il est difficile de faire du vélo avec un casque à pointe », aime-t-il à répéter. Il souligne au passage un point historique : « Je porte une casquette à carreaux depuis l'âge de 18 ans. C'était le temps des bals musettes et sans casquette il n'était pas question de danser ; aucune fille n'aurait accepté un cavalier tête nue[1]. »

Gagner de l'argent n'a rien de choquant dans le monde du septième art : « Un film est une œuvre collective à but lucratif..., rappelle-t-il. Un film est une entreprise commerciale montée par un monsieur qui espère gagner beaucoup d'argent. Je ne vois pas pourquoi je n'en profiterais pas ! »

Soudain, il annonce avec un sérieux qui aurait pu le faire entrer chez les Bénédictins, qu'il renonce momentanément au septième art pour se consacrer au théâtre. Las des dialogues de films – il en a rédigé une cinquantaine ce qui, en treize ans, constitue presque un record – il souhaite changer de terrain. Il sait qu'il ne sera jamais reconnu en tant qu'auteur s'il se limite au cinéma. En contrepartie, au théâtre, il a des chances d'être admis parmi les grands. Non dans la lignée de Racine ou Corneille, mais

1. *L'Aurore*, 22 mai 1962.

dans celle de Labiche et Feydeau. « On ne m'enlèvera pas de la tête qu'un auteur qui ne fait pas de mots d'auteur ne sait tout simplement pas en faire, affirme-t-il. Et puis le vaudeville, il faut bien dire que c'est ce qu'il y a de mieux. Feydeau est un génie et on ira toujours plus volontiers voir *Le Fil à la patte* que, par exemple, *La Reine morte* de Montherlant. »

Il a envie d'écrire trois pièces pour trois acteurs très différents : Bernard Blier, Jean-Claude Brialy et Edwige Feuillère. Peut-être aurait-il mieux fait de se contenter d'une seule car il ne trouvera jamais le temps de mener à bien ce triple projet. Les demandes de dialogues en provenance de l'industrie cinématographique continuent de s'accumuler, accompagnées de chèques conséquents. Les blancs écrans récupèrent ce que le rideau rouge ne peut retenir.

Il est, pourtant, contacté pour adapter *Spéciale dernière*, comédie qui connaît un énorme succès sur les planches américaines. Il en lit une traduction malhabile et décrète que le sujet n'intéressera pas un public français. Erreur : la pièce fera un triomphe à Paris…

* * *

Audiard signe un contrat de deux ans avec Gaumont qui s'empresse de lui proposer *Fantômas* dont Alain Poiré vient de racheter les droits. Une aubaine pour Michel, ravi à l'idée de travailler avec René Clair, qui envisage une œuvre à la fois poétique et humoristique, mélangeant mélodrame et fantaisie. Albert Simonin participe à l'aventure. L'œuvre de Souvestre et Allain est d'une densité incroyable. Comment dégager un fil conducteur de ce foisonnement ? Les deux amis partent dans 1 001 directions sans réel succès. De son côté, René Clair finit par renoncer au projet pour des raisons pratiques : « Reconstruire le Paris de Fantômas serait aussi coûteux que reconstituer le Paris de Louis XIV. » Il omet de préciser qu'il ne s'est pas du tout entendu avec Michel Audiard, dont il déteste le style.

Poiré change son orientation et confie le projet à André Hunebelle. Audiard le connaît bien et lui suggère le nom de Louis de Funès dans le rôle de l'inspecteur Juve. Ce faisant, *Fantômas* prend un autre ton, moderne, proche de la farce, sans lien réel avec celui des livres. Cela inquiète Michel. Il y a, comme il le précise, « incompatibilité d'humour ». Il quitte le bateau, entraînant Simonin dans son sillage. Le cinéaste se tourne vers son fils, Jean Halain, et les aventures de Fantômas seront déclinées en trois films.

* * *

Pendant ce temps, Gabin réclame des sujets, encore des sujets. D'un naturel inquiet, il veut savoir quel sera son prochain film avant même d'avoir terminé celui en cours. Son contrat signé avec Jacques Bar précise qu'après Gilles Grangier, Henri Verneuil doit lui proposer une histoire. Malheureusement, il est sec comme une branche morte. Et, comble de tout, Audiard se trouve en vacances en Italie, injoignable.

À peine remis le pied en France, Michel téléphone à Verneuil pour prendre la température. Réponse lapidaire : Gabin ne décolère pas.

« Tu as une idée ? demande Verneuil.

– Rien et toi ?

– On m'a parlé d'un roman de Roger Vercel qui ferait un bon film : *Au large de l'Éden*. C'est l'histoire d'un capitaine de morutier.

– Tu l'as lu ?

– Non. Mais appelle immédiatement le Vieux et explique-toi avec lui. »

Sitôt dit, sitôt fait. Michel cherche à joindre Jean qui tourne aux studios de Saint-Maurice. Il tombe d'abord sur André Brunelin, bras droit de l'acteur, qui lui confirme que son patron était de méchante humeur. Audiard insiste pour parler à Jean. Ce dernier interrompt le tournage pour se précipiter sur le téléphone. Pluie d'injures durant une minute montre en main. Et c'est long une minute quand on se fait reprocher pêle-mêle ses vacances, son laisser-aller et son manque de conscience professionnelle. Parvenant à glisser un mot, Michel soutient qu'il tient un livre formidable avec un personnage tout à fait épatant. Jean écoute. Il garde un bon souvenir de *Remorques*, adapté d'un roman du même Vercel, dans lequel il a joué. Calmé, il demande à voir. Rendez-vous le soir même au Fouquet's.

Petit problème : ni Audiard ni Verneuil n'ont lu ce fameux *Au large de l'Éden*. En se penchant rapidement sur le sujet, Michel s'inquiète : le roman date de 1932 et l'idée de transformer Gabin en capitaine de morutier n'a rien pour l'enchanter. Il en faut plus pour le déstabiliser. Le soir, il enfume son ami. « Tu comprends, dit-il à Gabin, y en a marre de ces films où t'as toujours le cul dans un fauteuil. On va te faire un film de grand large. Toi, Jean, qui aimes la mer, tu vas pouvoir respirer à pleins poumons pour le coup ! Tu vas être à la barre d'un morutier luttant dans les tempêtes. Et puis ton regard bleu sur la banquise blanche, ça va être drôlement chouette ! Tu t'y vois déjà, non[1] ? »

Et de parler d'une mutinerie provoquée par de mauvais marins agacés par une mauvaise pêche due à un mauvais temps. Mutinerie que le capitaine mate avec plus d'efficacité que le capitaine Bligh sur le Bounty… Séduit, Jean accepte de se transformer en morutier. Hélas, le bel enthousiasme retombe comme un soufflé trop vite cuit quand Michel Audiard lit enfin le livre. Strictement rien à voir avec l'histoire racontée au débotté. À lui de faire coller le texte à son improvisation d'un soir. Pas facile.

Pendant ce temps, une petite équipe menée par Costa-Gavras, alors assistant, part filmer des images de tempête et d'icebergs en Islande. Et Michel reste en cale sèche. Il a beau se torturer l'esprit, il ne parvient pas à imaginer des dialogues pour un marin en pleine mer. Ça pense quoi, un morutier ? Avec l'aide précieuse d'Albert Simonin, il bricole un semblant de scénario. Le contrat est draconien : si aucun tournage ne démarre avant la fin de l'année 1961, Jean sera libéré de toute contrainte et le producteur perdrait beaucoup d'argent.

Au large de l'Éden doit prendre la mer, vaille que vaille, même si l'enthousiasme du départ s'est émoussé. Alors, surgit l'une des plus incroyables suites de péripéties du cinéma français.

À la fois victime et bénéficiaire, Jacques Bar racontera : « Tout était au point : le scénario, l'équipe constituée. Nous devions commencer à tourner en octobre. En septembre, nous nous retrouvons tous à Deauville : Gabin, Verneuil, Audiard, Louis Page, le chef opérateur, et moi. Nous

1. Cité par André Brunelin dans *Gabin* (Robert Laffont, 1987).

partons pour Saint-Malo. L'armateur qui nous louait son bateau nous reçoit à dîner et je donne rendez-vous à tout le monde sur le pont le lendemain à 9 heures. Le lendemain, le bateau était briqué avec tous les marins qui devaient le faire marcher au garde-à-vous. Gabin monte sur le pont et dit : "Mais ça sent la morue !" On lui répond que c'est un bateau de pêche à la morue. Et Gabin dit : "J'ai horreur de la morue, ça me donne mal au cœur. Je ne fais pas le film !" Et il redescend… Nous étions à trois semaines du tournage. L'armateur, qui nous avait reçus la veille plein d'espoir, faisait grise mine. Je dois dire que je n'étais pas tellement fier parce que, rien que dans la préparation, j'avais déjà engagé un tiers du budget du film… Et c'est grâce à Audiard si l'affaire a été sauvée. Nous nous sommes réunis dans un bistrot. Il nous a dit : "Il ne faut pas vous affoler, ce sont des péripéties qui arrivent. Si Jean a le mal de mer avec la morue, moi, ce que je conseille, c'est qu'on retourne tous à Deauville autour d'un petit whisky chez Jean et on va étudier la situation." Ce qui était marrant est que Michel, désorganisé comme il l'était, soit le plus calme dans les situations de crise. Nous sommes rentrés. J'ai conduit la voiture de Gabin parce qu'il ne pouvait plus : conscient de sa responsabilité, il avait les jambes coupées. À Deauville, rue Victor-Hugo, nous nous servons du whisky et du pastis. Et Audiard dit : "Pas la peine de s'embêter. Le bateau, on va payer l'armateur et il nous foutra la paix. Ce qu'il faut c'est trouver un autre sujet." Nous nous regardons tous. Il ajoute : "Moi, j'en connais un. C'est *Un singe en hiver*. Si Gabin me prend en pension pendant un mois et demi ici, à Deauville, je le fais. Mais je ne vois qu'un seul acteur pour pouvoir jouer avec Gabin, c'est Belmondo." Mon boulot, c'était de vérifier que les droits du livre étaient libres et de ramener Belmondo. Je demande : "Mais qu'est-ce que je vais lui raconter à Belmondo ?" Audiard me répond : "Tu lui diras que personne n'a lu le livre sauf moi. Qu'il vienne passer un week-end ici, je lui expliquerai !" […] Belmondo est arrivé un samedi. Nous avons passé un week-end formidable, il a dit oui. Et, un mois et demi après, Audiard avait terminé le scénario. »

De son côté, Michel prendra un malin plaisir de raconter sa version des faits :

« C'était en 59. Nous venions de terminer *Le Baron de l'écluse* et nous cherchions un rôle dramatique pour Gabin. Chercher des sujets… la barbe ! D'autant qu'à force de les chercher, on les trouve. Il faut alors les adapter, les dialoguer, les tourner, tout ça ! Les horreurs à la chaîne. Le petit bagne… Donc, nous cherchions un sujet pour Gabin et qui conviendrait à Henri Verneuil. Entreprise facile à première vue. Pour trouver des sujets, il suffit en principe de lire des romans. C'est précisément là que le bât blesse. Personne ne veut lire. M. Gabin préfère l'élevage, M. Verneuil la sieste, et moi la belote. C'est alors que, tarabusté par le producteur, je me suis rappelé avoir lu un roman d'Antoine Blondin. Ça commençait comme ça : "Une nuit sur deux, Quentin Albert descendait le Yang-tsé-kiang dans son lit bateau[1]…" Fort de cette érudition, je fonçais chez le Vieux et lui mettais sous le nez cette première page. En proie à un emballement littéraire inhabituel chez lui, il s'aventura jusqu'à la seconde page, puis déclara, formel : "Banco !" Une difficulté subsistait toutefois : trouver le second personnage. Je ne sais plus qui a suggéré Belmondo, mais je sais que tous les autres ont répondu oui. Seulement, le Bébel, on l'a attendu pendant deux ans *because* un programme chargé. Excellente chose ! Elle a permis à François Boyer[2] de fignoler une adaptation ravissante. Elle nous a également donné le temps, à nous, de lire le livre. Eh bien, il est formidable ce livre ! C'est même un des rares, à ma connaissance, qui gagne à être lu[3] ! »

Ayant sauvé l'ouvrage d'Antoine Blondin du naufrage, Audiard, Verneuil et François Boyer travaillent à son adaptation à la hâte. « Quel était le problème dans *Un singe en hiver* ?, résumera Verneuil. C'est que nous avons un homme qui boit. Il boit, mais l'alcool lui sert de véhicule, pour se retrouver sur le Yang-tsé-kiang… Quand il boit, il descend le Yang-tsé-kiang avec les serpents, le saké, l'alcool, les filles… C'est tout ça quand il boit ! Et puis il y a celui qui boit et dont les souvenirs s'arrêtent à

---

1. Le texte exact est : « Une nuit sur deux, Quentin Albert descendait le Yang-tsé-kiang dans son lit bateau : trois mille kilomètres jusqu'à l'estuaire, vingt-six jours de rivière quand on ne rencontrait pas les pirates, double ration d'alcool de riz si l'équipage indigène négligeait de se mutiner » (La Table Ronde, 1959).
2. Auteur notamment de *Jeux interdits*.
3. *La Presse*, 19 mai 1962.

La Bourboule. Il ne va pas plus loin que La Bourboule!... La différence c'est ça et, si nous avions raté ça nous faisions le film d'un ivrogne, d'un saoul, d'un type qui boit. Et il n'y avait plus de film[1]. »

Pour adapter cette histoire foisonnante et douloureuse, les scénaristes n'ont d'autre choix que de tout casser. En effet, Antoine Blondin a axé son propos sur les tourments solitaires de Gabriel Fouquet, délaissant le personnage d'Albert Quentin. Il faut rétablir l'équilibre et, surtout, conférer plus de flamboyance à ces deux errants.

Michel a un respect total pour les écrits de Blondin. Ce qui n'est pas le cas de tout le monde, certains lui reprochent d'avoir collaboré à *Rivarol*, journal d'extrême droite, et à *La Dernière Lanterne*, revue pamphlétaire.

Dans la mesure du possible, Michel s'efforce de ne pas trop s'éloigner des dialogues du roman. En revanche, il réécrit la fameuse histoire des singes, présentée dans l'ouvrage: « Ça me rappelle ces singes égarés que j'ai vus dans certaines villes d'Orient: quand le climat devient trop rude ou qu'ils sont trop nombreux, on les rassemble et les populations se cotisent pour chauffer un train spécial qui les ramène dans leurs forêts... »

Qui devient à l'écran: « En Chine, quand les grands froids arrivent, dans toutes les rues des villes, on trouve des tas de petits singes égarés sans pères ni mères. On ne sait pas s'ils sont venus là par curiosité ou bien par peur de l'hiver, mais comme tous les gens là-bas croient que même les singes ont une âme, ils donnent tout ce qu'ils ont pour qu'on les ramène dans leur forêt, pour qu'ils trouvent leurs habitudes, leurs amis. C'est pour ça qu'on trouve des trains pleins de petits singes qui remontent vers la jungle. »

Le résultat reste fidèle à l'esprit du roman. Si dans *Pourquoi viens-tu si tard...* l'alcoolisme était présenté sous son jour le plus sordide, cette fois, il surgit sous un aspect presque étincelant. Cela en raison de la personnalité des deux soiffards: le vieux singe qui s'est promis de ne plus boire et le jeune taureau qui ne voit pas l'intérêt de s'arrêter. Ils n'ont ni le vin triste ni la cuite mesquine. Des seigneurs, des princes de l'ivrognerie. Alcooliques, certes, ces deux compagnons de beuverie et de souvenirs

1. Entretien avec André Halimi (Editing Productions, 1995).

remontent le temps et les fleuves, accoudés au zinc des bistrots. L'aîné s'en va errer du côté du Yang-tsé-kiang tandis que le cadet restitue les chaleurs de l'Espagne. Ils voyagent le cœur léger, mais la tête lourde de nostalgie.

Audiard compose un dialogue sans fausse note, alternant le tambourinant et le *mezza voce*. Loin de faire sonner les trompettes du chahut, il préfère les violons de la poésie, offrant des morceaux de choix :

« Le Yang-tsé-kiang n'est pas un fleuve, c'est une avenue. Une avenue de 5 000 kilomètres qui dégringole du Tibet pour finir dans la mer Jaune. Avec des jonques et des sampans de chaque côté. Et au milieu, des îles flottantes avec des orchidées hautes comme des arbres. Le Yang-tsé-kiang, camarade, c'est des millions de mètres cubes d'or et de fleurs qui descendent vers Nankin. Avec tout le long, des villes-pontons où on peut tout acheter : de l'alcool, du riz, de la religion, et puis des garces et de l'opium. »

« Nous sommes restés très fidèles à Blondin qui a fait des déclarations formidables à la fois à la sortie du film et chaque fois qu'il passait à la télévision, soulignera Henri Verneuil. Il avait la gentillesse de dire que nous avions mieux réussi le film que lui son livre, ce qui était entièrement faux parce que son roman était superbe. »

Pour interpréter le jeune père de famille qui sort le vieux singe de son hiver de sobriété, Michel a, donc, avancé un nom : Jean-Paul Belmondo[1]. Verneuil souscrit à cet avis. Interrogé, Gabin, répond laconiquement : « Belmondo, c'est la bonne idée. » Bien qu'il eût déjà déclamé de l'Audiard, dans *La Française et l'Amour*, Jean-Paul ne l'a jamais rencontré, pas plus qu'il n'avait rencontré Gabin. Une première confrontation a lieu dans les salons du Fouquet's, haut lieu de négociations cinématographiques. Jean-Paul, tête nue, se retrouve face à Jean et Michel, porteurs de casquettes à carreaux présentant d'étranges similitudes. Le courant passe immédiatement non du fait que tous trois apprécient Blondin – Belmondo a fait les quatre cents coups avec lui – mais qu'ils sont des accros du cyclisme. D'ailleurs, ils ne parlèrent que de cela.

1. Après le désistement de Daniel Gélin qui, contrairement à Jean-Paul, connaissait bien Gabin et Audiard.

« Alors qu'il venait de rencontrer Belmondo pour la première fois, rapportera Michel, j'entends encore Gabin me dire : "Tu vois, celui-là aurait pu faire mes trucs d'avant mes cheveux blancs !" Entendez par là que Jean-Paul aurait pu interpréter l'homme traqué de *Pépé le Moko*, le déserteur de *Quai des brumes*, le prolo du *Jour se lève*. Cet aveu me parut d'autant plus remarquable que, fort justement, Gabin n'avait pas pour habitude de morceler un royaume qui lui appartenait de longue date[1]. » Et, sachant que Jean avait ça dans le crâne, Michel fait dire à son personnage, en parlant de son jeune compagnon : « T'es mes 20 ans ! »

« J'écris pour les acteurs, rappelle Audiard. On me l'a assez reproché. Si je ne sais pas qui joue les principaux rôles d'un film, je ne me sens pas à l'aise. Si j'écris pour Brialy et que le producteur me dit, un mois après, "c'est Belmondo qui le fait", je réécris entièrement mon dialogue. Il n'y a pas un acteur qui parle comme un autre. Le dialoguiste écrit des mots qui doivent être dits, mais pas par n'importe qui. Beaucoup de confrères ont eu des échecs à cause de cela. Leur talent n'est pas en cause[2]. »

Sur le tournage, le monstre sacré se laisse apprivoiser par le jeune chien fou. « Gabin a adopté Jean-Paul, confirmera Verneuil. Il l'a senti. Jean-Paul avait la notion du respect sans être lèche-bottes. Ils se marraient tout le temps, ils nous faisaient des blagues. Le tournage en extérieurs sur la côte normande représente une somme incroyable de souvenirs. Tous les hôtels étaient fermés sauf un et Gabin s'occupait personnellement de trouver des restaurants, parce que, en ce qui concerne la bouffe, il savait y faire ! Tous les soirs nous avions un festin. J'ai dû prendre 10 kilos dans ce film ! »

Michel fait plusieurs fois le déplacement pour retrouver ses amis en terre normande où se tourne ce *Singe*. L'équipe loge au Normandy, à Deauville, y compris Gabin qui, pourtant, possède une maison dans la ville. Là, plutôt que de parler septième art, la joyeuse bande disserte sans fin sur le football, la boxe et le cyclisme !

Un singe en hiver est attendu de pied ferme par la redoutable commission de censure qui craint d'y voir une apologie de l'alcoolisme. Une brave

1. *Paris Match*, 22 décembre 1978.
2. *Cinémonde*, 27 novembre 1962.

dame représentant le ministère de la Santé, et répondant au doux nom de Mme Cron, estime que l'on y voit trop les marques d'apéritif sur l'écran. Armée de cet unique prétexte, elle tente de faire interdire le film. En vain.

Jacques Bar décide de présenter le résultat à l'occasion du Festival de Cannes, loin de la compétition. « Nous l'avons projeté dans une petite salle de la rue d'Antibes, à Cannes, racontera Verneuil. Il y avait cinq ou six journalistes. J'étais avec Audiard. C'était la première copie, elle sortait vraiment du laboratoire. Je savais quels films représentaient la France et, ce jour-là, alors que je suis très dur, impitoyable avec ce que je fais, je me suis dit que, peut-être, *Un singe en hiver* méritait d'être dans une autre salle, celle de la compétition, et que nous n'avions pas démérité en faisant ce film. »

> « On se doutait bien que la rencontre, dans le même film, de Jean Gabin et Jean-Paul Belmondo ne pourrait être qu'extraordinaire. Mais le résultat dépasse toutes nos espérances. *Un singe en hiver* est une réussite complète. »
>
> Robert Chazal, *France Soir*

> « Les bons mots signés Audiard titubent à une cadence accélérée. »
>
> Jacqueline Fabre, *Libération*

> « Cette histoire typiquement masculine est empreinte d'une forte dose de nostalgie qui englobe son humour robuste et lui confère plus qu'une simple qualité comique. »
>
> Bosley Crowther, *New York Times*

> « Il faut être de complète mauvaise foi pour ne pas pronostiquer que les producteurs d'*Un singe en hiver* tiennent un triomphe dans le genre de celui de *Taxi pour Tobrouk* ou du premier *Don Camillo*. »
>
> Stève Passeur, *L'Aurore*

> « J'ai été positivement écœuré. Non qu'il s'agisse d'une apologie de l'alcoolisme [...] comme on l'a publicitairement laissé entendre. J'y ai reconnu bien pire : une œuvre où la complaisance ne le dispute qu'au mépris. Mépris pour ceux que Michel Audiard appelle des "Français moyens" et dont ses héros n'ont rien à foutre. »
>
> *France Observateur*

Après avoir divisé la critique, cette œuvre étonnante fédère 2 millions de spectateurs. « Pour faire plein d'entrées, analysera Audiard, il aurait fallu des scènes de bagarre. Nous n'avons pas voulu faire de concessions. Nous avons joué la fidélité au roman, pas le succès commercial[1]. »

1. *Télé 7 Jours*, 29 octobre 1983.

13

Concertos pour malfaisants

Les films à sketchs étant au cinéma français ce que le recueil de nouvelles est à la littérature, leur vogue connaît un impact grandissant dans les années 1960. Ils ont l'avantage d'offrir des affiches avec pléiade de noms connus. Parmi d'autres, Michel Audiard se retrouve au générique du *Diable et les 10 commandements*, réalisé par Julien Duvivier. « Mon film n'aura pas de style défini, déclare ce dernier. Il fera appel au charme, au sentiment, au comique, au drame. Je désire surtout des histoires extrêmement solides. À une époque où l'on a tendance à étirer de minuscules intrigues aux dimensions de grands films, je vais, à l'inverse, prendre une série de sujets pouvant inspirer des longs-métrages et les condenser en nouvelles cinématographiques. »

Michel n'hérite que d'un seul sketch, assez court : *Tu ne déroberas point*. Le prétexte est tiré d'une nouvelle de Richard Levinson et William Link[1]. Un petit voleur réalise un hold-up avec une facilité déconcertante. Il faut dire que le caissier de la banque se montre on ne peut plus conciliant car il a une idée derrière la tête : récupérer le magot…

Louis de Funès devient le voleur maniant le calibre 11, fabrication yougoslave ; Jean-Claude Brialy, le caissier condescendant qu'on ne descend pas. L'inspecteur de police est caricaturé par Noël Roquevert. Audiard lui fait regretter le temps de l'Occupation, époque bénie où l'on pouvait faire « la grosse tête » à qui bon vous semblait.

« Monsieur, laissez-moi vous dire : quand on laisse se dégrader les institutions, c'est le début de Babylone. »

---

1. Futurs créateurs des personnages de Columbo et de Mannix.

Un sketch plaisant dans un film inégal. Un désagréable souvenir pour Audiard : « Cette collaboration avec Julien Duvivier ne m'a guère réussi, avouera-t-il, je me suis très mal entendu avec lui[1] ! »

Il préfère retrouver ses habituels complices, Grangier et Verneuil, avec lesquels il développe deux films, destinés, bien entendu, à Jean Gabin.

Le Gentleman d'Epsom est directement inspiré par une idée d'Albert Simonin qui regroupe ses souvenirs : petites arnaques sur fond de champ de courses avec, au premier plan, un escroc mythomane, mais sûr de lui, qui vend des tuyaux crevés à des parieurs trop naïfs. Reste à transformer le sujet en scénario, ce qui ne représente pas un travail titanesque. Jean, propriétaire d'une écurie de courses, savoure l'idée. Michel se dit qu'il va réutiliser les ficelles de *Courte-Tête* qui lui avaient valu un beau succès. Gilles suit la troupe.

On hésite sur le nom de l'interprète de Gaspard Ripeux, restaurateur faisandé. Audiard avança celui de Louis de Funès qui a fait du chemin depuis *Mission à Tanger*[2]. Certes, Jean Gabin et Louis s'admirent mutuellement, mais ont des attitudes dissemblables. L'un est un placide gérant tranquillement sa carrière ; l'autre est une boule d'angoisse, soucieux de tout contrôler. Dressés sur leurs ergots, ces deux coqs ne font rien pour se rapprocher. Un jour, Louis de Funès dit même à Audiard, en visite sur le plateau : « Ton ami Gabin, c'est fou le mal qu'il se donne pour être désagréable ! »

Néanmoins, grâce à la calme assurance de Grangier, le tournage se déroule dans de bonnes conditions. D'abord intitulé *Le Pelousard* – puisqu'il présente les courses vues de la pelouse –, le film porte finalement pour titre *Le Gentleman d'Epsom*.

Quelques années plus tard, on lui substituera *Les Grands Seigneurs*, on fera imprimer de nouvelles affiches sur lesquelles de Funès, devenu numéro 1 du cinéma comique français, se retrouve ni plus ni moins en aussi gros caractères que Gabin. Un procédé qui déplaira fortement à

1. *Ciné-Revue*, 5 juillet 1962.
2. Dans une première ébauche de casting, les auteurs notèrent que Le Commandant (« ancien officier de cavalerie en retraite, turfiste impénitent, vendeur de tuyaux ») avait 60 ans (Jean en avait 58).

Audiard : « C'est une opération commerciale pas très jolie, dira-t-il. Mais souvent utilisée dans le métier[1]. » D'autant que de Funès n'y a qu'un rôle secondaire, n'apparaissant que dans la dernière partie du film.

Tourné à compter d'avril 1962 sur les principaux champs de courses parisiens, le film sort sur les écrans en octobre. Si le public s'amuse, certains journalistes font la moue. Dans *Arts*, Pierre Marcabru dépasse de beaucoup le strict cadre de la critique cinématographique : « Ni Gilles Grangier, ni Audiard, ni Gabin ne croient à ce qu'ils font. Ils croient à l'argent. C'est tout. À la longue, c'est déprimant. Et c'est d'autant plus déprimant que ce sont des prudents, des modestes, des rentiers de la pellicule. On s'en tient à ce qui, une fois pour toutes, a été éprouvé. On ne spécule pas. On joue toujours le même jeu. [...] Parlez de l'art cinématographique à Gilles Grangier, à Michel Audiard et à Jean Gabin, ils vous diront qu'ils sont venus au monde pour divertir les populations et qu'il n'y a rien de plus exaltant, de plus noble, de plus généreux, et que l'art cinématographique n'a rien à voir avec cette mission. »

* * *

Audiard est déjà ailleurs. Il a découvert un roman d'aventures qui lui semble prometteur. Il en parle à Henri Verneuil qui trouve le sujet épatant, mais tique car une partie de l'action se déroulait aux colonies. « Gabin a, hélas, un très gros défaut, précise Michel, c'est qu'il a horreur de voyager et que pour lui les environs de Deauville, ou même pas, le bout de l'autoroute de l'Ouest, sont les seuls lieux d'extérieurs où il accepte de tourner ! Alors, ça nous oblige à écarter de merveilleux sujets qui nécessiteraient des voyages plus éloignés. Et c'est très, très compliqué de trouver toujours de bonnes histoires en étant aussi limités dans l'espace[2]. »

Néanmoins, Michel et Henri partent confiants. Ils découpent un personnage aux dimensions exactes de Gabin. Cela leur prend plus de temps que prévu. Gabin s'impatiente. Audiard et Verneuil tiennent conseil. Ils n'ont toujours pas résolu le problème du nécessaire voyage aux colonies

1. *Le Figaro*, 21 janvier 1969.
2. *Ciné-Revue*, 5 juillet 1962.

et savent que cela risque de tout faire capoter. Michel se sent d'attaque pour affronter le Vieux. « Je suis capable de hurler à la mort », clame-t-il.

Ils se rendent au domicile de l'intéressé qui les attend de pied ferme. Henri dévoile son sujet avec un talent consommé. Quand arrive la scène du port, Gabin l'arrête net : « Il m'emmène où ce bateau ? » demande-t-il d'une voix qui laissait craindre le pire. Moment crucial. Verneuil joue son va-tout. « Eh bien, avoue-t-il, nous avons prévu huit jours de tournage en Afrique… » Le mot à peine lâché, Gabin monte sur ses grands chevaux. L'Afrique ? Et pourquoi pas la Papouasie ou le royaume de Siam ? Hors de question ! La partie est perdue… En réalité, elle dévie. Resté silencieux, Audiard n'a pas encore joué ses atouts. Prenant son air de renard rusé, il met tout sur le dos de Verneuil, l'accusant d'avoir choisi un sujet qui ne peut convenir à Gabin. Par bonheur, lui, le sauveur, sort de sa manche une autre idée. Un roman américain. Un formidable casse de casino transposable en France !… Gabin dit oui immédiatement. Tactique délibérée d'Audiard ou sauvetage *in extremis* de la situation ? Nul ne le saura. Toujours est-il que, ce jour-là, les trois hommes scellent le destin de *Mélodie en sous-sol*…

Michel n'a pas menti en affirmant que le roman comporte un audacieux cambriolage réalisé par un vieux truand et son jeune poulain. Il a simplement exagéré en glorifiant l'ensemble du livre car ce texte de John Trinian suit un rythme assez laborieux et ne contient qu'un élément d'importance : le casse. Ça et son titre. Bien peu pour faire un film. Dans ce roman se retrouvent en lice Karl (54 ans), usé prématurément par ses années de cellule, et son ancien compagnon de geôle, Frank (30 ans), malfrat de petite envergure. Aidés par Louis (25 ans), le terne beau-frère de Frank, ils montent le braquage d'un tripot non loin de San Francisco : le Monte-Carlo. L'opération réussit, mais le trio emporte une bouteille de cognac sans savoir qu'elle est empoisonnée…

Pas grand-chose à retenir de ce polar, pas même les personnages décrits de façon peu reluisante car à bout de souffle. L'équipe française, menée par Albert Simonin, tombe d'accord pour n'en rien conserver hormis ce fameux casse qui est remanié de fond en comble. Première étape : trouver un nouveau décor. Un casino ! Voilà qui donnera de l'éclat. Audiard,

Verneuil et Simonin hésitent entre le Palm Beach de Cannes et le casino de Deauville. Ce dernier a, pour des raisons strictement géographiques, la préférence de Gabin. Son homologue cannois est cependant choisi en raison de son architecture et de la présence d'une piscine en plein air. Ensuite, le trio dessine les personnages principaux, gardant l'idée de la confrontation entre un jeune et un vieux truand[1] ainsi que la présence, discrète mais nécessaire, du beau-frère chauffeur.

À la lecture du scénario, Gabin s'affirme déçu. Son rôle, estime-t-il, paraît en retrait par rapport à celui du jeune truand. Jean ne se voit pas « servir la soupe » à un inconnu. Il se calme un peu quand Verneuil lui apprend que son partenaire sera Jean-Louis Trintignant. Pourtant, peu de temps après que ce jeune acteur a signé son contrat, Jacques Bar se retrouve face à un autre comédien, plus célèbre et plus cher : Alain Delon.

« J'ai vu arriver Delon à mon bureau en disant : "Je vais faire le rôle", racontera Bar. Je lui dis : "Mais j'ai engagé Trintignant.

– Ça ne fait rien, je vais le payer.

– Vous allez le payer, mais vous coûtez plus cher que Trintignant.

– Je vais faire le film pour rien, vous me donnez des territoires.

– Écoutez, j'en suis à cinq ou six films avec Gabin et je n'ai jamais vendu au Japon. Pour vous payer, je vous donne le Japon.

Il a accepté. Il a payé Trintignant. »

Néanmoins, Delon doit obtenir l'accord de Gabin. Première rencontre dans le bureau du producteur Jacques Bar. Témoins : Verneuil et Audiard. Quand Delon arrive, Gabin est assis. Il se lève, ce qui n'est pas dans ses habitudes, s'approche du jeune comédien. « J'aimerais vous présenter Alain Delon », lui annonce Verneuil. Jean lui tend la main, et l'accueille d'un cordial « Bonjour, monsieur ». Alain en est médusé. Il a tout imaginé sauf être traité avec autant de respect par un monstre sacré. Un « Bonjour, môme » lui aurait semblé moins surprenant ou, au mieux, un « Bonjour, jeune homme »... Ni effusion, ni compliment déplacé, les

1. Dans une première version du scénario, Charles (Gabin) a deux jeunes enfants : Simone (qui vient de réussir son certificat d'étude) et Pierrot. Tous deux ne savent pas que leur père sort de prison. Ils le croyaient en mission en Égypte !

deux champions se sont jaugés au premier coup d'œil. Par cette poignée de main, ils acceptent de travailler ensemble. Début d'une admiration mutuelle qui se prolongera durant bien des années.

Quand un journaliste lui demande ce qui l'a incité à participer à ce projet, Alain répond : « Être le partenaire de Jean Gabin. Il y a longtemps que j'avais envie d'être à ses côtés. Quel jeune acteur n'a pas formulé ce vœu ? Quel jeune acteur n'a pas rêvé à la carrière de Jean Gabin[1] ? »

Le reste de la distribution est complété par l'aristocrate José Luis de Vilallonga, la charmante Carla Marlier et l'impeccable Viviane Romance, qui retrouve Gabin un quart de siècle après *La Belle Équipe*.

Pour les dialogues, Michel œuvre sur un canevas brodé par Simonin. Claude Pinoteau et Costa-Gavras, assistants sur ce film, sont étonnés du peu de changements entre la version Simonin et la version Audiard. « Michel avait changé 25 ou 30 phrases de dialogues, se souviendra Pinoteau, mais elles étaient irrésistibles. Rien qu'à les lire, on riait. C'étaient vraiment de grandes trouvailles d'un grand dialoguiste. »

Audiard prouve à nouveau qu'il sait faire parler les truands, même s'il s'agit de truands factices. Spécialiste du genre, José Giovanni estime : « Michel ne connaissait pas le Milieu. Le dialogue est faux, mais il est tellement bon que c'est ce que vous, vous voulez entendre. C'est le travail d'Audiard qui est un homme de spectacle et qui est chargé de faire du spectacle. »

En remaniant le roman initial, Verneuil, plus qu'Audiard, allonge la séquence du casse proprement dit, ajoutant des détails dont un long passage dans la gaine d'aération au-dessus des salles de jeu, suivi d'une descente sur la cabine d'ascenseur. Trouvailles qui déplaisent à Gabin. Trop long, dit-il. Tout le monde comprend ce que cache ce jugement à l'emporte-pièce : son personnage y est fort peu présent, au contraire de celui joué par Delon. C'est ce dernier qui fait le casse, bien plus que M. Charles, qui n'intervient qu'en dernière partie. Audiard lui-même, avec sa mauvaise foi coutumière, juge ce passage encombrant… car sans dialogue ! « Exact, admet Verneuil, car les tuyaux, les câbles, l'ascenseur, le suspense

1. *L'Humanité*, 1er décembre 1962.

à la Hitchcock doivent tenir le public en haleine et ne nécessitent pas de grandes tirades[1]. »

Il refuse de réduire cette séquence. Ce ne sera qu'une fois le film terminé que Jean et Michel constatèrent qu'elle dure dix-huit minutes !

Sur le tournage, Henri ne nie pas ses difficultés face à son acteur principal : « Un comédien comme Jean Gabin attache énormément d'importance à ce que son personnage domine la situation. En plus, il aime parler, beaucoup parler. Or, dans le film que je veux faire, l'image aura la première place et les détails ont au moins autant d'importance que les personnages. J'ai deux grands comédiens et, pourtant, les véritables vedettes seront avant tout le suspense et l'action. *Un singe en hiver* donnait à Gabin et à Belmondo l'occasion de faire leur petit numéro personnel. Ici, l'attention devra se fixer sur l'histoire plus que sur ceux qui la vivent. Delon l'a très bien compris et Gabin a fini par en faire autant. »

Malgré tout, Audiard parvient à glisser ses piques : « Dans une situation tendue, quand tu parles fermement avec un calibre en pogne, personne ne conteste. Il y a des statistiques là-dessus. »

Mais l'échange qui entrera dans la postérité fut celui d'un jeune homme face à sa mère :

« Un jour c'est nous que tu tueras, ton père et moi, de chagrin.

– Eh bien comme ça on ne retrouvera pas l'arme du crime. »

Jean sort un autre grief : son rôle manque de relief par rapport à celui de son jeune rival. Quitte à avoir Delon comme partenaire, autant qu'ils aient davantage de scènes ensemble. Refus des auteurs. Sur sa lancée, Gabin demande que la fin soit changée. Verneuil promet de réfléchir à la question… Enfin, le dernier commentaire de Jean vise directement Audiard : le personnage de Louis, le chauffeur, a trop d'importance. Or, tout le monde sait que Michel l'a promis à son vieil ami Maurice Biraud. « Je l'ai connu voilà vingt ans dans les lieux plutôt drôlets de la rive gauche, à l'époque où personne n'avait jamais sommeil, écrit-il à son sujet. Le Biraud d'alors flottait dans des costards "prêt-à-porter" (je me demande encore par qui ?), il traînait un enthousiasme inemployé entre les tables

1. *Libération*, 22 décembre 1962.

de la rue Saint-Benoît, il serrait des pognes, racontait des trucs, bref, cherchait du boulot. Il était, sous une apparence falote, marqué du signe par lequel Dieu désigne immanquablement les élus parmi les enfants : il déconnait déjà à gros bouillons. C'est un point sur lequel M. Maurice Biraud n'a absolument pas changé[1]. »

Déjà, au moment de l'écriture, Verneuil a refréné les envies d'Audiard de laisser ce personnage envahir l'intrigue. « N'oublie pas que nous racontons l'histoire de Gabin », lui répète-t-il. Jean souhaite, donc, que ce rôle soit écourté. Pas question, rétorque Michel qui interprète cette demande comme un affront personnel. « Personnellement, j'ai essayé en plusieurs occasions d'offrir un tremplin nouveau à ceux qui le méritent, avoue-t-il. Ainsi Michel Auclair, dont l'éclipse est une injustice particulièrement criante à une époque où tant d'amateurs ont des situations. Ainsi Franck Villard pour qui je viens d'écrire deux rôles et qui doit redémarrer très fort ; Maurice Biraud qui a attendu dix années sa chance ; Bernard Blier et Paul Frankeur qui sont pour moi presque des acteurs fétiches, et Daniel Gélin à qui me lient tant d'excellents souvenirs, et Jean Desailly qui est toujours merveilleux et à qui ça ne rapporte pratiquement rien ; sans compter Joëlle Bernard que j'ai été heureux de remettre en selle avec *Le Bateau d'Émile* et *Le Gentleman d'Epsom*. Tous ces acteurs, et quelques autres, sont naturellement des copains que j'aime avoir dans mes "films maison". Mais, quant à mes amitiés réelles, à part Gabin, elles découlent principalement de mes relations de bon voisinage avec les campagnards que sont Danielle Darrieux, Maurice Biraud, Lino Ventura, qui viennent en week-end chez moi, ainsi qu'Henri Verneuil, Gilles Grangier, La Patellière, Jean Delannoy[2]. »

Qui connaît un tant soit peu Gabin sait que cette accumulation de reproches cache autre chose. Un profond malaise.

Jean adore les dialogues d'Audiard. Hélas, il est jaloux. Non du succès de son ami, mais du fait que ce succès l'amène à travailler avec d'autres. *Un taxi pour Tobrouk*, *Les lions sont lâchés*, entre autres, ont prouvé que Michel peut atteindre le succès hors la présence du Vieux. De plus, ces

1. Préface à *Faut l'faire* de Maurice Biraud (Solar, 1966).
2. *Ciné-Revue*, 5 juillet 1962.

films font directement concurrence à ceux joués par Gabin, les dépassant parfois en nombre d'entrées. Crime de lèse-majesté. Or, les choses ne vont pas s'arranger car Jean est suffisamment au courant des petits secrets du cinéma pour savoir que Michel écrit de plus en plus... pour d'autres ! Il estime lui avoir donné sa première chance avec *Gas-Oil* et voit d'un très mauvais œil que tous ses textes ne passent pas d'abord par lui. De plus, il craint que la boulimie de travail d'Audiard ne l'entraîne à bâcler ses dialogues. Bref, il ne supporte pas que son ami ne soit pas aussi son vassal.

De son côté, Michel ne cache pas ses envies d'aller voir ailleurs. Il veut explorer d'autres voies, voir de nouveaux horizons. Bref, il rêve d'une totale liberté. Et que se passe-t-il lorsque, dans un couple, l'un fait montre d'une jalousie exacerbée et l'autre manifeste le désir d'aller voir ailleurs ? Il se sépare. C'est ce qui guette l'union Gabin-Audiard après sept ans et 16 films.

Le divorce ne se fait pas à l'amiable. Dès le début des prises de vues, Jean grogne et fait de sa légendaire mauvaise foi une arme de bataille. Il commence par rejeter Maurice Biraud, devenu sa bête noire. Alors que l'année précédente, sur le plateau du *Cave se rebiffe*, ils s'étaient admirablement entendus. Désormais, un silence pesant entoure leurs confrontations. Jean ne lui pardonna rien... Dans le même temps, il se montre distant avec Verneuil, homme pourtant affable et professionnel hors pair. Au point que Jean ne lui parle pratiquement plus. Ses repas, il les prend seul ou, parfois, avec son secrétaire, André Brunelin, ou avec Alain Delon, dont il apprécie le professionnalisme.

La distance entre Gabin et Audiard se creuse. « Pendant le tournage de *Mélodie en sous-sol*, rapportera Michel, Jean a commencé à vouloir revoir le texte, raccourcir des répliques, etc. On avait déjà eu souvent des piques à ce sujet. Les grosses vedettes sont toujours un peu tyranniques, elles aiment bien qu'on leur fourbisse un bon texte. Mais elles admettent mal qu'on en fasse autant pour leurs partenaires... Moi, j'ai toujours tenu bon. Question de principe. C'est pas que je considère mes dialogues comme aussi sacrés que le texte des Écritures, mais si vous donnez un petit doigt à un acteur, il vous bouffera le bras jusqu'à l'épaule[1] ! »

1. *Nice-Matin*, 15 mai 1963.

Pour une fois, Michel se garde bien de rendre visite à ses amis sur le tournage. « C'était une querelle d'un ménage à un tournant difficile, analysera-t-il. Chacun trouvant que l'autre était devenu acariâtre[1]. »

Dans cette ambiance tendue se tourne *Mélodie en sous-sol.* Comme promis, Verneuil cherche une autre fin. Et d'inventer des billets de banque remontant mystérieusement à la surface de l'eau claire d'une piscine. C'est alambiqué car il fallait justifier la scène, c'est-à-dire expliquer pourquoi les voleurs ne se carapatent pas et se retrouvent dans l'obligation de jeter les sacs au fond de la piscine. Plusieurs personnes tentent de ramener Henri à la raison : leur comportement est illogique ! Pourtant, Henri demeure convaincu de tenir un final spectaculaire. Il n'a pas tort.

« Un film policier de grande classe, comparable aux meilleurs que le cinéma français ait produits », note Louis Chauvet dans *Le Figaro.*

Mélangeant suspense et humour, surprises et railleries, le film enthousiasme le public et réunit 3 518 000 spectateurs en France. Le reste du monde tombe lui aussi sous le charme. Au Japon, il est vendu 125 000 dollars, record pour une production française.

Ce triomphe va-t-il réconcilier les différentes parties ? Ce serait mal connaître le caractère entêté de Gabin et celui, guère plus conciliant, d'Audiard. Fâchés ils sont, fâchés ils restent.

Dans le cœur et dans les contrats de Jean Gabin, Michel Audiard est remplacé par Alphonse Boudard. Cet ancien taulard sait lui aussi manier l'argot et se trouvera à l'origine d'une série de films dont *Du rififi à Paname, Le Jardinier d'Argenteuil, Le Soleil des voyous* et même *Le Tatoué,* bien qu'il ait retiré son nom du générique. Pascal Jardin deviendra un autre fidèle de Gabin.

Mélodie en sous-sol marque la fin du contrat liant le quatuor Gabin-Audiard-Verneuil-Grangier à Jacques Bar. « Chacun voulait plus ou moins retrouver sa liberté, estimera ce dernier. Le seul qui avait envie de rester dans cette association parce que ça lui assurait une sécurité, c'était Gabin. » L'acteur va signer chez Raymond Danon, mais sans son équipe de choc.

1. *France-Soir,* 30 janvier 1963.

Et le conciliant Henri Verneuil réfute l'idée d'un divorce ou même d'une brouille : « La vérité est qu'au moment où je réalisais *Mélodie en sous-sol*, Audiard et moi venions de signer un contrat nous liant pour la durée d'un an à une autre firme de production, alors que Gabin, lui, avait souscrit, pour la même période, un contrat d'exclusivité avec une société cinématographique différente. Nous étions, donc, appelés à nous séparer momentanément et il a suffi que cette nouvelle fût connue pour que certains se croient autorisés à parler de "brouille". Ceci dit, il n'est peut-être pas mauvais que des gens, habitués à travailler ensemble, se séparent de temps en temps[1]. »

* * *

Dans *Mélodie en sous-sol*, le rôle du barman de la piscine est ténu par un certain Jean Carmet. Le grand public ne le connaît pas vraiment, même s'il est apparu dans de nombreux films. En revanche, Michel Audiard est un ami proche et cela ne date pas d'hier. Ils ont fait connaissance au Bar des Artistes, rue de la Gaîté.

« Mon père m'a retracé cette rencontre, racontera Bruno. Il faut se souvenir que, dans les années 1950, les téléphones publics étaient le seul moyen de communiquer. Les particuliers devaient attendre des mois, voire des années, avant de bénéficier d'un appareil. Le plus souvent, on allait téléphoner au bistrot. À l'aide de jetons – disponibles au comptoir – dont l'État fixait le prix. Ce jour-là, Michel remarqua un jeune homme achetant une énorme poignée de jetons. Il s'approcha de cet étrange consommateur.

– Vous avez de la famille à l'étranger ? lui demanda-t-il.

– Pas du tout, c'est un investissement. J'achète les jetons maintenant, je les stocke, et je les revendrai plus tard, précisa Carmet. Leur prix peut flamber.

1. *Dossier d'information de la MGM*, mars 1963.

Du pur délire car, au maximum, et en étant très patient, l'investisseur gagnerait à peine quelques francs. Michel comprit qu'il s'agissait d'un canular.

Le jeune homme se présenta :

– Jean Carmet.

– Et vous faites quoi dans la vie ?

– Je suis acteur.

– On finira sûrement par bosser ensemble.

En attendant, ils devinrent, et pour longtemps, inséparables compagnons de délires, de beuveries et d'amitié. »

14
Ferdinand et Anastasie

En reprenant sa liberté, Michel reprend aussi son cheval de bataille : Louis-Ferdinand Céline. Fasciné par l'écriture de cet auteur controversé, il se dit prêt à le défendre bec et ongles, déclarant au passage que certains mauvais souvenirs ne s'estomperont jamais. « Je n'ai jamais pardonné à Guy Mazeline d'avoir eu le Goncourt l'année où Céline écrivit *Voyage au bout de la nuit*, déclare-t-il. Je l'ai clamé bien haut. Ce n'est pas plus difficile que ça de se faire un ennemi[1]. » Il est vrai que ledit Mazeline tomba dans l'oubli, mais comme il ne tomba pas de haut, cela ne lui fit pas grand mal. Son roman *Les Loups* avait obtenu le prix tant convoité au premier tour par six voix contre trois à Céline.

Michel connaît presque par cœur *Voyage au bout de la nuit*. Plus qu'un livre fétiche, c'est pour lui un compagnon de route. Il y puise son énergie pour écrire, avouant sans fausse honte que si son style avait subi une influence, c'était bien celle-là. Difficile, cependant, d'occulter l'activisme politique de cet écrivain. Dire qu'il s'est mouillé dans la collaboration serait un doux euphémisme ; il s'y était trempé jusqu'aux os. « Je ne conteste pas que Céline ait été antisémite, rétorque Audiard, mais Céline était tellement antitout et, pour commencer, tellement anti-Céline, qu'il ne pouvait pas ne pas être aussi antisémite. C'était un anarchiste à l'état pur[2]. »

Michel songea très tôt à porter *Voyage au bout de la nuit* à l'écran. En septembre 1960, après de complexes tractations, il poussa son beau-frère

1. *Le Soir*, 31 mars 1971.
2. *Le Film français*, 29 octobre 1976.

Jean-Paul Guibert à en acquérir les droits d'adaptation cinématographique. On parla alors de la possibilité de Louis Malle à la réalisation tandis que Pierre Descaves – ex-administrateur de la Comédie-Française et fils de Lucien, ami de Céline – travaillerait au scénario ; étant entendu que Michel signerait les dialogues. Jean Gabin, amateur lui aussi du roman, fut contacté. Il conseilla de prendre contact avec Julien Duvivier qui lui parut être le metteur en scène idoine. Michel gardant un mauvais souvenir du *Diable et les 10 commandements*, repoussa cette idée. Il continua de se démener, inquiet qu'un autre ne lui chipe son idée.

« Si quelqu'un d'autre faisait ce film, dit-il, j'en ferais une jaunisse. Moi, je l'ai connu, Céline. À la fin de sa vie, d'accord, mais je l'ai connu. Je sens comme lui, je le comprends[1]. »

Il avait réussi à le rencontrer, grâce à un étrange individu : un peintre unijambiste qui avait illustré le *Voyage* et *Mort à crédit* et était devenu l'ami, le complice de l'écrivain.

« Je connaissais Gen Paul qui m'a conduit chez lui, racontera Audiard. Céline râlait tout le temps. Contre tout. Il parlait comme il écrivait, avec la même invention verbale. Mais il ne fallait surtout pas lui dire qu'on aimait ce qu'il écrivait car il se mettait alors à râler de plus belle[2]. »

En 1963, on entrevoit l'espoir d'arriver à une conclusion favorable. L'espoir seulement… Jean-Paul Guibert publie même des encarts dans la presse professionnelle :

« Louis-Ferdinand Céline – Michel Audiard
Le Voyage au bout de la nuit.
Scope-couleurs / Le chef-d'œuvre du siècle. »

Brouillé avec Jean Gabin, Michel cherche ailleurs. Or, il a sous la main une vedette épatante qui, elle aussi, a lu Céline dans son adolescence : Jean-Paul Belmondo. Celui-ci lui conseille un cinéaste : Jean-Luc Godard. Aussi étrange que cela puisse paraître, le pape de la Nouvelle

1. *Paris-Presse*, 15 décembre 1964.
2. *Paris-Presse*, 23 juin 1967.

Vague et le symbole du cinéma de papa acceptent de construire ensemble l'adaptation du roman.

« Parmi les metteurs en scène à qui j'en ai parlé, seul Jean-Luc Godard avait une parfaite connaissance de l'écrivain, de son écriture, de son souffle, de sa pensée, remarque Audiard. Je ne sais pas si je ferai un bon film, mais je crois, à tout le moins, pouvoir restituer fidèlement le ton célinien. Un de mes atouts essentiels est évidemment d'avoir connu ce personnage hors-série[1]. »

Et d'ajouter concernant Godard :

« Il peut rater le film, mais il le ratera d'une certaine manière. Il y en a, en revanche, qui pourraient le réussir d'une manière qui ne me plairait pas du tout. Ce n'est pas un film raisonnable, il faut un dingo pour le faire et les dingos ne courent pas les cinémas[2]. »

Bien des années plus tard, dans son *Introduction à une véritable histoire du cinéma*[3], Godard rendra hommage à Audiard en le plaçant aux côtés de Prévert et en reconnaissant qu'il était un des rares scénaristes-dialoguistes à avoir écouté comment parlent les gens.

Michel est heureux : son rêve est en passe de se concrétiser. Dans son esprit, la distribution prend de l'ampleur : Belmondo en Bardamu, Georges Géret en Robinson, Shirley MacLaine en Molly…

Il surveille la laborieuse mise en place de la production. Or les financiers tardent à réunir les fonds. Le sujet fait peur, Céline aussi. Après de longs mois de silence, l'opiniâtre Audiard ne désarme pas et s'en prend à ces timorés :

« Vous savez, je sais, nous savons que ce film va déchaîner des cris d'agonie, des tempêtes, des haines fielleuses. J'entends d'ici le pétard. Tant mieux. J'en ai marre de faire des films aimables. Qu'est-ce que je risque ? J'ai des contrats de cinoche pour dix ans. Et, d'ailleurs, le *Voyage* n'est pas un film, c'est un renvoi d'ascenseur. Le père Céline, on lui doit tout. Sans lui, aucun auteur actuel n'écrirait, ou alors comme [Georges] Duhamel. Mais là-dessus, personne ne moufte jamais. On

1. *Le Figaro littéraire*, 28 avril 1969.
2. *Pariscope*, 15 décembre 1965.
3. Éd. Albatros, 1980.

n'admet pas. À la mort de Louis-Ferdinand, il y a eu dans les journaux des interviews charmantes. Tous les esthètes à combines y sont allés de leur couplet. Dans le genre surpris : "Céline... auteur important, certes... conduite déplorable sous l'Occupation... mais romancier puissant, il faut reconnaître... trivial, mais puissant... Une influence sur mon œuvre, dites-vous ?... Non. Non. Vraiment. Je ne vois pas. Ce que j'écris est tellement différent..." D'ailleurs, d'une manière générale, à la mort de Céline, la presse française s'est gentiment déshonorée. Les quotidiens de Paris ont annoncé la chose sur une petite colonne honteuse en cinquième page. Et avec des réserves sur la moralité du défunt, des pudeurs ultimes. Côté hebdos Nouvelle Vague : pas mal non plus. La disparition d'Ernest Hemingway – oui, grand écrivain, merci – ayant tragiquement coïncidé avec celle de Céline, c'est naturellement l'Ernest qu'on nous a placardé en couverture. Et encore un coup de pot qu'il n'y ait pas eu de décès concomitant chez les Zoulous car c'est pour le coup que l'on nous aurait refilé ça en quadrichromie à la façade des kiosques. On raffole d'exotisme dans le coin. Mais pourquoi s'énerver ? Revenons à ce film. *Primo,* on a l'intention de tout y mettre. Trois, quatre heures, ça durera ce que ça durera. Le *Voyage,* Céline l'a dit, ça va de la vie à la mort. Faut le temps de raconter les choses. On le prendra. *Secundo,* on n'a pas du tout l'intention d'être gentil. Si l'on voulait travailler dans le menuet et l'organdi, on choisirait un autre sujet. Personnellement, j'ai même l'intention d'être parfaitement nuisible. Là, je vais vous mettre dans les confidences. J'ajouterai dans le scénario un personnage pas élégant, pas joli-joli... Je me suis demandé où le trouver, j'ai cherché, j'ai compulsé, je suis finalement tombé sur un archétype, une vraie synthèse. C'est à la portée de tout le monde, c'est pratiquement du classique, il suffit de consulter l'édition de la Pléiade, chapitre chronologie, page 25 : « 18 décembre 1945 : l'attaché de la légation française à Copenhague demande au ministère des Affaires étrangères danois de "provoquer d'urgence l'arrestation et l'extradition de Céline". » [...] Mais je me disperse encore. Revenons au film. [...] Au fond, cette idée de catapulter le *Voyage* sur les écrans, c'est peut-être un simple besoin de rejeter des toxines, d'expulser un gros microbe attrapé en pleine croissance et dont je ne me suis jamais très bien requinqué[1]. »

Au cours de ce même entretien, Michel ne peut s'empêcher de préciser :

« Le *Voyage*, on ne le tournera pas avant un an et demi. Parce que Belmondo ne sera pas libre avant ; et puis, parce que le *Voyage* faut se le faire et que, pour être franc, on ne sait pas encore par quel bout le prendre. »

Au bout des dix-huit mois fatidiques, rien ne pointe à l'horizon. Les producteurs continuent de rechigner à confier un gros budget à Godard et à miser sur le nom de Céline. Le duo maudit, l'association infernale, le soufre à l'état pur. Belmondo finit par comprendre que ce beau projet ne se concrétisera pas.

« C'est le seul film que je regrette de ne pas avoir fait, confiera-t-il. Il y a des films que j'ai refusés et qui ont marché, mais pour ceux-là, je n'ai aucun regret puisque je n'avais pas envie de les faire. Michel Audiard tenait beaucoup au *Voyage au bout de la nuit*, le projet était parti de lui. C'est mon livre de chevet, j'adore ce livre. Or, avec Audiard, nous étions tous deux des enfants du quatorzième, ce qui augmentait notre complicité. Nous devions, donc, faire *Voyage au bout de la nuit* avec Godard sur des dialogues d'Audiard. Je crois que c'était vraiment une bonne combinaison, un mélange détonant qui nous aurait permis de nous rapprocher vraiment de Céline. Beaucoup de gens avaient été pressentis, c'était très avancé. Et puis l'affaire ne s'est pas faite pour une question de production uniquement, pas du tout pour une autre raison. C'était très lourd pour l'époque et le producteur ne s'en est pas sorti. De plus, il y avait une sombre histoire de droits. Alors, Audiard a lâché l'affaire et le projet est tombé à l'eau. »

Michel vit mal ce naufrage. Sans le laisser couler pour autant. Récupérant des morceaux, il ressortira ce projet régulièrement. Sans résultat. « Il n'y a rien à faire, constatera-t-il. Si vous voyiez la gueule des producteurs quand je leur fais lire le livre ! Pour me faire plaisir,

1. *Paris Match*, 17 décembre 1964.

ils prennent un air de circonstance en affirmant : “Bien sûr, c’est bien écrit”, mais ils ajoutent très vite : “Soyons sérieux, il n’y a pas d’histoire là-dedans”[1]… »

Il envisagera toutes les possibilités, y compris de demander à Federico Fellini de le mettre en scène.

« Depuis que j’ai vu *Roma*, je suis convaincu que Fellini est le seul à pouvoir tourner *Voyage au bout de la nuit* que je rêvais d’adapter, affirmera-t-il. Parce que Fellini est un lyrique, ce que je ne suis pas. Je n’ai pas tellement le sens de l’Apocalypse. Même si j’avais le goût de l’épique, j’ai trop de pudeur. Les grandes envolées, je les aime chez les autres, mais elles ne sont pas pour moi[2]. »

Le film ne se fera jamais. Ce vaste projet, qui a hanté ses nuits et éclairé ses jours, s’éteindra avec lui. « Nous avons étudié 36 fois la possibilité de faire *Voyage au bout de la nuit*, mais c’était infaisable, expliquera Alain Poiré. Je crois que ce qu’il a regretté, ce n’est pas tant de ne pas avoir fait le film que de ne pas avoir trouvé la façon de le faire. Il n’a jamais écrit le scénario à ma connaissance. Michel était un homme extrêmement convaincant et je crois que s’il avait vraiment écrit un scénario, on aurait pu pousser les choses plus loin. Mais dans toutes les conversations que nous avons eues à ce sujet, nous sommes toujours arrivés à la conclusion que c’était infaisable. »

Propos confirmés par Marcel Jullian : « Nous parlions du *Voyage au bout de la nuit* qu’il rêvait de porter à l’écran, mais dès qu’il avait un moment de lucidité il admettait : “On n’a pas le droit de toucher à ça.” »

Effectivement, Michel finira par admettre : « Je crois que la plus grande chance que j’ai eue c’est qu’aucun producteur n’ait voulu le faire, parce que je me serais très certainement cassé la gueule ! Ça m’aurait bien amusé, je me serais bien excité là-dessus mais je me serais cassé la gueule et tous les céliniens m’auraient, à juste titre, injurié[3] ! »

1. *Le Journal du dimanche*, 12 avril 1970.
2. *Le Monde*, 17 août 1972.
3. *Radioscopie*, *op. cit.*

* * *

Audiard reprend à la fois sa plume, son bâton de pèlerin et son sacerdoce de témoin car, à sa manière, il fait œuvre de témoin de son temps. « Il y en a qui veulent qu'on travaille pour la postérité et qui déclarent qu'on juge les films au bout de vingt ans, souligne-t-il. D'après eux, il faudra qu'on puisse y découvrir un témoignage. Eh bien, des témoignages sur notre époque, on en trouvera dans mes films : j'ai toujours eu soin d'y mettre quelques imbéciles[1]. »

Des imbéciles, il y en a beaucoup dans *Carambolages*. Il s'agit d'une commande de Gaumont pour mettre en valeur la vedette montante qu'est Louis de Funès. Marcel Bluwal est chargé de la réalisation. La firme à la marguerite a l'idée d'associer Pierre Tchernia à Michel Audiard, charge pour eux d'adapter un roman faussement noir de Fred Kassak. De son vrai nom Pierre Humblot, Kassak est un prolifique auteur de polars, lauréat du Grand Prix de littérature policière.

« Michel m'a fait venir à Dourdan et j'ai vécu des jours délicieux dans le beau jardin de la famille Audiard, racontera Tchernia. Nous travaillions de la façon suivante : nous passions un temps infini à dire des bêtises, à boire des coups, à regarder la télévision, tout en parlant un peu de ce qui allait être dans le film. Ce que voulait Michel, c'était que je lui écrive les pages du scénario, dialogue compris. Il me disait : "Dans le dialogue, tu vas mettre des choses utiles qui racontent l'histoire et moi je vais reprendre ce texte." Parfois, il ne le reprenait pas : si j'avais une bonne formule, il la gardait. Je lui livrais la description de la scène avec un dialogue. Ce que j'écrivais était une sorte de guide, de mode d'emploi. Ensuite, il s'est mis vraiment à l'écriture du dialogue et ça c'était extraordinaire parce que les choses banales que j'avais écrites devenaient cocasses, tout en respectant totalement l'importance du personnage, son caractère, son utilité dans l'action. »

Tchernia confiera qu'en cours d'écriture, Michel travaille alors à un autre sujet : « Un jour, Audiard me dit : "Cet après-midi, il faut que j'aille à

1. *Le Figaro*, 30 mars 1963.

Paris pour voir des trucs. Continue." Il revient de Paris, le soir : "Demain, on laisse tomber *Carambolages* parce qu'il y a un film qui est en détresse et il faut absolument que j'écrive. Je ne vais pas faire ça tout seul, on va le faire tous les deux." Le lendemain, on a fermé provisoirement le dossier *Carambolages*, on a travaillé vraiment très sérieusement sur un film dont je ne dirai pas le nom et on a complètement refait des séquences. Elles n'étaient pas mal, ma foi ! Ça nous a fait deux journées de travail très bien payées. Dans ces cas-là, le producteur dans l'embarras est généreux[1]. »

Ces « petits coups de main » seront fréquents tout au long de la carrière d'Audiard. Il arrange des scénarios, retouche des dialogues, invente des répliques chocs. Cela ne lui prend que quelques jours et, effectivement, il encaisse une rémunération conséquente, d'autant plus intéressante qu'elle n'est, la plupart du temps, pas déclarée à l'administration fiscale. Conséquence : nul ne saura jamais exactement le nombre de films ayant bénéficié de la collaboration de Michel Audiard…

Carambolages – titre du roman comme du film – ne fait pas référence à une série d'accidents de la route, mais à une figure classique de billard qui consiste à dégager une boule en en touchant une autre. Ici, un jeune employé, tiraillé entre sa maîtresse et sa fiancée, décide d'éliminer l'un de ses supérieurs afin de gravir un échelon. Sa manœuvre réussit tant et si bien qu'il se retrouve au sommet. Une comédie au ton acerbe ; un portrait sans concession de la vie en entreprise. Avec un petit air de *Noblesse oblige*, classique du cinéma britannique.

Tchernia et Audiard se heurtent à Bluwal, qui ne partage pas leur conception de l'humour. « J'avais envie de faire une comédie très noire, dira le réalisateur. Mais, tant pis si c'est contraire à l'opinion reçue, je n'ai jamais eu de goût ni pour Audiard ni pour de Funès, qui m'étaient imposés par Gaumont. Je n'ai pas du tout réussi à diriger ce dernier qui ne faisait que ce qu'il voulait et qui, quand je lui donnais la moindre indication de jeu, me regardait comme un fou furieux[2]. »

Pour le rôle de Charolais, désagréable directeur d'une agence de voyages, Michel Audiard avait d'abord envisagé Bernard Blier. Mais

1. *Magic Ciné* (Fayard, 2003).
2. Cité par Isabelle Danel dans *Marcel Bluwal, pionnier de la télévision* (Scrineo, 2014).

Gaumont préfère miser sur Louis de Funès. Effectivement, sur le plateau, Louis laisse libre cours à son imagination, donc à son improvisation, ajoutant de-ci de-là quelques bouts de répliques. Il reproche à Bluwal de ne pas mettre en valeur son comique visuel allant même jusqu'à déclarer : « Il ne comprend rien au cinéma, celui-là ! »

Le rôle principal, celui du jeune arriviste, échoit à Jean-Claude Brialy, l'une des vedettes de la Nouvelle Vague. Un ambitieux qui annonça le futur vindicatif Raoul Volfoni : « Je vais lui en foutre du respect, je vais lui en foutre, moi, du Norbert. Plein le pif ! Plein la gueule ! Je vais lui dynamiter la tronche à ce con, le disperser aux quatre vents, le réduire en fumée. Qu'on ne trouve plus jamais rien, plus un os. Rien. Jamais ! »

Audiard se déchaîne avec l'inspecteur Baudu qui intervient dans la dernière demi-heure : un nostalgique de l'Occupation, comme l'était son homologue du *Diable et les 10 commandements*.

« Nous sommes convenus que, dans la mesure où tous les personnages étaient des salauds, des assassins et, surtout, des imbéciles, il fallait créer un personnage de flic encore pire, expliquera Tchernia. Tout de suite, Michel a dit : "C'est un ancien de la rue Lauriston[1] !" Et il a écrit des répliques magnifiques à propos des abominables baignoires dans lesquelles on torturait. Ça, c'était la force de Michel, de pouvoir faire rire avec des choses qui, en principe, ne sont pas risibles. Mais le personnage de Baudu était d'une telle force comique que toute l'abomination est passée au second plan. »

Pour personnifier cet étrange flic, il faut un comédien capable de faire passer les pires folies pour ne pas dire les pires ignominies. Tchernia suggère son ami Michel Serrault et se charge d'organiser la rencontre entre les deux Michel. « Michel Audiard ressemblait à un jockey en vacances venu renifler l'air du champ de courses, rapportera le comédien. Casquette à carreaux, petit col roulé, cigarette sur cigarette, il me plut d'emblée. Et je sais que la réciproque est vraie[2]. »

Les références à la période peu glorieuse de l'Occupation pullulent. Non seulement le Baudu glisse des mots allemands dans son verbiage,

1. Siège parisien de la Gestapo française.
2. *Vous avez dit Serrault ?* (Florent Massot, 2001).

porte des vestes en cuir simili gestapiste, fait des jeux de mots douteux sur *Je suis partout*[1], mais, de plus, regrette les méthodes d'interrogatoire dites du troisième degré. Nostalgie, quand tu nous tiens. Une nostalgie qui, bien que teintée d'un humour acide, vaut à *Carambolages* quelques démêlés avec la censure. Le ministère de l'Intérieur, très tatillon dès qu'il s'agit de son propre passé, pousse de hauts cris. Un échange lui reste au travers de la gorge, celui où Baudu fait référence à la rue Lauriston et à la disparition des baignoires. Les représentants du ministère exigent sa suppression. On leur répond que cela handicapera le film et, qu'à suivre leur logique, c'est tout le personnage de Baudu qu'il faut supprimer. Autant jeter la dernière demi-heure du film. Autant interdire tout le film. Face à ce raisonnement implacable, le ministère plie et le passage reste. Cependant, la production ajoute un avertissement qui pourrait prêter à sourire : « Les personnages et les événements de ce film ne sont que le fruit d'une brillante imagination. Si de mauvais esprits s'avisaient d'y découvrir une critique, même nuancée, d'un certain patronat et d'une certaine police, cette opinion serait réputée diffamatoire et impitoyablement poursuivie comme telle. »

Carambolages est présenté au Festival de Cannes, seizième du nom. Jeter dans ce microcosme une telle comédie équivaut à balancer un steak saignant à un banc de piranhas. De fait, *Carambolages* est conspué. Faussement philosophe, Michel Audiard, qui fait l'effort de se déplacer jusque sur la Croisette, répond : « Que voulez-vous ? Nous n'aurions jamais dû soumettre *Carambolages* à l'approbation des festivaliers : un film gai, c'est presque obscène, scabreux dans une compétition où n'alternent que des hurlements désespérés, des tortures mentales et des fleurs de sang en CinémaScope-couleur[2] ! »

Michel continue de crouler sur les projets. À venir : *Nous n'irons pas en Nigéria* et *La Chasse à l'homme*, tous deux avec Belmondo. Il est également contacté pour écrire les dialogues d'*Arsène Lupin contre Arsène Lupin*, avec Jean-Claude Brialy et Jean-Pierre Cassel[3]. Enfin, on lui demande de se

1. Journal collaborationniste.
2. *Le Petit Journal*, 7 juillet 1963.
3. Les dialogues furent finalement écrits par Georges Neveux.

tenir prêt au cas où l'ambitieux projet *Marco Polo*, avec Alain Delon dans le rôle-titre, resurgirait[1]. Entre-temps, il doit plancher sur un petit film de gangsters.

1. Projet abandonné.

15
Le gugusse de Montauban

De toutes les productions auxquelles Michel Audiard prêta concours et talent, la plus célèbre demeure *Les Tontons flingueurs*, élevée au rang de film-culte par ses innombrables aficionados. Cette parodie de règlements de comptes entre truands, prêts à tirer avec des balles autant qu'avec des mots, doit beaucoup à Michel. Toutefois, comme toujours dans les grandes réussites, il y a conjonction de savoir-faire. Son talent d'auteur trouve un terrain où s'épanouir grâce à une mise en scène habile et astucieuse signée Georges Lautner et au brio incomparable d'une brochette de comédiens inspirés. Lino Ventura, Bernard Blier et Francis Blanche, parfaitement intégrés à leurs personnages, y cabotinent avec une aisance qui frise l'insolence tandis que le fougueux Claude Rich, le déjà vétéran Robert Dalban et le toujours frêle Jean Lefebvre parviennent à tirer leur épingle du jeu sans entamer l'homogénéité de l'ensemble. Tous bénéficient de reparties mijotées par le chef Audiard. À la louche qu'il les sert les bons mots. Un rapide échantillonnage en donne un avant-goût :

Excédé par la présence d'Antoine (Rich), Naudin (Ventura) annonce à sa nièce, dans une rage contenue : « Patricia, mon petit, je ne voudrais pas te paraître vieux jeu et encore moins grossier – l'homme de la pampa, parfois rude, reste toujours courtois – mais la vérité m'oblige à te le dire : ton Antoine commence à me les briser menues ! »

Jean (Dalban), valet des plus stylés, prévient son patron que des gens de sa province l'appellent :

« On demande monsieur au téléphone. Un appel de Montauban. L'interlocuteur me semble… comment dirais-je ?… Un peu rustique. Le genre agricole. »

Antoine, face à l'inculture de Fernand, suggère poliment : « Monsieur Naudin, vous faites sans doute autorité en matière de bulldozers, tracteurs et Caterpillar, mais vos opinions sur la musique moderne et sur l'art en général, je vous conseille de ne les utiliser qu'en suppositoires. Et encore : pour enfants ! »

La quasi-totalité des dialogues se situe au même niveau. *Les Tontons flingueurs* est devenu une référence, un monument et, pourquoi pas ?, un chef-d'œuvre.

Pourtant, sa naissance emprunte un parcours chaotique.

À la base se trouve un roman d'Albert Simonin, *Grisbi or not grisbi*, que Michel a envie d'adapter sitôt sa parution. Adapter étant un mot impropre car il ne compte en conserver que quelques pages. Un point de départ, un prétexte, un justificatif. Il souhaite laisser libre cours à son délire et s'aventurer hors des sentiers battus, y compris par lui-même. La déconnante élevée au rang des beaux-arts. Les personnages principaux, il va les charger, les amener au bord de la caricature. En relisant le livre, les idées se bousculent dans sa fertile imagination.

Gaumont accepte de financer cette drôle d'aventure, convaincue que Jean Gabin en sera le leader. « Michel m'avait dit : "Lis un bouquin de Simonin, une fois que tu l'as lu, tu l'oublies." Je le lis et je trouve l'histoire dramatique, un peu sinistre, racontera Alain Poiré. Mais Michel me dit que l'on va en tirer une comédie. Il n'avait pas tort car je considère que le sujet de toute bonne comédie doit pouvoir être tourné comme s'il s'agissait d'un drame. »

Pour la mise en images, Michel avance le nom de Georges Lautner, qu'il a fréquenté quand celui était assistant réalisateur. « Je l'ai connu à travers Norbert Carbonnaux dont j'étais l'assistant, confirmera Georges. Carbonnaux venait travailler chez moi car j'avais une maison de campagne dans les environs de Paris et Michel l'accompagnait souvent. Nous avons beaucoup sympathisé pendant ces mois d'écriture. » Ils partagent la même philosophie car quand Lautner déclare : « Je suis de la génération qui a eu Prévert comme catéchisme et j'ai toujours eu cette dérision dans la vie et dans mes films », on croit entendre Audiard ! « J'avais eu la chance de travailler avec un très bon dialoguiste, Pierre Laroche, qui était de formation Prévert, ajoutera Lautner. Or, j'adorais mettre en valeur les dialogues et les acteurs. Il ne me serait pas venu à l'idée de faire de longues scènes pour justifier des prouesses techniques, je haïssais cela. Michel a aimé ma démarche. Il n'était pas con, il avait pigé qu'avec moi ses dialogues seraient bien servis. Comme on se connaissait, nous nous sommes retrouvés sur ce projet. »

Sur ce, Michel part en vacances. Il a chargé son pote Simonin de lui pondre un scénario tiré de son propre livre. Le romancier se met à la tâche avec zèle et respect. Le script se construit dans la veine de *Touchez pas au grisbi*. Dans le roman, le personnage principal se nomme Max le Menteur, comme dans *Le Grisbi*. Il est chargé de gérer l'empire clandestin que le Mexicain a légué à sa veuve Loulou. S'ensuit une série de règlements de comptes et d'échauffourées orchestrée par les frères Volfoni dont l'aîné, le plus teigneux, meurt stupidement d'une crise cardiaque.

Quelques semaines plus tard, Simonin porte son travail à Alain Poiré… qui tombe des nues. Il a entre les mains un polar de facture classique. Où est la comédie échevelée promise par Audiard ? Et, d'ailleurs, où est Audiard ? En voyage ! Impossible de le joindre. Il faut patienter…

Dès son retour, Michel est appelé au chevet d'un script malade. Sans lui, l'affaire capote. Pas de panique, il la reprend en main. Au soleil. À quoi bon s'enfermer à Paris quand il fait si bon dans le Midi ? Il s'installe à la Colombe d'Or, célèbre auberge de Saint-Paul-de-Vence où il a ses habitudes. Là-bas, il écrit mieux, et plus vite. C'est ce qu'il affirme, le cœur sur la main, pour justifier son déplacement et les frais y afférents. La réalité est tout autre.

Inquiet de n'avoir aucune nouvelle, Alain Poiré décide de lui rendre une visite impromptue. Arrivé sur place, il a la surprise de voir Michel attablé avec une dizaine de copains qui se régalent de sa générosité et de son humour. Poiré s'inquiète et découvre que son auteur n'a pas écrit une ligne de la journée. Il le pousse à se mettre au travail… dès le lendemain.

Comme promis, Audiard modifie de fond en comble *Grisbi or not grisbi* pour en faire *Les Tontons flingueurs*. Il ne conserve que l'idée du truand mourant qui confie ses intérêts à l'un de ses amis recyclé dans la vente de matériel agricole. Dans le livre, les intérêts en question se résument à quelques affaires louches. Quant à la future veuve, Loulou, ancienne prostituée devenue épouse modèle, Michel la transforme en une prude jeune fille, Patricia, élevée au couvent des Oiseaux. Ses liens avec le mourant ne sont plus horizontaux mais verticaux : la gamine devient sa fille. Ne connaissant rien des activités occultes, donc pas très honnêtes, du paternel, elle se retrouve malgré elle à la tête d'une maison de jeu, d'un lupanar et d'une distillerie clandestine. Heureusement, le gugusse de Montauban est là pour lui cacher l'odieuse vérité…

Les changements entre le roman et le scénario sont nombreux. Beaucoup de personnages en moins, à commencer par Pierrot dit le Gros, associé de Max le Menteur, et par quelques flics qui traînent de-ci de-là. Quelques personnages en plus, histoire de compenser, dont le patron de la distillerie et le valet trop zélé pour être malhonnête. Beaucoup changent de fonction et certains de nom : Max devient Fernand Naudin, patronyme qui inspire le respect, surtout du côté de Montauban.

Le résultat correspond à ce qu'espérait Alain Poiré. Il a l'espoir de convaincre Jean Gabin. Tâche ardue, le prévient Audiard. Possédant un droit de regard sur l'équipe technique et aimant travailler avec les mêmes têtes, l'acteur rejette en bloc la liste des techniciens que lui soumet Georges Lautner. Que des nouveaux venus, des jeunots ; des gamins pour ainsi dire. Or, Gabin n'aime pas cela. Chacun campe sur ses positions : Jean et son équipe, Georges et son équipe. Après deux mois de négociations, l'acteur annonce un *non* définitif. Gaumont en est marrie. Subitement, le film perd de son importance. Certains cadres suggèrent même d'abandonner le projet.

Michel propose de contacter Lino Ventura, un ami proche. Lequel lit le scénario et s'affirme sceptique car ne se considérant pas comme un acteur « amusant ». « Je ne ferai rire personne », affirme-t-il. « Vous avez le talent ; pour le reste, faites-nous confiance », le convainc Lautner. Lino ajoute qu'il est trop vieux pour « faire le mariole », selon sa propre expression. Georges lui soutient qu'il ne devra surtout pas jouer comique, mais prendre son rôle au sérieux. Face à l'insistance de Georges et Michel, et par amitié pour eux, Lino accepte. Il fait bien.

Toujours peu convaincue, Gaumont réduit considérablement le budget. Michel encaisse 250 000 francs alors qu'il a été payé 350 000 pour *Un singe en hiver*. Simonin doit se contenter de 70 000 francs, auxquels s'ajoutent 25 000 francs en tant qu'auteur du roman initial. Lautner perçoit 100 000 francs en tant que coscénariste[1]. Tous bénéficient d'un pourcentage sur les éventuels bénéfices. 2,5 % des recettes salles pour Audiard.

Pour les acteurs, Poiré regroupe des personnalités déjà sous contrats avec Gaumont, leur annonçant qu'ils doivent baisser leurs tarifs :

Bernard Blier : 40 000 francs
Francis Blanche : 40 000 francs
Jean Lefebvre : 9 476 francs
Robert Dalban : 8 000 francs.

Pour les nouveaux venus :

Claude Rich : 12 000 francs
Pierre Bertin : 4 500 francs
Jacques Dumesnil : 2 500 francs
Paul Mercey : 1 400 francs
Dominique Davray : 1 000 francs.

Et Lino Ventura ? Il refuse de renoncer à son salaire habituel et encaisse la coquette somme de 300 000 francs.

Quant aux acteurs étrangers, ils sont rémunérés par leur propre pays. Car, pour limiter la casse, Gaumont signe des accords avec des producteurs italiens et allemands.

Audiard, Simonin et Lautner reprennent l'ensemble du texte pour l'adapter aux comédiens choisis. « On se retrouvait, on bavardait, on construisait », soulignera le réalisateur. Ensuite, Albert se retire pour rédiger une continuité ainsi que les premiers dialogues. Michel les transforme avec sa verve habituelle.

L'œuvre se tourne résolument vers la pure comédie. « Les dialogues de Michel étaient étonnants parce qu'ils fusaient de partout, remarquera Lautner. Ils étaient humains, partant du cœur. Ils étaient poétiques aussi, car Michel était un vrai poète. Ils étaient drôles non par rapport à une

1. Le générique ne le créditera pas comme scénariste.

scène construite, mais par rapport aux comportements des acteurs. "C'est curieux, chez les marins, ce besoin de faire des phrases" est une formule géniale dans la bouche de Francis Blanche par rapport à la situation, et c'est une phrase plutôt poétique finalement. »

Le 8 juillet 1963 débute le tournage.

Toujours par souci d'économie, Lautner utilise pour décor un pavillon de banlieue – sis à Rueil près du château de la Malmaison – qui a déjà servi pour plusieurs films produits par Gaumont. Le hic étant qu'il ne dispose que d'une cuisine exiguë : à peine 2 mètres sur 3. Pas de quoi installer une équipe technique et des acteurs. Il faudra se débrouiller.

Ventura se détend, porté par l'ambiance. Il s'amuse à parodier l'image du Gorille qui lui colle encore à la peau, défonçant par exemple les portes à coups d'épaule plutôt que les ouvrir comme le *vulgum pecus*.

Dans cet aréopage, le juvénile Claude Rich – que Michel Audiard a remarqué au théâtre – se sent un peu étranger. « J'avais conscience d'entrer dans une famille de cinéma sans y appartenir vraiment, avouera-t-il. Je m'amusais beaucoup, mais ce n'était pas ma tasse de thé. Ma tasse de thé, c'était le théâtre avec des personnages très travaillés. Mais, quand je vois *Les Tontons flingueurs* aujourd'hui, je ris comme un fou… »

Au départ, Rich, prudent, espérait jouer Pascal, le porte-flingue attitré du Mexicain. Il se retrouve dans la peau d'Antoine, l'amoureux amateur de belles phrases… « Je trouvais assez difficile de jouer Audiard, poursuivra-t-il. Blier le jouait magnifiquement, mais, moi, j'avais du mal. Ça me demandait beaucoup de travail. Ses dialogues reposaient sur une base un peu artificielle, un faux langage populaire, du faux Céline. Moi, je basais mon jeu sur la recherche d'une certaine vérité, même dans le loufoque, et je me sentais un peu bridé par ce langage qui nous entraînait vers des jeux de mots de qualité. Je n'arrivais pas à trouver le côté humain de mon personnage. Je pense que si j'avais à dire de l'Audiard aujourd'hui, ce serait beaucoup plus facile. »

Dès le départ, Michel Audiard sait qu'un Allemand – il sera interprété par Horst Frank – tiendra l'un des rôles de gangster, celui du « fabricant de pastis ». Il ne s'en offusque pas et prépare ses répliques en conséquence, glissant même une citation en teuton.

La coproduction avec l'Italie amène Venantino Venantini, qui parle, alors, très mal le français. Mais sa présence ravit son compatriote Lino Ventura. Ensemble, ils parlent de bouffe et de champignons !

En revanche, c'est presque à la dernière minute que Michel apprend que le rôle essentiel de Patricia sera joué par une fille d'outre-Rhin, Sabine Sinjen, issue du théâtre. Or, il a écrit ses répliques en imaginant une jeune effrontée tendance titi parisien. Il ne voit pas comment une fille de Goethe peut défendre sa prose. De tous côtés, on tente de le rassurer : Sabine parle un français impeccable, elle jouera dans la langue de Molière et ne changera pas une virgule au texte du maître... Tout est vrai. À l'exception d'un seul petit détail : en raison de son accent, elle sera doublée au moment de la synchronisation. De même que la plupart des comédiens étrangers !

Quant à la fameuse scène de la cuisine, elle faillit ne jamais exister. On doit sa naissance à Albert Kantof, beau-frère de Georges Lautner. « Un jour, racontera-t-il, Georges me demande : "Qu'est-ce qui se passe quand des truands arrivent dans une surprise-partie ?"... Sur une page, j'ai rédigé ce qui me venait à l'idée et j'avais fini par quelques mots : "Ils finissent par beurrer des sandwichs à la cuisine." C'était tout. Juste une idée comme ça, lancée en l'air. Et Lautner eut l'astuce de penser que ça pouvait faire faire une scène intéressante. Et il a insisté pour qu'elle existe. » Audiard reprend le texte et imagine un échange nostalgique entre truands un peu trop portés sur la bouteille. Il est question de Saigon, de Lulu la Nantaise, de Jo le Trembleur et de Teddy de Montréal, ainsi que de pomme, de betterave, de Polonaise et de vitriol... Pourtant, à la relecture, il trouve le résultat fade et retire la scène du scénario. Étonné, pour ne pas dire ulcéré, Lautner lui demande de la réintégrer.

Sans modifier aucune réplique, Georges prépare la mise en boîte de cette séquence au mouvement près, presque image par image. La joyeuse bande est occupée durant quatre jours. Francis Blanche s'accorde le droit de cligner des yeux de façon étrange tandis que, pour faire pleurer Jean Lefebvre, on lui fait avaler une mixture à base de cognac, de vodka et de poivre !

Ce projet continue d'inquiéter les cadres de Gaumont. Dont le directeur de production, Robert Sussfeld. Maurice Fellous, directeur de la photographie, se souviendra d'un voyage peu détendu en vue d'aller visiter la maison, décor principal du film : « Nous montons dans la voiture. Il y avait Sussfeld au volant, Lautner à côté de lui et, derrière, Irénée Leriche, Claude Vital et moi. Avant de mettre la clef de contact, Sussfeld nous dit : "On va tourner dans cette villa, mais on n'a pas de sous pour faire le film. On a estimé qu'on a déjà perdu plus de 100 briques avec Ventura et Audiard. On est à peu près sûr de perdre de l'argent. Ou bien vous tournez avec ce qu'on va vous donner, ou on ne fait pas le film. Mieux vaut perdre 100 briques maintenant que 200 ou 300 plus tard !" Il a mis la clef de contact. Nous sommes tous restés bouche cousue… »

Le contrat de Lautner stipule que tout dépassement de budget sera retenu sur son salaire. En clair : à lui de savoir tenir les rênes de son film.

En plein tournage, il présente pour la première fois son film à la presse : « L'action se situe chez de vrais durs. Ils cherchent à s'entre-tuer, s'envoient des bombes par la poste… Mais cela tourne toujours court et de la façon la plus imprévue. Tout le film est prétexte à des oppositions outrées[1]. »

Le budget étant l'un des plus faibles alloués cette année-là par Gaumont, il faut faire preuve d'imagination. D'où l'utilisation de décors naturels. D'où d'autres trouvailles. Pour restituer les bruits des armes à feu, par exemple, on a recours à des pistolets à bouchon et à air comprimé… Pour servir de contenant au « vitriol », l'assistant réalisateur Claude Vital apporte des bouteilles, façon bonbonnes, achetées à l'épicerie de son village. On y colle des étiquettes dessinées à la hâte sur lesquelles figuraient trois cartes à jouer et une marque inventée pour l'occasion : Three Kings !

Le tournage se termine le 29 mai.

L'une des principales pierres d'achoppement réside dans le titre. Michel aurait aimé *Le Terminus des prétentieux*, expression qu'il utilise à tout bout de champ pour désigner l'éradication des ringards. On la retrouve dans les dialogues : « Il entendra chanter les anges, le gugusse de Montauban, clame Raoul Volfoni. Je vais le renvoyer tout droit à la maison mère, au terminus des prétentieux ! »

1. *Combat*, 14 mai 1963.

Après de mûres réflexions, personne ne trouve mieux que *Les Tontons flingueurs*. Simonin, grand maître de la langue verte, fait remarquer une ambiguïté : en argot, « tonton » est synonyme de « tante ». Or, nul n'imagine Ventura dans un « personnage ambigu »... Il suffit de ne pas lui signaler ce raccourci, avancent les moins courageux. Les autres soulignent que le grand public n'est pas au fait de ces subtilités, ce qui n'était pas faux.

Comme souvent en matière de cinéma, le réalisateur sacrifie certaines scènes. Donc supprime des répliques d'Audiard. Pas grand-chose. L'une de ces perles émanait de Fernand Naudin qui, face à la directrice de l'école de Patricia, soutenait qu'il fallait que la jeune fille persévère dans le piano car, disait-il : « Le piano c'est l'accordéon du riche. »

Le mardi 26 novembre 1963 a lieu l'avant-première des *Tontons flingueurs*, au Balzac, en présence de l'équipe, soutenue par Paul Meurisse, Gilles Grangier, Henri Verneuil, André Hunebelle... Le lendemain, le film sort sur les écrans, avec une publicité minimaliste, sans aucune interview dans les journaux. Car Gaumont continue de faire profil bas, toujours convaincue de foncer dans le mur.

Une trentaine d'années après sa sortie, cette production inclassable figurera parmi les cent films retenus par *L'Express* pour honorer un art déjà centenaire. Elle s'y retrouvera en excellente compagnie (des *Enfants du paradis* aux *Aventuriers de l'arche perdue*) et la notule de préciser : « Il n'en reste pas moins vrai que la vedette, ce sont les dialogues inouïs de Michel Audiard. L'aphorisme pullule, l'euphémisme fleurit, la métaphore bouillonne... »

Les Tontons flingueurs amènent un souffle nouveau dans la comédie à la française qui a grand besoin d'oxygène. En débarquant sur les écrans, la bande à Lautner prouve que l'on peut faire feu de tout bois et rire de tout, y compris des dernières volontés d'un mourant. Les auteurs de ce film, en reculant les barrières, ouvrent des portes, ce qui peut paraître paradoxal. Il suffit de comparer les comédies avant et après *Les Tontons* – y compris celles dialoguées par Audiard – pour comprendre à quel point cette œuvre fait figure de pionnière.

Analyse du coscénariste Albert Kantof : « Pour moi *Les Tontons*, je le vois comme un spectacle de cirque. Lino y est le clown blanc tandis que les autres, autour de lui, sont des Augustes. Ce qui fait que, dans la tête des gens, ils sont au cirque. Ils regardent ça comme des farces que les Augustes peuvent faire au clown blanc. Ça rejoint en eux l'enfance… À côté de cela, il y a là un parlé incroyable. Le public rêverait de s'exprimer de cette manière-là. En réalité, c'est un faux parlé populaire, mais qui sonne populaire dans la tête des gens et ils ont l'impression d'être à un zinc de bistrot ! »

Les Tontons flingueurs reste pas moins de 59 semaines à l'affiche à Paris[1]. Au box-office, il se classa 3e film français de l'année avec 3,3 millions d'entrées.

Michel Audiard est au sommet.

1. Attirant 858 864 spectateurs.

16

Sueurs chaudes

Valeur sûre du cinéma, Henri Verneuil peut imposer ses sujets aux producteurs. Il porte son choix sur *Nous n'irons pas en Nigéria*, roman de Claude Veillot qui connaît bien le Sahara pour y avoir fait de nombreux voyages sous l'égide du *Journal d'Alger* et pour avoir travaillé comme graisseur sur un camion des Lignes du Sud. Henri y voit l'occasion d'en tirer ce qu'il qualifie de « western à la française » où les chevaux seront remplacés par d'énormes camions et l'Ouest américain par le Nord africain. « Comme beaucoup de cinéphiles, déclare-t-il, je considère que les deux genres les plus cinématographiques sont le film policier et le western. J'ai eu la chance d'accrocher le grand succès avec *Mélodie en sous-sol*, aussi me fait-on confiance pour un film d'aventures[1]. »

Un film d'humour aussi car Verneuil demande à Michel Audiard de soigner les dialogues. La course-poursuite entre un routier qui vole un camion flambant neuf et ses collègues lancés à ses trousses devient prétexte à des scènes spectaculaires et des répliques cinglantes.

Le scénario aurait dû être coécrit par Albert Simonin mais, pour des raisons financières, il ne s'entend pas avec la production et tire sa révérence. Audiard conseille alors de prendre Marcel Jullian – rapidement surnommé Cécel – qui vient d'entamer l'écriture du *Corniaud*.

« Audiard était fabuleux sur la construction du mensonge qui nous faisait avoir un contrat, rapportera celui-ci. Il était capable de tout pour pousser un producteur, en général Alain Poiré, à acheter une série noire, sachant que lui, après, en tirerait le scénario qu'il voulait. Avec

1. *Combat*, 17 septembre 1963.

100 000 dollars au soleil, il se trouvait dans une situation un peu plus gênante parce que l'écrivain existait et surveillait l'adaptation. Quand j'ai rencontré Michel pour la première fois il m'a dit : "Tu lis le roman si tu veux, mais ça n'a pas une grande importance." Néanmoins, il n'était pas possible de ne pas le lire pour le respecter. L'histoire était celle de deux chauffeurs poids lourds dans un même camion à la poursuite d'un troisième. C'était truffé de retours en arrière que Verneuil trouvait ne pas convenir pour une écriture cinématographique. Je leur ai dit : "Si vous ne voulez pas faire entrer le passé dans le camion, alors faites entrer le camion dans le passé." Cela voulait dire qu'il fallait développer tout ce qui se passait avant la poursuite en camions et faire que les événements se passent dans le présent. Ce fut le début d'une belle aventure. »

Pour donner vie à ces personnages forts en gueule, Verneuil veut des acteurs au physique d'aventuriers. Il contacte Lino Ventura et Jean-Paul Belmondo, qui ont déjà tourné ensemble dans *Classe tous risques*. Pour le rôle, plus comique, de Mitch-Mitch, le providentiel dépanneur du désert, Audiard suggère Blier et lui sert sur un plateau la plupart des meilleures répliques du film. Pour « l'étranger » du film, on envisage d'abord Renato Salvatori. Puis Robert Hossein, qui décline l'offre. Verneuil opte alors pour une vedette américaine et pense à Richard Widmark qui, pour le coup, avait une vraie gueule d'habitué des westerns. Ou alors Steve McQueen ! Il doit se contenter du nettement moins connu Reginald Kernan qui, bien qu'américain, n'a travaillé qu'en Europe. Enfin, pour le principal rôle féminin, Audiard cherche « un petit pruneau passionné », selon ses propres termes. Ce sera Andréa Parisy.

Interrogé sur l'éventualité de retravailler avec Gabin, Michel répond : « Pas question ! Écrire pour un gars de son âge, c'est pas marrant. Et puis alors, pour le remuer, c'est tout un problème. Belmondo, par exemple, on lui dit : "Fous-toi à l'eau" et il y va sans réfléchir. Gabin fait la moue, il se tâte, puis vous dit : "Attention, les enfants, je n'ai pas de scaphandre"[1]... »

Dès le démarrage du projet, Audiard souhaite en changer le titre. *Nous n'irons pas en Nigéria*, il trouve ça trop politique et trop négatif. Il proposa

1. *L'Aurore*, 13 juin 1963.

60 000,00 dollars au soleil. Pourquoi faire mesquin ? lui répond Verneuil. Et le titre définitif devint *100 000 dollars au soleil* ! Sur ce, le réalisateur part tourner son film en Afrique du Nord. « Nous avons enfermé les chevaux de western sous les capots ! » dit-il.

Audiard sait le projet en de bonnes mains et ses dialogues dans de bonnes bouches. Pourtant, plus pour le plaisir que pour le travail, il se rend sur l'exotique tournage. Accompagné par son épouse, Cri-Cri, il passe plusieurs jours sous le soleil marocain, histoire de voir ce que traficotent ses potes. L'occasion de constater que Lino se languit des brasseries parisiennes !

Pour une fois l'intendance suit. La production met au point une sorte de pont aérien entre la France et Marrakech de manière à approvisionner l'équipe en produits français… et italiens. Ceci pour la plus grande joie de Lino Ventura. De plus l'équipement comprend un camion-douche et une roulotte avec air conditionné mise à la disposition d'Andréa Parisy. Et le roi du Maroc prête sa résidence d'État, le palais de la Bahia, pour les scènes finales.

100 000 dollars au soleil est sélectionné pour présenter la France au Festival de Cannes. Étonnements de part et d'autre. Une grosse production avec de grosses vedettes et de gros camions débarquant au milieu des films d'auteur, cela prend des allures d'éléphant dans un magasin de porcelaine.

À Cannes, le poids lourd d'Henri Verneuil se retrouve en singulière compagnie puisque, au sein de la sélection française, il côtoie *La Peau douce* de François Truffaut et *Les Parapluies de Cherbourg* de Jacques Demy.

100 000 dollars est déjà sorti dans les grandes villes et rencontre un beau succès. « En huit jours, on a fait à Paris 91 000 entrées, souligne Audiard. Vous pensez ce que je peux en avoir à f… de l'avis de onze personnes de plus ou de moins. C'est des maths, ça. Mieux c'est de la statistique. La loi des grands nombres, personne ne peut rien contre. En plus, j'ai 58 films derrière moi. J'ai passé l'âge de recevoir des blâmes ou de me faire décerner des bons points[1] ! »

1. *Nice-Matin*, 2 mai 1964.

À ses yeux, le Festival de Cannes n'existe plus, si tant qu'il eût jamais vraiment existé : « Si le festival renaît immanquablement de ses cendres, le festivalier, lui, commence à sentir le cadavre. Voilà dix ans que je le croise. Chaque année un peu plus hagard, un peu plus dégarni, avec son nœud papillon un peu plus flasque, et sa rombière un peu plus tarte. Il commence à tourner au fantôme. À virer zombie ! Chez les dames, surtout, ça commence à faire peur. [...] L'autre soir, en entrant dans le hall du Carlton, j'ai crié : "Vous êtes tous morts !" Personne n'a bougé. Rien. Pas un mouvement de sourcils. Ils ont continué à jouer au gin-rami. Le tombeau de Toutankhamon, le festival des zombies[1]. »

Et pourtant... Malgré ses diatribes, ses coups de gueule, ses coups de bâton et ses déceptions, Michel demeure un cinéphile autant qu'un cinéphage : « Je me demande pourquoi j'aime encore le cinéma. Ça me fait du tort. Sur la Croisette, on commence à dire que j'ai une manie dégoûtante, on me regarde de traviole. Je serais pas étonné qu'un jour on me jette des pierres[2]. »

Au soleil du désert, aux vrombissements des camions et aux bons mots d'Audiard, les jurés préfèrent la pluie de Cherbourg, les élans du cœur et les mélopées de Jacques Demy et Michel Legrand. *Les Demoiselles* ont droit à une Palme dorée. Quant à messieurs Ventura, Belmondo, Blier et consorts, ils sont priés de prendre exemple sur Antal Pager et Saro Urzi, lauréats ex æquo du Prix d'interprétation masculine, qui auront tout le loisir de réfléchir sur l'influence de cette récompense sur leur carrière à venir...

À Cannes, *100 000 dollars au soleil* est également mal reçu par la critique internationale : « C'est une sorte de "sous-Clouzot" qui s'adresse aux plus bas instincts, lit-on dans le *Guardian* de Londres. Si c'est là un exemple du goût populaire français, que Dieu sauve la France. »

1. *Le Journal du dimanche*, 3 mai 1964.
2. *Ibid.*

***

Michel Audiard persévère dans les parodies de polars, sa désormais spécialité.

Des pissenlits par la racine raconte l'art et la manière de se débarrasser d'un cadavre, puis de le retrouver car il cache sur lui un ticket gagnant de tiercé. Les personnages prirent leur place : Louis de Funès en petit truand pleutre, Maurice Biraud en maquereau beau parleur, Michel Serrault en petit fonctionnaire de la musique, Mireille Darc en pute au cœur plus grand que le cerveau, Darry Cowl en milliardaire farfelu, Francis Blanche en tonton lunaire, etc. Décor de fond : un théâtre faussement intellectuel et vraiment ringard où est joué *La Lune dans la bière*.

L'histoire est tirée de *Y avait un macchabée*, roman pas tout à fait noir de Clarence Weff[1], qui collabore au scénario et s'essaye aux dialogues. Albert Kantof planche également sur le sujet. « Avec Lautner, nous avons travaillé seuls dans le Midi, dira-t-il. Nous avons fait une première adaptation, mis quelques dialogues et, ensuite, Audiard est venu nous rejoindre pour parfaire les dialogues. »

Bien que crédité au générique en tant que « collaborateur », Michel s'amuse tellement qu'il reprend à son compte l'ensemble des reparties. D'où des réflexions désabusées sur les femmes, l'argent, le théâtre…

« *Des pissenlits* était un film complètement burlesque, admettra Lautner, ce qui se faisait peu dans le cinéma français de l'époque. Par exemple, on faisait neiger sur la scène d'un théâtre mais on faisait aussi neiger dans les coulisses et ça dégénérait en une tempête de neige surréaliste. »

Ce film permet à Michel de rencontrer Mireille Darc qui, avec Annie Girardot, va devenir l'une de ses actrices fétiches. Lautner l'avait remarquée dans une dramatique télévisée et, à juste titre, estima qu'elle maniait avec talent charme et humour. « C'est Lautner qui me l'a présentée, affirmera Michel. Il m'a dit : "J'ai trouvé une blonde marrante, tu vas voir, elle parle comme toi dans la vie, ça va te faire marrer !"… C'est un copain, Mireille, je ne peux pas dire que je la considère comme une femme. »

1. De son vrai nom Alexandre Valletti.

La comédienne et le dialoguiste découvrirent qu'ils sont tous deux nés un 15 mai – à quelques années d'écart – et, dès lors, mettent un point d'honneur à fêter leurs anniversaires de concert.

Mireille intègre une sorte de clan qui va l'amener à faire sept films avec le tandem Lautner-Audiard plus six avec Georges seul et deux avec Michel. « Je n'avais pas l'impression de faire du cinéma à cette époque mais de vivre dans une famille, racontera-t-elle. Michel, c'était un peu mon frère. J'étais au chaud, protégée par cette famille autour de moi. Tous les jours, nous nous parlions ou nous nous voyions, ou nous mangions ensemble. C'était comme une troupe. Quand nous tournions, il y avait à peu près toujours les mêmes, donc se créait une complicité avec des gens qui se connaissaient bien. »

Georges et Michel prennent les apparences de pygmalions goguenards, lui apprenant les subtilités du cinématographe. Mais pas seulement : « Michel me parlait beaucoup de littérature, témoignera la comédienne. Il me parlait de Céline, que je n'avais jamais lu. Il me demandait de le lire. Il était aussi très intéressé par la boxe et tous les lundis soir j'allais au Palais des Sports avec lui et André Pousse pour voir des combats… Il adorait le vélo et m'en parlait beaucoup… Tout ça m'a beaucoup intéressée. »

Des pissenlits par la racine est prêt à sortir. Michel, qui en a écrit les dialogues avec une étonnante rapidité, demande à voir le résultat. Craignant le pire, il avait demandé que son nom ne soit pas mentionné. Face au résultat, il s'amuse beaucoup, et insiste pour que patronyme soit bien visible.

Le ton loufoque assure à ces *Pissenlits* plus de 1,5 million de spectateurs… mais divise la critique.

« Les critiques, moi, je les range en deux catégories, souligne Michel Audiard. D'un côté, ceux qui m'insultent et me laissent froid. Je pourrais leur répondre et être probablement beaucoup plus grossier qu'ils ne peuvent l'être. Leur vocabulaire est limité. Le mien, non. Mais ça n'apporterait rien. Et puis il y a les critiques constructifs. Heureusement, parce qu'on a beau savoir qui on est, on a peut-être des défauts qu'il est bon, de temps en temps, de se voir signaler. Par exemple, si certains critiques dans lesquels j'ai confiance ne m'avaient pas fait remarquer à plusieurs reprises que j'étais un bavard insupportable, il n'y aurait plus un seul plan muet dans les films auxquels je participe[1]. »

Ces *Pissenlits* permettent à Michel de mieux connaître, et apprécier, Albert Kantof. « Ce qui a intéressé Audiard au départ, rapportera celui-ci, c'est ce que je sois sorti d'un maquis de l'Armée secrète au cœur du Limousin en 1944 pour tomber dans un petit atelier d'artisans maroquinerie où j'étais ouvrier. Puis, du jour au lendemain, je me suis retrouvé assistant de Lautner, sans savoir quoi que ce soit de ce métier. Une fois les *Pissenlits* terminés, Audiard m'a téléphoné en me disant qu'il était en train d'écrire *La Chasse à l'homme* que Molinaro devait tourner et il m'a demandé de bâtir une partie du film. C'est comme ça que j'ai commencé à vraiment travailler avec lui. »

* * *

Autre film, autre humour : *Une souris chez les hommes*[2] présente l'association contre nature d'une jeune bourgeoise pas si fofolle que cela avec deux cambrioleurs pas si professionnels que cela. À nouveau des acteurs connus pour leur humour, réunis par Jacques Poitrenaud : Louis de Funès, Maurice Biraud, Dany Saval, Maria Pacôme, Jean Lefebvre, Robert Manuel, Claude Piéplu… « Il s'agit de deux petits casseurs au cœur tendre qui se laissent entraîner par une mignonne dans une affaire de cambriole qui les dépasse : les 300 millions de recette d'un grand magasin[3] », résume Poitrenaud.

Pour définir le ton de ce film, Michel avoue, sans fausse honte, s'être inspiré du *Pigeon* de Mario Monicelli. Il est des sources d'inspiration moins honorables. Toutefois, cette *Souris* ne parvient jamais à se hisser à la hauteur du volatile et survit surtout grâce aux mimiques de Louis de Funès.

1. *Nice-Matin*, 2 mai 1964.
2. Ultérieurement, cette production sera également exploitée sous le titre *Un drôle de caïd*.
3. *L'Aurore*, 23 avril 1964.

La principale difficulté de ce film est d'arracher à la direction du Bon Marché l'autorisation de tourner au sein même du magasin. Uniquement aux heures de fermeture.

Dans la distribution apparaît une jeune et brillante comédienne alors sous contrat chez Gaumont : Dany Carrel. Première confrontation avec le texte du célèbre dialoguiste. « Ce n'était pas toujours facile de dire des dialogues d'Audiard parce qu'ils étaient truffés de jeux de mots, avec un côté populiste, mais très écrit, dira-t-elle. Et puis il y avait des grandes tartines qu'il fallait réussir à faire passer. Mais ses dialogues étaient toujours originaux, drôles, caustiques. »

Chargé par l'attaché de presse du film de fournir une notule biographique le concernant, le plus célèbre des dialoguistes français résume son propre parcours :

« Non seulement, Michel Audiard est né en 1920 à Paris, ce qui n'est déjà pas mal, mais dans le quatorzième arrondissement, ce qui demeure particulièrement honorifique. Enfant – sinon prodige, du moins particulièrement doué –, il a passé le certificat d'études à 13 ans avec la mention "bien", ce qui le signala très tôt aux yeux de l'intelligentsia. Après avoir exercé plusieurs métiers honnêtes (porteur de journaux, soudeur, opticien), de mauvaises fréquentations le poussèrent à faire du journalisme. Il se distingua aussitôt dans l'article sectaire, la critique partisane, l'excitation à la débauche et la provocation au meurtre. Mais de tels dons méritaient une plus large audience. Il fit ses débuts de scénariste-dialoguiste dans un film que se disputent aujourd'hui les cinémathèques du monde entier : *Mission à Tanger*. Puis, son premier film avec Jean Gabin : *Gas-Oil*. Enfin, ce fut l'éclosion de 56 chefs-d'œuvre qui, à l'heure actuelle, et pour reprendre l'expression de M. Malraux, sont l'Honneur de la France. »

* * *

Sous l'apparence d'une comédie boulevardière, *La Chasse à l'homme* constitue une plaisante, mais virulente, attaque contre la vénérable institution du mariage. Les femmes n'en sortent pas grandies ; les hommes non plus, ce qui rétablit l'équilibre.

Trois personnages principaux pour une œuvre qui a tout du film à sketchs hormis le label officiel :

– Antoine (Jean-Claude Brialy) qui s'échappe des griffes d'une mangeuse d'hommes (Marie Laforêt) pour tomber dans celles d'une arnaqueuse au regard félin (Françoise Dorléac).

– Julien (Claude Rich) qui a maille à partir avec sa maîtresse (Micheline Presle) et sa secrétaire juvénile (Catherine Deneuve) qui rêve de lui mettre la bague au doigt.

– L'inénarrable Fernand (Jean-Paul Belmondo), ancien maquereau recyclé, époux docile d'une bistrotière (Marie Dubois).

Pour Audiard, c'est l'occasion de lancer piques et répliques acerbes tout en faisant parler une ribambelle d'excellents comédiens puisque font également partie de la distribution Bernard Blier, Francis Blanche, Michel Serrault, Mireille Darc, Bernadette Lafont…

Mais il y a un *hic*. Pour des raisons plus budgétaires que touristiques, le producteur exige qu'une partie de l'action se déroule en Grèce. Michel, qui n'y a jamais mis un orteil, imagine des scènes dans un train. Seulement, les trains, il faut les chercher, en Grèce ! Là-bas, ce serait plutôt les bateaux ! Ce dont le réalisateur, Édouard Molinaro[1], se rend compte, dès son arrivée. Il installe sa caméra sur le Sémiramis, appartenant à une compagnie grecque et demande que les scènes soient réécrites. Audiard promet de venir dare-dare… Et ne vient jamais ! France Roche le remplace au pied levé.

Molinaro apprend à connaître Audiard. Ils se voient beaucoup avant le tournage. « C'était quelqu'un d'extrêmement chaleureux, très convivial, dira-t-il, mais on avait l'impression que c'était une façon de garder son petit jardin. Souvent, les gens cachent leur timidité ou leur intimité derrière beaucoup de chaleur. »

La Chasse à l'homme marque la cinquième collaboration de Brialy et Audiard – qui ne se retrouveront qu'une vingtaine d'années plus tard, à l'occasion de *Mortelle randonnée*.

1. Après que Christian-Jaque fut pressenti.

L'auteur écrit : « Penchons-nous une seconde, voulez-vous, sur l'étrange cas de ce jeune homme qui fait courir tout le monde… mais pas toujours dans le même sens. Pourquoi Brialy agace-t-il ? Tout simplement sans doute parce qu'il est agaçant. Oh ! oui, il l'est. Rien de plus agaçant de nos jours que la légèreté, rien de plus déplacé que la désinvolture, rien de plus irritant que la facilité. Jadis jonché de poètes et d'énergumènes, le monde du spectacle est aujourd'hui pavé de docteurs. Il organise des divertissements. Et parmi ses divertissements : celui de jouer la comédie. Ce garçon-là ne se force en rien. Ce n'est pas le genre de la maison. C'est pourquoi je pense qu'il faut remercier cet individualiste primesautier d'avoir choisi un sport d'équipe. Ironique par pudeur, élégant par défi, intelligent parce que c'est comme ça, Brialy aurait donné de l'honneur à M. Thiers et fort irrité M. Prudhomme. Je crois, en revanche, qu'il aurait enchanté M. de Beaumarchais[1]. »

Pour Michel, cette production marque également sa dernière collaboration avec France Roche, son ex-rédactrice en chef, qui l'a orienté vers des films à femmes. Leur façon de s'associer avait presque toujours obéi au même rituel. « J'allais à Dourdan, racontera France, nous faisions un petit festin, nous parlions du film… et nous ne nous revoyions plus pendant longtemps. Je faisais ma construction toute seule et fournissais un scénario très détaillé avec même des éléments de dialogue. Nous nous retrouvions quand j'avais fini de bâtir le scénario, parce que Michel avait horreur de bâtir. Quand le scénario tenait sur ses pieds, nous en reparlions, et, ensuite, il prenait le tout et écrivait ses dialogues. »

* * *

L'annonce du tournage des *Barbouzes* – avec la même équipe que *Les Tontons flingueurs* – provoque des frissons de joie dans une frange non négligeable du public. Après s'être moqués des truands, les auteurs vont démystifier le monde de l'espionnage dont le cinéma des années 1960 est saturé et pas seulement en raison d'un certain 007.

1. *Le Ruisseau des singes* (Robert Laffont, 2000).

« Nous allons ouvrir pour vous les dossiers les plus secrets de l'histoire contemporaine. Les événements et les personnages de ce film sont tellement criants de vérité qu'il serait superflu d'en garantir l'authenticité. Mais ce témoignage est aussi une ode à la gloire de ceux dont on ne soulignera jamais assez le rôle joué dans l'épanouissement du respect de la personne humaine, de la liberté de pensée et du progrès social : les barbouzes… vulgairement appelées agents de renseignements. »

Ainsi commence *Les Barbouzes*. Le ton est donné.

Fidèle à ses bonnes habitudes, Michel Audiard peaufine scénario et dialogues à Saint-Paul-de-Vence. Contrairement aux *Tontons*, il ne s'inspire pas d'un roman existant, mais invente l'intrigue de toutes pièces, aidé par l'inévitable Albert Simonin. L'histoire démarre par la mort du volumineux Benard-Shah dans un lupanar, clin d'œil évident au décès du président Félix Faure. Tellement évident que bien peu relèveront l'allusion, ce qui attristera Michel.

Quand sonne l'heure de présenter le projet à Lino Ventura, pressenti pour le rôle principal, Lautner le fait en ces termes : « J'ai voulu introduire tous les poncifs du genre. Il y a donc des micros partout, des couloirs secrets, des personnages qui apparaissent et disparaissent, d'autres qui prennent toutes sortes de déguisements, des attentats, des explosions, des bagarres, des cadavres[1]… »

Toutefois, d'après Michel, Georges aurait fait divers commentaires : « Lautner et Simonin se sont empoignés à propos du scénario, écrira Audiard. Lautner aurait insinué assez bassement que notre petite merveille n'était ni plus ni moins qu'un démarquage raté des *Tontons flingueurs*, qu'on ne s'était pas cassé le chou, qu'on était, en somme, des espèces d'escrocs. Ce n'est évidemment pas des choses à dire[2]. »

Fi de la vraisemblance pourvu que l'humour règne en maître, dirigeant les destinées de ces espions pour rire.

Parmi eux, bien français : Lino Ventura alias Francis Lagneau, vingt ans de service, 50 missions. Ce mari exemplaire, cet agent hors pair, est également connu sous une ribambelle de sobriquets inhabituels : Petit

1. *Cinémonde*, 3 novembre 1964.
2. *Nouveau Candide*, 15 juillet 1965.

Marquis, Chérubin, Talon rouge, Falbala, Belle Manière, Requiem, Bazooka, La Praline et Belle Châtaigne.

Bernard Blier devint Eusebio Cafarelli, citoyen suisse, dit « Le Chanoine », représentant des banques, dépositaire de la pensée neutraliste, entomologiste et esprit distingué dont le mysticisme, à la fois très hostile au rationalisme de saint Thomas et à l'orthodoxie mécaniste de la scolastique, le pousse parfois à des actions brutales que sa conscience réprouve. Un homme dont l'affabilité et le col blanc cachent une bonne dose d'hypocrisie. Un temps, Michel a songé à faire de cette barbouze non défroquée un espion du Vatican maniant l'excommunication comme d'autres manient le Colt 45. Il y renonça, conscient que cela risquait de provoquer des démangeaisons chez la toute-puissante commission catholique des films.

Francis Blanche se transforme en irascible Boris Vassiliev, espion russe. Philologue, musicien, humaniste, apôtre de la coexistence et « esthète turbulent », il passe de la douceur d'un piano à la violence d'une bombe fabrication maison. Ce pianiste virtuose est également un pyrotechnicien confirmé, ce qui lui valut, dès son plus jeune âge, le doux surnom de Trinitrotoluène.

Charles Millot interprète le Teuton Hans Müller dit « Le bon Docteur ». Acteur le moins connu du lot, Audiard l'a remarqué dans *Le Gentleman d'Epsom* où il incarnait, avec l'accent, un maître d'hôtel… russe !

Enfin, Jess Hahn devient le peu discret commodore O'Brien toujours prêt à payer cash et en dollars.

Liste à laquelle il convient d'ajouter une horde d'Asiatiques aussi bridés qu'anonymes et un factotum dévoué répondant au nom de Rudolph…

Tous partent à la recherche de documents secrets détenus par la veuve du regretté Benard-Shah, marchand de canons. Un scénario riche en rebondissements.

Avant d'en arriver là, ledit scénario a subi de nombreux changements. Interrogé en mars 1964, bien avant le début du tournage, Audiard annonça un début très différent de celui qui apparaîtra à l'écran : « Au début du film, des espions français, italiens, russes, allemands et peut-être américains, chacun derrière son buisson, épient à la jumelle une ferme et son étrange habitant. Il s'agit d'un savant qui ressemble à Raymond Devos, spécialiste des fusées. 5, 4, 3, 2, 1, 0 ! Et, comme d'habitude, la fusée explose à terre. Nos observateurs, déshabillés par le souffle de la déflagration, se retrouvent sur les branches des arbres environnants ! [...] Au bout de dix minutes, si le spectateur comprend quelque chose, il aura beaucoup de chance. En effet, tous les services secrets se livrent à une guerre acharnée. Il y a les espions, les contre-espions, les super-espions, des tables d'écoute à tous les étages, des micros dans tous les murs et les secrets d'État circulent très facilement de Paris à Vienne, en passant par Rome ou Berlin[1]. »

Michel souhaitait engager son ami Maurice Biraud ainsi que Marlene Dietrich en « espionne d'avant-guerre qui vit sur sa réputation ».

Dans une version encore antérieure, le titre était radicalement différent : *Le Menuet des orangs-outangs* ! Acteurs pressentis : Louis de Funès et Francis Blanche. Cette fois, Nicole Varigny, espionne française de haute réputation, est retrouvée occise. Les services secrets français et américains découvrent qu'elle menait une double vie : un mari à Paris, un autre à Lisbonne. Avant de défunter, elle devait récupérer les plans d'une nouvelle arme américaine inventée par David Miller, ingénieur naval. Où sont ces plans ? Agents français, agents américains, ainsi que les deux veufs partent à leur recherche. En ligne de mire une société suspecte, l'OMOTEC. L'agent français BK 10, dit « Le Bison », se sert des veufs pour remonter la piste des plans. De Paris à Lisbonne, puis à Vienne, les barbouzes se jettent des bâtons dans les roues. Finalement, le Bison met la main sur les documents...

Ces diverses pistes débouchèrent sur des impasses. Alors, Albert Kantof apporte ses idées : « Un jour Lautner et Audiard me disent qu'ils ont un projet avec Lino et qu'ils voulaient retrouver l'atmosphère des *Tontons*. Ils me demandent de chercher quelque chose dans ce sens. Alors j'ai trouvé une idée, elle était très simple. Ça tenait en quelques mots. Un marchand d'armes mourait, son épouse possédait les brevets d'armements

1. *Le Figaro*, 25 mars 1964.

et les services secrets de différents pays envoyaient leurs meilleurs hommes pour séduire l'épouse et récupérer les brevets. Ça a beaucoup plu et le film est parti là-dessus. Audiard et Lautner étaient engagés par la Gaumont qui ne savait pas que j'étais moi aussi dans le coup. Alors Michel et Georges me payaient pour que je participe à l'adaptation avec Simonin. Une fois que tout a été mis en place, Audiard m'a fait venir chez lui pour travailler avec lui. C'est la première fois que je me rendais à Dourdan. Dès le départ, ça a été excellent. Audiard était quelqu'un de simple et d'accueillant. On s'est entendus de manière décontractée. Son épouse, Cri-Cri, m'a tout de suite accueilli comme un enfant de la maison. À partir de là, l'amitié s'est faite simplement, J'ai fait plusieurs films avec lui. »

Sans être crédité au générique, ce à quoi il est totalement indifférent, Albert Kantof collabore à l'élaboration de l'histoire. « Simonin et moi avons participé à la construction des *Barbouzes*, confirmera-t-il. On a tout fait ensemble. Ce fut un peu étrange car Albert et moi, on venait de mondes opposés : moi je venais de la résistance et lui… de l'autre côté ! » De fait, Albert s'entend mieux avec Michel : « La libération est une période qui l'a beaucoup marqué. Ce qu'il a vu l'a transformé et lui a fait jeter sur les gens un regard totalement différent. Sur ça, on se rejoignait beaucoup : la veulerie, le laisser-aller de personnes qu'il avait connues, la haine… »

Après avoir commencé à noircir du papier, Audiard dévoile, autant que faire se peut, ses intentions :

« Nous ferons défiler dans le film toutes les armes possibles et imaginables. Cela ira de la sagaie à la bombe thermonucléaire, en passant, bien entendu, par la grenade et le revolver. Rien ne sera non plus laissé de côté touchant les moyens de transmission, pas même les pigeons voyageurs. On se déplacera beaucoup. Une demi-douzaine de Boeing décollera sur un simple chuchotis[1]. »

Dans le script final, Audiard s'amuse à saluer les deux plus célèbres agents secrets de fiction à travers une réplique évoquant les baisers de Russie et les bancos de Bangkok. La preuve que l'on peut aimer Proust et connaître ses classiques de l'espionnage.

1. *Le Figaro littéraire*, 28 mai 1964.

Alors que les personnages sont censés être des espions internationaux, l'argot surgit comme s'ils n'étaient que de vulgaires gangsters. S'y bousculent : bouic, trav', canée, riper, bath, loufs, caltez, fafiots, rif, tricard… Difficile de savoir si on les doit à Audiard ou à Simonin.

Les Barbouzes, comme *Les Tontons*, est une coproduction. D'où le souhait du producteur Alain Poiré de voir le principal, et presque unique, rôle féminin confié à l'Allemande Liselotte Pulver. Cris d'horreur et tirs de barrage de la part de Georges Lautner, aussitôt rejoint par Michel Audiard. Depuis *Des pissenlits*, tous deux ne juraient plus que par Mireille Darc. Il ne reste plus qu'à la convaincre. La rencontre a lieu dans un bar parisien. Du beau monde : Georges, Michel, Lino, Maurice, face à Mimi.

« Je lui raconte le scénario joli et je lui parle du rôle en or qu'on lui réserve, écrira Audiard.

– Un rôle de quoi ? sourcille-t-elle brusquement.

– De pute, dis-je souriant.

– Alors, nada !… Rideau !… Des clous !… Je ne veux plus jouer les putes !

On se regarde interloqués. On n'ose y croire. On s'irrite. On lui rappelle tout ce qu'on a fait pour elle dans le passé, qu'on l'a fabriquée, qu'elle est rien qu'une pelure, que sans nous elle ferait encore des photos pornos ou des ménages chez des vieux célibataires. Lautner menace de prendre Bardot. C'est la grande séance. Puis, comme il faut tout de même sortir de cette béchamel d'une façon ou d'une autre, je questionne volontairement badin :

– On peut savoir ce que tu voudrais tourner ?

– J'aimerais assez *La Chartreuse de Parme*, balance-t-elle, en s'arrangeant une mèche d'un doigt papillonnant.

– Et tu joueras quel rôle ? s'informe Ventura tétanisé par la méfiance.

– Ben… la Chartreuse, répond le petit monstre.

C'est trop. Renonçant à nos manières habituellement policées, nous déparant de cette réserve bien connue qui fait que les dames de la rue Godot sont d'accord pour dire que nous avons une classe folle, nous donnons libre cours à une indignation tout ce qu'il y a de viril.

– Oh ! Le petit boudin, aboie Biraud.

– Ça relève de la claque dans le pif! affirme Ventura qui demeure toujours le plus stendhalien d'entre nous.

Mais Mlle Darc, depuis qu'on la laisse sortir toute seule, a pris un aplomb infernal, elle ne paraît nullement ébranlée. Elle nous toise, l'engeance! Elle nous défie! [...] Allons bon! Voilà la Mireille qui fond en larmes. Les gros sanglots. Les hoquets. On lui a fait de la peine. On est des bourreaux. [...] On sait plus comment rambiner. On se regarde honteux. On lui jure qu'on va lui écrire le rôle de sa vie... un truc édifiant et tout un machin à la Garbo... mousse et pampre... rien que des extases... des raffinements japonais... Du coup, la revoilà toute gaie la Mireille Darc, toute embrasseuse, toute primesautière. Le sourire dans les larmes. On regrette d'avoir été méchants avec elle. On s'excuse. On demande pardon. On pelote un peu au passage. Elle laisse faire, oublieuse des avanies, bonne camarade[1]. »

Finalement, Mireille joue une ex-prostituée! Elle n'a pas à le regretter car elle se délecte des dialogues. « Ce n'était pas facile, affirmera-t-elle. C'était même un peu compliqué car c'était souvent un langage que l'on n'a pas l'habitude de dire. Il y avait une musique, une façon de respirer... C'était très écrit, on ne pouvait pas l'improviser, il fallait vraiment l'apprendre. »

La fin du film connaît diverses issues. Michel envisagea de faire débarquer Francis et Amaranthe – sa maîtresse par obligation professionnelle – sur le quai de la gare de Lyon. Là où attend Mme Lagneau... Lautner préfère laisser planer le doute en terminant sur un train truffé d'espions s'enfonçant dans la nuit.

Le tournage débute en juillet 1964. En décembre, la production organise une conférence de presse pour annoncer la sortie du film. Réalisateur et scénaristes s'y font passer pour d'anciens espions. « On a mis "scénario" parce qu'il fallait bien intituler l'histoire de notre vie, annonce Audiard. On a simplement changé les noms des gars qu'on a butés parce qu'on ne veut pas d'histoires avec les familles[2]. »

1. *Le Nouveau Candide*, 15 juillet 1965.
2. *L'Aurore*, 8 décembre 1964.

Cette bonne humeur de façade se transforme vite en inquiétude. La première projection des *Barbouzes*, devant l'inévitable Tout-Paris, n'engendre que des sourires épars. Lautner reprend sa copie et coupe plusieurs scènes, estimant qu'elles ralentissent l'action. Des personnages se retrouvent sacrifiés. Tel celui interprété par Louis Arbessier, dont le visage apparaît au générique, mais qui reste absent du film ; ainsi que celui du douanier campé par Jacques Balutin qui disparaît complètement[1]. En réalité, il y avait deux scènes à la douane. L'une à l'aller, avec le cadavre à l'arrière ; l'autre au retour, avec la belle Amaranthe sur le siège passager.

Dans la première, Francis Lagneau, se faisant passer pour un conservateur, soutient que la malle des Musées nationaux qu'il transporte contient la reproduction d'une divinité égyptienne, le dieu Râ. D'où ce jeu de mots facile : « À bon shah, bon Râ. » Or, il s'avère que le douanier, sous des allures bourrues, est un féru d'égyptologie.

« Vous auriez dit Amon…, se lamente le gabelou. Voyez-vous, je négligerais bien toute l'œuvre issue de la révolution d'Aménophis IV pour une statuette de la Belle Époque, j'entends du début du Moyen Empire… »

Réflexion d'esthète qui ne provoque qu'une moue chez Lagneau.

« Ah, ne commettez pas de blasphème, s'emporte l'homme de l'art. Votre moue, à l'évocation des purs chefs-d'œuvre, des hypogées, me glace… Dites-le-moi, dites que j'ai mal interprété votre mimique.

– Calmez-vous, mon vieux. Je partage votre enthousiasme, mais vous comprendrez qu'étant donné mes fonctions, je ne puis marquer de préférence, question divinités.

– Vous m'avez fait peur ! J'ai là un Ektachrome du musée du Caire, ce serait intéressant de comparer l'évolution…

– Franchement, j'aimerais mieux qu'on fasse ça au retour. On se paiera une petite fête. Vous me montrerez vos estampes égyptiennes… »

Et la camionnette de passer sur ces échanges d'amabilités. Mais, au retour, le douanier a fini par comprendre qu'il s'est fait blouser. L'accueil n'a plus rien de chaleureux.

1. On le voit très brièvement lever la main pour arrêter la voiture de Lagneau.

« Eh bien, qu'allez-vous me déclarer aujourd'hui, monsieur l'expert ? L'Aphrodite de Mélos ? Le Niké de Samothrace ?… Surtout, ne vous gênez pas, tant que vous y êtes ! Dites-moi tout de suite que vous transbahutez le Parthénon dans votre malle arrière ou une pyramide !

– Mon cher ami, vous devez être victime d'une ressemblance…

– Appelez-moi monsieur le brigadier et montrez-moi vos bagages !

– Nous n'en avons pas.

– Ah, je vois ! Le voyageur sans bagages, l'homme de nulle part ; le héros amnésique du répertoire moderne. Foin d'élégance, aujourd'hui, la douane fouille, détecte et châtie. On va démonter votre bahut pièce par pièce, boulon par écrou, rivet par clavette. En attendant : vos papiers ! »

Fort heureusement, la délicieuse Amaranthe sauve la situation en susurrant :

« Voici les miens, monsieur le brigadier, vous ne voulez pas y jeter un regard ?

– Madame Benard-Shah ! C'est donc vous l'épouse du collectionneur, du protecteur éclairé, du mécène irremplaçable. Madame, je suis confus, annihilé, écrasé… Que puis-je faire pour obtenir votre indulgence ?

– Nous laisser passer, si ce n'est pas trop vous demander.

– Vous avez raison. Où avais-je la tête ? La voie est libre, madame. »

Un autre passage, plus court, est également ôté : un embaumeur (Robert Dalban) devant s'occuper de l'encombrant cadavre, propose diverses techniques : le puzzle assyrien (36 morceaux, plus la tête), le Cubilot de Vulcain (le client, coulé dans la fonte, se retrouve lampadaire ou grille de square), ou le bibelot éternel (réduction par dessiccation accélérée). Cette fois, Michel Audiard refuse de jeter ces répliques à la poubelle. Il les récupéra pour *Ne nous fâchons pas* où Dalban reprendra son rôle d'embaumeur : « Je peux l'embaumer façon Cléopâtre ; le chef-d'œuvre égyptien, inaltérable. Ou alors le Cubilot de Vulcain : dix tonnes de fonte, quinze cents degrés. Votre petit jeune homme se retrouve en plaque d'égout ou en grille de square. » L'art d'accommoder les restes…

Les Barbouzes paraît sur les écrans un an après *Les Tontons flingueurs*. 37 640 entrées sur Paris en six jours : les inquiétudes s'envolent. Témoin des réactions du public, le journaliste Guy Gauthier remarque que l'espion français emporte la mise : « Il a suffi de se trouver dans une salle un samedi soir ou un dimanche après-midi pour sentir, sans équivoque, que le public, toujours un peu cocardier, est emballé par ce Français qui séduit les belles filles, culbute ses adversaires – par ailleurs de pauvres nigauds qui laissent échapper les documents[1]. »

Moralité : « Si la pluie continue, les fraisiers seront en retard. »

1. *La Saison cinématographique*, 1965.

17

Belles paroles et mauvaise foi

Depuis qu'il fraye dans le monde du cinéma, les occasions de faire de nouvelles connaissances n'ont pas manqué à Michel Audiard. Dont un ancien assistant, passé à la réalisation : Jacques Deray.

Celui-ci est passionné de polars. Non tendance humoristique, comme Lautner, mais purs et durs. Il a déjà signé des films tels que *Rififi à Tokyo* et *Symphonie pour un massacre* aux ambiances sombres. Cette fois, il souhaite adapter un roman noir de James Hadley Chase racontant les relations entre un kidnappeur et sa proie féminine, fille de milliardaire, ainsi que les tiraillements entre associés du rapt. Titre : *Un beau matin d'été*. Il en parle au producteur Paul-Edmond Decharme qui accepte de financer à deux conditions : avoir un acteur tête d'affiche et Michel Audiard aux dialogues. Deray, qui n'est guère en position de force, accepte ; ce qu'il regrette vite, car son film prend un ton qu'il ne souhaite pas.

Après avoir envisagé Orson Welles et Maurice Ronet, il choisit Jean-Paul Belmondo dont le nom a grossi sur les affiches depuis *100 000 dollars au soleil*. Deray le rencontre en Espagne où il obtint son accord. Sur ce, arrive Michel Audiard. Ayant déjà fait parler Jean-Paul à quatre reprises, il n'éprouve aucune difficulté à lui fournir des répliques. Cette association Belmondo-Audiard oriente le film – rebaptisé *Par un beau matin d'été* – vers une comédie policière colorée et non vers la noire intrigue souhaitée.

« J'étais fasciné à la fois par le policier et par James Hadley Chase, résumera Deray. J'avais envie de faire cette adaptation. Le producteur était Decharme qui m'a fait rencontrer Belmondo. Nous avons sympathisé.

Puis Michel Audiard s'est greffé dessus. Je le connaissais bien, non pour avoir travaillé avec lui, mais parce que j'avais été longtemps l'assistant de Gilles Grangier. [...] Je me souviens de dîners entre Lino Ventura et Audiard où j'étais en spectateur!... Le roman était un sujet très, très noir, très dur, mais Jean-Paul représentait déjà une vedette très proche de la comédie. Alors, j'ai été tiraillé entre le sujet très noir et la volonté du producteur de faire un film rose. Audiard aussi tirait beaucoup vers la comédie; je pensais que ce n'était pas tout à fait l'esprit Chase ni l'esprit noir. Cela a fait que le film est un peu entre deux chaises, sans style précis, même s'il comporte des moments formidables. J'ai appris par la suite qu'il faut toujours donner un ton à un film et s'y tenir. »

Michel est peu motivé par le sujet et par les personnages qu'il trouve falots. Sa plume s'alourdit et il n'hésite pas à recycler certaines répliques. Dans *Le cave se rebiffe*, Blier disait : « Je peux très bien lui claquer la gueule sans m'énerver ! » Dans *Par un beau matin d'été*, Belmondo dit : « Je peux très bien lui mettre mon poing dans la gueule sans me fâcher ! »

De plus, il regrette que Deray ne mette pas mieux ses dialogues en valeur... Enfin, il déteste le titre et tente, en vain, d'imposer *La Tête dans le sac*.

L'association entre les deux hommes semble en gêner certains. « On a quand même dit dans une critique me concernant : "Deray est mort parce qu'il travaille avec Michel Audiard !" », rapportera le cinéaste. La formule exacte, signée Michel Cournot dans *Le Nouvel Observateur*, était : « Un cinéaste encore jeune, qui n'est pas un débile mental ni un maniaque du tiroir-caisse, et qui trahit son métier au point d'accepter un dialogue d'Audiard, c'est plutôt curieux. M. Jacques Deray est mort. On espère quand même le revoir. »

* * *

Arrive *Quand passent les faisans*, qui porte pour premier titre *Le Tir aux pigeons*. Une pochade avec un roi de l'arnaque et deux petits truands qui ne demandent qu'à apprendre. Le ton des *Tontons* n'était pas loin. Le titre à lui seul – dû à Audiard – est un pied de nez à l'adulé film soviétique

Quand passent les cigognes[1] qui ne mérite peut-être pas tous les adjectifs laudateurs en son endroit.

Sur ce projet, mis en scène par Édouard Molinaro, Michel ne fait pas que s'occuper des dialogues. Avec l'aide de son complice Albert Simonin, il entraîne le scénario vers la farce, jetant aux orties toute forme de crédibilité. « Michel aimait beaucoup les minables dans les coups foireux, remarquera Molinaro. Rien n'était sérieux dans la création de cet univers, rien n'était réaliste. Dans la vie, les petits escrocs minables n'étaient sûrement pas aussi drôles que ceux de Michel. »

Audiard affine ses dialogues sur une base apportée par Simonin et Molinaro. « Michel était quelqu'un qui finissait la décoration de l'appartement, poursuivra ce dernier. Il apportait la touche finale avec le génie que l'on sait. Ses textes étaient, finalement, très littéraires, bien qu'apparemment populaires. Les deux ne sont pas incompatibles. Il puisait dans la langue du peuple de quoi élaborer des phrases qui rendaient compte d'une certaine qualité de la langue française. »

Pratiquement toutes les reparties du suave Alexandre Larsan-Bellac constituent des morceaux d'anthologie. Des voyous pour rire, mais des voyous quand même.

« On me dit que je tourne avec des voyous, mais c'est parce qu'ils parlent la même langue que moi, affirme Michel. C'est la seule à laquelle je crois, la langue de la rue. C'est la seule qui apporte quelque chose. Je crois que la rue a plus fait pour l'évolution de la langue française que la Sorbonne[2]. »

Dès le départ, Michel suggère Bernard Blier et Jean Lefebvre pour le couple d'amateurs de la truanderie. Le lien avec les frères Volfoni paraît évident.

« Michel Audiard croit que nous sommes des escrocs minables parce qu'il a écrit l'histoire et qu'il a sur cette histoire des idées personnelles, remarque Bernard. Mais nous avons les nôtres ! En réalité, nous ne savons pas que nous sommes minables, alors nous jouons comme si nous étions de grands escrocs. Moi je joue un inspecteur de police qui est

1. De Mikhaïl Kalatozov (1957).
2. *Sept jours du monde* (ORTF), 1965.

tombé à un niveau si bas qu'il a été rayé des cadres de la préfecture pour indélicatesses. »

Pour le prince des arnaqueurs, Michel souhaite un acteur connu pour ses manières raffinées et son humour pince-sans-rire : Paul Meurisse, qui a prouvé son sens de la dérision avec la série des *Monocle*. Les seconds rôles sont distribués à des fidèles : Michel Serrault, Robert Dalban, Franck Villard et consorts.

Le tournage débute le 20 mai 1965. Dans la bonne humeur. Un peu jaloux de ne pas participer à cette ambiance, Michel emmène avec lui l'enfant de La Chapelle, c'est-à-dire Albert Simonin. Ils s'en vont faire un tour à Deauville où se tournent les scènes d'extérieurs. L'occasion d'une belle journée de chahuts !

En cette année 1965, *Quand passent les faisans* ne peut rivaliser avec *Le Cerveau*, mais réunit cependant un million de spectateurs.

Au moment de cette sortie, Audiard est déjà passé à autre chose. Avec Albert Simonin, il a tenté de monter une histoire autour des 24 Heures du Mans, sous le titre *La Fine Équipe*, dans laquelle un jeune homme est prêt à tout pour participer à la course…

Puis, le même Albert a une meilleure idée : un roman policier d'Alphonse Boudard qui vient de paraître. Michel en achète aussitôt les droits d'adaptation avec ses propres deniers. Jamais il ne s'est engagé de la sorte. Il s'annonce prêt à batailler pour que cette *Métamorphose des cloportes* se transforme en film.

Pourtant, en dépit de son pouvoir grandissant, il a du mal à faire accepter le projet. Comme il le dit lui-même : « Personne n'en voulait ! » Il finit par convaincre le producteur Bertrand Javal avec qui il a déjà travaillé. Or, Javal possède l'avantage d'entretenir des relations étroites avec la 20th Century Fox, c'est-à-dire avec Darryl F. Zanuck. Lequel cherche des rôles pour sa ravissante « protégée », Irina Demick. Le projet avance.

Qui va mettre en scène ? Claude Chabrol et Claude Autant-Lara, contactés parmi d'autres, font grise mine. Yves Allégret semble bien placé. Michel lui préfère un ancien assistant de Gilles Grangier : Pierre Granier-Deferre.

« C'est Guy Lefranc, alors lui-même assistant réalisateur, qui m'a présenté Michel au début de sa carrière, confiera le cinéaste. Je l'ai ensuite fréquenté à Saint-Germain-des-Prés et notamment au Club Saint-Germain où nous avons beaucoup bu ensemble. Puis, nous avons sué sur les mêmes films. Comme les metteurs en scène étaient toujours à attendre ses pages et comme je m'entendais bien avec lui, c'est moi qu'on envoyait à Dourdan où nos rencontres se terminaient inévitablement à la pétanque. Par jeu, je n'arrêtais pas de lui dire que ce qu'il faisait était très mauvais et d'une vulgarité épouvantable. Cela le faisait beaucoup rire. “Tu as bien raison”, me répondait-il. J'étais très ami avec lui alors que nous n'avions pas du tout les mêmes origines. Moi j'étais un bon petit-bourgeois du seizième et lui un gosse du quatorzième. Mais on s'entendait bien ; sur le plan littéraire et artistique notamment. Il avait des goûts beaucoup plus pointus que ne le laissent penser les limites qu'il donnait lui-même à ses dialogues. Il aimait faire preuve de mauvais goût, ça l'amusait beaucoup ; alors que dès qu'on le connaissait un peu, on se rendait compte qu'il était fin, sensible, d'une grande culture. »

Toutefois, Granier-Deferre ne ressent pas une attirance particulière pour le genre policier. Il cède après avoir lu le livre et subi les assauts répétés de Michel. Ensemble, ils échafaudèrent le casting. Zanuck accepte de financer à condition de disposer d'un poids lourd en tête d'affiche. On attend Belmondo, c'est Ventura. Ensuite, Michel suggère Maurice Biraud, pion gagné d'avance car il sait que Pierre a aimé le diriger dans *Les Aventures de Salavin*.

Reste un rôle à pourvoir. On le propose à Jacques Brel. Des pourparlers sont entamés dès novembre 1964, alors que le chanteur triomphe à l'Olympia. Il demande que son nom figure en dernier au générique et sur l'affiche et qu'il ne dise aucun mot d'argot car le public belge ne les comprendrait pas. Finalement, Brel renonce pour cause de fatigue. Un autre chanteur emporte la mise : Charles Aznavour.

« Le rôle n'était pas fait pour moi, admettra Aznavour. Il avait été écrit pour Jacques Brel qui a laissé tomber. La production s'est trouvée prise à la gorge. Alors ils sont venus me voir. Seulement je préparais ma rentrée à l'Olympia et je n'aimais pas faire deux choses à la fois. Je ne voulais pas faire le film et j'ai refusé sans même avoir lu le scénario. Devant leur insistance, j'ai mis la barre financière assez haute pour qu'ils disent non et me débarrasser de ce projet! Contre toute attente, ils ont accepté ma proposition! Je me suis retrouvé coincé, dans l'impossibilité de faire machine arrière... J'ai pris le rôle en cours de route. Je n'avais pas lu le scénario, mais je me suis dit que Granier-Deferre connaissait son travail.»

Le reste de la distribution est complété par Pierre Brasseur et Annie Fratellini – alors épouse de Granier-Deferre – et Georges Géret, lui aussi compagnon de route d'Audiard.

«J'ai passé tellement de week-ends chez Audiard, dira-t-il... C'était un homme d'une grande culture, passionné de littérature et de style. Il vous parlait de Proust avec une telle fougue... Je me souviens qu'au moment des *Cloportes,* j'avais retrouvé un copain qui avait eu une vie un peu tumultueuse. Je lui dis: "C'est fini, tu as 50 ans, il faut te calmer." Il me répond: "Oh, maintenant, il faudrait me payer pour faire le mac!" J'en parle à Audiard et j'ai retrouvé cette phrase dans *Les Cloportes!*»

Le personnage du fourgueur de matériel est écrit pour un homme. Granier-Deferre a la bonne idée de l'offrir à une femme, Françoise Rosay. Seulement deux mots du dialogue sont modifiés...

Le scénario est échafaudé avec l'aide de l'indispensable Albert Simonin. «Je connaissais mon Michel et je m'étais dit que s'il fallait que j'attende qu'il construise le scénario, j'en aurais au moins pour deux ans, rapportera Granier-Deferre. J'ai donc travaillé avec Albert Simonin [...] Avec lui nous avons écrit des ébauches de dialogue qui ressemblaient à du pré-Audiard. Ensuite, là où Michel se révélait très précieux, c'était à la lecture de l'adaptation. Parce que, autant il n'était pas constructeur, autant il savait mettre le doigt sur les failles d'une construction. Il n'hésitait pas à nous dire: "Là, les enfants, on s'emmerde." Ou: "Ça, c'est pas vraisemblable." En une demi-heure, il vous reconstruisait un scénario.»

Le trio refuse dès le départ de solliciter Alphonse Boudard, auteur du roman. «On s'est mis au travail sans Boudard, reconnaît Michel. Pour éviter son handicap à lui: ses personnages, il les connaît et ses souvenirs auraient risqué de nous gêner[1]. » Ledit Boudard n'en est aucunement offusqué. « Michel Audiard c'est une casquette, une petite tronche aiguë, un regard pétillant d'intelligence sous la casquette, écrira-t-il. C'est un col roulé, c'est une voix, une gouaille... C'est un peu de ce Paris qu'on mettait en bouteille sur les gradins du vieux Vel' d'Hiv[2]. »

Dans la solitude de son bureau, Michel écrit ses dialogues, faisant parler les truands comme il en a l'habitude tout en s'amusant à brocarder le monde de l'art et des marchands de tableaux. N'y ayant que rarement mis les pieds, il entreprend une petite enquête. Il rencontre des intellectuels se gargarisant de phrases creuses et des fats submergés par le vide de leur existence. Avec son talent, il résume le tout en quelques mots, inventant, par exemple, un personnage ridicule qui, dans un cocktail, brille par le faux éclat de ses propos. Rôle tenu par Jean Carmet.

Et, puisqu'il est question de cloportes, Michel en profite pour égratigner ses compagnons d'écriture : « Je vais vous renseigner tout de suite : Simonin, comme cloporte, il n'est pas laid. Il n'y a qu'à être au courant de l'argent fabuleux de Simonin... C'est un gars qui a un château dans l'Indre. Un truc de 24 pièces avec une rivière à truites. Il a aussi deux voitures, dont une italienne. C'est pas avec les droits des romans qu'on vit sur ce pied-là !... Quant à Granier-Deferre, son argent, on sait d'où il vient. C'est un type qui triche aux cartes. Il me gagne 1 000 francs par semaine au gin-rummy, alors que je joue dix fois mieux que lui[3]. »

Le tournage peut commencer.

« Michel trouvait que les dialogues amenaient une espèce d'argot qui pesait sur la seconde partie du film, rapportera Granier-Deferre. C'est vrai que j'étais un peu paralysé par ses dialogues. J'aurais voulu couper, mais je n'osais pas le faire parce que j'avais un immense respect de ses répliques. Il faut être juste : ses dialogues me faisaient rire, j'étais le premier client. »

Les acteurs eux-mêmes se sentent parfois pris au piège de cette prose si travaillée. Georges Géret confiera : « Tous les gens parlent d'Audiard

1. *Le Figaro*, 26 novembre 1964.
2. *Télé Obs*, 5 février 1995.
3. *La Cinématographie française*, 29 mai 1965.

mais c'est un des textes les plus difficiles à dire parce que c'est une mécanique très précise et il faut donner l'impression que ça coule tout seul. Il faut l'apprendre et je peux vous dire que ce n'était pas toujours facile. Je me souviens que j'avais un "tunnel" dans *La Métamorphose des cloportes*, eh bien, j'en ai bavé. C'est le passage dans lequel je raconte comment je vais ouvrir le coffre. C'était peut-être plus facile de dire du Musset !... Le texte d'Audiard est fait pour un certain genre de comédiens qui le rendent d'une façon très naturelle et très simple. Ça, c'est ce que l'on voit, mais ce que l'on fait derrière, c'est autre chose. C'est remarquablement écrit, ce n'est pas de l'argot, c'est un texte littéraire, précis et Audiard était très vigilant. Ce n'était pas une terreur mais il tenait beaucoup au respect de ses mots. Il avait son style. »

Bien que *La Métamorphose des cloportes* regorge de bons mots et de caricatures ambulantes, bénéficie d'une distribution impeccable, il n'engendre aucun déchaînement parmi les spectateurs. Échec. Des années plus tard, Michel en attribuera la responsabilité aux cloportes du titre, qu'il juge trop littéraire. « Zanuck ne comprenait rien au titre mais, avec Michel, nous lui avons tenu tête parce qu'au fond, ce que nous préférions dans ce roman, c'était son titre, affirmera Granier-Deferre. Il s'est avéré que Zanuck avait raison puisque, au guichet, la moitié des spectateurs demandaient s'il y avait des cloportes dans le film et l'autre moitié de quelle métamorphose il s'agissait ! En fait, ce titre convient plus pour un roman que pour un film. »

De même que Deray avait cherché à orienter *Par un beau matin d'été* vers le polar noir, Granier-Deferre tire *La Métamorphose des cloportes* vers le drame, intéressé par la faiblesse de ce héros revanchard. Sa façon de filmer, l'ajout d'une musique de Jimmy Smith, donnent une ambiance quasi nostalgique qui peut dérouter. Le film se découpe en deux parties inégales : avant et après la prison. La première est du plus pur style Audiard, la seconde du plus pur style Granier-Deferre.

« J'étais incapable de tenir un polar sur toute la longueur d'un film, admettra le cinéaste, et j'ai dirigé *Les Cloportes* vers un univers dramatique que j'ai exploité plus tard, beaucoup plus proche de Simenon. Ce qui m'intéressait dans *Les Cloportes,* c'était de retrouver les gens vingt ans après, voir ce qu'ils étaient devenus par rapport à un passé chargé. Cette découverte m'amusait. Le début du film m'intéressait moins. »

L'accueil froid réservé à cette production ne diminue en rien l'amitié unissant Michel à Pierre. Le premier suggère au second de faire avec lui *Paris au mois d'août* d'après un roman de René Fallet, prix Interallié 1964. Audiard construit la structure du scénario, trouve un producteur, organise moult rencontres, avance le nom de Charles Aznavour dans le rôle principal. Mais, au moment clef, pris par d'autres contrats, il ne peut se consacrer aux dialogues et propose de contacter Henri Jeanson, qui accepte.

* * *

La cote d'Audiard était-elle en train de chuter ? Deux semi-échecs successifs, voilà qui n'est pas bon signe. Il faut bifurquer dans l'espionnage. Un projet se dessine, intitulé *Chauds les secrets*, traitant des « heures chaudes de l'Europe », comme l'annonce un communiqué. Oubliant de préciser qu'il s'agit des heures chaudes de l'espionnage et non celles des cabarets. Le résultat final s'intitule *Guerre secrète*, film à sketchs. Mais les dialogues de la partie française seront rédigés par Philippe Bouvard.

Vient *Les Bons Vivants*[1], film à sketchs réalisés conjointement par Gilles Grangier et Georges Lautner. Sketchs reliés très artificiellement entre eux grâce à la voix off d'un narrateur. Le ton est grivois puisque démarrant dans une maison close le jour de sa fermeture, se poursuivant par un procès opposant une ancienne pensionnaire dudit établissement (devenue baronne Seychelles du Haut-Pas) à un voleur, et se terminant chez un bourgeois qui, sans le savoir, crée un lupanar chez lui. Ce troisième sketch s'intitule *La famille c'est sacré* et rouvre les maisons closes alors que les deux précédents les fermaient !

Résultat inégal qui tient plus à la présence des acteurs qu'à la rigueur du scénario.

1. Ressorti ultérieurement sous le titre *Un grand seigneur*.

Dans *Combat*, Henry Chapier, qui continue de détester Audiard – lequel le lui rend bien –, écrit une critique qui eût dû l'amener à faire un examen médical : « Quand on en arrive à éprouver des nausées jusqu'à l'écœurement, le seul acte critique, c'est de quitter la salle ! » Et Chapier d'en appeler à André Malraux pour mettre fin à ce genre de « film d'épouvante » !

Michel Audiard exerce l'essentiel de son talent dans le premier sketch où, comme dans *Le cave se rebiffe*, Bernard Blier se retrouve patron de bordel. Un patron larmoyant déplorant la fermeture de son établissement qui a donné tant de plaisirs à tant de gens. Blier lui-même reconnaîtra que ce texte figure parmi les meilleurs qu'il ait prononcés.

Le troisième sketch – seul réalisé par Lautner – bénéficie de la présence de Louis de Funès dont c'est, paradoxalement, la dernière collaboration avec Audiard. Comme l'a subodoré Michel, Louis a grimpé jusqu'à atteindre les sommets. *Le Gendarme de Saint-Tropez* a fait rire la France entière et, juste avant de rejoindre le plateau des *Bons Vivants*, Louis a tourné sa première comédie avec Gérard Oury : *Le Corniaud*. Plus rien ne peut ralentir son ascension.

Presque deux ans après le décès de l'acteur, Michel écrira : « J'ai beaucoup travaillé pour Louis au début de sa carrière et j'ai cessé quand il est devenu une star. On s'est rencontrés à intervalles réguliers ; on descendait dans le même hôtel à Paris depuis vingt ans. On dînait ensemble, on discutait le coup, mais l'on ne collaborait plus. C'est peut-être pour cela que notre amitié a duré si longtemps. Autrement, il y aurait eu des éclats, des fâcheries. Louis était quand même un peu colérique. [...] Je suis catégorique : on n'a rien appris à Louis de Funès. Il avait tout en lui avant d'être célèbre. Les acteurs sont bons tout de suite et ils deviennent connus du public après. [...] On l'a tout à fait mésestimé tout au long de sa carrière. C'est vrai aussi qu'il ne savait pas faire la différence entre un scénario de qualité et un scénario médiocre. C'est aussi parce qu'il lui arrivait d'être très bon dans de mauvais films. [...] Sur le plan humain, il a toujours été très courageux et très digne. Quand il était pianiste de bar, je l'ai vu un soir, furieux, fermer le piano et partir. Le public était insupportable. Je trouve que c'est la dignité d'un acteur de rendre son tablier. Louis l'a fait[1]. »

1,4 million de spectateurs pour ces *Bons Vivants*. La côte d'Audiard remonte.

* * *

En novembre 1965, Michel participe à une émission de variétés diffusée à la télévision depuis le théâtre de la Porte-Saint-Martin à Paris. Il s'agit d'un court sketch écrit pour Mireille Darc et Maurice Biraud. Michel s'y moque de lui-même ou, plus exactement, reprend à son compte les accusations portées contre lui : « Il ne fait que des films d'hommes. Et encore, si on peut appeler ça des "hommes". Rien que des grands mal élevés qui ne disent que des gros mots. Et des gros mots qu'on ne comprend pas toujours ! »

Pour Maurice, il reprend une formule déjà présente dans *Mélodie en sous-sol* : « Des hotus dans ton genre, je file un coup de pompe dans un bec de gaz et il en tombe cinquante. »

Ce à quoi Mireille répond : « Des petits caves comme toi, ça court tellement les rues qu'il faut lever les pieds pour pas marcher dessus ! »

De quoi amuser les téléspectateurs de l'ORTF.

1. *France-Soir*, 31 décembre 1984.

18
Bisbilles

Les lois du cinéma étant ce qu'elles sont, et celles de l'amitié aussi, après les succès des *Tontons flingueurs* et des *Barbouzes*, il entre dans la logique des choses que le trio Ventura-Lautner-Audiard se reforme. Lois et logique sont respectées.

Audiard résume à sa manière la drôle de genèse du futur film :

« Je vivais en paix dans un de mes nombreux châteaux, tondant mes "greens" en lisant Platon, quand un producteur me téléphone.

– Voulez-vous faire un film ?

– Ja.

– Ne bougez pas, j'arrive !

Après lui avoir sévèrement ratissé le tiroir-caisse, je demande – par pure amabilité – au producteur dans quelle aventure il envisage de fourvoyer mon nom.

– Un film d'humour et d'action.

– Avec qui ?

– Mireille Darc et Lino Ventura.

– Original ! J'ai déjà fait trois films avec la toute gracieuse et huit avec le comac. Quel metteur en scène ?

– Lautner.

– Beaucoup de talent. Et qui, pour le scénario ?... Car j'espère que vous ne comptez pas sur moi ?

– J'ai pensé à Jean Marsan et Marcel Jullian.

– Envoyez toujours !

Ça, c'est mon incurable légèreté. Plutôt que de rendre les sous, j'accepte n'importe quoi… Ah ! les fumiers ! Ce qu'ils m'ont fait voir !… Intraduisible ! Irracontable[1] !… »

L'idée de départ prit naissance dans la rue. En décembre 1964, *France-Soir* avait fait imprimer affichettes et autocollants à apposer sur les voitures : « Gardez le sourire » et « Ne nous fâchons pas ». Saines propositions qui eurent autant d'effet qu'un appel au silence dans un stade marseillais. À force de voir ce slogan un peu partout, Alain Poiré lance ses fins limiers sur la piste d'un scénario. Michel puise parmi les éléments clefs des deux films précédents : le truand rangé obligé de reprendre du service, la jeune femme faussement ingénue, la tête à claques interprétée par Jean Lefebvre, etc. On continue de baigner dans la parodie, même si Bernard Blier et Francis Blanche brillent par leur absence.

Un honnête commerçant (Ventura), ancien repris de justice tout de même, rend service à deux malfrats en fuite et se retrouve avec un drôle de loustic sur le dos : le Belphégor des hippodromes, le geignard qui doit de l'argent à tout le monde (Lefebvre)…

« C'est l'histoire d'un ancien casseur retraité, rallié à la non-violence, résume Audiard. Il est plein de théories pacifistes mais n'arrête pas de castagner. Il emplafonne des bandes entières, fait sauter des immeubles. Mais c'est toujours la faute des autres. »

En guise de clin d'œil, Michel s'amuse à faire ouvrir le film par une séquence pré-générique mettant en scène des automobilistes. Un commissaire de police interroge le responsable d'un carnage, incarné par Lino Ventura.

« Moi, je roulais tranquillement, doucement, à ma droite, explique ce dernier, et c'est monsieur qui brûle un stop et qui m'emplâtre. Je souligne poliment l'infraction, je sors, quand cette espèce de possédé commence à me dire tout un tas de gros mots que je n'ose même pas vous répéter, monsieur le commissaire. Bon, j'ai peut-être eu tort de le tirer par la cravate à l'intérieur de ma décapotable mais c'est tout, monsieur le commissaire.

---

1. *Ne nous fâchons pas* (Plon, 1966).

– Et c'est ainsi que vous lui avez fendu le cuir chevelu et ouvert l'arcade sourcilière ?

– J'avais changé de voiture et j'avais oublié qu'elle n'était pas décapotable !

– Et les deux autres, les témoins ?

– Mais ils m'ont traité de brute, monsieur le commissaire ! »

Or, cette saynète fait référence à un incident dont Michel affirme avoir été le témoin et dont son ami Ventura a été le héros malgré lui.

« J'arrive place Saint-Germain-des-Prés avec Lino et sa femme, raconte-t-il. Deux types veulent se garer à la même place. Ils s'engueulent et commencent à se secouer. Lino veut les calmer. Sans dire un mot, l'un des gars essaie de le gifler. Lino esquive, mais c'est sa pipe qui prend le choc. Elle tombe. Pendant que Lino se baisse pour la ramasser, le gougnafier se met à insulter sa femme. Alors là, le père Lino s'est fâché. Et pour la première fois de ma vie, j'ai vu un miroton faire le tour de la place Saint-Germain-des-Prés à coups de pompes dans le train ! Voilà où ça mène, la courtoisie florentine ! »

Le scénario de *Ne nous fâchons pas* bénéficie du lot habituel de bons mots et d'une surabondance d'explosions en tous genres. La farce prend des allures pétaradesques.

Le personnage central est taillé pour Lino Ventura qui, en dépit de ses succès passés, n'est pas prêt à suivre Lautner et Audiard les yeux fermés. Il passe au crible les scénarios avec la même acuité que Gabin. Tout le monde connaît ses principales exigences : pas de rôle de salaud, pas de scènes de baiser, ni en tenue légère.

Marcel Jullian racontera : « Alain Poiré nous a dit : "Faites ce que vous voulez mais il faut qu'il y ait un rôle pour Lino parce que j'ai un contrat avec lui." Cela nous laissait une liberté que l'on n'imaginerait même plus maintenant. On ne nous posait aucune question et ça déchaînait notre enthousiasme. Quand nous sommes arrivés à Dourdan pour la première séance de travail, nous n'avions aucune idée de ce que nous allions faire. »

En réalité, Marcel et Michel travaillent peu ensemble, chacun rejetant la faute sur l'autre. Le manuscrit subit divers changements. Le script concocté par les trois compères ne plaît pas à Ventura ; par ailleurs dérouté par une trouvaille de Lautner qui remplace les truands traditionnels par une bande de jeunes aux tendances psychédéliques placés sous le commandement d'un colonel. Avec, en filigrane, un soupçon d'homosexualité. Lino réclame des changements sur son rôle d'Antoine Beretto qu'il juge trop proche de la caricature, pour ne pas dire du ridicule. Il veut du solide, une sorte de John Wayne chez les petits truands. Les auteurs renâclent et ne changent rien. L'apprenant, l'acteur se renfrogne. « Lino en avait un peu assez de faire des comédies, ce en quoi il avait tort parce qu'il était un fantastique acteur comique, témoignera Alain Poiré. Il parlait naturellement et ne forçait jamais son jeu, ce qui le rendait constamment crédible. Si *Les Tontons flingueurs* et *Les Barbouzes* fonctionnent si bien, c'est parce que Lino n'a jamais cherché à faire du comique, il était totalement naturel. Pour *Ne nous fâchons pas*, il n'a pas arrêté de réclamer des retouches au scénario. »

L'acteur exige une cascade de voitures. Gaumont cède, sans se rendre compte que cet ajout saugrenu va coûter très cher. Le cascadeur Gil Delamare s'y casse le nez…

De son côté, Lautner fait dynamiter un morceau de pont de l'ancienne ligne Cagnes-Vence, situé près de Saint-Paul-de-Vence. En réalité, le génie militaire avait décidé de s'en débarrasser car estimé trop dangereux.

Menaces de tempêtes sous le ciel niçois où se déroule le tournage. « Lino s'est fâché dès le début, précisera Georges Lautner. On s'aimait beaucoup mais il était très possessif. Il voulait que je coupe dans le texte, notamment certaines scènes de Jean Lefebvre. Je n'en avais aucune envie. Ça a été assez tendu et nous avons travaillé sans nous parler, ce qui n'était pas facile du tout… Un jour, Alain Poiré et Michel Audiard sont venus nous rejoindre à Nice. Le soir, ils demandent à voir les rushes, puis nous sommes allés chercher Lino à son hôtel. Il attendait en faisant les cent pas et nous a lancé *illico :* "Ah vous voilà ! J'allais partir !" Or, moi, j'étais debout tous les matins à 5 heures. Fatigué, j'ai demandé à ce que nous discutions tout de suite du film car je savais qu'après je serai K.-O. Mais Lino a voulu aller bouffer. Et nous avons bouffé à la Lino, c'est-à-dire un repas pantagruélique dans un restaurant italien. Après, nous nous sommes installés dans les fauteuils du Negresco. Nous étions tous les quatre mais la conversation ne concernait toujours pas le film. Et moi, je sentais mes yeux se fermer. À un moment donné, je n'ai pas pu résister et je me suis endormi. Et Lino l'a très mal pris. Il est parti. Mais ce qui a été encore plus mal, c'est que Michel m'a réveillé et, recouvrant tous mes esprits, j'ai été me balader avec lui dans la rue. Nous nous sommes marrés comme des baleines. En marchant, nous avons croisé Lino. Là, ça a été fini… Le tournage s'est poursuivi de manière encore plus tendue. Lino n'est pas venu à la première du film et je n'ai plus jamais travaillé avec lui. »

Effectivement le comédien n'adresse plus la parole au réalisateur. Ou plutôt il ne lui parle que pour réclamer encore et toujours des modifications. De plus, il exige que Michel Audiard vienne remodeler certaines scènes. Or celui-ci est retourné à Paris et n'a aucune envie de redescendre sur la Côte d'Azur. Il fait traîner les choses, ce qui irrite un peu plus Lino. Audiard finit par arriver. Il écrit les changements souhaités par son ami. Cela ne calme pas complètement l'ombrageux Ventura.

L'humeur de l'acteur s'assombrit encore quand il comprend que la fin du film manque toujours. Il rappelle à l'aréopage qu'il n'est pas question pour lui de dépasser les dates de tournage, ne serait-ce que d'une minute. Les auteurs imaginent un final en forme de pirouette.

Le temps et le ton des *Tontons flingueurs* sont loin, mais l'on s'amuse quand même. Mireille Darc apporte la note de charme, Michel Constantin ses allures de faux naïf. Et Jean Lefebvre retrouve un emploi qui lui colle à la peau. « Je suis victime de mon physique, expliquera-t-il. Je n'ai pas le physique d'Alain Delon et, dans tous mes rôles, je subis des catastrophes. Le cas extrême ce fut au cinéma dans *Ne nous fâchons pas*, écrit par Michel Audiard. J'étais très content parce que mon personnage était un gars qui se plaignait constamment, mais qui, en même temps, foutait tous les autres dans la merde ! »

Lautner fait part à Audiard d'un souci : il lui manque un acteur à la mine patibulaire pour un rôle secondaire. Michel retrouve son vieux pote André Pousse et lui propose de participer à *Ne nous fâchons pas*. Dédé s'impose vite comme un acteur efficace à la voix grave et aux répliques assassines.

Le film sort en avril 1966. Pour la première mondiale, l'on s'amuse à rédiger un carton d'invitation à l'humour un peu aigre pour ceux qui ont connu les conditions de tournage : « Lino Ventura, qui est fâché avec Mireille Darc, qui est fâchée avec Jean Lefebvre, qui est fâché avec Georges Lautner, qui est fâché avec Michel Audiard, qui, tous, sont fâchés avec le producteur Alain Poiré, ne seraient pas fâchés de vous voir à la première de leur film, *Ne nous fâchons pas*. »

Sur les affiches, et au générique, le nom d'Audiard figure en presque aussi gros que ceux des acteurs principaux et du réalisateur. Interrogé par un journaliste de *L'Aurore*, il explique qu'il demande la même somme par film depuis cinq ans. Son seul luxe – mais quel luxe ! – étant de pouvoir choisir les comédiens. Ensuite, le journaliste s'intéresse à son métier d'auteur :

« Comment travaillez-vous ?

– Dans le génie !

– Mais encore ?

– Seul, chez moi à la campagne, tôt le matin, en silence[1]. »

Le film de Lautner n'a ni l'éclat ni le succès de ses deux illustres prédécesseurs et fait presque deux fois moins d'entrées que *Les Tontons*. Un scénario inégal, des numéros musicaux encombrants enrayent son succès.

Peu après paraît en librairie un roman intitulé *Ne nous fâchons pas*, officiellement écrit par Michel Audiard. Il reprend la trame et la quasi-totalité des dialogues, mais son style, trop argotique, ressemble peu à celui de son auteur. Certains passages engendrent le doute : « Au point de désordre intense où se trouvaient les bidons, autant lui balancer la vérité au vieux pote. Antoine s'offrit un chouïa de mise en scène : le cigare chouravé en voltige sur le bureau, le coup de quenottes méchant et le sourire en lever de soleil. » De quoi rester sceptique quant à la paternité du véritable auteur…

* * *

En ce printemps 1966, Michel ajoute une corde à son arc ; ou, plus exactement, retrouve une corde : il devient chroniqueur pour *Cinémonde*,

1. *L'Aurore*, 26 avril 1966.

revendiquant mauvaise foi et perfidie. Ce qu'il précise d'emblée à son employeur : « Je vais être votre brebis galeuse, je vais cultiver la partialité et la mauvaise foi. Je vais faire ma lessive de printemps en famille. Je dirai du bien de tous mes films qui sont des purs chefs-d'œuvre ; je crierai au génie pour les acteurs qui disent mes impérissables dialogues. Il faut qu'on sache que les seuls producteurs intelligents sont ceux qui m'engagent… En tout cas, avec moi, on va se faire des amis… Et comme je suis fidèle et jaloux en amitié, pour ces amis-là, je prends l'entière responsabilité de ce que j'écris[1]. »

Pour ouvrir le feu, il consacre son premier article au Festival de Cannes que, bien entendu, il incendie en le comparant au Gala de l'Union !

Et ses relations avec Lino Ventura dans tout ça ? Elles ont fini par s'améliorer. Pour preuve : Michel va lui dire un petit bonjour sur le plateau campagnard des *Grandes Gueules* où il croise le scénariste José Giovanni. « Il n'avait pas une croyance absolue en ce que je faisais, remarquera ce dernier. Il me prenait pour un scout ! J'avais écrit une histoire qui se passait dans une forêt, une sorte de western, qui était à l'opposé de l'univers d'Audiard. Il était convaincu qu'on allait se planter avec ce film. » *Les Grandes Gueules* réunira près de 3,6 millions de spectateurs en France…

1. *Cinémonde*, 6 mai 1966.

19

Le luxe de la liberté

Albert Simonin n'a pas collaboré au script de *Ne nous fâchons pas*, mais écrit celui de *Tendre voyou*, comédie construite autour d'un Jean-Paul Belmondo tombeur de femmes. Le jeune homme, beau parleur mais petit travailleur, se fait entretenir par diverses représentantes de la gent féminine qui l'entraînent de Paris à Megève et de Megève à Tahiti. Sous les tropiques, il croit avoir mis la main sur la perle rare : la riche héritière. Île déserte et manganèse à profusion. Las, la gourgandine est une filoute et c'est à fond de cale que le sieur Antoine Maréchal regagne sa mère patrie…

Une œuvrette où se retrouvent des thèmes chers à Simonin et Audiard : bistrot, courses hippiques, critique des snobs, femmes préoccupées de bagatelles, mensonges…

« C'était un film très gai, affirmera Mylène Demongeot, l'une de ses interprètes. C'était une époque de films gais et on s'amusait énormément sur les tournages. Les dialogues de Michel Audiard contribuaient à cette bonne humeur générale. Je ne me souviens pas qu'ils aient été difficiles à dire, bien au contraire. »

L'idée de départ appartient à Jean-Paul Belmondo et Jean Becker qui, au sortir d'une projection du *Fanfaron*[1] – mettant en valeur un mythomane – ont l'envie de faire un film dans la même veine. L'acteur en parle au producteur Paul-Edmond Decharme, en lui conseillant d'engager Audiard.

1. De Dino Risi.

Michel raconte – avec son habituelle mauvaise foi – la naissance de ce vaudeville cinématographique où les femmes sont des proies faciles et les hommes de parfaits crétins. Tout commence par une convocation du producteur à laquelle il se rend en compagnie d'Albert. Le financier annonce qu'il songe acquérir une Série noire, *Cher voyou* de Michel Lambesc, destinée à Belmondo. Toutefois, souligne-t-il, il n'est pas forcément utile d'acheter les droits de cet ouvrage, sachant que les scénaristes transformeront le sujet. En revanche, on peut en garder le titre. Au moins en partie. Pourquoi pas *Tendre voyou?*... Et d'ajouter que pour des raisons strictement fiscales – sa firme se nommant Sud Pacifique Films – il faut qu'une partie de l'action se déroule à Tahiti... Parti sur sa lancée, le généreux mécène promet une distribution de prestige dans laquelle Orson Welles minauderait avec Marlene Dietrich.

Albert et Michel se mettent à la tâche. Quant à leurs émoluments, ils seront réglés très longtemps après, suite à de nombreux, nombreux, coups de téléphone...

« Ça me plaît de revenir un peu à la vraie comédie, sans exploits surhumains, sans bagarres, annonce Belmondo. Cette fois, je vais, en effet, beaucoup parler, beaucoup baratiner, puisque je joue le rôle d'un menteur, parfois mythomane, qui finit par croire à ce qu'il invente. Quand je pense, tout va bien, quand je suis sincère ou sentimental, je me fais avoir. Moralité : ne soyons jamais sincère ni amoureux[1]. »

Il souhaite réunir autour de lui des copains : Jean Rochefort, Jean-Pierre Marielle, Georges Géret, Claude Brasseur... Ce seront, finalement, Marielle et Philippe Noiret.

Les auteurs suivent des pistes très différentes. Première version : le voyou est un mythomane qui, aidé par des complices, tente de monter des gros coups. Deuxième version : le voyou est un conducteur de car touristique qui baratine ses passagers tout au long de la route Napoléon. Troisième version : le voyou séduit vingt-deux femmes de 25 à 45 ans, de la fleuriste à la mondaine, de la teinturière à la millionnaire américaine...

1. *Combat*, 22 mars 1966.

Jean Becker aide les deux scénaristes. « J'ai d'abord travaillé avec Audiard et Simonin puis j'ai surtout travaillé avec Simonin seul, rapportera-t-il. Une fois le scénario terminé, nous avons revu Michel. Comme il était feignant comme une couleuvre, il a mis un temps fou à nous livrer les dialogues. Ce qu'il aimait, c'était bosser tout seul, dans son coin, mais il fallait vraiment l'acculer pour qu'il vous donne quelque chose. Il disait qu'il rendrait son texte à telle date et il le rendait un mois après... Il n'était pas du tout susceptible, vous pouviez changer ce que vous vouliez dans les situations qu'il imaginait. Mais ses dialogues, on n'avait pas envie de les changer. Si un truc nous gênait, on le lui disait et il le changeait aussitôt. »

Le résultat ne suscite pas des débordements d'enthousiasme. « Nous sommes partis sur ce scénario sachant bien, Jean-Paul et moi, que ce n'était pas ce que nous voulions, admettra Becker. Mais ce n'est pas facile de refaire *Le Fanfaron*. Nous, nous avons fait une comédie, mais sans jamais aller vers la tendresse, l'émotion. Nous n'avions que l'histoire d'un joyeux luron qui se démerde comme il peut et qui ment à tout le monde. Audiard avait d'ailleurs fait des dialogues assez marrants. D'ailleurs, les seuls moments marrants qui restent aujourd'hui du film, ce sont des répliques d'Audiard. Ce qui manque au film, c'est une profondeur, un regard extérieur. »

Bref, *Tendre voyou* déçoit tout le monde.

* * *

Michel reçoit une proposition un peu étonnante : dialoguer un film tiré des célèbres aventures du commissaire San-Antonio. Étonnante car l'on se demande pourquoi le producteur ne s'adresse pas directement à Frédéric Dard qui connaît cet aspect du métier pour avoir signé plusieurs dialogues de film.

L'idée est de réunir San-Antonio, Belmondo et Audiard sur une même affiche. Hélas, l'acteur est hors de prix pour la production. Il est remplacé par Gérard Barray, héros de films de cape et d'épée. Audiard se sent soudainement moins intéressé par le concept, qu'il qualifie de stupide. Pour s'en débarrasser, il demande très cher. Contre toute attente, la production – qui veut avoir un « nom » sur l'affiche – accepte !

Sur ce, un routier du polar, Gilles Morris-Dumoulin[1], est chargé de tirer un scénario de *Messieurs les hommes*, l'un des premiers de la série, paru en 1955. En naît une histoire de savants kidnappés et de commissaire s'infiltrant chez les truands… Son travail terminé, il va le porter à Audiard. Là, le romancier apprend à discerner la personnalité du dialoguiste. « Pour avoir séjourné quelques jours chez lui, à Dourdan, je sais qu'à travers son cynisme de façade, quand il oubliait un peu cette diction particulière, nasillarde et soigneusement inexpressive qu'il s'était forgée, perçait, parfois, comme par mégarde, un autre Michel Audiard, écrira-t-il. Gentil, bienveillant, chaleureux. Que le souci de porter son masque, de jouer son personnage en permanence, a probablement tué avant l'heure sous le poids du stress et de l'angoisse[2]. »

Gilles se rend également compte qu'Audiard n'a aucune envie de se creuser les méninges, souhaitant que son nouveau collaborateur lui fournisse un *prédialogue*, c'est-à-dire des répliques provisoires. Ainsi est fait. Audiard relit, biffe, ajoute mais, pour l'essentiel, conserve la plupart des phrases sans en changer un seul mot ! En réalité, il est déçu. Déçu que la production ne se dote pas de plus de moyens pour restituer l'univers de San-Antonio, déçu que le rôle principal échoie à Gérard Barry, peu réputé pour ses dons comiques. Et puis, il a la tête ailleurs : il tente de porter à l'écran *Les Fleurs bleues*, de Raymond Queneau, mais aucun producteur n'en veut.

Les aventures du commissaire inventé par Dard sortent sous les écrans sous le titre *Sale temps pour les mouches*. Par la suite, elles seront aussi exploitées sous celui de *Commissaire San-Antonio*, mieux vendeur. À regarder – et à écouter – le résultat, le spectateur a bien du mal – et pour cause – à deviner la patte d'Audiard derrière les reparties baignant dans l'argot. Il éprouve autant de difficultés à retrouver le style de Frédéric Dard. 1,7 million d'entrées, toutefois. Cela justifiera une suite… à laquelle Michel ne participera pas.

1. Connu aussi sous le pseudonyme de Vic Saint Val.
2. *Le Forçat de l'Underwood* (Manya, 1993).

Il n'est guère plus enthousiasmé par une production franco-italo-allemande : *Johnny Banco*. L'histoire est tirée d'un livre de Frédéric Valmain, *Le Flamenco des assassins*.

Ledit Johnny (Horst Buchholz) vit à Barcelone où il rafle une mallette bourrée de billets. Il se rend à Monaco où il décroche le jackpot et tombe sous le charme d'une femme aussi fatale que dangereuse (Sylvia Koscina), qui semble n'en vouloir qu'à son argent.

Yves Allégret, autrefois auteur de *Dédée d'Anvers* et des *Orgueilleux*, se charge de la mise en scène tandis qu'Henri Diamant-Berger, autrefois auteur de brillantes adaptations des *Trois Mousquetaires*, occupe le poste de producteur délégué. Michel Audiard est chargé de mettre un peu de piment dans les dialogues de Johnny[1]. Rien de bien compliqué. Il y va d'une maigre poignée de formules tape à l'œil, ou plutôt tape à l'oreille.

Pour les producteurs, il s'agit de reformer le couple vedette de *L'Homme d'Istanbul*[2] (Buchholz et Koscina), film d'aventures qui a suscité un certain engouement. Oscillant entre la mauvaise comédie et le faux suspense, le résultat est desservi par un scénario désolant, un jeu d'acteurs déconcertant et une mise en scène déroutante.

Tourné du 2 novembre 1966 au 5 janvier 1967, *Johnny Banco* s'avère tellement décevant qu'il devra attendre mars 1968 pour apparaître sur les écrans français… où il ne fera qu'un fugace passage.

* * *

La Grande Sauterelle marque le retour de Maurice Biraud, *alias* Bibi. Il a poursuivi ses émissions sur Europe 1 jusqu'à en devenir l'animateur vedette. Un éditeur lui demandant de rédiger ses Mémoires, il préfère livrer un recueil de sketchs et de pastiches, *Faut l'faire*, dont Michel Audiard signe la préface : « Peu doué pour la parole (il faut bien le dire), écrit-il notamment, médiocrement habile dans le chant, handicapé pour la danse, ignorant de la peinture, Bibi eût sans doute été perdu pour les arts s'il n'avait soudainement découvert ce génie littéraire sans lequel

1. Le générique stipule : « Michel Audiard a prêté sa plume à Johnny Banco ».
2. D'Antonio Isasi-Isasmendi.

Villon ne serait qu'un tire-laine, Pascal un bigot emmerdeur, Rimbaud un bouseux ardennais et Proust un pédé mondain. »

En janvier 1967 sort cette *Grande Sauterelle*, titre dû à Audiard. Pas trouvé bien loin : c'est le surnom dont il adore affubler Mireille Darc, vedette de cette comédie policière.

La jeune femme attire les regards tant en France qu'à l'étranger. Jusqu'à Hollywood qui lui fait les yeux doux. Le producteur Raymond Danon lui organise un voyage vers La Mecque du cinéma où des contrats l'attendent. Loin de trépigner d'impatience, Mireille panique. L'idée de se retrouver seule à l'autre bout du monde, même au bord d'une piscine californienne, la terrifie. Elle en parle à ses amis Michel Audiard et Georges Lautner qui tentent de la rassurer et lui promettent de l'accompagner jusqu'à l'aéroport. Le jour dit, le quatuor est réuni : Darc et Danon, valise à la main, Lautner et Audiard, mouchoir à la main. Embrassades et émotions. L'angoisse de Mireille ne diminue en rien. La mort dans l'âme, elle suit son compagnon de voyage jusque dans la carlingue. Au moment de s'asseoir, Danon s'éloigne pour satisfaire un besoin pressant. Mireille en profite : elle s'enfuit ! « Je suis partie comme une folle et je n'avais qu'une envie : retrouver Georges et Michel, racontera-t-elle. Ma valise est partie, moi pas. Je suis rentrée à la maison et je les ai appelés : "Je suis là, je ne suis pas partie, faut dîner avec moi, faut pas me lâcher…" Ils n'auraient pas dû m'accompagner à l'aéroport. Ils auraient dû venir avec moi aux États-Unis. » *Exit* la carrière hollywoodienne.

Autour de la blonde actrice sont réunis deux rescapés de *Tobrouk*, Hardy Krüger et Maurice Biraud, un autre des *Barbouzes*, Francis Blanche, et un des *Cloportes*, Georges Géret.

Les auteurs façonnent un film à l'image de Mireille. « Avec elle, nous sommes en présence d'un cas exceptionnel, estime Audiard. Elle est peut-être notre seule comédienne à qui le succès n'enlève rien de ses qualités de femme. Elle entre dans la peau de ses personnages avec une sincérité inouïe, au point de se croire, huit heures par jour, l'héroïne qu'elle incarne et d'oublier complètement Mireille Darc. Mais la journée de tournage terminée, elle redevient une jeune femme qui affronte la vie avec le même sérieux, la même volonté de perfection et d'enrichissement qui la caractérisent dans l'exercice de son métier[1]. »

Mireille demande autre chose qu'un rôle de « petite nana ». Audiard accepte et, plus d'une fois, sollicite la jeune femme : « Écris-moi la scène telle que tu la vois », pour ensuite la reprendre en suivant ses indications. « Il respectait la scène, confirmera Mireille, il en faisait quelque chose de beaucoup plus valorisant... Nous avons eu un échange très fort. Il me voyait comme une fille très moderne et cette modernité l'intéressait. »

En revanche, Audiard se sent moins à l'aise avec les scènes romantiques. « Michel ne pouvait pas écrire "Je t'aime", poursuivra Darc. C'était beaucoup plus compliqué pour le dire. Parce qu'il était un grand pudique. Je pense qu'il le disait rarement aussi. Moi, je n'ai jamais eu honte de dire aux gens que je les aime. »

Se dessine un personnage proche du souhait de la comédienne. « Ce rôle correspondait à des choses que j'aimais, ajoutera-t-elle : une certaine indépendance, une certaine liberté, une certaine disponibilité que j'avais. »

Quelques truands, un faux casse, mais, surtout, de la romance. « Avant tout, annonce Georges Lautner, c'est une histoire d'amour. Je crois que beaucoup d'adolescents ont été plus ou moins consciemment amoureux d'une grande fille un peu maigre. La grande sauterelle pour Carl, modeste truand, est cette fille de ses rêves qu'il porte au fond du cœur. Quand il la rencontrera, il oubliera tous ses projets malhonnêtes. »

Une histoire d'amour derrière une histoire de gangsters où un blond voleur décide de laisser tomber à la fois ses complices douteux, les aléas du hold-up et la folie de l'or pour filer vers le soleil des Cyclades avec une blonde aux longues jambes qui aime faire l'amour. Une romance ensoleillée où les images ont la part plus belle que les dialogues. Michel Audiard réserve l'essentiel de ses saillies à Gédéon (Francis Blanche), marin nostalgique, vendeur de nougats et poète.

Des bistrots, ce n'est pas ce qui manque dans *Un idiot à Paris*. Au départ : un roman de René Fallet, grand ami d'Audiard, qui a vu six de ses écrits portés à l'écran dont *La Grande Ceinture* devenue le célèbre *Porte*

1. *La Presse*, 19 juin 1967.

des Lilas[1]. Cette fois, il s'agit des mésaventures d'un bredin – ce qui, dans le Bourbonnais, signifie un fada, un jobastre, un idiot – qui quitte son village pour la grande ville. « Je n'ai pas eu à l'imaginer, avoua Fallet. Mon innocent du village, mort aujourd'hui, existait pour de bon. Il s'appelait Goubi, comme celui du film et, comme lui, n'avait qu'un rêve : voir la tour Eiffel. Mais Goubi n'a jamais vu Paris. C'est ici que l'imagination du romancier permet d'exercer ce souhait. Mon Goubi à moi s'en va réellement à Paris et il m'a suffi ensuite d'imaginer les situations amusantes pouvant découler de cet état de choses[2]. »

Pour la mise en scène, Audiard propose à Alain Poiré le nom de Serge Korber.

Afin de soigner ses dialogues, il se retire à nouveau dans la sélecte Colombe d'Or de Saint-Paul-de-Vence, devenue en quelque sorte sa « cantine littéraire ». Une façon de mettre de la distance avec les producteurs. À un journaliste lui reprochant le côté assez peu populaire de l'endroit et lui demandant pourquoi il ne fréquente pas plutôt les campings, il répond :

« Le caravanier est mon ennemi personnel. Et pourtant, je suis un ancien campeur. Mais avec ce que leur coûte leur matériel, je pourrais payer mes vacances dix ans à La Colombe ! »

Korber vient le rejoindre. Le travail s'effectue le matin, à la fraîche. Le reste de la journée se révèle plus oisif. Ceci durant plusieurs mois… Michel écrit une comédie poétique et rurale avec un personnage central différent de ceux qu'il a l'habitude de dessiner. Des crétins sentencieux, il s'en était coltiné par wagons, mais les idiots naïfs ne se bousculent pas au bout de sa plume. Un peu d'air frais.

Exceptionnellement, les rôles ne sont pas intégralement distribués au moment où Michel noircit ses pages, même s'il est prévu que Goubi sera interprété par Jean Lefebvre dont les airs de chien battu ravissent le public. Audiard fait des suggestions. Pour le rôle du carnassier patron boucher, ancien de l'Assistance publique ayant fait fortune à la force du poignet, il imagine Bernard Blier, qui accepte d'emblée. Pour celui de La Fleur,

1. De René Clair (1957).
2. *Combat*, 26 novembre 1966.

prostituée au grand cœur, attachée à la terre plus qu'à son bitume, il pense à Dany Carrel dont il apprécie la gouaille. Agacée de jouer des filles de la rue et de peu de vertu, elle ne donne son accord qu'après lecture des dialogues. « L'histoire de cet idiot et de cette pute plaisait énormément à Audiard, dira-t-elle. Michel avait un côté marginal, il n'aimait pas les choses dans la norme et leur préférait les choses qui se heurtaient. Là, c'était un idiot qui se heurtait à une pute, il était ravi. C'étaient aussi des gens du peuple et il savait trouver les mots pour les faire parler, des mots bien à eux. Son argot était un argot raffiné avec une vraie musique qui lui est propre. À travers les dialogues de cette petite pute que je jouais, on sentait qu'Audiard avait une certaine poésie campagnarde. C'était très joli, j'ai beaucoup aimé les dire. » Pour un court rôle de chauffeur de taxi, râleur au dernier degré, Michel songe à André Pousse. Enfin, pour celui d'Ernest Grafouillères, camionneur pas très futé, il suggère Jean Carmet avec lequel il se sent de plus en plus proche. Robert Dalban, Bernadette Lafont, Paul Préboist et d'autres viennent compléter cette affiche. Même René Fallet apparaît à l'écran dans un très discret personnage de curé !

Dany Carrel se retrouve, donc, confrontée au texte de Michel : « Je me souviens que dans *Un idiot à Paris*, il y avait des répliques avec Micheline Luccioni que j'avais du mal à dire. Finalement, je les apprenais et quand je les disais, je leur trouvais une saveur que je ne leur avais pas remarquée. Ça donnait une personnalité au personnage. Michel personnalisait admirablement les personnages. Quand je jouais une pute, j'avais un vrai dialogue de pute, un peu vert. Grâce à ces dialogues, je me sentais mieux dans le rôle. Pour moi, le talent d'un dialoguiste est de réussir à ne pas faire parler tout le monde de la même façon et à dessiner le caractère d'un personnage à travers ses répliques. »

Serge Korber et Alain Poiré sont tellement satisfaits de cet *Idiot à Paris* que, peu après sa sortie, ils décident de renouer avec Audiard pour un second film ayant pour interprète Dany Carrel : *La Petite Vertu*...

Michel a, encore et toujours, du pain sur la planche, c'est-à-dire du scénario sur la table de travail.

D'abord *Toutes folles de lui,* film peu marquant dans lequel Sophie Desmarets se retrouve à diriger la Société européenne d'expansion, raison sociale ronflante qui cache un réseau clandestin de call-girls disséminées dans toute l'Europe. Pour pimenter le tout, on imagine un neveu (Robert Hirsch) passablement naïf qui entreprend de visiter les succursales de cette multinationale.

En fin de compte, un résultat dont tout le monde a honte, à commencer par son réalisateur, Norbert Carbonnaux, qui le juge scabreux et d'un goût douteux.

Dans l'espoir de faire oublier ce produit, ledit Norbert discute avec Michel d'un autre projet : *Je vous salue Freddy,* narrant les mésaventures d'une femme du monde qui, dans les années 1930, se met en tête de ramener la pègre dans le droit chemin. Un rôle prévu pour Danielle Darrieux, mais un film qui ne se fera jamais...

Très en verve pour la gent féminine, Audiard écrit alors *Fleur d'oseille*, périple d'une jolie veuve retournant dans le mas provençal où elle vécut d'heureux jours avec un mari gangster qui, avant de mourir, y a caché un fabuleux trésor. Elle s'y rend accompagnée de son bébé, d'une amie et du bébé de celle-ci... Plus quelques malfaisants à leurs trousses. La trame est tirée d'un roman de la Série noire, *Langes radieux*, signé Jean Amila[1], qui participe à l'adaptation.

Fleur d'oseille marque, en quelque sorte, le retour au bercail de Mireille Darc. Un peu fatiguée de passer pour une gentille blonde écervelée, elle avait délaissé la comédie au profit du très fumeux *Week-End* de Jean-Luc Godard. Hélas, elle s'y était ennuyée à mourir et n'avait qu'une hâte : revenir vers sa famille de cinéma. « Sur le film de Godard, je me sentais seule. Chez eux, je me sentais chouchoutée... Dans *Fleur d'oseille*, Michel a essayé de me donner un rôle plus profond. Il m'a d'abord donné un enfant et, ensuite, il m'a écrit de très jolies scènes. C'est un film très tendre, très joli, à travers deux femmes en vase clos et en danger. Là, je pouvais dire des choses plus profondes, plus féminines. »

Fleur d'oseille est un échec. Qui suit celui de *Toutes folles de lui*. La cote d'Audiard est en train de chuter. Afin de se changer les idées, il se risque à travailler pour la télévision. L'ORTF demande à Albert Simonin de

1. De son vrai nom Jean Meckert.

développer le personnage de Max, le Menteur, présent dans ses romans, et magnifié par Jean Gabin dans *Touchez pas au grisbi*. Paul Frankeur hérite du personnage.

Max, 55 ans (Frankeur en a 62), mène désormais une vie tranquille dans sa boutique d'armes et articles de pêche. Bien entendu, il se retrouve obligé de reprendre du service, par amitié pour des anciens du banditisme.

Simonin, chargé de l'adaptation, demande à Audiard de s'occuper des dialogues. Lesquels sont surchargés d'argot. Pour gagner du temps, l'intéressé reprit des formules déjà utilisées.

« Si je laissais pas ma petite fée dans une béchamel infernale, je prendrais le Boeing direction Brisbane. »

Évocation des *Tontons flingueurs*.

Idem pour : « Chez moi, quand on parle sérieusement, les gonzesses se taisent. »

Également présents : des clins d'œil à *Un singe en hiver, Quand passent les faisans, Mélodie en sous-sol, Carambolages*… Le tout pimenté de références littéraires, dont Mallarmé et Virgile !

Pour personnages récurrents, outre Frankeur, se trouvent Daniel Ceccaldi et Micheline Luccioni. Le résultat n'enthousiasme personne et, après trois épisodes, l'ORTF met fin à l'expérience. Déçu à son tour, Michel ne travaillera plus jamais pour le petit écran.

Il poursuit donc son travail pour des écrans de meilleures dimensions et espère redorer son blason avec *La Petite Vertu*. En dépit de quelques réflexions assénées par le truand joué par Robert Hossein, l'ensemble n'est pas de l'Audiard du meilleur cru. Michel recycle des formules anciennes, telle « Ils faisaient chambre commune mais rêves à part », déjà présente dans *Le Sang à la tête*.

Il ne cache pas qu'il ne travaille pas toujours pour la gloire, ni même pour le plaisir : « Si on demande à un tourneur de chez Renault : "Pourquoi travaillez-vous ?", on trouve très naturel qu'il réponde : "Pour manger." Si on demande à un cinéaste : "Pourquoi faites-vous du cinéma ?", il passe pour le dernier des saligauds s'il répond : "Pour gagner de l'argent." C'est pourtant comme j'ai l'honneur de vous le dire. J'ai honte, tout à fait honte. Mais étant plus cinéaste qu'intellectuel, j'aime mieux mourir de honte que mourir de faim[1]. »

Il admet que l'adaptation du roman de James Hadley Chase devait plus à Claude Sautet[2] qu'à lui-même. En transposant l'action de Londres à Paris, et en transformant Claire Dolan en Claire Augagneur[3], les scénaristes cherchent à émouvoir, non à faire rire.

Une belle distribution – Dany Carrel, Robert Hossein, Jacques Perrin, Pierre Brasseur, Robert Dalban, Alfred Adam, Micheline Luccioni – ne suffit pas à convaincre le public. La rencontre fortuite entre une voleuse, un peu pute, et un photographe, un peu naïf, donne lieu à un compromis entre le polar et la romance. Même Pierre Brasseur a du mal à briller. Ce qui ne l'empêche pas de continuer à admirer Michel : « Audiard est l'enfant naturel de Bernstein et de Céline, dit-il. Ça peut être aussi celui d'Anouilh et de Musset. »

Lassé d'être la cible d'une certaine *intelligentsia*, Audiard s'en prend aux intellectuels et aux cinéphiles, oubliant qu'il est, qu'il le veuille ou non, l'un et l'autre : « Les salles dites "d'art et d'essai" sont des épiceries spécialisées dans l'amphigourisme et le galimatias. Celui qui n'a jamais assisté à un débat après projection dans un ciné-club ne peut pas prétendre s'être vraiment marré dans la vie. On côtoie des androgynes hallucinogènes qui se chamaillent à propos du nom de l'assistante monteuse d'Eisenstein, qui savent que le plan n° 114 de *Citizen Kane* a été postsynchronisé sans l'autorisation d'Orson Welles, qui savent sur John Ford des choses que John Ford ne soupçonne même pas. »

---

1. *Le Crapouillot*, printemps 1968.
2. Non crédité au générique.
3. Une parente du sergent Pierre Augagneur des *Morfalous* ?

20
Retour de flamme

Peu de gens s'en rendent compte, mais en l'année 1967 la planète du cinéma français enregistre un phénomène sismique inattendu : la réconciliation entre Jean Gabin et Michel Audiard. Depuis presque cinq ans, ils n'ont plus rapproché leurs talents et voici que la presse annonce la mise en chantier d'un nouveau film en commun.

Alain Poiré sert d'entremetteur dans cette guerre froide. Gabin lui a fait savoir qu'il souhaite travailler à nouveau sous l'égide de la Gaumont. Pour évoquer un sujet, le producteur amène avec lui Michel, escorté par Georges Lautner. Ils prennent la route de la Normandie. On peut craindre un accueil glacial, il est cordial, chaleureux et pantagruélique puisque le maître de maison fait servir un repas à s'en faire péter la sous-ventrière. Agapes, claques dans le dos et éclats de rire.

À dire vrai, le vent de la réconciliation soufflait depuis plusieurs mois. Gabin et Audiard avaient fini par admettre, chacun de son côté, le ridicule de leur bouderie. Au point que Michel parla d'une brouille « totalement imaginaire ». Belmondo, qui voyait souvent Audiard à cette époque, affirma que le Petit Cycliste était peiné de ne plus côtoyer le Vieux... À l'heure du digestif, on aborde le sujet crucial : le futur film. Poiré parle d'un projet qui lui tient à cœur : une histoire de patron marin-pêcheur intitulée *Le Pacha*. Gabin trouve le titre excellent, mais l'idée du gars de la marine le séduit moins. Audiard se souvient trop bien de la déconvenue d'*Au large de l'Éden*.

Albert Simonin reçoit la traditionnelle mission d'écrire un premier scénario. Il a du mal à s'imaginer partir en mer, même *via* la page blanche.

Il stoppe. Sec comme une cale du même nom. Ses amis veulent l'aider, mais les bonnes idées se font rares. On parvient tant bien que mal à construire un truc, un machin. Pas tout à fait un scénario, mais quelque chose d'approchant.

Le 31 août, nouvelle réunion chez Gabin. Cette fois plus question de rigoler; le début du tournage est fixé au 15 octobre, le compteur tourne. Lecture du prétendu script. Silence de mort. Même les mouches n'osent plus voler. Verdict unanime: poubelle. Il ne reste plus qu'un mois et demi pour mieux. Comme souvent, la solution vient d'Audiard. Il tire de sa malle à idées *Pouce*, un roman noir de Jean Laborde, chroniqueur judiciaire à *L'Aurore*, publié sous le pseudonyme de Jean Delion. D'après lui, il y a matière à un bon polar.

Quelle mouche a piqué Michel? *Pouce* raconte les manigances de deux inspecteurs de police – Josse et Michallon – qui déclenchent une véritable guerre des gangs au cours de laquelle des truands s'entre-tuent. Pas très original. S'inspirant de certains éléments du livre, Audiard imagine un commissaire aigri qui, enquêtant sur la mort de son «pote», décide d'employer ses propres méthodes, peu orthodoxes. Gabin accepte le principe, mais demande à conserver le titre du projet initial: *Le Pacha*. Il hérite d'un personnage de commissaire divisionnaire nettement moins placide que Maigret.

Chacun repart vers sa table de travail. Le seul à tirer sa révérence est Albert Simonin. Débordé entre ses romans et ses scénarios, il se sent fatigué. À 62 ans, il réclame une pause. À cela s'ajoute une certaine amertume de voir Michel Audiard, son ami, mais son cadet, gagner beaucoup plus d'argent que lui. Il s'en retourne dans son petit appartement du quinzième arrondissement encombré d'objets hétéroclites. Il en profite pour écrire son autobiographie, *Confession d'un enfant de La Chapelle*, travaillera encore un peu pour la télévision puis, injustement oublié par un art qu'il a contribué à rendre populaire, s'éteindra le 15 février 1980...

Georges Lautner et Michel Audiard se mettent à l'ouvrage. Du roman, ils ne conservent que très peu d'éléments: pour l'essentiel, deux personnages – un truand sanguinaire (Quinquin), et un receleur – ainsi qu'un hold-up ferroviaire. Pour le reste, ils taillent un polar à l'américaine avec action, cadavres et flics obstinés. Michel conserve, voire détourne, quelques répliques du livre. Hormis ces exceptions, le reste sortit bel et bien de sa plume. Il avoua cependant que la plus célèbre réplique du film lui avait été fournie par un chauffeur de taxi : « Le jour où on mettra les cons sur orbite, t'as pas fini de tourner. »

Le commissaire Joss utilise ses propres méthodes tout en vilipendant l'incompétence, voire l'inconscience, de la justice et de la police. Il va tellement loin dans ses réflexions qu'il faut couper quelques répliques :

« C'est ça ! Arrestation de Quinquin. Jugement de Quinquin… Même avec les 10 meurtres affichés, l'avocat va nous le présenter en victime. Les oreillons à 3 ans, des convulsions à 5… privé de confiture par sa mère, traumatisé par ses professeurs… Il sortira du tribunal avec une amende pour port d'armes ! »

« Les enquêtes, les arrestations, les condamnations pour dix ans et les remises de peine pour bonne conduite, j'en ai marre !

– Vous avez une autre idée ?

– La bonne idée, la seule, ce serait de prendre deux ou trois gars décidés, de leur mettre une mitraillette en pogne et partir pour un dégagement ! Ce serait plus efficace, crois-moi, que les jurés de la Seine ! »

Jean Gabin devient un flic proche de la retraite qui décide de prendre sa revanche sur le milieu et particulièrement sur un dangereux tueur surnommé Quinquin. « Il a passé sa vie entière dans le respect du devoir et de la discipline, précise Lautner. Mais le jour où l'on tue son meilleur ami, il voit rouge et nous assistons à la naissance d'un nouveau personnage : le Gabin furieux. Plus de routine. Fi de l'ordre établi. La loi, désormais, il va la faire lui-même[1]. »

Les rôles sont facilement distribués : Dany Carrel devint la seule femme du film. Robert Dalban joue l'ami du divisionnaire mort tragiquement. Pour Quinquin, Michel propose André Pousse. Pari un peu osé car jamais ce dernier n'a encore accédé à un rôle de cette importance. Il fournit pourtant l'une de ses meilleures prestations.

1. *Paris-Presse*, 12 novembre 1966.

Sur le plateau, Audiard bavarde souvent avec Gabin. « Michel ne s'attardait pas, ne regardait pas les acteurs jouer, à la fois par pudeur et pour ne pas gêner le comédien, précisera Dany Carrel. Il venait saluer Jean Gabin, ils s'asseyaient sur des chaises côte à côte et on les voyait papoter. Une fois que la scène commençait, Michel se levait et partait. Je ne l'ai jamais vu nous regarder ni même nous écouter jouer une scène. »

Dany apprend à mieux connaître Michel : « Nous faisions des lectures avec le metteur en scène et on disait : "Là c'est trop long, il faudrait demander à Michel s'il ne peut pas écourter." Des choses comme ça. Il retravaillait ses dialogues, les redonnait. Il n'avait pas la grosse tête et n'était pas du genre à dire qu'il avait la science infuse. S'il sentait que certaines répliques alourdissaient une scène, il les rayait. Il était capable de couper des phrases qui le faisaient rire. Il était aussi d'une grande rigueur : quand il pensait qu'une réplique servait le film, il refusait d'en changer. Cette conscience professionnelle, penser au film avant ses mots d'auteur, était une grande qualité. Vis-à-vis des femmes, Michel avait une espèce de pudeur, de retenue. Peut-être qu'il aurait fallu aller à lui car lui ne venait pas spontanément vers les femmes. Comme j'étais d'un naturel assez timide, je ne suis jamais allée vers lui. Nous sommes passés à côté l'un de l'autre. J'ai regretté de ne pas mieux connaître l'homme, ne pas avoir parlé de la vie, de ses lectures, de la musique. Dans ce métier on passe à côté de plein de gens formidables, c'est un peu triste. »

Georges Lautner emballe le tout, apportant une musique de Serge Gainsbourg dont la chanson *Requiem pour un con*. Pourtant, bien des années plus tard, il s'affirmera insatisfait de ce film. Jugement un peu sévère : « J'ai revu *Le Pacha* l'autre jour et j'ai retrouvé toute une séquence pour laquelle je me suis fait plaisir, mais que je n'aurais pas dû tourner. Il s'agit de la séquence de la boîte de nuit qui, à l'époque, me plaisait beaucoup parce que ça ne s'était jamais fait dans ce style psychédélique. Mais en revoyant le film, je remarque que ça dure trop longtemps et je me dis que les gens doivent décrocher. »

Michel profite de ses retrouvailles avec Jean pour lui reparler de Céline. Cette fois, plus question de s'attaquer au *Voyage au bout de la nuit*. Il opte pour *Mort à crédit*. L'acteur donne son accord de principe, sachant que cela aidera à trouver le financement.

« Avec Jean, je me sentirai moins seul, remarque Michel. Mon problème, c'est d'adapter 800 pages en une heure et demie. Que choisir ? Voilà la question[1]. »

Il fait le tour de ses amis pour les convaincre de participer à l'aventure. Et s'annonce prêt à le réaliser lui-même, voulant lui donner des allures de *Citizen Kane*. La distribution s'étoffe avec Lino Ventura en légionnaire, Jean-Paul Belmondo en gonfleur de ballons et Jeanne Moreau en femme légère de 1914. Puis s'ajoutent les noms de Mireille Darc et Danièle Gaubert.

« *Mort à crédit* est le seul film à faire depuis dix ans si on veut réveiller le cinéma qui est en train de devenir la maison de campagne de la télévision[2] », annonce sentencieusement Audiard.

Les choses s'emballent. Michel aussi. Une date de début de tournage est même annoncée : 15 mars 1968.

« Je garderai le plus possible des dialogues de Céline, promet l'initiateur du projet. Des pages entières de description seront même dites par un commentateur tandis que défileront les images. Très important, les images. Je tournerai en couleurs dans Paris et dans la périphérie. Beaucoup de paysages de nuit. C'est formidable la nuit à Paris. Dans mon film, comme dans le roman, il y aura du délire[3]. »

Il est aux anges, le Michel. Enfin, il va pouvoir réaliser l'un de ses rêves et rendre hommage à ce Céline qu'il vénère. Hélas, mille fois hélas, tout ce qui touche à cet écrivain brûle comme du soufre. Cette future œuvre ne peut se faire. La production hésite, les acteurs sont réclamés par d'autres contrats, le scénario tardait à prendre sa forme définitive, tout se ligue contre cette vision de *Mort à crédit*. Déçu, aigri, Michel jette l'éponge. Ce nouvel échec sonne le glas de la transposition à l'écran de l'œuvre de Louis-Ferdinand. Le voyage restera inachevé, le crédit non couvert…

1. *France-Soir*, 3 juin 1967.
2. *Paris-Presse*, 17 juin 1967.
3. *Paris-Presse*, 23 juin 1967.

Quant au *Pacha*, il se heurte aux foudres de la censure. On lui reproche une mauvaise image de la police et l'idéologie de faire sa propre justice en contournant la loi. Mais le film tombe à pic dans la carrière d'Audiard. Avec plus de 2 millions d'entrées, il lui permet de sortir de sa succession d'échecs commerciaux. Et de renouer avec Gabin, avec lequel il envisage de faire d'autres films.

21
Chasse aux canards

L'affaire remonte à la fin de l'année 1966. Pendant que le citoyen lambda se prépare à l'hiver, période bénie pour les salles de spectacle, Michel Audiard secoue le landerneau du cinéma français en dévoilant son intention de passer à la mise en scène. Les sceptiques mettent cela sur le compte d'un esprit volontiers espiègle, les autres s'interrogent sur la véracité de ces propos. Et s'il ne ment pas ? Contre toute attente, il est sincère. Farfelu mais sincère.

Lui que tout le monde dit homme de plume et de dialogues, lui qui aime se tenir en retrait, va se retrouver en première ligne à porter tout un film sur ses épaules. Et puisqu'il en est à franchir le cap, il annonce qu'il n'est pas question de mettre en images le scénario d'un autre. On n'est jamais si bien servi que par soi-même.

« Tu diras ce que tu veux mais un dialoguiste peut devenir metteur en scène alors que le contraire, ce n'est pas tous les jours qu'on le voit, remarque-t-il. Bien sûr, il faudrait d'abord qu'ils apprennent à lire[1]. »

Pourquoi ce revirement aussi subit qu'inattendu ? Soumis à la question par une presse qui justifie son nom, l'intéressé avoue que son envie lui est venue à la vision d'une œuvre anglaise de Richard Lester qu'il a trouvée novatrice, pour ne pas dire révolutionnaire.

« J'ai eu un choc l'année dernière en voyant un film avec les Beatles : *Help*, affirme-t-il. Ma bible, c'est Richard Lester. Dans ses films, on court beaucoup ; dans le mien, ça courra encore plus[2]. »

1. *France-Soir*, 10 octobre 1969.
2. *Paris-Presse*, 12 novembre 1966.

Propos confirmés par ailleurs : « Quand je voyais les copains tourner en pleine canicule dans des studios, alors que j'étais installé dans ma maison de campagne, je me disais : "J'ai le bon boulot, gardons-le !" Puis j'ai vu *Help* et je me suis dit : "Cette fois, je m'y mets parce que c'est exactement la mise en scène que j'aurais aimé faire." »

Le ton Lester repose sur un sens de l'humour décalé. Michel souhaite s'investir dans le non-sens qu'il a déjà frôlé avec *Les Tontons flingueurs* et autres parodies. Ayant tâté de la réalisation, à travers son court-métrage, il se sent prêt à plonger dans le grand bain.

Invité à en dire davantage sur ses véritables motivations, il répond évidemment par une boutade : « Voilà pourquoi je veux devenir metteur en scène : c'est un métier de paresseux. Jusqu'ici, quand j'avais envie de fumer et que je n'avais pas de cigarettes, il fallait que je mette ma casquette, mon manteau, que je prenne l'ascenseur, que je fasse 500 mètres, aller et retour, que je reprenne l'ascenseur, que j'enlève mon manteau, ma casquette et que j'allume ma cigarette. Maintenant, je dis à un assistant : "Je n'ai plus de cigarettes", et le problème est résolu. Un metteur en scène, c'est ça[1] ! »

Et si l'on insiste, il sort des réponses en trompe l'œil : « Je suis passé metteur en scène parce que je me suis aperçu que les metteurs en scène étaient affichés en plus gros que les acteurs et, partant, gagnaient plus de sous. Je n'aime pas le cinéma mais j'aime les sous. »

Bien entendu, il égratigne au passage ses compagnons de travail : « Les metteurs en scène sont tous des analphabètes plus ou moins lubriques. Donnez-leur *Roméo et Juliette*, ils n'y verront qu'une histoire de fesse. Le metteur en scène est un crétin au sens clinique du terme. Qu'il me soit permis de préciser qu'à mes yeux, le passage d'Audiard derrière la caméra ne surprendra aucun psychiatre[2]. »

Pourtant, il ne troque pas sa casquette de scénariste au profit de celle de réalisateur pour des raisons financières. En fréquentant quotidiennement les plateaux de cinéma en lieu et place de son bureau, il risque surtout de perdre de l'argent. Plus précisément, d'en gagner moins que d'habitude,

1. *Le Figaro*, 14 février 1968.
2. *Cinémonde*, septembre 1968.

comme il le soulignera peu après la fin des prises de vues : « Le tournage m'a pris le temps d'écrire deux dialogues et demi... En plus, comme metteur en scène débutant, j'ai été très peu payé. Quelle misère !... Un peu plus, et c'était la soupe populaire[1]. »

Cela ne l'empêche pas de présenter le projet à Alain Poiré en lui réclamant deux cachets : celui de scénariste-dialoguiste et celui de réalisateur.

Ce qui le motive réellement est l'envie. L'envie de mettre lui-même ses mots en images. L'envie d'aller au bout de ses délires. L'envie d'être plus proche des acteurs parmi lesquels il compte beaucoup d'amis. Et l'envie de se faire plaisir, probablement la plus belle du lot.

« Comme il y avait des années que je défendais la politique de l'auteur, estimant qu'un scénariste est aussi important qu'un metteur en scène, je n'allais pas refuser à un auteur de talent de passer à la réalisation, expliquera Alain Poiré. Il est toujours possible d'encadrer un auteur par de bons techniciens. Il me semblait plus important d'avoir un formidable texte, et de formidables acteurs pour le dire, qu'un formidable metteur en scène. »

Dans le cadre d'un budget raisonnable. Audiard imagine des scènes loufoques avec des protagonistes qui le sont encore plus. « Cette fois, admet-il, j'y suis allé plus carrément qu'avant puisque jamais mes personnages n'ont été aussi affreux. De vrais monstres, aucune sensibilité, aucun principe. Ils ne pensent qu'à l'argent et, pour l'avoir, n'hésitent pas à se conduire entre eux de la façon la plus ignoble. »

On est en pays de connaissance. Des barbares assoiffés de monnaie, il en a déjà croqué. La liste commence à être longue. Des caves pour la plupart, des caractériels dans la totalité.

Quant à son histoire, il en résume la philosophie en deux phrases : « Dès qu'il s'agit d'oseille, il n'est pas de gloutonnerie comparable à celle des femmes... Sauf celle des hommes, bien entendu. »

Titre choisi : *Opération Léontine*.

Pour dessiner sa trame, Michel fait venir Jean-Marie Poiré, futur réalisateur des *Visiteurs*. Non parce qu'il est le fils de son ami Alain, mais parce

---

1. *France-Soir*, 11 septembre 1968.

que ce jeune homme de 22 ans l'a étonné par sa connaissance approfondie des écrits de Blondin et Céline. En pleine période yé-yé, connaître ce genre de classiques mérite bien un scénario en commun. Il y en aura plus d'un…

« Je connaissais un peu Michel car il venait chez mon père, racontera Jean-Marie Poiré. […] Il avait une concision de langage qui m'épatait. Michel était un homme très timide, pas du tout mondain, qui n'aimait pas beaucoup les congratulations […] Je ne sais plus comment mais j'en suis arrivé à lui dire qu'il était un grand écrivain, qu'il écrivait comme Balzac car, comme lui, il était capable de dresser une description en quatre, cinq lignes. Nous avons parlé littérature. Il m'a demandé ce que je lisais et je lui ai répondu Blondin, Fallet… J'étais loin de me douter que non seulement il appréciait beaucoup cette littérature mais que c'étaient ses amis […] deux ans plus tard […] il m'a annoncé qu'il me voulait comme auteur… Michel Audiard m'a appris à écrire. J'ai eu la chance de côtoyer un génie avec un sens de la repartie formidable. Il m'a appris à respecter le public et qu'humoriste est un métier sérieux. Qu'est-ce qui fait qu'une réplique devient culte ? C'est le public ! »

Michel réunit autour de lui une demi-douzaine d'auteurs, certains issus du roman policier, dont Marcel Jullian, Henri Viard, Bernard Zacharias… Chacun doit apporter idées et gags. En réalité, il les place en concurrence, ne gardant que les plus efficaces. Résultat des courses : deux gagnants, Viard et Poiré.

Michel conçoit les deux personnages principaux au féminin. Léontine étant la plus âgée et la plus dangereuse.

« L'histoire d'une dame qui aurait pu être vertueuse, c'est-à-dire très malmenée par l'existence, si elle n'avait pas découvert à 20 ans qu'il était facile de manier un revolver, explique-t-il. Si je devais résumer le personnage incarné par Françoise Rosay, je dirais, en me souvenant de ce que disait Courteline d'un des siens : "Elle a des yeux éreintés." Ou, me rappelant Mac Orlan : "Elle avait le rire frais des vrais imbéciles." Oui, Léontine tue beaucoup de monde. Parce qu'elle considère certaines personnes, à tort ou à raison, comme nuisibles[1]. »

1. *Unifrance Film*, 1er mai 1968.

Audiard réalisateur demande à Audiard scénariste de placer dans son intrigue le maximum de bandits, malfrats, truands et autres mauvais garçons. Il est des traditions qui doivent être respectées.

« Je pense que les truands sont des cons, assène-t-il. Il n'y pas plus bête que les truands. Les truands intelligents gagneraient cent fois plus en travaillant dans l'honnêteté. Oui, l'image que j'en donne c'est complètement faux. J'exaspère leurs tics et leur façon de parler. Dans mon film, ils sont non seulement bêtes, mais méchants[1]. »

Réfléchissant au casting, il clame qu'il souhaite des grands seconds rôles plutôt que des têtes d'affiche : « Je préfère dépenser mon argent en décors, en couleurs, en trucs visuels plutôt que de payer 100 briques une vedette. Je ne prendrai pas de vedette, je prendrai d'excellents acteurs. Mon héroïne sera Jacqueline Maillan, ma jeune première Danièle Gaubert et je taperai dans toute l'équipe Darras, Noiret, Yanne[2]. »

Les choses évoluent. À tel point qu'aucun des noms annoncés ne se retrouve au générique. Jacqueline Maillan en chef de gang, c'est bien. Françoise Rosay en grand-mère à la Calamity Jane, c'est mieux. Quant à Jean-Pierre Darras, Jean Yanne et Philippe Noiret, ils disparaissent au profit de Bernard Blier, André Pousse et Paul Frankeur. La vieille garde se regroupe autour du capitaine de vaisseau. Pour finir, Danièle Gaubert – qui gagne en notoriété après avoir joué plusieurs films en Allemagne et *Le Grand Dadais* en France – refuse le rôle pour des raisons strictement familiales. André Pousse – qui, en tant qu'ancien imprésario, garde l'œil – propose de la remplacer par une comédienne vue dans le feuilleton *Allô, police*.

« Comment elle s'appelle ? demande Michel.

– J'en sais rien. »

Quelques jours se passent puis Audiard téléphone à Pousse :

« Tu es libre demain ?

– Oui, pourquoi ?

– Mercredi, on bouffe avec ta pouliche.

– De qui tu me parles ?

1. *Cinémonde*, 16 avril 1968.
2. *Paris-Presse*, 12 novembre 1966.

– De la gonzesse que t'as vue dans *Allô, police.*

– Pourquoi tu veux que je vienne avec vous ?

– Pour la faire parler. Faut que je sache quel genre de dialogue elle peut dire. En plus, à un moment dans le film, tu lui mets la main au cul, alors vaut mieux que vous vous voyiez avant ! »

Ainsi est engagée Marlène Jobert… « Michel avait décelé chez moi une nature un peu comique et avait envie de s'en servir, remarquera la comédienne. C'était burlesque, c'était absurde et ça m'intéressait parce qu'on ne me proposait pas de choses comme ça. Cette liberté, ce culot m'ont enthousiasmée. Michel était le seul à faire ce genre de cinéma. »

Les rôles sont distribués sans surprise : Rosay en tantine flingueuse, Jobert en jeune fille délurée portée autant sur la bagatelle que sur les lingots, Blier en chef de gang vindicatif, Pousse en truand élégant, mais n'ayant pas inventé la mitrailleuse lourde, Frankeur en tenancier d'hôtel modernisé à défaut d'être moderne, Dalban en serviteur zélé mais peu prolixe, Mario David en transsexuel nostalgique des défilés de mode, Carmet en convoyeur de fonds muet et superstitieux… Le tout au service d'une histoire un peu confuse où il est question d'or qui ne cesse de changer de mains. Enfin, pour renforcer l'esprit de famille, Michel engage son fils François en tant que deuxième assistant réalisateur.

Le tournage d'*Opération Léontine* débute le 4 mars 1968.

« Le drame de la mise en scène, explique Michel, c'est d'être là à midi. Et d'avoir des idées à midi. Il faut, donc, être en forme à midi, pouvoir diriger les acteurs, changer des bricoles, être lucide. C'est épouvantable ! Moi, il y a des jours où je suis en forme à midi et d'autres où je ne le suis pas du tout. Et ces jours-là, je ne travaille pas ! L'écrivain a une grande tranquillité, c'est de pouvoir remettre au lendemain. Le metteur en scène, c'est affreux, il a tout sur le dos : le producteur, le directeur de production, les acteurs… »

Un nouvel univers pour lui. Non seulement des mots à mettre en images, mais des problèmes techniques à régler. Premier souci : la caméra. Dilemme. Ne sachant trop comment le régler, il feint de ne pas en tenir compte : « Les mauvaises langues ont fait courir le bruit que je n'avais jamais vu la caméra, plaisantera-t-il peu après la fin du tournage. C'est faux. J'ai une excellente vue et j'avais une caméra énorme. Je suis toujours resté à une dizaine de mètres d'elle, ce que j'estime une distance raisonnable. J'ai également limité tout contact avec les comédiens. Ce sont des êtres inquiets, toujours en quête de conseils. La meilleure façon de ne pas leur en donner est de ne pas leur adresser la parole. Ce que j'ai fait au cours de ces huit semaines. Je me souviens quand même avoir aperçu un jour Françoise Rosay qui tournait une scène sous la direction de mon assistant. Cela m'a paru très bien. Une autre fois, j'ai croisé Bernard Blier qui dictait des dialogues à la scripte. Ça m'a semblé très bon[1] ! »

Propos à rapprocher de ceux-ci : « Qu'est-ce qu'un metteur en scène ? Un monsieur qui a une grosse montre pour surveiller les acteurs et voir s'ils ne se défilent pas avant l'heure. En dehors de ça, c'est pas très compliqué. Les bons acteurs jouent tout seuls. J'en ai pris des bons, pour être tranquille. Je les regarde jouer. Et c'est le chef opérateur qui se charge de la photo. Une seule chose me gêne dans tout cela : la caméra que je ne sais où placer[2]. »

Qu'il le veuille ou non, la réalisation d'un film nécessite un minimum de connaissances techniques. Autant Michel a un don pour inventer des histoires et des dialogues, autant il se sent aride pour trouver des angles de prise de vues. Il croit résoudre le problème en appliquant un peu trop à la lettre les conseils que lui prodigue un monsieur qui a tout vu et tout connu en matière de cinéma.

« C'est Gabin qui me l'a dit, affirme-t-il. À chaque fois qu'il y a une réplique importante, gros plan face. Sinon, elle est perdue, elle ne porte pas, on perd son temps. Ce serait peut-être plus adroit, plus subtil, plus intelligent de procéder autrement, mais la bonne réplique passerait au-dessus de la tête des gens. Règle absolue. Je crois que c'est la sagesse[3]. »

Être réalisateur n'est pas une sinécure. Michel l'apprend à son corps défendant. La technique l'ennuie. Il refuse de se torturer l'esprit avec les à-côtés de la mise en scène. Calme, il est ; imperturbable, il reste. « Il parlait très lentement, rapportera Marlène Jobert. Sur le tournage, il régnait

---

1. *Le Figaro*, 11 juin 1968.
2. *Le Soir*, 13 juin 1968.
3. *Pariscope*, 15 décembre 1965.

une certaine sérénité. Jamais il ne s'énervait. Il avait un recul constant sur les choses. Je ne le sentais pas à son aise parce que c'était la première fois et qu'il avait plein de choses à apprendre. Mais il était très bien entouré et ne donnait pas l'impression d'être perturbé… Moi, ce qui me plaisait beaucoup, c'est que je le faisais rire. Le matin, j'étais heureuse d'aller sur le tournage… J'ai éprouvé beaucoup de plaisir à tourner avec lui. Il m'impressionnait parce que je le trouvais intelligent, sensible, brillant. Mais il était aussi paternel et naturel et il aimait rire. Le rire était sa préoccupation majeure et ça, c'est à respecter. »

Le tournage de cette *Opération Léontine* n'est pas de tout repos. Mai 1968 pointe le bout de sa révolution. Pavés et revendications volent de tous côtés. Le cinéma n'est pas épargné. Un jour, alors qu'il reste à tourner un plan représentant environ deux heures de travail, les techniciens opérant sous la houlette d'Audiard se mettent en grève. Plateau désert. Michel ne se sent pas directement concerné. Les négociations, pour l'essentiel salariales, relèvent de la production. Elles durent une semaine, ce qui retarde d'autant les prises de vues.

Michel en profite pour suivre ce que l'on appelle déjà « les événements ». Intrigué, amusé, un peu inquiet peut-être, il demande à son fils François et à l'ami de celui-ci, Jean-Claude Sussfeld, de lui ramener des images. « Michel nous avait confié une caméra et de la pellicule 16 mm pour aller filmer les événements, rapportera Sussfeld. Nous avons fait quelques images, pas énormément. Je ne sais pas ce qu'elles sont devenues… »

Au plus fort des émeutes, Audiard, flanqué de l'inévitable Jean Carmet, rend visite à Marcel Jullian, qui travaille non loin des jardins du Luxembourg. Audiard gare sa rutilante décapotable dans une rue tranquille et les deux compères s'en vont boire des coups et dire des bêtises chez leur ami. Puis, la soif de curiosité n'étant pas étanchée, ils redescendent sur le bitume, marchant vers le boulevard Saint-Michel où les étudiants s'égosillent. Jean et Michel s'amusent beaucoup. Voir des jeunes gens retourner les pavés et les voitures les met en joie. Leur bonne humeur fond quand, de retour au point de départ, Audiard s'aperçoit que son véhicule flambant neuf n'est plus qu'un tas de métal brûlé…

« Les étudiants ont fichu la pagaille, mais ils avaient raison au départ, admet-il. À la Sorbonne, ils sont chez eux, ils peuvent la prendre. Mais ils n'ont pas le droit de mettre le feu à nos voitures. Ils n'ont qu'à faire leurs barricades avec leurs bagnoles. Si je m'élevais contre la société de consommation c'est la mienne que je renverserais, pas celle du voisin. Il me mettrait, avec raison, son pied au cul[1]. »

Après sept jours de grève, Michel retrouve, donc, sa caméra, ses techniciens et ses acteurs. Chaque jour davantage, il découvre les réalités de la mise en scène. L'un de ses étonnements émane du scénario. Il est bien placé pour savoir qu'un auteur supporte peu que l'on modifie sa prose. Or, en tournant *Opération Léontine*, il se rend compte qu'un script doit être adapté aux exigences du jour.

« Quand Georges Lautner me faisait téléphoner pour que je passe au studio changer une virgule, je croyais qu'il voulait me gâcher ma sieste, dit-il. Eh bien, maintenant, ce n'est pas une virgule que je change, c'est toute une tirade[2]. »

Et d'ajouter : « J'ai un autre problème : le respect que l'on doit à l'auteur. Je dois être un des rares Français à avoir vu les 72 films de Michel Audiard. Je me suis aperçu que le défaut majeur de ces films était d'être trop longs, trop bavards, d'être pleins de gros mots. Aujourd'hui, je suis obligé de me surveiller, de couper, que ça me plaise ou non. Bref, le réalisateur que je suis est dans l'obligation de faire rectifier la position à l'auteur. N'ayons pas peur des mots : je suis un metteur en scène très exigeant avec le scénariste et le dialoguiste[3]. »

Michel subit des contraintes d'ordre géographique. Paris est éloigné de plusieurs centaines de kilomètres de Menton. C'est une évidence. Une évidence qu'il faut prendre en compte quand une comédienne, en l'occurrence Marlène Jobert, tourne la journée sous le soleil azuréen et le soir sur des planches parisiennes. La solution ? Les avions, bien sûr. À condition de respecter des horaires rigoureux. L'actrice fait des allers-retours quotidiens.

1. *Paris-Jour*, 15 décembre 1968.
2. *France-Soir*, 24 mai 1968.
3. *Unifrance Film*, 1er mai 1968.

Le tournage se déroule plutôt dans une ambiance détendue. Françoise Rosay n'a, en dépit de ses 77 ans, pas sa langue dans sa poche. Le jour où, pour les besoins du script, elle apparaît sur le plateau affublée d'une longue barbe de pope, elle lance cette réflexion qu'Audiard regrette de ne pas avoir trouvée avant elle : « Si j'avais su que la barbe m'avantageait à ce point, je l'aurais laissée pousser plus tôt ! »

Poussé par ses amis, Audiard s'octroie un rôle de figurant, devenant l'espace de quelques secondes, sur l'écran, un rapporteur des finances muet. Choix de personnage qui ne doit, bien évidemment, rien au hasard.

Tout compte fait, il se complaît dans son nouveau métier. Faisant mine de ne plus se soucier des détails techniques, entouré par ses copains, donnant naissance à une histoire qu'il a inventée et qu'il trouve plaisante, il s'amuse. C'est pourquoi, en plein milieu du tournage, il annonce qu'il réalisera prochainement *Personne ne meurt d'amour aux îles Borromées,* destin d'une fille un peu légère qui quitte son encombrant amant pour partir en vacances. Là, elle découvre le grand amour… Les îles en question se situent sur un lac au nord de l'Italie. Elles étaient déjà évoquées dans *Le Gentleman d'Epsom* où l'on parlait de « la senteur des îles Borromées ».

Dans le même temps, poussé par son ami Gabin, il lui promet un scénario, hésitant entre *Le Cimetière des durs* et *Fantasia chez les ploucs* pour lequel il serait opposé à Lino Ventura. Lequel Ventura fera effectivement ce *Fantasia* mais sans Audiard ni Gabin, remplacés par Gérard Pirès et Jean Yanne !

Après le dernier tour de manivelle de cette *Opération Léontine*, Michel dresse un bilan.

Premier point : la technique. « Au début, j'étais affolé par cette fameuse technique. Tellement, qu'un jour je n'ai pas vu arriver la caméra qui faisait un travelling circulaire et qu'elle a failli me renverser. Mais, en fin de compte, tout cela n'est pas sorcier. Comme tout le monde, j'ai eu ma crise de zoom. Maintenant, c'est fini. La virtuosité technique, le public s'en fout[1]. »

1. *Le Journal du dimanche*, 12 avril 1970.

Second point : la direction d'acteurs. « Pour moi, les acteurs sont les éléments les plus importants d'un film. Il faut les laisser faire, les écouter. Je me souviens de Renoir, un type que je n'aime pourtant pas tellement, il me disait que, pour *La Grande Illusion*, il avait pris une phrase que Gabin avait réellement proférée dans la réalité et que c'était parfait[1]. »

De fait, les comédiens se sentent à l'aise devant les caméras. « Pour un acteur, remarquera André Pousse, c'était un très bon metteur en scène car il ne s'occupait jamais de la technique. Quand on lui demandait ce qu'il fallait mettre comme objectif sur la caméra il répondait : "Faudrait consulter un spécialiste." C'était exagéré car je sais qu'il s'était documenté sur la technique cinématographique, qu'il savait faire la différence entre les objectifs, mais il préférait s'occuper des acteurs. »

Et Marlène Jobert lui sait gré de l'avoir sortie de sa coquille : « C'est quelqu'un qui m'a permis de me lâcher. Je suis assez introvertie et je lui suis reconnaissante car, d'un seul coup, j'ai osé faire des choses. »

Opération Léontine n'a plus qu'à surgir sur les écrans de France, de Navarre et du quatorzième. Mais pas sous ce titre. Il ne plaît pas à Audiard qui l'a pourtant choisi. Il a beau se creuser la tête, il ne trouve rien. Enfin lui vient l'idée. Simple parce que aveuglante. Et vice versa : le titre le plus long du cinéma français ! Surgit *Faut pas prendre les enfants du bon Dieu pour des canards sauvages…* Il ne s'agit pas d'une locution inventée de toutes pièces, mais du dérivé d'une ancienne expression populaire connue sous la formule « Les bêtes du bon Dieu ne sont pas des canards sauvages ». Enfin, *Les Enfants du bon Dieu* est le titre d'un roman d'Antoine Blondin paru en 1952. Avec pareille dénomination, le film ne risque pas de passer inaperçu. Michel ne se doute pas qu'elle va faire le tour de France.

Cette comédie est présentée en avant-première à Deauville le 17 août 1968 en présence de Jean Gabin qui habite toujours dans le secteur. Il résume sa critique en quatre mots : « C'est un bon film. »

Avec sa mauvaise foi coutumière, Michel Audiard s'érige en propre critique pour le compte de *France-Soir :* « C'est le meilleur film de l'année, s'exclamait Jean Gabin qui va au cinéma une fois tous les dix ans. Mais

1. *France-Soir*, 11 septembre 1968.

comme il lâche un compliment tous les vingt ans, c'est quand même un avis sérieux. De toute façon, pour faire parler d'un film à Deauville au mois d'août, il faut de l'optimisme et de la santé. D'habitude, on parle cheval exclusivement. Baccara à la rigueur. Entre le *spiel* (jeu) et les *gails* (chevaux), le cinéaste n'a pas beau jeu. Du moins c'est ce qu'on croit. En effet, hier soir, MM. d'Ornano, Weisweiller, de Chambrun, Jean Yanne, Coquatrix et consorts ont ri aux coups de flingue de la tante Léontine pourtant aussi meurtriers que ceux du tiercé. Je hennis de joie d'avoir remonté un aussi méchant handicap. [...] Éviter la comparaison, c'est éviter la contestation. En cela, *Faut pas prendre les enfants du bon Dieu* était, hier du moins, un film in-con-tes-table ! Le titre est peut-être un peu long, mais comme le film est un peu court, ça rétablit la balance. J'aimerais dire tout le bien que je pense du scénario, des acteurs et de la réalisation. Mais, m'étant farci le scénario, les dialogues et la mise en scène, si j'écrivais la critique, Robert Chazal verrait sans doute là une tendance à la mégalomanie. Dommage tout de même[1]. »

Un savoureux mélange, disent les uns, un douloureux fourre-tout, disent les autres. De fait, le film ne respecte aucune norme : les acteurs s'adressent directement au public, des intertitres surgissent de-ci de-là et l'ensemble part dans tous les sens. On est plus près de la bande dessinée (avec insertion de phylactères autour des personnages) voire du dessin animé (des gags dans la lignée de *Tom et Jerry*) que de la parodie. Audiard s'amuse même à égratigner les comédies musicales à la Jacques Demy en faisant chanter les deux amoureux de son film. Dans foulée, il insère de fausses publicités, un micro-trottoir sur la peine de mort et diverses joyeusetés du même acabit. Les *Canards* portent sa griffe. On y retrouve certaines de ses cibles favorites : l'art moderne (qui empêche de dormir), la jeunesse « androgyne hallucinogène », etc. On peut également y relever son goût pour les machines infernales qui vont parsemer son œuvre de metteur en scène.

Le public accueille chaleureusement le film. Le titre est largement répercuté dans la presse quitte, parfois, à être mis un peu à toutes les

1. *France-Soir*, 18 août 1968.

sauces. Tout va pour le mieux… quand une petite phrase claque comme un coup de tonnerre dans un ciel serein !

En septembre 1968, au cours d'une de ses grandes conférences de presse qu'il affectionne, la 17e du nom, le général de Gaulle, alors président de la République, revient sur les événements de mai et glisse cette formule : « Grâce à l'espèce d'illusion qui était répandue chez beaucoup que les canards sauvages étaient des enfants du bon Dieu. » Propos amusants qui sont repris par tous les journaux, y compris télévisés. Pas si fréquent qu'un chef de l'État français cite un film ; qui plus est, un film comique. Le seul *hic* est que ledit de Gaulle n'est pas le client favori d'Audiard. En conséquence, il préfère ne pas réagir. Pas moufter. Faire le mort. Mais l'affaire prend trop d'ampleur. Michel *doit* parler. Il le fait à doses homéopathiques, se contentant de déclarer : « Le Général a un peu déformé ma pensée, mais pour une fois… »

Malgré cela, force est de rédiger un communiqué quasi officiel. Car, dès le lendemain de la fameuse phrase du président, les entrées des *Canards sauvages* ont triplé !

« Depuis la conférence de presse du général de Gaulle, les *Canards sauvages* volent à bureaux fermés, écrit Michel. Qu'est-ce qu'on fait dans ces cas-là ? On remercie, on envoie des fleurs à madame, on révise ses opinions politiques ? Mais suis-je tellement gagnant dans cette affaire ? Je m'explique. Il est bien entendu que le président de la République vient de me faire gagner des milliers de spectateurs. Mais il vient du même coup de me faire perdre mon meilleur sujet de conversation. Mon numéro d'antigaulliste était, sans me vanter, un des plus au point de la place de Paris. Il faisait la joie des dîners en ville. Je l'avais patiemment rodé, truffé d'anecdotes bidons, saupoudré de calomnies généralement assez basses, uniquement dictées par la volonté de nuire. Genre où j'excelle. Que faire désormais ? Si je poursuis dans cette voie brillante, je vais passer pour le plus ingrat des pignoufs. Je sens que si le cinéma français vient de gagner ses lettres de noblesse, Paris vient de perdre un brillant causeur[1]. »

1. *Paris-Presse*, 14 septembre 1968.

Autre conséquence, indirecte, des propos du général : le patronyme d'Audiard apparaît dans toutes les gazettes. « J'en reviens pas, s'étonne-t-il. Il paraît que je suis célèbre. On m'assure même que mon nom est parfois prononcé dans les réunions mondaines, entre le caviar et le fromage. Mes chefs-d'œuvre sont un thème de conversation pour les intellectuels de gauche. Moi, le chantre du populo, me voilà bien en cour. Marrant, non[1] ? »

* * *

Audiard planifie son film suivant.

Souhaitant à nouveau réunir Gabin et Ventura, il hésite entre *Le Cimetière des durs*, de Francis Ryck, *Le Bluff*, d'après un scénario écrit par le romancier Claude Rank. Hélas, les deux comédiens ont des plannings chargés. Alors, Michel envisage une aventure légère : *Claquez-moi la porte, mais ne me pincez pas les doigts dedans*.

« C'est la vie d'une strip-teaseuse, dit-il. Elle tente une aventure honnête, découvre les pires mesquineries de la vie et revient à ses premières activités. Comme interprète : Marlène Jobert et quelqu'un dans le genre de Paul Meurisse[2]. »

Sur ce, survient un fait étrange. En septembre 1968, Michel est embringué dans une affaire judiciaire. Danièle Gaubert – qui a refusé les *Canards sauvages* pour raisons familiales – ne se contente pas d'être une charmante actrice. Elle est également l'épouse du fils de l'ancien président de la république de Saint-Domingue, Trujillo, ce qui est moins gai. Une épouse en froid avec son mari. Or, un procès éclate entre eux. À la clef, la garde des enfants. Bien que nullement concerné par cette affaire, Michel Audiard expédie au président du tribunal un témoignage écrit. Sur un ton probablement unique dans les annales de la justice française : « Je suis d'autant plus étonné que le mari de Mme Trujillo songe à la séparer de ses

1. *Paris-Jour*, 23 septembre 1968.
2. *Paris-Jour*, 15 décembre 1968.

enfants que je n'y suis personnellement pas parvenu. Je m'explique : l'été dernier, j'ai proposé un rôle important et moyennant une somme importante à Mlle Gaubert et j'ai reçu une réponse de Mme Trujillo, celle-ci trouvant plus important de passer ses vacances avec ses enfants. Plusieurs mois auparavant, Danièle Gaubert avait reçu d'un metteur en scène de mes amis une proposition extrêmement intéressante qu'elle avait également déclinée pour une raison encore une fois familiale… M. Trujillo passe le plus clair de son temps à caracoler, capitaux sous le bras, d'une banque suisse à une banque espagnole. J'ai d'ailleurs toujours constaté chez lui une propension à élever les chevaux plutôt que les enfants. Or, dans les circonstances navrantes qui le dressent aujourd'hui contre son épouse, je n'ai jamais entendu dire que Danièle Gaubert réclamait la garde des chevaux. C'est sans doute que se réveille un sentiment paternel pour le moins fantasque chez M. Trujillo. Il semble d'ailleurs sujet à cette forme d'affection où l'impulsion le dispute au provisoire. M. Trujillo a aimé la France, il la déserte. Il a aimé sa femme, il la quitte. Voilà qu'il se met à aimer les enfants… Ils avaient une mère, ils auront une nurse[1]. »

Danièle Gaubert gagne son procès !

1. *Le Figaro*, 24 septembre 1968.

22
L'image des mots

Michel Audiard est un auteur. Connu sinon reconnu. Ses répliques circulent dans tout l'Hexagone, sortant des salles obscures pour retourner là d'où elles semblent provenir : la rue. Mais il possède avant tout un tempérament d'écrivain qu'il hésite à exploiter. Et, les éditeurs n'ont pas le courage de le pousser dans cette voie. Quand Plon lui commande un ouvrage, c'est une parodie de polar. L'intéressé leur livre *Le Terminus des prétentieux*, titre qui faillit être celui des *Tontons flingueurs*.

Le texte, écrit à la première personne, narre les péripéties confuses d'un singulier olibrius un peu gigolo, résolument malhonnête, passionnément égoïste. Dès le début, il assassine sa riche maîtresse et colle le meurtre sur le dos d'un pâle neveu. Car ce Gustave – né dans le quatorzième et ayant débuté sa vie professionnelle comme « grouillot cycliste » – est un tombeur de dames. Cela lui attire des ennuis. Après un kidnapping foireux, il s'exile au Venezuela où il tombe en pleine révolution. Rentré précipitamment dans sa contrée natale, il organise, avec une amie peu farouche, le chantage à la photo qui consiste à séduire un provincial, à l'emmener dans une chambre, à le photographier en fâcheuse posture et à lui vendre les clichés au prix fort. Un procédé aussi vieux que la photo elle-même.

En réalité, Gustave doit accomplir une romanesque mission car ce livre est en fait une histoire d'amour : le voyou sans scrupules doit faire fortune pour conquérir le cœur d'une riche héritière dont il est épris. Hélas, la belle est mariée. Ô cruelle ingratitude de la gent féminine.

Au passage, l'auteur dresse à coups de canif un saisissant portrait du monde des nantis et met en pages un inspecteur de police répondant au doux nom corse de Ceccaldi, clone du Bernard Blier des grands moments : « Sais-tu, petite glaire, que tu as le pot d'être tombé sur moi ?... Certains de mes confrères, plus frustes, auraient cédé à la fragilité des apparences. Avec ta tronche de voyou à tout faire, c'est toi qui montais dans le panier ! Raide comme une balle !... Mais Ceccaldi ne tombe pas dans ces panneaux-là ! Il pressent, Ceccaldi, il flaire, il subodore et crac... ! Le couperet tombe ! »

Ce *Terminus des prétentieux* n'est autre que le remake pas du tout déguisé de *Priez pour elles*, premier livre d'Audiard paru dix-huit ans auparavant. Si le Venezuela y remplace l'Espagne, l'intrigue est rigoureusement identique, les péripéties aussi. On y retrouve, au mot près, plusieurs phrases dont l'irrésistible : « Elle ne portait pas de soutien-gorge, ce qui la rendait d'un commerce accessible. »

* * *

Retour au cinéma et retour à Gabin avec une histoire tirée d'un roman de Roger Vrigny, *Fin de journée*. À la caméra Gilles Grangier. La fine équipe.

François Boyer, l'un des adaptateurs d'*Un singe en hiver*, est chargé d'imaginer un scénario à partir du roman initial assez peu cinématographique. Il raconte, en effet, la longue journée d'Albert Raynal, industriel audacieux spécialisé dans l'aérospatial, essayant de trouver de l'argent. L'aventure d'un « homme hors-série qui va de l'avant en renversant des obstacles », comme l'affirme un peu péremptoirement l'un des slogans du film. Chaque chapitre correspond à une entrevue décevante avec un possible commanditaire. Pour échapper à la routine, les scénaristes ajoutent un élément de suspense : la disparition mystérieuse d'Albert Raynal.

Michel apporte sa contribution en s'inspirant de ses travaux antérieurs, dont *Les Grandes Familles* et *Le Président*. Du premier, il reprend l'ambiance de la haute finance et du second des scènes, dont la discussion autour d'une partie de croquet et le « héros » dictant ses Mémoires. Ensuite, il cisèle ses dialogues pour Gabin.

« Gabin a le rôle d'un aventurier du XXe siècle, une époque où l'aventure et les risques sont aussi grands dans l'industrie et la science que dans la jungle ou au pôle Nord, précise Grangier. Le film n'est pas une Série noire, pas même un film policier. Si Gabin y possède de bonnes scènes et de bonnes répliques, grâce à Audiard, il est quand même un héros fatigué qui se bat non pas à poings nus ou à coups de revolver mais contre des ennemis imparables : l'incompréhension, la méfiance et la lâcheté[1]. »

Le milieu des affaires et de la finance n'étant toujours pas sa tasse de thé, Michel se débrouille en tendant l'oreille. « Je parle beaucoup aux gens et je les écoute, dit-il. Je ne prends jamais un taxi sans parler au chauffeur. Si je passe dans un square et que quelqu'un est assis tout seul, ça me trouble beaucoup, car je n'ai jamais connu la solitude. Quand je vois quelqu'un quelque part, assis, prostré, dans un bistrot, ça me trouble. Ce type a peut-être, et même sûrement, des problèmes, et souvent on s'aperçoit qu'il a besoin de les raconter. Voyez dans les bistrots de nuit la facilité avec laquelle les gens se lient, c'est étonnant. On s'assoit à côté de quelqu'un, il vous adresse la parole, c'est très anormal finalement, ça. Et ils vous racontent leur vie, alors que vous êtes un étranger pour eux. Je suis très client de ce genre de récit, j'ai une patience d'ange. Bon, on tombe sur des gens passionnants qui ont des vies douloureuses ou merveilleuses, et qui les racontent bien, mais il y a aussi des connards ! Faut pas rêver, on ne tombe pas sur Antoine Blondin ou Léo Ferré tous les soirs. Il y a aussi des alcooliques radoteurs montés en boucle. Mais je suis très patient à l'égard de ces gens-là. Je les écoute parce que j'ai la sensation qu'ils ont besoin d'être écoutés[2]. »

Ensuite, il planche sur le titre, celui du livre ayant été repoussé. Chacun fait des propositions. Gabin aurait aimé *Le Têtu* mais c'est celui d'une pièce que le théâtre des Mathurins s'apprête à monter. Grangier suggère *Pour le meilleur et pour le pire*, mais ça fait un peu cérémonie nuptiale. Finalement, constatant que le dialoguiste, le réalisateur et l'interprète principal sont du même signe, on baptise le film *Sous le signe du Taureau.*

Et 500 Taureaux – des natifs de ce signe zodiacal, non des bêtes à cornes – sont invités à la première du film le 26 mars 1969. Parmi eux Salvador Dali, Daniel Gélin et Jean Chevrier.

1. *Combat*, 6 décembre 1968.
2. *Radioscopie* (France Inter), 17 décembre 1968.

Manquant d'originalité, le résultat déplaît. La barre du million de spectateurs est loin d'être franchie. Le public préfère Gabin en flic virulent qu'en industriel désargenté. L'association Gabin-Audiard commence à glisser sur la pente infernale…

* * *

Au même moment, cas rare dans l'histoire du cinéma, le journaliste Christian Bretagne réunit un certain nombre des répliques du maître qu'il fait paraître sous le titre *Mon petit livre rouge*. Le reste se compose d'articles d'Audiard, ainsi que d'une nouvelle, *Le Rédempteur et la Petite Rousse*, dans laquelle un client promet la lune à une pute qui n'est pas dupe ; il lui jure même de « la convertir aux félicités de l'esclavage, c'est-à-dire aux joies de la fidélité ».

Pendant que cet ouvrage apparaît sur les étals des libraires, Audiard phosphore sur une nouvelle idée réunissant Philippe Noiret et Mireille Darc, sous la férule de Georges Lautner : *Andromac*. Un promoteur immobilier au bord de la faillite tombe amoureux d'une petite secrétaire de son entreprise. Il découvre qu'elle arrondit ses fins de mois en vivant de ses charmes. Cela lui donne des idées…

Projet vite torpillé par une demande pressante du producteur Maurice Jacquin. Celui-ci vient de signer un contrat pour quatre films avec Michèle Mercier, star du moment grâce à la série des *Angélique*. La comédienne a jeté son dévolu sur une historiette d'Odette Joyeux, spécialiste des romances, dans laquelle une femme veut tuer son mari pour toucher le pactole. Le tout situé dans les années 1900 avec un ton gentiment primesautier. Mercier demande à Jacquin d'en acquérir les droits et d'en confier l'adaptation à Michel Audiard avec ordre d'offrir une intrigue moderne. L'intéressé tique. Il a connu Michèle Mercier à l'époque de *Retour de manivelle*, où elle était débutante, mais ne l'a quasiment jamais revue depuis. Il doute de son potentiel comique, mais cède quand Jacquin lui propose d'assumer également la réalisation. Cela donnera *Une veuve en or*.

À nouveau, Michel raconte à sa manière la genèse du projet. Échanges entre le producteur et le scénariste-réalisateur :

« Mon cher Audiard, avez-vous en tête un sujet de film ?

– Non.

– Moi, si. Et je ne l'ai pas seulement en tête, je l'ai dans mon tiroir. Ça s'appelle *Une veuve en or*. Vous aimez ?

– Ben…

– Pour jouer la veuve, j'ai sous contrat Michèle Mercier. Vous aimez ?

– Je…

– Pour jouer le mari j'ai Claude Rich. Ça vous plaît ?

– C'est-à-dire…

– On tourne en couleurs ! En format 1,66 ! Tous les extérieurs aux environs de Paris ! De l'action ! Des gags ! Pas trop de dialogues ! Et, surtout, pas de gros mots !… Dans vos derniers films, il y avait beaucoup trop de gros mots. Vous êtes d'accord avec moi ?

… Pourquoi, brusquement, soudainement, par tocade, n'aurais-je pas été d'accord aussi sur ce point[1] ?… »

L'héroïne devient une charmante et ravissante épouse qui découvre que la richesse est à portée de main, à condition d'être veuve dans les trois mois ! Et les cadavres de s'accumuler… Finalement, grâce à un subterfuge, le mari devient le chauffeur de son épouse jusqu'à ce qu'un maître chanteur vienne casser cette belle horlogerie…

« Comme je ne veux pas être étiqueté, ce nouveau film sera tout à fait dans un autre esprit que les *Canards*, souligne Michel. Ce sera nettement plus méchant. Parce que, au fond, ils étaient gentils mes canards. Cons mais gentils. Tandis que là tous mes personnages sont foncièrement mauvais. Ils sont tous tordus. Ils finiront heureux comme tout, après avoir flingué une trentaine de braves gens[2]. »

Claude Rich, jeune séducteur des *Tontons flingueurs*, Jacques Dufilho, André Pousse, Roger Carel, Sim, Mario David viennent faire un tour devant sa caméra.

Le tournage débute en février 1969 et a pour cadre des endroits aussi différents que le château de Vaux-le-Vicomte et Saint-Jean-Cap-Ferrat. Bonne humeur générale, facéties en tous genres et échanges de bons mots.

1. *Le Figaro*, 21 octobre 1969.
2. *Pariscope*, 7 mai 1969.

« Audiard était un homme absolument charmant, plein d'esprit, ne se prenant pas au sérieux, possédant une énorme culture, soulignera Claude Rich, mais je n'ai jamais très bien compris pourquoi il réalisait. Sur le tournage, il préférait aller boire un coup et laisser le cadreur donner des conseils de mise en scène aux comédiens. [...] Audiard est revenu, mais il ne donnait pas vraiment de directives. »

Incarnant une riche séductrice, Michèle Mercier bénéficie de tenues de charme dont des robes très moulantes et très fragiles dans lesquelles elle se glisse entièrement nue. Elles lui collent tellement à la peau que dès qu'elle fait un mouvement brusque, le tissu se déchire sur toute la longueur la laissant apparaître dans le plus simple appareil.

Michèle s'affirme ravie de retrouver Michel : « J'avais demandé à Audiard de m'arranger des scènes avec chacun d'eux. Tous m'épataient par leur gentillesse et leur justesse[1]. »

Aux yeux d'Audiard, Mlle Mercier a le léger défaut de se prendre pour une star, ce qu'elle n'est pas tout à fait. D'où des attitudes de *prima donna* pas toujours appréciées... Michel se contente de commenter : « Gentille cette petite, mais un défaut bien féminin : la marquise est toujours en retard. » À cet inconvénient quotidien s'ajoutent quelques mauvaises surprises, dont un virus qui cloue Claude Rich au lit une dizaine de jours.

À sa sortie, *Une veuve en or* est accueilli à boulets rouges par les habituels détracteurs de Michel Audiard. Le coup de grâce est asséné par Jean-Louis Bory, bretteur du *Nouvel Observateur* : « J'ai déjà marché dans de l'Audiard. Comme c'était du pied gauche, ça m'a porté chance. Il ne faut pas abuser des bonnes choses. Je ne pense pas que je doive marcher dans *Une veuve en or*. »

Peu après sa sortie, le film passe au tribunal, Jean Laborde lui trouvant trop de similitudes avec son roman *Quand me tues-tu ?*, dont il souhaitait tirer un film pour Jacques Charon. Il est débouté par les juges qui estiment que la contrefaçon n'apparaît pas clairement.

Est-ce le nom de l'actrice ou celui du réalisateur qui éblouit les foules ? Dès sa première semaine d'exploitation, avec 72 000 spectateurs sur Paris,

1. *Je ne suis pas Angélique* (Denoël, 2002).

cette production fait jeu égal avec *Hibernatus* dont la vedette n'est autre que Louis de Funès. Hélas, suite à un mauvais bouche à oreille, il doit se contenter de 1,3 million de spectateurs en France. Un score quasi identique à celui d'*Un idiot à Paris*.

23
Germaine

Ainsi qu'il l'a prédit – ou « menacé » comme aurait dit Gabin – Michel persévère dans la réalisation : « Je veux devenir un jeune metteur en scène des années 1970 parce que j'en ai marre d'être un vieux dialoguiste des années 1950[1]. » Il caresse le projet de transposer *Cour d'assises*, roman de Simenon. Pour le rôle principal, il verrait bien Alain Delon. « Mais il faudrait qu'il se dépêche, dit-il, car il va bientôt dépasser l'âge du personnage[2] ! » Projet abandonné.

Il ressort de ses tiroirs *Personne n'est jamais mort d'amour aux îles Borromées*. Plus un titre qu'un scénario écrit. L'intrigue a subi des modifications : une dame de petite vertu, fatiguée par son épuisant métier, décide de s'installer dans un milieu bourgeois. Le naturel et le micheton revenant au galop, elle finit par reprendre ses activités licencieuses… Dans le rôle principal : Marlène Jobert. Projet abandonné.

Les Caïds de la Tour d'Auvergne est envisagé en collaboration avec Pascal Jardin. Un ancien truand, Pierre Mortagne, rangé et marié, apprend que son ami Colonna est victime d'un racket. Peu après leur entrevue, Colonna est assassiné. Pierre décide de le venger… L'idée sera reprise, et remaniée, pour *Mort d'un pourri*. En l'état ces *Caïds* est destiné à Gabin. Projet abandonné.

Ensuite, Audiard met sur pied l'adaptation de *Par le sang versé*, d'après le best-seller de Paul Bonnecarrère. Une histoire de légionnaires en Indochine. Michel n'a aucun mal à convaincre son producteur de

1. *France-Soir*, 30 janvier 1969.
2. *La Tribune de Genève*, 6 janvier 1969.

beau-frère de le suivre dans cette folle équipée. Car folle elle l'est. À la fois par l'ampleur du sujet et par la distribution envisagée. En tête de générique, Alain Delon dont le passé de militaire en Indochine sera des plus utiles. Dans la soutane du curé de la légion, Charles Aznavour. Plus Marcel Bozzuffi et Jean-Louis Trintignant.

Fébrile, Michel commence à travailler au scénario avec l'aide du colonel Mattei, héros du livre, retraité, devenu libraire à Aix-en-Provence. « Pour un antimilitariste comme moi, c'est envoûtant, confie Audiard. Le courage me fascine parce que je suis peureux comme un lièvre. Et cette histoire, je la raconterai bien parce que pour moi, les légionnaires sont comme des héros de mythologie[1]. »

En juin 1969, il annonce, non sans fierté, qu'il entamera le tournage de cette œuvre épique au mois de mai de l'année suivante. Les prises de vues débuteront à Aubagne, siège de la Légion étrangère, laquelle prêtera son concours en mettant à disposition 40 camions GMC et 2 000 soldats ! Une atmosphère de superproduction...

Contre toute attente vient se greffer un autre projet qui déstabilise celui-ci. La Gaumont se dit prête à donner carte blanche à Michel Audiard pour une comédie dans l'esprit des *Canards sauvages*. Proposition alléchante. L'auteur sort un roman de Fred Kassak, *Bonne vie et meurtres*, empli de maîtres chanteurs de petite envergure. Il sollicite l'aide de Michel Lebrun, spécialiste du roman policier, et de Jean-Marie Poiré.

Germaine, l'héroïne, n'a certes pas fait la Légion et n'est même jamais sortie de Paris. Femme de ménage respectant les règles de sa profession, elle écoute beaucoup et parle autant. Par ses commérages elle provoque dégâts, chantages et transferts d'argent. Car en faisant ses confidences à l'un, elle donne des envies malhonnêtes à l'autre.

« Germaine est une moraliste, explique Audiard. Elle est aussi une femme de ménage qui aurait aimé vivre sous le Second Empire, parmi de beaux officiers dansant des valses nobles et sentimentales. Elle allume des cristaux de fêtes vénitiennes dans les confins de Courbevoie, son fichu rapiécé prend la légèreté de l'organdi, les gazomètres disparaissent sous

1. *France-Soir*, 26 juin 1969.

des forêts de magnolias. Entre deux rêves, elle picole un petit peu. Ça aide bien. Nous, on ne voit pas de mal à ça... Cadet Rousselle avait trois maisons, Germaine a trois clients. Passant l'aspirateur chez l'un, le chiffon chez l'autre, elle cause. Plus exactement, elle gamberge. Elle porte des jugements sur les gens et sur les choses, dénonçant les malfaisants, condamnant les turpitudes. L'emmerdement, c'est qu'elle pense à haute voix. De l'information aux ragots, il n'y a qu'un pas à franchir. Le même qui sépare le sous-entendu du chantage, la légitime défense du crime crapuleux. Ce film est subventionné par les gens de maison qui disent n'importe quoi pour briller et ennuyer leur patron. Conclusion : mesdames, faites vous-même le ménage. »

Ayant carte blanche, Michel choisit un titre. Pas de demi-mesure : *Elle boit pas, elle fume pas, elle drague pas... mais elle cause*. Une formule qui va faire florès. Il aurait aimé ajouter *elle baise pas*, mais les distributeurs lui font remarquer qu'il risque des ennuis avec la censure.

Dans un premier temps, un peu par provocation et beaucoup pour brouiller les pistes, Audiard annonce qu'il est à la recherche d'une inconnue de 50 ans avec une tête et un accent de concierge. En réalité, il a déjà destiné le rôle de la femme de ménage à Annie Girardot tandis que Marie Laforêt sera une femme du monde. Occupée par ailleurs, celle-ci déclare forfait. Michel demande à son amie Mireille Darc de la remplacer au pied levé.

Le tournage débute en novembre 1969 par une scène dans un petit bar de Courbevoie.

Annie replonge avec délectation dans l'univers audiardien. « Je déteste l'argot, dira-t-elle. J'y comprends rien. Et puis c'est facile, l'argot, il suffit d'un bon dictionnaire de l'argot. Avec Michel ce n'était pas ça du tout. Il faisait parler des humains. Il avait des expressions que j'aimais bien parce qu'elles venaient de la rue. Or, moi aussi je venais de la rue. Il avait une vision très personnelle des choses et il pouvait aller très loin. Le langage d'Audiard c'était des choses drôles et méchantes en même temps. »

Fidèle à ses (mauvaises) habitudes, Michel privilégie le dialogue au détriment de la mise en scène. Son équipe technique compte Jean-Claude Sussfeld qui fait office d'assistant. Michel le connaît bien puisque ce jeune homme est le fils de Robert Sussfeld, l'un des proches collaborateurs d'Alain Poiré chez Gaumont. De plus, la famille Sussfeld vit à Dourdan. Jean-Claude a passé de nombreuses heures à L'Enclos, se liant d'amitié avec François Audiard, avec qui il partage un même âge et un même amour du cinéma.

Si, à la lointaine époque des *Canards sauvages*, c'est-à-dire dix-huit mois auparavant, Michel dut affronter les retombées de Mai 68, cette fois, il est confronté à un incident d'un tout autre genre : une épidémie de grippe. Moins spectaculaire mais tout aussi dévastatrice. Pour sauver les meubles et son film, il établit une sorte de roulement, envoyant les uns se coucher quand les autres se relèvent de maladie. Réalisateur et médecin-chef. La seule à contempler ce spectacle d'un œil goguenard est Mireille Darc qui a eu la sagesse de se faire vacciner !

Le cinéaste délaisse les problèmes techniques pour mieux se consacrer à ses comédiens. « Avec Annie Girardot, le métier de metteur en scène est de tout repos, dit-il. Il suffit de dire "Moteur" au début de la scène et de crier "Coupez" à la fin, on est sûr que tout est parfait. » Pour Annie, *Elle boit pas* s'inscrit dans la continuité d'une « révolution » entamée huit ans auparavant avec *Le Bateau d'Émile*. « Il a inventé Annie Girardot, estimera-t-elle. Pas celle de *Rocco et ses frères* ni *Mourir d'aimer*. Une autre : la vraie. » Elle ne regrette jamais de se glisser dans les tenues peu affriolantes de cette Germaine. « On n'a pas arrêté de rigoler, poursuivra-t-elle. Un texte pareil, il faudrait être con pour le déformer. Pour moi, c'était d'une simplicité enfantine. Il avait préparé la poudre et, si c'était bien lancé, ça explosait ! »

Michel dresse un portrait plus circonstancié de la comédienne : « Sur le plateau, elle ne discute de rien. Elle dit : "C'est ça que tu veux, alors faisons comme ça." Il n'y a jamais de problème avec elle. Quand on lui explique ce qu'on attend d'elle, elle a l'air de ne pas écouter et même de s'ennuyer ferme. C'est un peu énervant. Et puis, quand on tourne, on s'aperçoit que non seulement elle a parfaitement écouté, mais, en plus, qu'elle a compris des choses auxquelles le metteur en scène n'avait pas pensé. [...] C'est la comédienne idéale, pas emmerdante, pas soucieuse de sa publicité, de son standing, de sa dignité. Quelqu'un de chouette[1]. »

1. *Cinémonde*, 28 avril 1970.

Dans la foulée, il en profite pour évoquer Mireille Darc : « Mireille est une fille saine, gaie, qui est capable de remonter le moral d'une armée en déroute. Quand ça va mal, il faut toujours prendre la mère Darc à côté de soi. Elle a le chic pour vous faire croire que le ciel est bleu lorsqu'il y a plein de nuages. J'ai déjà dit que c'était une grande amoureuse, c'est vrai, parce que c'est une fille qui a un cœur, une vraie femelle avec, pourtant, quelque chose de garçonnier. Pour moi, c'est un copain[1]. »

Quant à Bernard Blier, inutile de préciser que Michel en est un fervent inconditionnel depuis des lustres. « Lui devant la caméra, moi derrière ; une simple petite phrase sèche comme un coup de pistolet : "Vas-y Bernard !" Je n'ai jamais eu à dire autre chose... Le reste, il le sait, ou il le sent. C'est ça le bonheur ! Après des années de ce bonheur-là, comment n'aurais-je pas pour Bernard Blier une tenace et profonde amitié ? J'ajouterais que cette amitié se teinte souvent d'admiration, si je ne craignais pas de l'entendre ricaner derrière sa pipe. Oh, et puis tant pis ! Je lui jetterai la vérité à la face, dussé-je me faire pardonner sous des flots de beaujolais... Je tiens Bernard Blier pour l'un des deux ou trois très grands comédiens de son temps, et probablement pour le plus complet – je suis tenté d'écrire le plus "nourrissant". En effet, Blier enrichit formidablement les personnages qu'il prend en charge, il les habille, les humanise, leur inculque un caractère, une densité, enrobant le squelette d'un incroyable pesant de chair et de sang, créant de toutes pièces un potentiel de tendresse et de férocité qui laisse pantois[2]... »

Elle boit pas est parsemé de piques, de railleries, d'estocades, de répliques signées Audiard. Sa marque de fabrique, son credo, sa spécialité. S'y bousculent de nombreux éléments qui lui sont chers. Dont une critique sévère de la télévision qui, non seulement, est d'actualité mais, de plus, anticipe de vingt ans la vogue des *reality shows*, c'est-à-dire de la télévision voyeuse et racoleuse. D'autres éléments sont plus discrets : la présence d'une rue Louis-Ferdinand-Céline et d'une rue Marcel-Aymé, chers au cœur de Michel.

1. *Cinémonde*, 28 avril 1970.
2. Cité par Annette Blier et Claude Dufresne dans *Bernard Blier* (Solar, 1989).

Le tournage lui permet de montrer dans le plus simple appareil la plupart de ses comédiennes. Mireille Darc, Annie Girardot, Évelyne Dress et quatre anonymes employées sont ainsi dénudées. Liste à laquelle il convient d'ajouter la Joconde… et Jean Carmet ! Et, comme il commence à en avoir l'habitude, Audiard se réserve une figuration, celle d'un assistant de la télévision.

Sitôt la fin des prises de vues de son troisième film, le réalisateur songe à la suite de sa carrière. *Par le sang versé* a du plomb dans l'aile. Il est même détruit en plein essor. Trouver autre chose. Par exemple, faire jouer à Jean-Paul Belmondo, amateur du noble art, le rôle du boxeur Jake LaMotta. Mais Michel y renonce[1].

Délaissant les légionnaires et les boxeurs, il retourne vers le pur polar. Il tombe en arrêt devant un roman de Francis Ryck, *Drôle de pistolet*. Un espion opère en France au profit de l'Est, balance son réseau pour recouvrer sa liberté, et court se cacher en Corrèze. Rôle prévu pour Yves Montand. Michel souhaite qu'Annie Girardot joue la compagne de cet espion traqué. Toutefois, ne trouvant pas le temps de mener ce projet à bien, il le transmet à Jean-Loup Dabadie et Claude Pinoteau qui en font *Le Silencieux* avec, à la clef, deux beaux rôles pour Lino Ventura et Lea Massari.

Audiard ne sait plus où donner de la tête. Entre les propositions de scénarios et ses propres envies de metteur en scène, il croule sous les projets. Simenon le tiraille toujours. Il envisage d'adapter *Antoine et Julie*, drame psychologique entre une épouse et son mari, prestidigitateur, qu'elle tente de sauver de l'alcoolisme. Projet qui reste à l'état de vœu pieux…

* * *

Qu'est-ce qui fait courir Audiard ?

Il sait que dans le monde tendu du cinéma, mieux vaut lancer dix sujets pour en voir retomber au moins un. De plus, il y a l'argent. Audiard n'aura jamais honte d'avouer son attrait pour la « fraîche », comme il dit.

1. Des années plus tard, Martin Scorsese filmera *Raging Bull* avec Robert De Niro.

Non pour thésauriser à la manière d'un Harpagon bilieux, mais pour vivre agréablement en dépensant beaucoup.

« Quand j'étais soudeur, explique-t-il, je bouffais ma semaine en cinq jours. Si demain on me donne 5 millions, j'en dépenserai 20 immédiatement. Question fric, j'ai toujours eu un métro de retard. Dans notre métier, on est des saltimbanques, c'est pour tout le monde comme ça : on roule en Rolls même si on est couvert de dettes. Je connais des types bourrés d'oseille qui vivent comme des cloportes, ce sont eux les vrais pauvres. Moi, je n'ai pas le sentiment d'être plus riche aujourd'hui qu'il y a trente ans. C'est facile à démontrer : il y a trente ans, je rêvais de m'offrir un tableau de De Staël. Il valait une brique, je n'avais pas les moyens ; dix ans plus tard, j'avais le million, mais ce Staël en valait 10 ! Et maintenant que j'ai les 10 briques, il en vaut 100. C'est sans espoir[1] ! »

Cette course effrénée après l'oseille ne manque pas d'étonner son entourage, à commencer par son ami Alain Poiré. « On ne savait pas comment Michel dépensait son argent, dira-t-il. Je suis bien placé pour savoir qu'il touchait beaucoup d'argent. Quand on voyait sa façon de vivre, on n'avait pas l'explication du fait qu'il courait toujours après l'argent ni qu'il se battait constamment avec les impôts. Je crois qu'il n'aimait tout simplement pas payer d'impôts et ça l'a entraîné dans un cycle infernal. Parce qu'il s'est retrouvé avec des amendes à payer, donc il devait travailler plus pour les honorer, mais l'argent qu'il gagnait ainsi était lui aussi soumis à l'impôt et ainsi de suite. D'autant que les amendes s'accumulaient. Mais Michel n'était pas du tout un radin, bien au contraire. Il était très généreux, invitait souvent ses amis. Il était capable de réunir 25 personnes autour d'une table et de tout payer. »

Conclusion de l'intéressé : « L'argent me fait rire aux larmes. On devient complètement fou et complètement con à cause de l'argent. On s'agite, on court, on se déchire, on se bat, on s'avilit, on s'use, on le gagne, on le donne, on le consomme si vite qu'on n'a pas le temps de le voir, qu'on ne sait plus quelle odeur il a. C'est la plus énorme stupidité du monde d'aujourd'hui qui nous rend tous de plus en plus cons[2]. »

1. *Le Soir*, 31 mars 1971.
2. *Cinémonde*, 21 avril 1970.

Sur ce, se profile la sortie d'*Elle boit pas*. Son auteur en est, enfin, venu à bout. « Il souffrait, d'une certaine manière, parce qu'il n'était pas dans son élément, estimera Jean-Claude Sussfeld. L'ensemble de la machine que présente un film, que ce soit la préparation, les semaines de tournage, le montage, c'était long pour lui. »

Michel surveille l'élaboration de l'affiche ainsi que la campagne de promotion. Il rédige lui-même les communiqués de presse : « *Elle boit pas, elle fume pas, elle drague pas… mais elle cause* ou le retour aux saines traditions. En effet, qu'on veuille l'admettre ou non, depuis l'an de grâce 1929, le cinéma est devenu parlant. Combien sont morts de l'avoir oublié ? J'ai perdu comme ça un tas de copains, des innocents. Les "fous de l'image" comme on les appelait. Ils prenaient les films de Pagnol et ceux de Prévert pour autant de vieilles lunes, le grenier de grand-mère. On partait à la découverte de l'image choc, du coup de poing, de l'ellipse, c'est-à-dire de l'esbroufe. Et puis la télé passe un soir *Les Enfants du paradis* et les points se retrouvent soudainement sur les "i". Je ne cherche pas d'alibi ni de caution à mes petits bavardages. "Causer" fait partie des plaisirs de la vie, alors pourquoi ne ferait-on pas, de temps à autre, des choses qui nous font plaisir ? »

Elle boit pas fait une belle carrière dans les salles. Plus de 2 millions d'entrées en France. Mieux que les *Canards sauvages* ! La cote de Michel remonte. À la fois comme auteur et comme réalisateur.

Quel sera son prochain film ? Après moult réflexions, oubliant les légionnaires, les boxeurs et les îles Borromées, il confirme son désir de persister dans le comique avec *Le Paumé*, tiré d'un roman d'Evan Hunter. Jean Yanne en sera le protagoniste tandis que l'inévitable Bernard Blier incarnera un chef de gang.

On va rire.

24
Drapeau noir sur les jonques

« Je deviens plus exigeant. J'ai beaucoup péché par facilité. Maintenant, j'essaie de resserrer l'action et le dialogue, d'être plus concis et moins bavard. Avant, quand un mot me faisait rire, je le laissais. Aujourd'hui, j'élague, la mort dans l'âme parfois… Dans mon prochain film, tout sera français, depuis les imbéciles sentencieux jusqu'aux nanas prétentiardes, prêtes à tout pour réussir, mais ne réussissant jamais parce qu'elles sont trop bêtes… Un imbécile content de soi m'enchante. Je peux l'écouter discourir pendant des heures, surtout s'il est dans l'immobilier. Le promoteur heureux, qui a gagné très vite beaucoup d'argent, me fascine particulièrement : il ne parle que de sa réussite. J'aimerais bien faire un film sur ce personnage. La galerie des grands imbéciles, il y a des volumes à écrire là-dessus[1]. »

Michel Audiard truffe d'imbéciles sa nouvelle réalisation. Crétins, andouilles, blaireaux, couillons, branques, nunuches et autres ballots se retrouvent au rendez-vous de ce polar pour rire où, à nouveau, l'argent réveille les instincts les plus bas.

Avec Jean-Marie Poiré, il imagine l'histoire d'un cadavre. Plus précisément celle d'un bon bougre à qui on demande de faire le mort de manière à permettre le discret passage de bijoux *via* la frontière. Une affaire des plus banales, en somme. Qui ne mériterait pas un regard si le bon bougre en question ne faisait pas montre d'une mauvaise volonté crasse.

« Alfred Mullanet ne voulait pas, mais absolument pas, servir de cadavre, résume Audiard. L'espèce têtue, le Français moyen, l'égoïste, le

1. *Les Nouvelles littéraires*, 28 janvier 1971.

médiocre. Vous voyez : le genre de type qui a son petit appartement, sa petite bonne femme, sa petite auto achetée à croum, qui n'a pas le sens de l'épique et qui ne comprend rien à rien. Vous n'avez qu'à trouver un autre cadavre. Le style de réponse agaçante. La non-communication[1]. »

Non seulement cet Alfred ne cherche pas à rendre service, alors qu'on le lui demande gentiment, flingue en pogne, mais, de plus, il est entouré par une armada de bras cassés qui cumulent erreurs et bévues.

« C'est une histoire de fous, précise Michel. Un exemple : on dit à un gars : "Assieds-toi !" Il demande pourquoi.

– Parce qu'on va te tuer.

– Ah bon ?

Il s'assied. Le type, tout ce qu'il voulait c'est savoir ; c'est sa logique à lui. Un peu comme dans la vie. On demande aux gens "Voulez-vous mourir ?", ils répondent non, forcément. Et, tout de suite après, ils vont mourir à la guerre[2]. »

Tout se met rapidement en place. Enfin, peut-être pas aussi vite que Michel le souhaite. D'autant que Jean Yanne se désiste. « J'ai mis quinze jours pour écrire l'adaptation et les dialogues et j'ai cherché les comédiens pendant deux mois, raconte Audiard. Bernard Blier, ça s'est fait assez vite. Il a tout de suite accepté son rôle de chef de gang aux allures de paysan. Paul Meurisse, j'ai attendu six semaines parce qu'il était parti en vacances sans laisser d'adresse. Il a mis ensuite cinq minutes pour me dire oui. J'avais les gangsters, il me manquait mon paumé. Je voulais un dégingandé nonchalant et j'ai engagé un acteur rondouillard, frénétique et petit : Michel Serrault. Quand j'ai eu les premiers, ça s'est encore compliqué. Je cherchais une fille un peu voyante pour jouer une strip-teaseuse de mauvais instinct. Blier, Meurisse et Serrault me proposèrent successivement Marion Game. Elle est spécialisée dans les rôles de filles de famille. Je l'ai vue dans *Un sale égoïste* et maintenant je lui mets une perruque abricot sur la tête, 3 centimètres de faux cils et je la ferai sortir d'un œuf géant vêtue seulement d'une paire de colts[3]. »

1. *France Soir*, 23 février 1971.
2. *L'Aurore*, 18 novembre 1970.
3. *France-Soir*, 4 novembre 1970.

D'abord offert à Mireille Darc qui ne peut se libérer, le principal rôle féminin est effectivement soumis à Marion Game : « J'étais en vacances à Pornichet et j'ai reçu un télégramme de mon agent me disant que Michel Audiard voulait me voir d'urgence à Paris, se souviendra-t-elle. Je n'en croyais pas mes yeux mais ça m'amusait car ma meilleure copine de l'époque, Marlène Jobert, avait tourné avec lui les *Canards sauvages*. Je suis donc repartie sur Paris. Je suis entrée dans le bureau de la production où Audiard m'attendait. Il portait sa casquette, il avait une cigarette sur le coin des lèvres et il me dit d'emblée :

– T'es l'actrice la plus pistonnée de Paris.

– Pourquoi vous me dites ça ?

– Parce que mes trois vedettes se sont liguées pour que tu aies le rôle. Bernard Blier, avec qui t'as dîné il n'y a pas longtemps, m'a dit que tu racontais des histoires très marrantes. Paul Meurisse ne tarit pas d'éloges depuis qu'il joue avec toi au théâtre. Et Serrault, qui vient de faire un film avec toi, me dit que t'es une comédienne à suivre. Est-ce que tu crois que tu peux me jouer une pétasse vulgaire ?

Ça s'est passé comme ça, de manière très conviviale, avec, dès le départ, beaucoup d'humour... »

Ce film marque aussi la réunion des deux Michel, Audiard et Serrault. Cinq ans après *Quand passent les faisans*. Ils partagent les mêmes folies. L'un trouve en l'autre un vecteur idéal pour faire passer ses mots et ses idées. L'autre trouve en l'un l'auteur idéal pour formuler ses envies.

Autre ami devenu inséparable d'Audiard : Jean Carmet. Il joue le rôle d'un modeste et malhonnête tailleur de pierre. « Michel m'a beaucoup aidé à un moment où j'en avais besoin, rapportera-t-il. Il m'a rendu un grand service en me faisant tourner un petit rôle. Il avait besoin d'un personnage qui amène, sur une scène courte, un petit peu de folie... Michel a un sens aigu pour déceler le mensonge. Il est le seul type devant lequel je ne peux pas mentir parce qu'il sait que je ne vais pas dire la vérité, il le sait toujours quoi qu'il arrive. Je suis toujours mal à mon aise parce qu'il connaît ma propre vérité. Il a ce sens-là, il jauge les individus. »

Enfin, pour un rôle assez discret de « gros bras », Michel engage un jeune comédien qui fait ses premiers pas au cinéma : Gérard Depardieu.

Impressionné par sa présence et son talent, il lui écrit à la hâte des répliques supplémentaires.

Les prises de vues débutent en novembre 1970. Le site de tournage est un décor reconstitué à L'Île-Saint-Denis, à proximité d'un charmant canal… et de l'aéroport du Bourget. « On tourne une scène. Bon. Brusquement l'écluse s'ouvre et 12 péniches évoluent en couinant, rapportera Audiard. On attend que ça se tasse. On recommence à tourner juste au moment où un avion passe. Et quand tout va bien c'est le flingue qui ne part pas[1]. »

Malgré ces déconvenues, tout va bien.

« Pour moi, le tournage a été absolument magique parce que je n'étais entourée que d'acteurs à la forte personnalité, au talent confirmé et à l'humour bien trempé, racontera Marion Game. Ils plaisantaient tout le temps et j'avais l'impression d'avoir 5 ans et demi au milieu de gamins. J'ai appris beaucoup plus sur ce tournage que dans une école car ce sont des gens qui ont une telle connaissance de leur métier qu'ils peuvent se permettre de plaisanter. Grâce à eux, j'ai appris qu'on pouvait être acteur sans se prendre au sérieux. […] Audiard s'installait dans son fauteuil et les regardait évoluer devant lui. Serrault, par exemple, était en plein délire créatif et c'était génial. Audiard adorait ça. Il se marrait ; il était très heureux. Quant à ses dialogues, c'est de la poésie populaire tout en restant du phrasé quotidien. Il faut les dire comme une pensée profonde, mais sans essayer de faire de la dentelle avec. On les balance tels quels, sans fioriture pour qu'ils gardent tout leur poids. Ce sont des flèches que l'on tire et qui font mouche à tout coup. »

Marion refuse de jouer nue ainsi qu'il est prévu dans le scénario. Il faut lui trouver une tenue certes échancrée, mais relativement décente. Ce qui fait dire à Audiard, devant tout le monde, techniciens compris : « T'as tort de pas te montrer. Tu gagnes à être cul nu ! »

La jeune comédienne est l'innocente victime d'une plaisanterie orchestrée par ce groupe de potaches. Elle joue tous les soirs au théâtre aux côtés de Paul Meurisse. Ses partenaires font courir le bruit qu'elle est

1. *L'Aurore*, 18 novembre 1970.

sa maîtresse, ce qui est faux. Le soir du repas de fin de tournage, en l'absence de Meurisse, Blier en profite pour demander à haute voix à la jeune comédienne s'il est exact que Paul ne possède qu'un testicule. Horreur absolue ! Le sang de miss Game se fige. Elle ne trouve rien à répondre. Les ricanements continuent de plus belle... Le lendemain matin, rouge de confusion, elle appelle l'intéressé pour le tenir au courant des ragots. « Ne t'inquiète pas, je vais leur répondre », annonce Meurisse d'une voix calme. Dare-dare il expédie des lettres à Blier, Audiard et Serrault : « Vous avez cru devoir demander à Marion Game si je n'avais qu'une couille. Cette pauvre enfant n'avait pas les moyens de répondre, mais si, en revanche, vous souhaitez avoir la réponse à cette question pertinente, demandez donc à vos femmes. »

Michel déteste le titre *Le Paumé*. Il veut remplacer. Par quoi ? Pendant un temps, c'est *Vous avez le bonjour d'Alfred*. Puis, surgit *Tout ça n'arriverait pas s'il y avait une police en France* qui risque de déplaire à la maréchaussée. Ensuite, Audiard ressort son titre passe-partout : *Claquez-moi la porte au nez, mais ne me pincez pas les doigts dedans*. Enfin, un beau matin, la révélation : *Le Cri du cormoran le soir au-dessus des jonques*. Quel rapport avec le sujet ? Aucun ! Comment faire passer la pilule ? Simple : ajouter une réplique (dite par un Paul Meurisse) : « Dans la baie d'Along ! Ah, le cri du cormoran, le soir, sur les jonques... »

À sa sortie, la campagne de presse assure que ce film est « garanti sans cormoran et sans jonque, c'est juré ! ». Audiard aurait aussi bien pu intituler son œuvre *Le Chant de l'ukulélé sous les manguiers* ou *Le Cri du perroquet bleu du Mato Grosso*, présents également dans le dialogue.

Et de se fendre d'un communiqué de presse destiné à présenter sa nouvelle œuvre : « Ceux qui sont persuadés que la terre est ronde, ceux qui savent qu'un et un font deux, ceux qui pensent que lorsqu'on est mort, c'est pour longtemps, tous ceux-là ne comprendront rien à ce film. Le scénario offre une particularité dont je ne suis pas peu fier : il est exclusivement composé de choses qui, dans la vie, "n'arrivent jamais". Or elles arrivent. Elles arrivent même sans arrêt pendant une heure et demie. Seconde particularité : je ne pense pas qu'il soit possible d'accumuler plus d'actions incohérentes et de faire dire plus de bêtises à des gens dans un temps aussi restreint. Nota Bene (ceci entre nous) : si j'avais voulu faire marrer les copains, sans me soucier de statistiques, de rendement, de lois cinématographiques et de standing personnel, j'aurais fait ce film. Eh bien voilà, c'est chose faite. Salut les copains ! »

Ce communiqué lui est suggéré par une nouvelle venue dans son univers, Josée Elvira, chargée des relations avec la presse. Jeune femme charmante et dynamique, elle restera très proche de Michel pendant de nombreuses années[1]...

* * *

Quelques jours avant la sortie de cette production, Michel concrétise un rêve d'enfant : acquérir une librairie rue des Grands-Augustins, La Mandragore, autrefois spécialisée dans la littérature fantastique. Non une immense bâtisse, sorte de supermarché du livre, mais une petite boutique dotée d'une cave et surmontée d'un appartement à peine plus grand.

« C'est un vieux rêve, explique-t-il. J'ai toujours aimé les livres. Évidemment, j'y perds les yeux de la tête, mais je ne fais pas ça pour gagner de l'argent ; parce que j'aurais acheté autre chose, une charcuterie... Je connais très bien les métiers où on gagne de l'argent, mais c'est des métiers que je n'aime pas[2] ! »

Une fantaisie de bibliophile. Il voue presque entièrement ce lieu au culte de Céline ! Lucette Almansor, veuve de ce dernier, lui confie des exemplaires numérotés ainsi que des éditions originales et des manuscrits. Audiard caresse l'envie de publier des inédits de son auteur fétiche. Mais, face au peu d'engouement que suscite ce vœu, il y renonce, l'âme blessée. Céline continue d'être maudit et Audiard de l'aimer.

1. En novembre 1990 – donc bien après le décès de Michel – *Le Film français* publiera ce communiqué : « Après dix-huit ans de complicité, de collaboration, de vie avec Michel Audiard et huit ans passées à Promo 2000, Josée Elvira vient de créer, avec sa fille Betty, sa propre agence de relations publique, 1, 2, 3 Champs-Élysées. »
2. *Télérama*, 6 novembre 1971.

Dans les salles obscures, les cormorans font beaucoup moins recette que les canards et que la bavarde femme de ménage. Un échec en dépit d'une distribution brillante.

Cela n'empêche nullement Michel Audiard de récidiver sur-le-champ dans la mise en scène. Dans un premier temps, il annonce son souhait de changer de cap : « Jusqu'à présent, dit-il, je n'ai fait que des films comiques, me limitant à un certain style de narration. Mais, un jour, j'aborderai la comédie dramatique. Deux romans de Simenon m'intéressent : *Cour d'assises* et *Les Clients d'Avrenos*. Ce dernier se passe à Istanbul et je compte le tourner sur place[1]. »

Ce jour ne semble pas venu puisque son film suivant est encore et toujours une comédie. L'idée lui trotte dans la tête depuis plusieurs années : adapter *Il était un petit navire*, roman de René Fallet narrant l'aventure d'un mythomane qui se fait passer pour un aguerri des rugissants, un héros de la mer, un as des tours du monde, alors qu'il ne connaît de la marine que les cuisines d'un grand bateau. Or, le voici invité à participer à la construction d'un voilier à Villeneuve-Saint-Georges… Rôle parfait pour Jean Gabin dont l'amour, authentique, de la mer est bien connu. L'acteur hésitant, Michel envisagea de le remplacer par Bourvil. Mais ce dernier a la mauvaise idée de défunter. Finalement, Jean dit oui.

« Comment j'ai accepté le film ? raconte Gabin. Tout simplement. Michel avait l'idée de le tourner. Il m'a fait lire un bouquin de Fallet. Alors, j'ai répondu à Michel : "Je vais le lire ton *Petit navire*. Je sais que tu vas en faire autre chose, mais je vais le lire quand même !" J'ai trouvé ça charmant. Mais, dans le bouquin, le personnage central n'est pas l'oncle Ploubaz, mais le cheminot de Villeneuve qui veut construire un bateau et qui est si bien joué par Jacques Marin. Michel a changé cela parce qu'il a pensé que le personnage le plus pittoresque c'était l'oncle épicier qui se prend pour un vieux loup de mer. »

Audiard se rapproche de Jean qui, ayant décrété que Paris était trop polluée, ne quitte que rarement sa Normandie. Alors, l'auteur s'installe au Normandy, luxueux hôtel de Deauville qu'il a souvent fréquenté. Les

1. *Les Nouvelles littéraires*, 28 janvier 1971.

fameuses planches qui bordent la plage lui donnent l'envie d'y organiser des courses cyclistes, ce que la mairie lui refuse.

« La visibilité est bonne, constata-t-il. On pourrait mettre des tribunes, en veux-tu en voilà. Les commerçants offriraient des primes. On ferait payer 20 francs chaque place ; l'argent rentrerait à flots, tous mes copains rappliqueraient, on s'offrirait une java du diable[1]. »

Revenant à son scénario, Michel convient avec Jean qu'il n'est pas question de faire parler Victor Ploubaz en argot. Ni argot des marins, ni argot des titis parisiens. L'homme est un mythomane, non un escroc et il ne peut parler que comme dans les livres puisque c'est de là qu'il tire toutes ses notions de navigation et de construction navale. « Je suis un faux loup de mer, précise Gabin. Un peu vexant pour un gars qui a fait son service dans la marine[2]. »

Se prenant d'affection pour son personnage, il ajoute : « C'est un rêveur. C'est un gars qui a toujours eu envie d'être marin. Il rêve sa vie au lieu de la vivre. Il y a des tas de gens comme ça. Moi, dans la vie, je suis un songeur. Je pense que tant qu'on a des projets on reste jeune. Alors, j'élève des chevaux de course. Et chaque éleveur a toujours l'espoir de faire le gagnant de l'Arc de triomphe. Ça demande des années. Je connais des éleveurs de 80 ans qui font des projets pour dans cinq ou six ans. C'est formidable ! C'est ça être songeur. Victor Ploubaz est donc un rêveur et le film est poétique et charmant[3]. »

Résumé « officiel » rédigé par le maître en personne : « S'il est admis que les melons se plaisent à Cavaillon et les violettes à Parme, il n'est pas contestable que la mer demeure le milieu biologique idéal pour l'éclosion des fleurs de rhétorique. Victor Hugo et Victor Ploubaz (de Saint-Malo) ont en commun le goût des "courses lointaines" et du cyclone grammatical. Victor Ploubaz n'est pas à proprement parler un menteur. Il croit à ce qu'il dit. Tandis qu'il trie des lentilles dans son épicerie de Saint-Malo, il a toujours l'oreille tendue vers le chant des sirènes et l'œil braqué sur le cap Horn. Coincé entre ses boîtes de thon et ses paquets de chicorée, il barre

1. *Le Figaro*, 11 août 1971.
2. *Le Figaro*, 15 mai 1971.
3. *France-Soir*, 23 octobre 1971.

de blanches goélettes sur des lagons cobalt et traverse les Caraïbes comme vous changez de trottoir. C'est un imaginatif, un mythomane comme on dit, un poète comme on devrait dire. S'adressant aux cerveaux malouins – affranchis dès le berceau de piraterie et de flibuste – les fantasmes de Victor ne dépassent pas le niveau de la conversation apéritive des zincs à matelots. S'adressant aux esprits "terriens" de Villeneuve-Saint-Georges, ils provoquent des dégâts beaucoup plus étendus. Dans cet univers banlieusard, hérissé de caténaires et sillonné de locomotives, un neveu de 10 ans rêve à la baleine blanche, à l'île au Trésor et au Vaisseau fantôme. Auréolé de son langage de loup de mer et de ses favoris de cap-hornier, l'oncle Victor lui apparaît comme l'homme de la Providence, un héros de bande dessinée. C'est, en somme, la rencontre de deux enfants... dont l'un est âgé de 60 ans. Ce sera, finalement, à l'autre de se montrer raisonnable et d'éviter le naufrage. Pas un naufrage imaginaire, un vrai. »

Audiard réunit une belle brochette de seconds rôles (dont Jean Carmet et André Pousse), mais peine à trouver le jeune comédien pivot de l'histoire. Il finit par engager un comédien de 14 ans qui a déjà fait ses preuves : Éric Damain, jeune héros du populaire feuilleton *Jacquou le Croquant*.

En mai 1971, sur la Marne, à Saint-Maur, Michel donne le premier tour de manivelle. Plus exactement, il lance son premier « Moteur ! », laissant les questions techniques à ses assistants. Pour le titre, Michel pique à Gabin une des répliques favorites, *Le drapeau noir flotte sur la marmite*, expression imagée désignant la période sombre que l'acteur a traversée au lendemain de la guerre, avant sa redécouverte grâce à *Touchez pas au grisbi*.

« Le film n'a aucun rapport avec le titre, regrette Jean. Le bouquin de Fallet d'où c'est tiré s'appelle *Il était un petit navire*. Ça annonce mieux la couleur et ça correspond parfaitement à l'atmosphère du film et à la manière dont il est fait. Ça n'est pas du tout ce que fait Audiard habituellement. Il a fait un film charmant avec des choses drôles, évidemment, mais avec beaucoup de poésie. Il a changé de genre et il a eu raison. Il a beaucoup de choses en lui et, quand il voudra, il mettra en scène un film dramatique comme il m'en a déjà écrit[1]. »

1. *France-Soir*, 23 octobre 1971.

Le ton de ce *Drapeau noir* est effectivement différent. Certes, on y retrouve une ambiance de bistrot et des imbéciles à la philosophie de bazar, mais on y découvre aussi une tendresse rarement exprimée. La présence d'un enfant, son regard, ses commentaires donnent à l'ensemble un ton empreint de délicatesse, renforcé par l'affection que Gabin porte au jeune Éric Damain.

Quel que soit leur degré d'amitié, Michel est impressionné de diriger une légende du cinéma français. Le héros de *Pépé le Moko* et du *Clan des Siciliens* n'a pas sa langue dans sa poche ; il n'a pas non plus ses yeux dans sa poche. En peu de temps il comprend que si Audiard manipule les mots avec aisance, il n'en va pas de même avec les images. « Il est doué pour tout, admet Gabin. Ce qu'il faut, c'est qu'il apprenne un petit peu l'appareil. Je le lui dis tout le temps. Il s'en fout. Il dit que ça l'emmerde. Ce qui l'intéresse, ce sont les acteurs. Je lui ai dit : "Tu devrais aller à l'IDHEC[1] prendre quelques leçons." Il a rigolé. Il sait ce qu'il veut, et puis, lui aussi, il a son caractère[2]. »

Avec son pote René Fallet, à l'origine du projet, son ami Gabin devant la caméra, Michel se sent comme dans une cour de récréation. Pour compléter la bande, il demande à un autre complice de composer la musique. Ce sera l'une des rares partitions de film de Georges Brassens. Mais…

Michel a offert l'un des rôles féminins à Mary Marquet, grande comédienne de la Comédie-Française qui connut quelques démêlés à la Libération. À 73 ans, elle a toujours bon pied, bon œil et sacré caractère. Un caractère si trempé, que Michel Audiard, peu habitué à passer l'éponge, la renvoie après quarante-huit heures de conflit. Il la remplace au pied levé par Ginette Leclerc, 59 ans, qui, par une étonnante coïncidence fut, elle aussi, momentanément internée pour faits de collaboration…

Désormais détendu, Michel ouvre le plateau à ses fils. Non François, qui travaille déjà à ses côtés, mais Jacques d'un côté et Bruno de l'autre. « Il était difficile de manquer Gabin, rapportera ce dernier, car, même s'il se tenait le plus souvent à l'écart, assis dans le fauteuil à son nom, il dégageait une présence incroyable. Même de dos. Difficile à expliquer

1. Institut des hautes études cinématographiques.
2. *France-Soir*, 23 octobre 1971.

mais on sentait qu'il était là et bien là. Attentif à tout. Mon père m'avait raconté qu'au moment des préparatifs de ce *Drapeau noir*, Gabin avait un peu renaudé. J'étais donc curieux de voir leur comportement sur un plateau de cinéma. Ils étaient tous les deux très polis l'un envers l'autre, mais sans plus. Audiard venait chercher Gabin au moment de tourner. Ils souriaient, échangeaient diverses plaisanteries, mais l'ambiance générale me paraissait froide, sans être glaciale. La fin d'une amitié. Ces deux-là s'étaient tout dit et, visiblement, n'avaient plus grand-chose à ajouter. »

Pourtant, entre les prises, Jean et Michel parlent projets. L'acteur souhaite revenir aux personnages issus du peuple. Les grands patrons, les grands seigneurs, il en a un peu ras la casquette. Quelque chose dans la lignée de *Rue des Prairies* que lui a dialogué Audiard. Mais rien ne sortira de leurs bouillantes recherches…

Autre personnalité présente à plusieurs reprises sur le plateau : Josée Elvira, qui continue de s'occuper des relations de Michel avec la presse.

Pour préparer la sortie de son *Drapeau noir*, Audiard rédige une sorte d'hommage à Gabin : « Quelqu'un de très renseigné, avec fichier, écrira un jour un livre sur Gabin, avec date de naissance, filmographie, interview du bel artiste, et tout. Personnellement, je n'arrive pas à la fixer dans un cadre précis. Il bouge trop. On a souvent écrit que Gabin était misanthrope. C'est idiot. Il a simplement la phobie des emmerdeurs et, parmi ceux-ci, le cinéphile tient une place de choix. Gabin ne dit jamais "C'est mauvais !", il dit "Ça vaut pas un coup de cidre !". Il ne dit jamais non plus "C'est bon !", mais "Vaut mieux ça qu'un coup de pied au cul !". Ceux qui ne savent pas ces choses ont du mal à suivre sa conversation. D'ailleurs, Gabin ne leur parle plus, ce qui simplifie tout. Il est d'un naturel méfiant… Il devrait exister un *Petit Gabin*, comme un existe un *Petit Larousse*. Ça rendrait bien service. Étourdiment conviés à quelques dîners, certains "Français de l'extérieur" s'imaginent souvent avoir entendu du volapuk, alors que Gabin a tout simplement parlé de sa famille, de ses amis, de son métier. Rien que le chapitre des surnoms n'est pas une petite affaire. À titre indicatif, quelques exemples courants :

"La Grande" : sa femme Dominique.

"L'Engeance" : son fils Mathias.

"Le Gros" : Jean Renoir.

"La Prussienne" : Marlene Dietrich.

"Le P'tit cycliste" : moi. »

La première mondiale a lieu à Nogent le 19 octobre 1971. Un train spécial est affrété en vue d'emmener un public parisien soigneusement sélectionné jusqu'au lieu de projection. Seize minutes de trajet. « J'ai fait bien des métiers avant de devenir metteur en scène, mais jamais chef de gare », relève Audiard. Arrivés en gare, les passagers sont accueillis par des majorettes puis se rendent en cortège vers un complexe cinématographique flambant neuf. Après la projection, ces joyeux privilégiés montent dans de vieux autobus à plate-forme extirpés de leur remise par une bienveillante RATP. Route jusqu'au centre nautique de Nogent où les attendent cocktail et orchestre de rock féminin spécialement venu de Belgique ! Soirée mémorable. Seule ombre au tableau : l'absence de Gabin qui déteste ce genre de mondanités. Il prétexte la mise bas d'une de ses vaches pour rester sagement chez lui.

Toutefois, quelques jours plus tard, il consent à assister à une projection officielle en plein cœur de Paris. À l'issue de celle-ci, la production invite la troupe et ses amis au Fouquet's. Sont présents René Fallet, Georges Brassens, Pierre Tchernia et quelques autres. Tous dans leur tenue de tous les jours. C'est-à-dire que Michel arbore son éternelle casquette à carreaux et son non moins éternel col roulé, que Fallet se promène avec le blouson qu'il porte habituellement pour aller à la pêche et que Brassens exhibe un pull des plus banals. Cet assortiment vestimentaire qui tranche avec l'élégance du lieu fit dire à Brassens : « Ils vont croire qu'on l'a fait exprès. »

Gabin-Audiard c'est du tout cuit. Plus exactement, cela aurait dû être. Mais ce n'est pas. Pas du tout même. Les cotes de l'acteur et du scénariste semblent avoir pris le gîte. Échec cinglant.

* * *

Une tuile ne tombant jamais seule, une autre atterrit sur la casquette de Michel : le fisc ! Cette noble administration affirme que ses déclarations sont incomplètes. Façon élégante de dire qu'il n'a pas déclaré tous ses revenus. D'où des amendes, des arriérés et toute la lyre. Ses revenus sont bloqués. L'affaire prend une telle ampleur que plane une nouvelle menace : la vente de la maison de Dourdan. Il faut contre-attaquer. Le 16 septembre 1971, Michel Audiard annonce une décision de résidence séparée. Cela signifie que Marie-Christine reste à Dourdan, tandis que Michel s'installe à Paris. À l'hôtel, où on ne risque pas de saisir ses meubles. Cinq mois plus tard, ils divorcent. Entre-temps, la maison et autres biens ont été mis au nom de Marie-Christine qui, elle, ne craint pas les foudres du fisc. Voilà Michel Audiard divorcé, mais rendant de très fréquentes visites à sa désormais ex-épouse…

Ces aléas plus ou moins réglés, il peut se consacrer à son métier. Il envisage de porter à l'écran un roman de Gabrielle Marquet, *La Cerise de porcelaine*, dont il a déjà changé le titre : *Ton mari t'adore, ma chérie, mais il vient souvent me voir*. Duo : Annie Girardot et Michel Serrault.

« Ce sera une comédie tout en férocité, annonce-t-il. Annie jouera le rôle d'une jeune femme de la bourgeoisie dans les bras de laquelle son amant meurt d'une crise cardiaque juste avant l'arrivée de son mari venu la rejoindre à la campagne avec quelques amis. Malgré son chagrin, elle devra garder le cadavre au frais et au secret pendant tout le week-end avant de le rendre à sa propriétaire légitime, une autre femme du monde avec laquelle elle s'entendra si bien que ces dames s'associeront finalement pour reprendre la boutique d'antiquaire du défunt. Serrault, avec sa fausse naïveté, son côté lunaire et son petit air innocent, me jouera à merveille le mari trompé… dont on ne compte plus les bonnes affaires sournoisement dissimulées. Pour la femme du cardiaque volage, je voudrais Stéphane Audran. En la réunissant avec Annie, je suis sûr de faire des étincelles[1]. »

Finalement, Girardot se retrouve bien au générique de son film suivant, mais le sujet en est très différent…

1. *France-Soir*, 23 février 1971.

25

L'antre de la création

« Être dialoguiste c'est plus un don qu'un métier. On naît dialoguiste et on ne le devient pas... On peut, peut-être, devenir scénariste en lisant beaucoup... et en plagiant beaucoup! Mais dialoguiste c'est un don[1]. »

À l'instar de nombreux auteurs, Michel Audiard privilégie certains endroits pour écrire. En ces places qu'il fait siennes, il se retrouve face à la feuille blanche et à ses idées, parfois aussi face à ses doutes et à ses fantômes. L'esprit en ébullition, il invente, crée, sculpte. Sa matière première est la matière grise, son matériau la page blanche.

Dans le fond de son jardin fleuri de Dourdan, il s'est aménagé La Chaumière, un charmant chalet baigné de tranquillité réservé au travail et aux rencontres avec ses collaborateurs. Car, bien qu'écrivain solitaire, Michel recherche les échanges, aimant confronter ses idées avec celles des autres. Façonner seul un scénario ne le motive guère; en revanche, parler de tout et de rien avec des amis est pour lui un besoin viscéral.

« On avait beaucoup de mal à démarrer, témoignera Henri Verneuil. Michel était très bavard. On commençait la journée en se plongeant dans la lecture des journaux et, après, on commentait les nouvelles de la veille. Je voyais les heures passer: 9 heures, 10 heures... Je disais à Michel: "Bon, si on attaquait?" Il me répondait: "Oui, tu as raison, on cause, on cause..." Et puis, il se souvenait brusquement: "Au fait, tu as entendu parler de..." Et ça repartait[2]! »

---

1. *Radioscopie*, *op. cit.*
2. *Paris Match*, 3 août 1985.

Avant de se mettre au travail, Michel parle littérature. Jean Herman, l'un de ses plus proches collaborateurs, se souviendra que chaque journée commence par une promenade autour des écrits de Céline qui peut se prolonger par un détour vers les brumes de Simenon, les envolées de Rimbaud ou les trouvailles de quelques maîtres du polar. *Voyage au bout de la nuit* et *L'Aîné des Ferchaux* reviennent souvent sur l'écume des conversations et les deux amis en profitent pour parler de style, cette denrée si rare qui différencie l'auteur de l'écrivaillon.

Albert Kantof ajoutera : « De temps en temps, quand nous étions à la Trémoille, on voyait apparaître Carmet. Il entrait, prenait une douche et repartait !… Un jour Audiard me dit qu'il vient de découvrir la poésie de Saint-John Perse. Moi, je connaissais un peu car, avant, à la fin de la guerre, quand j'étais de garde dans le maquis, je trimballais avec moi une anthologie de la poésie française et j'apprenais des poèmes par cœur. Cette poésie, c'était une recherche des mots, des plus rares, des plus insensés, il fallait la lire, la relire pour la comprendre. Nous avons beaucoup discuté avec Audiard, ça le passionnait. »

Autre sujet de conversation : « Jorge Semprun lui avait envoyé un livre dans lequel il racontait toute l'organisation administrative des camps de concentration[1], poursuivra Kantof. Or, peu de temps avant, j'avais retrouvé des amis qui avaient vécu cet enfer. Et puis, j'avais lu *Les Jours de notre mort*[2] de David Rousset. On a parlé de tout ça avec Audiard. Et tout ce que je lui racontais, il le retrouvait dans le roman de Semprun. »

Audiard tente de s'organiser. Lundi et mardi sont généralement réservés aux rencontres avec les « gens de la profession ». Producteurs, réalisateurs et acteurs se succèdent pour des réunions au sommet. Extrapolations, débroussaillage de projets et signatures de contrats. Les autres jours, il retourne à sa plume, à ses collaborateurs, à sa raison de vivre.

Une réputation de paresseux lui colle pourtant à la peau. Qualificatif étonnant pour un auteur qui collaborera à une centaine de films en une

1. *Le Grand Voyage* (Gallimard, 1963).
2. Édition Le Pavois (1947).

trentaine d'années et fournira certaines des plus illustres répliques du cinéma français. Et pourtant les témoignages concordent.

Alain Poiré : « Audiard était très flemmard. Il fallait l'acculer pour le pousser au travail, mais il pouvait écrire très vite. »

Pierre Granier-Deferre : « Michel était paresseux. Il faisait tout pour reculer l'heure de se mettre au travail. Alors il y avait tout : la pétanque, le pastis, les sorties… Mais si le metteur en scène lui rappelait qu'il avait besoin d'une scène pour le lendemain, il s'en allait et là, il se mettait à travailler. »

Georges Lautner : « Il pouvait mettre trois mois pour vous écrire quatre lignes et trois jours pour vous écrire un dialogue complet. Il avait une puissance créatrice fantastique. Mais cette puissance impliquait que l'on avait longuement planché sur l'adaptation, que l'on s'était raconté l'histoire en détail. »

Jean-Marie Poiré : « Il détestait travailler, mais quand il se lançait, il le faisait à fond et il fallait que ça se fasse très vite. »

Certes, Michel Audiard est un paresseux. Dans le sens le plus absolu du terme : quelqu'un qui préfère la vie, le farniente et l'amitié à son travail. Quelqu'un qui, comme tout vrai paresseux, est capable d'abattre un travail de titan en un temps record. La paresse est une qualité qu'ignorent les gens sans talent.

« Je m'élève très fortement contre la légende de paresse qui l'entourait, s'enflammera Yves Boisset. Une légende voulue par Michel, d'ailleurs. Il était paresseux à sa façon. C'est-à-dire qu'on parlait beaucoup, mais c'étaient des conversations qui nourrissaient son travail et ses dialogues. Si, par exemple, on parlait de *Moby Dick*, on voyait surgir une baleine dans le dialogue ! Il avait peu d'imagination propre, mais vous lui disiez un truc et ça faisait tilt pour en tirer la matière à un jeu de mots, une bonne réplique ou une scène entière… En fait, il travaillait beaucoup plus qu'il ne voulait en donner l'impression. Il faisait partie de ces élèves surdoués qui prétendent ne rien foutre et qui se retrouvent premier avec la coquetterie d'un laisser-aller alors qu'en réalité, ils travaillent autant que les autres, parfois plus. Michel travaillait par à-coups, mais son travail était nourri par de longues conversations.

Il ne fallait surtout pas tomber dans le piège de le considérer comme un rigolo paresseux. »

Propos avalisés par Denys de La Patellière : « Pour s'amuser, Michel avait entretenu la légende du fait qu'il faisait ses dialogues par-dessus la jambe, mais c'était absolument faux. Des dialogues ciselés comme les siens, ça ne vient pas comme ça… Quand nous travaillions à Dourdan, il se levait vers 7 heures et se mettait à sa table jusqu'à 13 heures sans bouger. Et il grattait toute la matinée. Après, nous déjeunions, puis il faisait une sieste. Ensuite, nous jouions à la pétanque tout en parlant de l'écriture du lendemain. »

Drôle de paresseux, en définitive.

Michel correspond à cette définition de Rodolphe Salis : « Un paresseux est un homme qui ne fait pas semblant de travailler. » D'autant qu'il n'aime pas qu'on le regarde écrire. Sa manière de puiser dans la langue de Molière et de Céline, de gauchir ses phrases, de modeler ses répliques n'appartient qu'à lui et doit rester secrète. Bien peu l'ont vu tenir la plume. Quand il turbine en duo, c'est toujours à l'autre de rédiger, de prendre des notes, d'immortaliser. Pour lui, écrire relève d'une démarche tellement intime, qu'elle ne peut supporter aucun témoin.

Michel est un auteur dans tous les sens du terme, avec ses traits de génie et ses moments d'angoisse. « Il avait aussi toutes les pannes que peut avoir un créateur, rapportera Jean Herman. Il ne faut pas s'imaginer qu'il pissait du stylo comme ça. Il avait des jours sans et il avait des jours où, peut-être, à l'intérieur de lui passaient de grandes bourrasques. »

S'il écrit seul, il préfère préparer avec des collaborateurs, des associés, des aides. « Il aimait qu'on lui amène une adaptation faite, commentera Jacques Deray. Il la transformait un peu pour pouvoir intégrer son dialogue et sa vision du film. Il était plus qu'un dialoguiste, il était un inventeur, un créateur. »

Cet entourage est chargé de lui proposer les grandes lignes du dialogue. « Ce n'est pas ce dialogue-là qu'il allait utiliser, expliquera Jean Herman, mais ça le mettait sur la voie. Il trouvait quelque chose de mieux et c'était de l'Audiard. Il avait besoin d'être suscité, comme tout créateur. Il voulait un partenaire qui lui apporte de la matière, des reparties. »

Jean-Marie Poiré apportera des précisions: « D'abord, nous nous réunissions pour parler, pour discuter encore et encore du film. Ensuite, il me laissait écrire seul le film. Je lui donnais mon texte, il réécrivait dessus, il faisait son travail de Michel Audiard, enlevant mes dialogues provisoires pour mettre les siens. Souvent des dialogues définitifs, car il détestait réécrire. Il aimait me lire ce qu'il avait fait. Je crois être l'une des rares personnes à lui avoir dit, parfois, que ce qu'il écrivait n'était pas terrible, ce qui ne le mettait pas dans une fureur noire. »

Le plus souvent, Michel participe à ces échanges debout, marchant, fumant, trépignant parfois et laissant à ses collaborateurs le soin de prendre des notes. Ses compagnons de labeur essuient les revers de sa légendaire mauvaise foi.

Marcel Jullian racontera: « Je me souviens qu'un jour, je vois arriver un représentant de la production. "J'ai une mission un peu difficile à remplir auprès de vous de la part de Michel, me dit-il. Il vous doit une somme de 50 000 francs qu'il a encaissée parce que vous n'avez pas beaucoup travaillé sur le script. Mais il vous la remboursera." Je suis tombé des nues mais je ne voulais pas trahir mon copain et j'ai accepté. Audiard a fini par me rappeler: "Plutôt que de te rendre les 50 000 balles, je vais te mettre sur un coup. J'ai un producteur qui cherche une histoire, écris-moi quelque chose et on fera le film ensemble. Si tu peux me faire ça dans les huit jours, tu auras un contrat en béton." J'écris une dizaine de pages que j'envoie. Aucune nouvelle. J'appelle Michel qui me dit, avec un aplomb peu commun, de téléphoner au producteur. Ce que je fais.

– Ah, monsieur Jullian, je ne crois pas que nous allons faire affaire ensemble, me dit-il.

– Pourquoi ?

– J'ai reçu dix pages de Michel Audiard qui me semblent parfaites. Il est inutile de les changer, donc j'ai signé le contrat avec lui.

Et je n'ai jamais fait ce film. Mais je ne pouvais pas me mettre en colère contre Michel parce qu'il avait une telle mauvaise foi, un tel humour qu'on ne pouvait que l'aimer. C'était un personnage unique. »

Comportement typique narré par Jean-Marie Poiré: « Il ne disait pas aux producteurs qu'il travaillait avec des adjoints. Généralement, il se vendait tout seul et après, il fallait se débrouiller pour aller chercher les sous. Et comme lui prenait le maximum d'argent, on était peu enclin à vous en donner à vous. Ce qui fait que j'ai été obligé de faire la grève, le menaçant de ne plus venir travailler. Il arrangeait le coup avec un ou deux coups de fil. »

« Il avait un faible pour l'escroquerie, ajoutera Yves Boisset, sujet qu'il traita avec élégance dans bon nombre de scénarios. Et il avait des comportements qui, parfois, pouvaient donner le sentiment de flirter avec l'escroquerie. Mais, après avoir roulé les gens, il les embobinait par son charme et son humour. Car il y a un aspect de Michel que l'on ne met pas suffisamment en évidence, c'est son charme. On ne peut pas dire qu'il ressemblait d'une manière frappante à Redford, mais il avait énormément de charme et de séduction. C'est une des personnes que j'ai connues qui avait le plus de charme. Il pouvait vous embobiner n'importe qui – homme, femme, enfant, chien, cheval… – et il en jouait très habilement. »

L'un de ses travers est son retard. Il rechigne à livrer sa copie. Veut-il encore améliorer un travail qu'il juge insatisfaisant ou aime-t-il se faire prier ? Probablement un peu des deux.

Si les échafaudages se construisent dans La Chaumière, au fil du temps, Dourdan est complété par d'autres lieux : des hôtels. Trois se détachent du lot : la tranquille et amicale Colombe d'Or à Saint-Paul-de-Vence, le luxueux et paisible Normandy à Deauville et, dernier en date, l'Hôtel de la Trémoille à Paris. Paris ! Comme si l'exilé de Dourdan ne peut se passer de sa bonne vieille cité ; besoin de se retrouver au cœur de « sa » ville…

« Travailler à l'hôtel, remarque-t-il, c'est très pratique. Le barrage est absolu. Les standardistes ne font pas de sentiments. Chez moi, à la campagne, j'ai beau vivement conseiller à ma femme de dire aux copains que je ne suis pas là, si c'est Carmet qui m'appelle, elle craque. Ici, quand j'ai envie d'un café, j'appuie sur un bouton. Un hôtel à la campagne, c'est encore mieux. Mais qu'est-ce qu'on s'y enquiquine ! C'est parfait parce qu'on ne travaille jamais aussi bien. À Paris, dès qu'il y a une tentation d'amusement, j'y vais tout de suite. Des copains passent… tout ce qui m'arrache au travail est bon en soi. Et puis ça me donne un alibi : je suis allé me documenter[1]. »

À la Trémoille, il loge chambre 102, sa favorite, dont les fenêtres donnent sur la rue Chambiges. Une suite plus qu'une banale chambre. Là, il invite ses collaborateurs. Là, il aime bavarder. « Je le retrouvai chaque matin dans sa chambre de l'Hôtel de la Trémoille, son quartier général parisien, racontera Patrick Modiano. Il me dictait une dizaine de répliques, les faits et gestes des différents personnages et je devais mettre tout cela au propre. En quelque sorte, je lui servais de secrétaire. Le seul métier qui m'aurait enchanté aurait été, d'ailleurs, d'être le secrétaire à plein temps de Michel. Nous parlions de choses et d'autres, de tout et de rien, de la timidité de Jean Gabin, du champion cycliste Hugo Koblet qui faisait battre le cœur des dames, du producteur Deutschmeister qui donnait, dans les cas vraiment importants, sa "parole d'honneur privée"... Michel avait observé bien des choses, de ses yeux aigus, et savait les faire revivre[2]. »

Là, comme ailleurs, il s'efforce de suivre un rythme assez strict : petit déjeuner puis début d'écriture vers 9 heures ; arrêt vers midi pour descendre prendre l'apéritif suivi d'un repas. Retour dans la chambre, une heure de sieste avant de reprendre la plume pour deux nouvelles heures de labeur. Il n'écrit jamais les week-ends, réservés à sa famille, ses amis et au cyclisme...

Ces séances se déroulent dans la sérénité et l'humour. « Il était moins angoissé que certains auteurs, rapportera Alain Poiré. J'en ai connu qui se mettaient dans des états incroyables, annonçant régulièrement qu'ils allaient mourir. Michel était moins démonstratif mais il avait ses propres angoisses. »

Ce qu'admet l'intéressé : « Pour les dialogues, je n'ai pas d'angoisse. Je peux coincer deux ou trois jours sur le ton. Comment parlera celui-ci ? Et celui-là ? Si c'est une histoire de couple, il faut différencier, l'un ne peut pas parler comme l'autre. Je résous les problèmes en commençant à écrire. Mon seul doping, c'est la page blanche. Parfois, je commence sur

1. *Télé 7 Jours*, 29 octobre 1983.
2. *Le Point*, 5 août 1985.

n'importe quoi : "Bonjour, comment ça va ?" Je sais que ça va se décanter. Il ne faut pas se demander comment démarrer, il faut le faire. Même mal, aucune importance puisque vous mettrez tout ça à la corbeille. Mais si vous avez démarré votre scène, les gens ont parlé, ils vivent. Et sur cette feuille il y a peut-être deux phrases de bonnes que vous garderez[1]. »

Au milieu de la chambre 102, à sa demande, une grande planche de bois repose sur deux tréteaux. Son bureau. Il a besoin de place pour étaler ses feuilles. Car Michel travaille à l'ancienne. La machine à écrire électrique et autres gadgets censés faciliter la tâche de l'auteur, très peu pour lui. Son activité, il l'exerce en artisan, le stylo à la main. À l'encre noire. Toujours. Les feuilles servent à la fois de témoins et d'outils. Noircies d'une écriture en pattes de mouche, elles volent de tous côtés, finissant souvent dans une corbeille qui crie grâce. Pour tester ses répliques, Michel se lève, marche de long et large et lit à haute voix. Constamment, il se précipite sur sa table afin de rectifier un mot, une intonation. Son dictionnaire des synonymes, il l'a dans la tête ; il y puise à grandes louches. Parfois, tout de même, il a recours à la machine. Pas à écrire mais à enregistrer. Il se repasse ses dialogues et, figé dans une concentration intense, les écoute afin de vérifier leur impact. Corrections, retraits, ajouts. Ainsi naissent ses répliques. Souvent cela va vite. Plus sprinter que marathonien, Michel préfère tenir le rythme de 4 à 5 pages par jour plutôt que de se lancer dans des sessions en forme de tunnel. Dialoguer un film lui demande en moyenne un mois. Parfois moins. Rarement plus. Il a le verbe facile et l'imagination galopante. Son art est facilité par le fait qu'il écrit pour des acteurs précis et même, souvent, des potes.

« Certains acteurs sont des machines à dire le texte, parfois de fabuleuses machines mais qui n'ont aucun univers, aucune langue, note-t-il. D'autres ont cette richesse. Depardieu, Serrault… Autrefois, Gabin, Jouvet… Il n'y avait pas un mot d'eux dans le film, mais il y avait leur façon de parler. Et, malgré soi, on finissait par employer des mots à eux. Gabin avait un langage prodigieusement drôle. Je lui piquais quantité de trucs, pas toujours pour lui[2]. »

1. *Les Cahiers du cinéma*, mai 1985
2. *Ibid.*

Et d'ajouter : « Quand on a parlé plusieurs fois avec un acteur, on sent bien la tournure de son langage, son tempo, ses silences, le cas échéant – certains acteurs sont merveilleux dans le silence ; en revanche, si j'écris demain pour Michel Bouquet, mon rêve serait qu'il parle sans arrêt. Même avant de travailler avec Gabin, je le connaissais déjà à travers les films de Carné et Prévert[1]. »

Ah, Gabin ! Que n'a-t-on pas dit, et écrit, sur leurs rapports professionnels. Une rumeur félonne veut que Michel se soit contenté de « reproduire » le phrasé du comédien. Il y a confusion entre « s'inspirer » et « reproduire ». Question de vocabulaire. « Gabin a un langage qui lui est propre dans la vie, convient Audiard. Gabin parle bien. Il a des mots riches et un langage très à lui. Malgré moi, j'ai piqué des mots à Gabin. "Ah ben, tiens, v'là autre chose !" c'est de Gabin. Mais Gabin est une exception. Je connais très peu d'acteurs ayant un vocabulaire aussi riche. »

Le producteur Alain Poiré racontera comment il montait des films avec son ami Michel : « Je cherchais à travailler avec des gens qui ont du talent, ce qui me semblait moins risqué que de travailler avec ceux qui n'en ont pas. Souvent c'étaient des vedettes, mais pas forcément. J'allais les voir avec une idée dont j'avais auparavant parlé avec Audiard. Ils savaient donc qui allait écrire, quel allait être le sujet et, le plus souvent, qui allait réaliser. Nous signions les contrats et Michel se mettait au travail. Tout le monde avait confiance dans le talent de l'autre et c'est sur cette base que nous montions des films. Les acteurs signaient ou donnaient leur parole sans avoir rien lu. Et, à cette époque, on ne revenait jamais sur sa parole. Il était entendu qu'au fur et à mesure que le scénario avançait, chacun pouvait faire part de ses commentaires, mais c'était vraiment très rare. »

Michel exige vraiment de connaître les noms des interprètes principaux avant de se lancer dans l'écriture. À chacun ses mots.

« Par exemple, explique-t-il, on me demande d'écrire pour Belmondo… Je vois Belmondo, on discute, on se met d'accord et je commence à écrire les dialogues. Tout à coup Belmondo tombe malade ou se casse une patte et on prend Delon. On prend donc un autre bon

1. *Cinématographe*, décembre 1979.

comédien. Mais, moi, je réécris tout!... Dans la vie les parlés de Belmondo et de Delon se tournent le dos complètement, ils n'emploient pas les mêmes mots pour décrire quoi que ce soit... Comment voulez-vous qu'au cinéma ils soient à l'aise? Delon ne pourrait pas dire un dialogue que j'ai écrit pour Jean-Paul. Il serait mauvais comme un cochon. Tandis que, si j'écris pour lui, il sera très bon car Delon a beaucoup de talent... Si j'écris pour Serrault et que j'ai Noiret, qui sont tous les deux des gens de talent, c'est foutu! Il faut que je réécrive tout... Quand on dit que j'écris *sur mesure*, je prends ça comme un hommage à mon professionnalisme. C'est un mec qui ne connaît pas son métier qui peut dire "C'est écrit, on ne change rien!"[1] ... »

Il n'a rien d'un dilettante, et si, à travers ses boutades, il semble dénigrer son travail, en réalité, il le prend très au sérieux et en parle avec précision: « Quand je donne mes dialogues, il y a toujours une colonne où j'ai noté des indications de rythme, de mouvements pour l'acteur: "Observez un temps. Reculez. Allumez une cigarette." Le réalisateur n'a plus qu'à illustrer tout ça. Il faut préciser la façon dont bouge un personnage ou dont il dit une réplique. Qu'il la dise en regardant dehors ou en vous regardant dans les yeux change complètement la portée du mot. Au début, je mettais: "Il a un costume gris et une cravate verte." J'ai compris que, de toute façon, il mettrait un costume bleu. Mais, si j'ai une scène où un mec parle à une femme et que je ne précise pas qu'il met en route le magnétophone qu'il a dans sa poche avant de parler, ça change légèrement le sens; ou qu'il allume la télé pendant qu'il joue; ou qu'il pense à autre chose pendant qu'il parle. Toute l'optique de la scène sera modifiée. Ce que vous n'aurez jamais sur le papier, c'est le rythme. À la mise en scène de l'apporter. La mise en scène est un travail technique, pas un travail intellectuel. Quand on écrit une scène, on la voit, mais on la visualise idéalement. Je ne vais sur un tournage que s'il y a un problème. Parfois, au bout de six semaines, le metteur en scène appelle pour dire: "J'ai l'impression qu'on va faire dix minutes de trop; il faudrait peut-être couper quelque chose." On se réunit, je coupe, je réécris un peu, il y a des

1. *France Culture*, 1978.

soudures à refaire. Lorsqu'il y a un problème, je vais aussi au montage. Je me passe le film à la Movietone. Il y a des scènes qui apparaissent comme inutiles ou comme des redites alors qu'elles semblaient nécessaires sur le papier. Il faut alors couper et faire un petit raccord. C'est une petite cuisine que j'aime bien[1]. »

Michel donne l'impression de pouvoir tout écrire, du prolo au banquier, du président au clochard. Pourtant, un genre de scène le gêne. Par pudeur. « Je suis incapable d'écrire une scène d'amour au premier degré, admet-il. Au bout de cinq minutes, ça me fait rire. Donc, si je ne veux pas tricher, plaisanter ou faire dire des horreurs aux personnages, il faut que je les occupe à autre chose, que la scène soit fausse… Je sais assez bien écrire une fausse scène d'amour. Une scène où l'un des deux ment et l'autre le croit. Encore mieux s'il ment et qu'on ne le voit pas, mais c'est plus difficile, c'est le cours supérieur ! Les grandes scènes de passion avec moi dérapent très vite. Je ne peux aller au bout ; les mots qu'on dit dans l'excès de passion sont toujours parfaitement regrettables. C'est le contraire de l'intelligence[2]. »

Et d'ajouter : « J'ai horreur des mots d'amour à l'écran quand ils sont de moi. J'aime ça chez les autres quand c'est bien fait, mais moi, je ne peux pas les écrire, j'ai l'impression de violer des secrets, de forcer un coffre-fort. Je suis un voleur, mais je ne vole pas tout : si une femme m'a dit une connerie, ça ne me gêne pas du tout de l'utiliser dans un film, mais si elle m'a dit quelque chose de gentil, je ne peux pas m'en servir, je n'ai pas le droit… Et puis je n'aime pas me laisser aller. Les copains savent que je les aime bien parce que je le leur prouve, mais je n'ai jamais dit à un copain : "Tu sais, vraiment, t'es un frère !" ou un truc comme ça… Je ne me souviens même pas d'avoir dit une fois dans ma vie à une femme que je ne pouvais pas me passer d'elle ou quelque chose dans le genre. Ça s'étranglerait dans ma gorge avant de sortir… Un amoureux, j'aime mieux en faire un cynique, ça m'arrange[3] ! »

1. *Paris-Presse*, 17 juin 1967 et *Les Cahiers du cinéma*, mai 1985.
2. *Paris-Jour*, 15 décembre 1968 et *Les Cahiers du cinéma*, mai 1985.
3. Cité dans *Mon petit livre rouge* (Presses Pocket, 1969).

Si certains de ses dialogues atteindront l'immortalité, c'est parce qu'ils semblent sortis de la rue, avec cette touche d'humour que l'on ne trouve que chez les gens de bon sens.

« Les bons mots courent les rues, admet Michel. Il n'y a qu'à s'installer sur le coup de 11 heures dans un bistrot de la Mouffe[1] et coller ces bouts de dialogue dans mes films[2]. » Et de préciser : « C'est une observation de la rue. Mais pas non plus du réalisme puisqu'il faut la transposer. Il y a un amalgame qui se fait entre ce qu'on a entendu et ce qu'on a écrit[3]. »

Son style n'a du parler du pavé que la trompeuse apparence. « Les personnages de Michel ne parlent pas comme on cause dans la rue, soulignera Jean Herman. C'était réécrit, interprété. Il y avait une scansion, il y avait un rythme. C'est en cela qu'il était proche de Céline ; il avait très bien écouté la musique des mots. »

Il est exact qu'il puise une partie, mais une partie seulement, de son inspiration dans la rue. Cependant, il serait illusoire de penser qu'il récolte ses répliques telles quelles. Les bistrots, c'est comme les huîtres, on n'y trouve pas forcément des perles. Les phrases entendues passent par le tamis de son talent.

« Mes dialogues sont énormément reconstruits, avoue-t-il. J'aime bien mettre des imbéciles dans les films alors je leur prête quelquefois des phrases entendues. Attention : je ne reprends pas texto, je grappille, je prépare l'entrée, la chute. Finalement, je dénature[4]. »

Certains lui reprochent de dépeindre un monde factice. Vieux débat qui resurgit à intervalles réguliers. « On m'attaque sur ma manière de faire parler les prolos, s'indigne-t-il. Or, qui me querelle ? Des agrégés ! Moi qui connais la question ! À 14 ans, j'étais déjà un prolo. Je pense être le seul dans le métier à posséder un CAP de soudeur à l'autogène. Je n'ai jamais mis d'argot dans le langage populaire parce qu'il n'y en a pas. Vous avez

1. Quartier Mouffetard, dans le cinquième arrondissement.
2. *Paris-Presse*, 15 décembre 1964.
3. *Les Cahiers du cinéma*, mai 1985.
4. *Pariscope*, 15 décembre 1965.

déjà entendu quelqu'un lancer : "J'entre dans un rade et je jette un coup de sabord ?" Moi, pas[1]. »

André Pousse précisera : « Il n'y a jamais eu de vulgarité dans les dialogues d'Audiard et pratiquement jamais d'argot. Des fois je lui disais : "Tu devrais le dire comme ça." Et il me répondait : "Au Creusot, ils ne comprendraient pas"... Audiard a réinventé le langage parlé. »

Par moments, tout de même, il se laisse aller à des digressions risquées. Si n'importe quel pékin sait ce qu'est du *fric* et un *flingue*, il est moins aisé de deviner qu'un *bouic* est un lupanar, qu'un *barbillon* est un maquereau, que *acheter à croum* signifie payer à crédit et que le *mitan* n'a aucun rapport avec un match de foot puisqu'il désigne le milieu, celui des gangsters. Enfin, l'expression « c'est du cri », maintes fois utilisée, veut tout simplement dire « c'est une escroquerie »[2].

Michel s'amuse à répéter que non seulement il écrit toujours le même scénario mais que, de plus, il fourguait toujours les mêmes répliques. C'est, bien entendu, faux. Certes, il lui est arrivé de réutiliser certains de ses dialogues, mais les cas sont assez rares.

« Tu as remarqué sa démarche, son balancement des hanches ? On ne trouve ça que chez les femmes qui ont beaucoup souffert » (*Des pissenlits par la racine*) / « Elle avait dans les hanches ce balancement gracieux des femmes qui ont beaucoup marché » (*Le Cri du cormoran le soir au-dessus des jonques*).

« Le papa réagit. Il met en route l'effroyable appareil judiciaire, le glaive inexorable, le bras séculier » (*La Chasse à l'homme*) / « J'ai bon caractère mais j'ai le glaive vengeur et le bras séculier. L'aigle va fondre sur la vieille buse » (*Faut pas prendre les enfants du bon Dieu pour des canards sauvages*).

« Je peux tout demander à mon cerveau sauf de s'arrêter de penser » (*Quand passent les faisans*) / « Y a des jours où on sait même pas le goût que peuvent avoir les choses. On voudrait se dissoudre, plus penser. C'est le drame de l'homme ça : pas pouvoir s'arrêter de penser » (*Les Bons Vivants*).

Pas de quoi crier à la copie systématique. Audiard travaille à la plume et à l'imagination, non à la photocopieuse et au plagiat.

1. *L'Aurore*, 23 novembre 1974.
2. Pour « décrypter » l'argot d'Audiard, lire *Le Petit Audiard illustré* (Nouveau Monde, 2011).

* * *

L'Hôtel de la Trémoille où il a ses aises, bénéficie d'une autre utilité : c'est… un hôtel ! Et qui dit hôtel, dit chambre. Pas seulement pour y dormir… Car Michel aime les femmes.

« Les femmes ont défilé dans sa vie, témoignera son fils Bruno. Beaucoup plus qu'on ne l'imagine. Celles à qui il a fait des enfants et les autres, toutes les autres. Conquêtes d'un soir ou d'un après-midi, amantes d'un tournage ou d'une saison… Quand ma mère le rejoignait à l'Hôtel de la Trémoille, elle savait que le concierge le prévenait illico. En montant l'escalier menant à la chambre 102, elle croisait souvent des starlettes ou des actrices un peu plus connues, dévalant les marches de manière un peu trop précipitée. Bizarrement, elle retrouvait leur parfum dans la chambre de Michel… Qui se noyait dans des explications oiseuses à base de rendez-vous professionnels. Au début, ma mère s'en était irritée. Surtout quand elle avait découvert qu'il couchait avec une de ses meilleures amies ! Mais, désabusée, elle dira : "Après tout, les 'meilleures amies' ont été inventées pour ça." Par la suite, elle mit de l'eau dans son vin et du miel dans ses paroles, tant elle était passionnée par ce Michel qu'elle avait connu bien avant son heure de gloire. Elle se contentait de commenter, après le passage d'une créature : "Pas très distinguée"… Michel appréciait les femmes de caractère. Disons, celles qui savaient lui tenir tête. D'ailleurs, la plupart des femmes de ses films ont un côté masculin développé. Il aimait les femmes qui en ont dans le chou et pas seulement dans le soutien-gorge. Car il avait besoin, non de bavarder, mais de parler avec elles. Il avait aussi besoin de tester ses répliques. Ma mère fut sa principale sparring-partner. Si elle souriait, il les conservait et les recasait dans un de ses films. Dans le cas contraire, il les jetait aux oubliettes. Enfin, pas toujours… Seules maman et une ou deux femmes de caractère osaient lui faire remarquer que, de temps en temps, il pataugeait dans le médiocre. »

26

Causeries

Une fois n'est pas coutume, Michel Audiard se laisse le temps de peaufiner sa prochaine œuvre de réalisateur. En parallèle, les propositions continuent d'affluer. Gaumont lui demande de plancher sur l'adaptation de *TTX 75 en famille*, roman de Richard Caron racontant les mésaventures d'un agent secret opérant sous couverture et obligé de se construire une fausse famille. Alain Poiré y voit deux beaux rôles pour Lino Ventura et Mireille Darc. Michel se met à la tâche mais, apprenant que Lino décline l'offre, abandonne à son tour. Le projet passe entre les mains de Francis Veber qui en fait *Il était une fois un flic*, avec Michel Constantin et Mireille Darc. L'ensemble est réalisé par Georges Lautner qui, déjà, a une autre idée en tête : une histoire d'hippies égarés dans la campagne française, tirée de *La Nuit des grands chiens malades*, roman d'A.D.G. Michel étudie la question, mais botte vite en touche, conseillant à Georges de prendre son « poulain » Jean-Marie Poiré. Cela donnera *Quelques messieurs trop tranquilles*.

De refus en refus, de projets inaboutis en projets inaboutis, de déception en déception, le temps s'écoule. Michel préfère revenir à un projet personnel. Il rédige un script et bloque des dates de tournage, au printemps 1972.

« Jusqu'ici, je me disais : "Je vais me mettre à écrire la semaine prochaine !", explique-t-il. Je commençais tranquillement deux mois plus tard et je terminais dans la panique ! Bon, j'ai compris : je ne veux plus souffrir les affres de l'agonie au dernier moment avec mes interprètes[1]... »

1. *France-Soir*, 8 octobre 1971.

Il ne s'inspire pas d'un roman existant, préférant inventer une trame loufoque avec, en son centre, un personnage féminin.

Elle aime se faire appeler Rosemonde Dubois de La Faisanderie, née à Vienne (Autriche) d'un père ambassadeur de France ressemblant au duc de Reichstag et d'une mère cantatrice ressemblant à l'impératrice Eugénie. Mais elle répond également aux patronymes moins pompeux de Clara Trompette, Brigitte Vissandière et Paloma Rodriguez! De quoi faire perdre le nord aux chaussures à clous du Quai des Orfèvres. Cette femme est en réalité une cheffe de gang, spécialiste de l'homicide à grande échelle. Sa mission: fournir les officines religieuses en pieuses reliques. Elle dispose de toute une panoplie d'« outils » pour y parvenir.

« Depuis les pieux mérovingiens jusqu'aux roquettes à tête fouineuse, y a pas une arme que tu ne connaisses pas! »

« Madame Rosemonde, c'est une fleur de serre, complète Audiard. Sur le plan sentimental: sujette à des extases, prête à soupirer, aimant les roses trémières et les chansons tendres. Sur le plan pratique: prix Nobel de l'équarrissage, médaille d'or de l'arnaque. À la préfecture, rien que son nom déclenche des névroses. Elle est fichée à toutes les brigades, mais c'est surtout à la brigade criminelle qu'elle tient la vedette: son dossier occupe tout un étage[1]! »

Actrice toute désignée: Annie Girardot. Elle se glisse avec délectation dans les tenues incroyables de cette femme d'un monde pas toujours rose. Elle découvre que son ami Audiard a corsé la difficulté en l'obligeant à suivre des cours de harpe! Annie se fait livrer un de ces encombrants instruments à son domicile où elle s'exerce quotidiennement une heure durant, tout en regrettant de ne pas jouer plutôt de l'harmonica ou du triangle.

« Plusieurs fois j'ai dit de Michel Audiard: "Il a un œil gai et un œil triste", rappelle Annie. La très large majorité des spectateurs ne connaissent que l'œil gai. Si je peux me permettre un conseil, ils auraient intérêt, je crois, à découvrir l'autre[2]. »

1. *France-Soir*, 4 avril 1972.
2. *Pariscope*, 23 août 1972.

Autour d'elle, Michel réunit l'équipe habituelle : Blier, Pousse, Carmet, Biraud et consorts. Plus Darry Cowl pour une fugace prestation. Un ludion. « Je n'ai pas compris ce que je venais faire dans ce film, affirmera-t-il, je n'ai pas compris le sujet, j'étais en dehors de tout... J'ai d'Audiard le souvenir d'un garçon délicieux, charmant, plein d'humour. C'était un grand dialoguiste, très subtil. Il avait un ton à lui. Ce n'était pas Guitry, ce n'était pas Jeanson, ce n'était pas Pagnol, c'était Audiard ! Un dialogue comme ça, ça sert les comédiens, c'est comme du miel, c'est fluide, c'est délicieux. J'ai le regret de ne pas avoir été à la hauteur de ses textes. »

Le fond du sujet – la critique du « marché » des reliques religieuses – risque de faire grincer des dents. « Cette fois, admet Michel, j'ai voulu montrer que les gens qui devaient être "bien", comme l'archevêque, sont de franches crapules et que les assassins peuvent virer complètement. Les assassins sont malléables – ce qui serait un bon titre de film – pour qu'ils changent, il suffit qu'on les embrasse[1]. »

Une œuvre anticléricale ? Assurément, répond son auteur : « Je suis sans doute le dernier qui croie en Dieu. Et, comme je suis profondément anticlérical, j'ai pu, dans le film, libérer mes mauvais instincts. D'ailleurs, comment croire en Dieu et ne pas être anticlérical[2] ? »

Treize ans plus tard, il changera son fusil d'épaule et son goupillon de main : « Avant, j'étais croyant comme une chaisière. J'avalais tout : les saints, les Rois mages, l'Immaculée Conception... Aujourd'hui, je ne suis pas loin de considérer le pape comme un gugusse et le clergé comme une association de malfaiteurs spécialisés dans la propagation de fausses nouvelles[3]. »

Il cessera de croire à la seconde même où il apprendra la mort de son fils...

La peu fréquentable Rosemonde habitant une somptueuse propriété plantée au cœur d'un bidonville, il faut construire un décor de toutes pièces. Le site choisi est Champigny. Rapidement, la météo s'en mêle.

1. *Le Monde*, 17 août 1972.
2. *Ibid.*
3. *Paris Match*, 9 août 1985.

Durant neuf semaines, l'équipe du film doit guetter les pauses d'une petite, mais constante, pluie fine. Sitôt la dernière goutte tombée, on se rue sur la caméra. En robe légère, pantoufles à hauts talons, Annie a du mal à ne pas glisser dans la gadoue… Moins dangereuses sont les traverses de l'abbaye de Royaumont où Michel tourne les scènes de l'archevêché avec un Galabru en ponte de l'Église.

Autre difficulté, mais plus traditionnelle : le titre. Avec les *Canards sauvages*, Michel détenait le record du titre de film français le plus long. Mais il craint de le perdre car les coups de boutoir des concurrents se multiplient, dont *Êtes-vous fiancée à un marin grec ou à un pilote de ligne ?*[1] … Seule solution pour distancer ses rivaux : faire encore plus long ! Pourtant, après avoir suivi bien des pistes, il opte pour le discret *Son business, c'est l'éternité*. Son producteur, André Génovès, refuse. Disposant des noms de Girardot et Audiard, il imposa *Elle cause plus… elle flingue*. Cela laisse supposer une filiation avec *Elle boit pas* alors que les deux histoires n'ont aucun point commun. Michel cède. Le public en est un peu décontenancé. Le résultat franchit la barre du million de spectateurs, mais fait moitié moins d'entrées que son soi-disant prédécesseur.

Quant au dénommé Génovès, il jongle avec des problèmes financiers. Il n'est pas le seul…

« Un matin, raconte Audiard, je me pointe aux Films La Boétie. Me voyant entrer dans son bureau, André Génovès, le producteur, sort un papier bleu de son tiroir. Rien que la couleur annonce les embrouilles majeures. Ça ne rate pas ! L'infect papelard bloque mes salaires !… Quoi que j'écrive, quoi que je tourne, je ne palperai pas un radis, tant que je n'aurai pas acquitté mes "arriérés". Se montant à combien, croyez-vous ? 10 000 anciens francs ? 20 000 ? Si vous calculez comme ça, c'est que vous raisonnez encore selon une certaine logique. […] Pour avoir "le droit de travailler", il faut que je casque un arriéré de 15 millions ! Je ne sais pas si vous avez une idée où trouver 15 briques, comme ça, le matin au saut du lit ? Moi pas. Sur l'instant, j'ai failli boucler mes valises pour la Suisse, comme Anouilh, comme Simenon, comme Frédéric Dard, comme tant

1. De Jean Aurel avec Jean Yanne, Nicole Calfan et Francis Blanche.

d'amis chers. Mais j'ai un peu peur de m'ennuyer dans les soirées d'hiver aux bords du Léman, même en aussi brillante société[1]. »

Il continue, encore et toujours, de se battre contre le fisc et autres organismes de recouvrement. « Il dépensait ses millions aussi vite qu'il les gagnait, se souviendra son fils Bruno. S'achetant des voitures de sport, invitant des myriades de potes au restaurant, entretenant deux foyers et, sans doute, pas mal de maîtresses, refilant de l'oseille à des avides qu'il avait la faiblesse de considérer comme ses amis. Il payait toujours cash. Il aurait pu s'acheter des châteaux, et pas seulement en Espagne, profiter de placements juteux. Il préféra s'acheter du bon temps et profiter de la douce poésie de la vie. »

Son autre fils, Jacques, se remémorera l'appétit de ces messieurs du ministère des Finances : « Il avait beaucoup de beaux ouvrages de poésie, Rimbaud, Verlaine, Mallarmé rehaussé par Rodin. Il n'en reste rien. Tout a été englouti par le fisc. Les huissiers, c'est des gens que je connais. Mon père était immensément riche, mais il a tout dépensé. C'est pas plus mal. Ces choses-là ne sont pas faites pour durer[2]. »

Souvenir de contribuable : « L'ancien percepteur était sympathique, affirme Michel. Je le payais un peu en retard, quelquefois un peu en avance, mais nous nous arrangions toujours. Le nouveau fait du zèle et s'attaque à un compte d'ailleurs à découvert. Cela me chagrine d'autant plus que j'ai toujours payé mes impôts depuis vingt ans et invariablement résisté à la tentation de partir en Suisse. Aujourd'hui, je n'ai plus envie de casquer, je suis écœuré[3]. »

« Faut casquer gros père, faut casquer ! »

Comme le dira Jean-Paul Belmondo dans *Flic ou voyou.*

* * *

Michel souhaite passer d'Annie à Alice, c'est-à-dire de Girardot à Sapritch. Pour cette dernière, il imagine un rôle d'enseignante de haut

1. *Paris Match*, 5 mai 1973.
2. *Télérama*, 22 juillet 2015.
3. *Le Figaro*, 10 octobre 1968.

niveau à laquelle est confiée une chaire de sexologie. De la théorie à la pratique, de l'initiation « magistrale » à la séduction, tel sera l'itinéraire suivi par cette dame... Idée saugrenue vite jetée aux oubliettes.

Plus sérieusement, il annonce la mise en route de *Joli mois de mai quand reviendras-tu ?* d'après une pièce de Remo Forlani, *Au bal des chiens*. Une intrigue singulière : quatre femmes de ménage opérant à la Sorbonne en mai 1968. Apeurées par les fameux « événements », elles décident de se réfugier dans les égouts. Elles y restent bloquées une semaine avec pour unique compagnie des rats affamés et un égoutier abruti mais débordant de virilité. Sa distribution idéale : Annie Girardot en créature farouche et chaste qui découvre l'extase, Micheline Luccioni en femme soumise mariée à un crétin, Ginette Garcin en nymphomane folle de son corps et Jacques Brel en égoutier affamé de sexe. Ne manque que l'interprète de la benjamine du groupe, naïve et douce.

Le coup de sifflet de départ de ce projet a été donné par Annie Girardot. N'ayant pu jouer la pièce, elle s'improvise productrice et finance l'écriture de ce *Joli mois de mai*. Voilà les deux gaillards embarqués dans des travaux d'écriture.

Mais Michel reste prisonnier d'autres contrats. Peu à peu, il délaisse le *Joli mois de mai* et son amie Annie Girardot a la délicatesse de ne pas lui en vouloir. Le film ne se fera pas.

Audiard se penche sur *On a beau être obsédé sexuel, ce n'est pas facile de faire un film porno*, aimable satire des films dénudés, alors très en vogue.

« Pour l'instant, confie-t-il, j'ai déjà écrit en 15 pages cette histoire d'un gars qui essaie de faire un film porno pour des raisons strictement commerciales, mais ne peut y arriver car c'est un tendre, un poète, un idéaliste qui finit par filmer un champ de blé parsemé de coquelicots au lieu de la scène cochonne prévue, et même par épouser le modèle pour photos "spéciales" qu'il avait engagé comme vedette. Il me faut, pour le rôle, un comédien de premier ordre car il aura tout le film sur le dos[1]. »

Michel laisse vite tomber cette esquisse. Peu après, une idée similaire germera dans l'esprit de Francis Veber, donnant naissance à *On aura tout*

1. *France-Soir*, 28 juillet 1972.

vu, avec Pierre Richard dans le rôle d'un poétique et accidentel réalisateur de porno.

Autre projet : l'adaptation de *Les Panadeux*, d'A.D.G. L'action se situe à Orléans, fief des interdits de séjour. « On verra une bande de repris de justice complètement ahuris s'associer avec des honnêtes gens momentanément dans le besoin pour monter des coups minables[1] », annonce-t-il. Abandonné.

Georges Lautner lui demande alors de réfléchir aux dialogues des *Voleuses*, dont le scénario est écrit par Danièle Thompson. « Les mésaventures de deux gonzesses ayant le goût du chapardage dans le sang, raconte Audiard. Leurs destins se croiseront au début de l'histoire dans les couloirs du palais de justice où l'une vient pour divorcer et l'autre pour s'expliquer devant le juge d'un vol à l'étalage. Ayant fait connaissance dans le malheur, elles décideront de faire carrière dans la rapine. Reste à trouver deux comédiennes pour jouer aux championnes de l'arnaque[2]. »

Danièle Thompson se souviendra : « J'avais écrit le scénario ; je crois que l'on avait demandé à Michel Audiard d'y travailler… Au départ, le film était prévu pour Bardot et Girardot puis tout est parti dans tous les sens. »

L'histoire débute par deux divorces qui favorisent la rencontre des deux héroïnes, l'une un peu coincée, l'autre plus délurée : Françoise et Marinelle. Elles se mettent à voler. D'abord des tableaux et des œuvres d'art puis de la came pour finir par une banque. Le tout se termine par un mariage.

Michel dialogue bel et bien un scénario complet.

« Ma fille est nymphomane, ma femme est hystérique. Je me console en pensant que le contraire aurait pu se produire. »

« Un con fait ce qu'on attend de lui, un idiot est imprévisible. »

En cours de route, il apprend que Monica Vitti remplacera Bardot. L'ensemble doit être produit par André Génovès, toujours englué dans un marais de complications financières. La pression fiscale est telle qu'il réduit ses ambitions et abandonne ces *Voleuses*.

1. *Ibid.*
2. *France-Soir*, 16 mars 1973.

Michel se tourne alors vers *Tout est dans la fin*, d'après le roman de Gilbert Prouteau. Une histoire policière qui débute par la découverte de 27 cadavres. Enterré.

Simone Signoret, Michel Bouquet et Jean Carmet, tels sont les trois noms qu'Audiard annonce au moment d'adapter *Le Bourgmestre de Furnes* de Simenon. Reporté *sine die*.

Suit une adaptation d'un roman d'Albert Simonin, *L'Élégant*, dans lequel un taulard recouvre la liberté après vingt-cinq ans passés derrière les barreaux. Il ne reconnaît rien et se souvient de son Paris d'avant-guerre avec nostalgie. Forclos.

Toutes ces intentions inabouties occupent Michel Audiard qui ne ménage ni sa peine, ni son imagination. « Quand je pense que j'ai la réputation d'être paresseux », constate-t-il amèrement.

27
La gesticulation des acrobates

Michel Audiard en a un peu assez d'être tributaire du bon vouloir des producteurs, de l'agenda des acteurs, de l'humeur des distributeurs. Par réaction, il se lance dans une œuvre pour laquelle il n'aura besoin de personne si ce n'est d'un excellent technicien. Un film de montage. Sujet : l'histoire de France.

« La France m'est apparue en rêve, affirme-t-il. Mon confesseur met ça sur le compte des mauvaises lectures, mon psychiatre sur le compte du surmenage, ma femme sur le compte du beaujolais[1]. »

Titre provocateur : *Vive la France.*

« J'ai pris pour thème la crétinerie, la prétention et la lâcheté des Français depuis Vercingétorix jusqu'à la Ve République, annonce-t-il. Ce sera une entreprise de débourrage de crânes, entreprise sans but lucratif, mais qui aura le but de nuire à la bêtise. Je veux que les mécontents se défoulent en voyant le film, comme je me défoule en le préparant[2]. »

Ce doigt accusateur, il veut le poser sur les plaies béantes d'une histoire qui s'est forgée dans le sang. Il évoquera les hauts faits, les grandes figures et les dates à retenir, mais vus par le petit bout de la lorgnette, à travers le regard des petites gens, ceux qui subissent, souffrent, meurent par milliers à chaque guerre, chiffres anonymes dans des statistiques glaciales.

Projet polémique voire politique. Curieux revirement de la part d'un homme qui n'a cessé d'affirmer que la politique ne l'intéresse pas et les politiciens encore moins : « Je suis totalement apolitique. Je n'ai jamais

1. *Le Film français*, 21 décembre 1973.
2. *France-Soir*, 29 novembre 1972.

voté de ma vie. Les têtes sur les affiches électorales ne m'ont jamais inspiré. Je suis un vétéran de l'antigaullisme depuis le 18 juin. En somme, si j'étais cohérent, je voterais pour les communistes, mais ce serait une façon de voter "contre", alors je préfère m'abstenir. Mon genre, c'est d'être ricaneur. Depuis vingt ans, j'en suis un et je fais semblant d'être de droite. Et si on me pousse, je fais semblant d'être fasciste. Mais ça, c'est pour les soirées au beaujolais[1]. »

L'étiquette de droite lui colle effectivement à la peau. On le sait peu partisan de De Gaulle et, faute de mieux, on le place à droite du général. De nombreux journalistes lui reprochent une tendance au poujadisme et d'aucuns, se basant sur des extraits de ses dialogues, le traitent de tenant de l'extrême droite. « On me voit toujours sous des couleurs fascistes sans prendre la peine de noter que, dans mes films, les riches sont souvent odieux, le populo brave et que le soldat que je persifle est toujours un officier supérieur[2] », se défend l'intéressé.

Journalistes et gens de gauche manquent rarement une occasion de flinguer ses prises de position, que ce soit dans la vie ou dans ses films. « En trente ans de carrière, j'ai eu droit à tout le répertoire. J'ai été traité de poujadiste, de raciste larvé. De facho aussi, ce qui est la moindre des choses. Maintenant, si vous avez une certaine indépendance d'esprit, si vous ne suivez pas les flèches, si vous posez la moindre question gênante, vous êtes automatiquement classé facho. C'est breveté[3]. »

Les plus férus de subtilités politiques le qualifient « d'anarchiste de droite », formule que revendique son ami Jean Gabin. Ce côté *anar* plaît bien à Michel : « Je suis un anarchiste. Je ne vote pas. Je suis contre tout, contre tous, qu'ils soient de droite, de gauche, du centre. Enfin, c'est comme ça que je comprends l'anarchie[4]. » Ce que confirmera Bernard Blier : « Il n'était pas poujadiste. C'était un homme de droite, mais plutôt anar. Un peu comme Marcel Aymé ou Jean Anouilh[5]. »

1. *Le Monde*, 17 août 1972.
2. *L'Aurore*, 23 novembre 1974.
3. *Valeurs actuelles*, mai 1978.
4. *L'Aurore*, 25 décembre 1969.
5. *La Revue du cinéma*, juillet 1988.

Cinéaste engagé – plutôt sur la gauche – Yves Boisset précisera : « Michel était profondément anarchiste, ça oui, mais que ce soit de droite ou de gauche, je n'en sais rien, car il pouvait se montrer plus gauchiste que Krivine et, par pure provocation, plus facho que Le Pen. Mais, dans un cas comme dans l'autre, cela ne correspondait à rien de profond. Ce qui était profond, c'était son côté anar. »

Dans son projet, Michel compte mettre en valeur les auteurs de droite, délaissés ou bafoués.

« Ce qui me séduit dans la droite, dit-il, ce sont ses écrivains : Montherlant, Morand, Giono, Jacques Perret, Marcel Aymé. Je suis toujours attiré par la déconnante et la droite déconne. Les hurluberlus, on ne les trouve qu'à droite. La droite est braque, il ne faut jamais l'oublier. À gauche, c'est du sérieux. Ils pensent ce qu'ils disent et, c'est le moins que l'on puisse dire, ils ne sont pas très indulgents avec les idées des autres[1]. »

Michel est avant tout un provocateur, prêt à prendre une position et son contraire. La droite, la gauche, le centre, les extrêmes ne sont, pour lui, que prétextes à moqueries et railleries. Son ami, le producteur Alain Poiré, témoignera : « Ce doux-violent tenait à ses idées dur comme fer et ne voulait ni convaincre ni être convaincu, encore moins être bousculé dans ses convictions, moyennant quoi il changeait d'idées dix fois de suite, par humour, par paradoxe ou pour toute autre raison. Entouré de ses "potes", il faisait fleurir une dialectique étincelante, où son intelligence, qui tournait rond comme une mécanique bien huilée, se complaisait[2]. »

Le Michel Audiard polémiste n'est-il pas résumé dans sa propre formule : « Les opinions politiques ne sont intéressantes que si elles sont subversives » ?

Il est un homme du peuple, partageant avec lui ses déceptions et ses cris d'animal blessé. Dans cet esprit, il conçoit *Vive la France*.

Reste à trouver le matériel *ad hoc*. Depuis que les actualités filmées existent, des tonnes de bobines ont été stockées un peu partout. Pourtant, à son grand étonnement, Michel essuie de cinglants refus. L'ORTF lui

1. *Le Film français*, 29 octobre 1976.
2. *200 films au soleil*, *op. cit.*

interdit l'accès à ses archives. Réaction identique de diverses autres officines. On lui suggère d'aller voir chez les Anglais.

« Lorsque je me suis adressé aux actualités anglaises, s'amuse-t-il à raconter, en leur demandant s'ils possédaient des séquences où de Gaulle est ridicule, ils m'ont répondu : "Nous pouvons vous donner tout ce que nous avons : il est ridicule partout !"… Dès lors, je n'avais plus de problème[1]. »

Il n'y a pas que ces messieurs d'outre-Manche pour prêter leurs bobines au cinéaste, il y a aussi le Centre cinématographique des armées. Sans oublier les archives de Gaumont-Actualités auxquelles il a accès grâce à Alain Poiré.

Pour l'épauler dans sa longue quête, Michel s'adjoint les talents de Jean-Claude Sussfeld. « Il dressait des listes de documents qu'il souhaitait avoir et j'allais à Joinville fouiller dans les archives Gaumont, racontera ce dernier. Connaissant son esprit, je savais qu'il fallait lui trouver des documents un peu surprenants, un peu choquants même. Michel avait envie de faire quelque chose qui fasse réagir les gens. J'avais bien senti son esprit anarchisant, finalement pas loin de l'esprit de 68. C'était une vision de la politique dont on n'avait pas l'habitude à l'époque, pas du tout politiquement correcte. Je trouvais cette démarche sympathique et courageuse. Il voulait montrer certaines vérités que beaucoup préféraient laisser cacher, mais il n'avait pas un discours politique solide, sérieux. Il n'était pas un militant. »

Michel s'enferme durant près de huit mois dans les salles de montage, scrute presque à la loupe des centaines de milliers de mètres de pellicule, sélectionne, coupe, hache.

« J'ai dû visionner des kilomètres de pellicule avant de tomber sur une séquence où de Gaulle rate une marche en descendant un escalier et où tout le monde se précipite pour le soutenir, dit-il. Ces images auraient pu n'avoir jamais été filmées, j'ai eu de la chance[2]. »

Nulle surprise à apprendre que le général reste sa cible favorite. « Il n'aimait pas de Gaulle, confirmera Sussfeld, il cherchait à le ridiculiser.

1. *La Tribune de Genève*, 19 janvier 1974.
2. *Ibid.*

Tout ce que je pouvais trouver comme document qui nous faisait rire, soit du fait des costumes, soit par des attitudes, ça plaisait à Michel. »

Pour présenter ce militaire versé dans la politique, Audiard se réfugie derrière Lamartine qui a évoqué le grand Jules César en ces termes : « C'était un homme providentiel comme l'Histoire s'amuse à en faire parfois surgir pour résoudre solennellement des problèmes qui ne se posent pas. »

Audiard prend soin d'exhumer des phrases historiques qui, avec le recul du temps, confinent au ridicule.

« Les Français sont incorrigiblement bavards, constate-t-il. Du vase de Soissons à l'autodétermination, de Pavie à Austerlitz, de Bernardin de Saint-Pierre à Charles de Gaulle, les Français ont surtout fait des phrases. Parfois assez belles, d'ailleurs. La France est probablement le seul pays dont on puisse raconter l'histoire uniquement à travers les envolées de ses hommes illustres. Lesquelles envolées ont, bien entendu, l'unique mérite d'être en contradiction constante avec les événements. »

Ses cibles sont nombreuses. Dont l'ineffable général Gamelin, auteur de « On entrera en Allemagne comme dans du beurre » et du non moins croquignolet « L'ennemi a entamé la manœuvre que nous espérions », lancé en 1940. De Gaulle, bien entendu, a droit à sa citation qui lui revient dans la figure comme un boomerang mal lancé : « La pire calamité après un général bête, c'est un général intelligent. » Et Céline est appelé à la rescousse avec « Une armée qui fuit c'est pas convenable ».

Le portrait qu'il dresse de la France d'avant-guerre peut surprendre : une France insouciante aux menaces allemandes, préférant se complaire dans la futilité plutôt que briquer ses canons ; une France menée par des politicards incompétents qui « auraient dû prévoir le coup » ; une France préférant les joies du sport à la tristesse du mitraillage. « Pour rester dans le domaine des jeux de plein air, il est à noter une prédilection masochiste des Français pour deux exercices dans lesquels ils se révèlent particulièrement malchanceux : la guerre et le football. »

Michel se garde bien d'aller trop loin : « Nous ne parlerons pas de la Résistance et ceci pour trois raisons : par égard pour ceux qui l'ont faite, par gentillesse pour ceux qui croient l'avoir faite et par un sentiment indéfinissable pour ceux qui se sont contentés d'en entendre parler. »

Il ne peut s'empêcher d'évoquer la date infamante du 13 avril 1946 qui marque la fin des lupanars, la mort du Sphinx, du Chabanais et autres lieux de prestige. « On plonge nos petits vieux dans l'angoisse et notre belle jeunesse dans le désarroi. » La responsable ? Marthe Richard ! Responsable itou des désordres de 68. En fermant les maisons closes, elle a jeté une ardente jeunesse dans la rue. À jeunesse dépravée, rues dépavées.

Un éditeur, Julliard, lui propose de publier son texte sous forme de livre. Le résultat n'a qu'un lointain rapport avec le film. Après avoir dédié son livre à Vercingétorix, « Le premier malfaisant de la liste », l'auteur s'offre de longues digressions sans aucun rapport avec le sujet. Ainsi, il narre les manœuvres d'approche de Bébert, seulement âgé de 12 ans, auprès des jeunes filles fraîchement débarquées de leur Bretagne natale dans l'espoir de devenir employées dans une maison bourgeoisie et finissant le plus souvent gagneuses dans une maison de tolérance. Au détour de ce récit surgissent des sentences à la Audiard : « La guerre n'est supportable que sur le ton de la dérision. Seuls les militaires sont assez cons pour la prendre encore au sérieux, je parle des colonels, bien entendu. Le griveton, lui, ne pense plus à rien depuis Bouvines. » Plus loin : « Il est à noter que nos déboires militaires en Indochine ont eu des retombées gastriques curieuses. Ainsi, à l'époque où nous possédions en Asie un empire de 750 000 kilomètres carrés, il n'y avait à Paris que 3 ou 4 restaurants vietnamiens. Or, depuis que nous avons été virés des rizières et éjectés des plantations de bambous, Paris compte 250 restaurants où on ne bouffe plus que ça ! » L'ouvrage se termine sur cette amère formule : « En attendant, on reste assis sur un vieux strapontin, dans un théâtre d'autrefois, à regarder gesticuler des acrobates qui n'amusent plus personne. »

Antoine Blondin, qui connaît bien son ami et sa manière de penser, défend l'ouvrage dans *France-Soir* : « Sans jamais vociférer, Audiard agit ici à la manière d'un nettoyeur de tranchées, mal embouché, certes, mais nullement furieux. Il s'expose par-là à être stigmatisé par les dévots des deux conformismes ambiants : ceux qui interdisent qu'on attente aux valeurs sacrées, traditionnelles, et ceux qui n'admettent pas qu'on ne balance pas tout sur l'autel, plus sacré encore, des lumières en marche. » Cela redonne à Michel le goût de l'écriture. Il annonce que, sitôt terminé son prochain film en tant que réalisateur, il compte une dizaine de mois pour écrire un roman. Beaucoup l'attendent avec impatience...

« Je ne me fais pas d'illusions, précise-t-il, les Français achètent des livres pour remplir les rayonnages de leur maison de campagne. Le bouquin fait partie du décor comme la cheminée. Les éditeurs ne s'y trompent pas puisqu'ils soignent surtout les couvertures[1]. »

La sortie du pamphlet est annoncée pour le 18 septembre 1974. *Vive la France* sort sur les écrans, peu nombreux. La critique ne sait sur quel pied danser. Henri Rabine dans *La Croix* : « Audiard, en somme, joue les Céline de bistrot. Moins hargneux que son modèle, plus gentiment rigolard que lui, il retrouve pourtant son revers de patte et cette insolence qui lui évite de prendre les vessies pour des lanternes. »

Qui est prêt à dépenser quelques francs pour admirer son documentaire ? 30 000 personnes. Autant dire pas grand monde. Les rares directeurs de salles qui ont osé le projeter, le retirent bien vite. Audiard le regrettera : « Au lieu de flatter les Français et de parler du peuple le plus spirituel du monde, j'ai montré qu'ils avaient perdu la dernière guerre, que pendant l'Occupation on dénonçait à tire-larigot, etc. Ah ! bien sûr, si j'avais évoqué le soleil d'Austerlitz et la victoire de la Marne, j'aurais eu un triomphe. Mais on ne peut pas changer sa nature[2]. »

1. *La Tribune de Genève*, 19 janvier 1974.
2. *Le Journal du dimanche*, 24 novembre 1974.

28
Vulcain

« Je ne voulais pas tourner cette année pour me consacrer à l'écriture de mon premier roman. Mais j'avais un contrat à remplir avec les films Gaumont. Et j'avais mon camarade Jean Carmet qui se trouvait disponible. Carmet, depuis longtemps, je lui donnais des rôles de plus en plus importants, mais personne ne voulait encore miser un film entier sur lui. Et voilà qu'après *Le Grand Blond avec une chaussure noire*[1] tout le monde se met à trouver du génie à ce comédien qui a pourtant le même génie depuis vingt ans. Sans trop pousser sur le budget, il m'était possible de persuader Gaumont d'en faire une vedette. »

Pour son septième film en tant que metteur en scène, Michel Audiard veut offrir un cadeau à son copain : un rôle principal. « Le père Carmet et moi, on est potes depuis vingt ans, explique-t-il. On fait du vélo ensemble et on caresse un rêve : quitter le cinéma d'ici trois ans, acheter en commun sur les bords de la Loire un pavillon en meulière et pêcher tranquillement. Byzance, quoi[2] ! »

Leur complicité est totale : un même sens de la dérision et une même passion pour la petite reine. Souvent, le dimanche, Jean rejoint Michel à Dourdan pour de longues promenades à vélo. Un périple compliqué pour le comédien puisque, dit-il, il quitte la gare de Sèvres à 6 heures, change à Juvisy puis à Brétigny, pour arriver à Dourdan en fin de matinée ! Et quand il passe par la gare Saint-Lazare, c'était encore plus long…

1. D'Yves Robert.
2. *France-Soir*, 27 juillet 1973.

Depuis ses débuts en troisième rôle, Jean Carmet a grimpé un à un les échelons. Convaincu de son potentiel, Michel trouve l'occasion de le faire avancer vers les premières places. Tout le monde n'est pas de son avis. Gaumont, préférerait que Carmet reste cantonné dans les personnages secondaires. Audiard tient bon. Alain Poiré cède.

Carmet ne possédant ni l'autorité d'un Gabin, ni la carrure d'un Ventura, ni le charisme d'un Belmondo, ni le bagout d'un Blier, Michel lui concocte un « petit mec un peu truqueur », selon sa propre définition. Le tout dans un projet intitulé *La Pleurniche* puis *Le Pleurnichard* avant de devenir *Comment réussir dans la vie quand on est con et pleurnichard.* Titre qui, pour une fois, résuma bien l'histoire.

« Un film qui raconte comment un mec qui ne mesure pas 1,90 m, qui n'est pas bronzé et qui possède une intelligence au-dessous de la moyenne peut quand même emballer convenablement les dames[1] », explique Michel Audiard.

Antoine Robineau est un con de la plus belle eau. Le genre de con que l'on désigne du doigt. Le con de référence. Un con larmoyant, ce qui n'arrange rien. Représentant en Vulcani, un vermouth frelaté qui tient plus du tord-boyaux que du nectar. Il erre de bistrot en bistrot où il fourgue des horloges ringardes en guise de cadeau : « Symbole des forces mystérieuses, le volcan d'essence maléfique a été domestiqué pour devenir l'ami de l'homme, le bienfaiteur de l'organisme. En dehors de ses fabuleuses propriétés telles que réchauffer en hiver, rafraîchir en été, stimuler les lymphatiques et calmer les névropathes, c'est une explosion d'art et de rêve que le roi des vermouths offre à la méditation des poètes. Le Vulcani ne fait pas de réclame, arrière la bête hideuse, il fait entrer le génie de l'humanité dans le foyer du consommateur. Je m'explique : pour tout achat d'une douzaine de bouteilles de ce précieux nectar, le Vulcani vous offre non seulement la pléiade des cendriers coulés dans la lave des îles Éoliennes, mais encore ça : l'aristocratie de Westminster, la robustesse de Besançon, la finition suisse, le chic parisien. »

1. *France-Soir*, 27 juin 1974.

S'inventant des Mémoires de guerre, des souvenirs de captivité et des chagrins d'amour, ce représentant pas très représentatif a trouvé une combine pour vendre : il pleure. La larme coule toute seule pour un oui ou pour un non, surtout pour un non. Et, du fond de sa connerie, il finit par se rendre compte que plus il pleure, plus il remporte de victoires tant auprès de ses clients qu'auprès des femmes. Il fait pitié, ce con. De pleurs en pleurs, il atteint un statut auquel il n'aurait jamais osé prétendre.

« Moralité de l'histoire, conclut Audiard : mieux vaut faire pitié qu'envie ! Et vous ne pouvez pas savoir combien c'est vrai. Les escrocs obtiennent tout ce qu'ils veulent en apitoyant les gens. Pour séduire une femme, si l'on n'est pas Don Juan, il suffit de se faire plaindre. J'ai un copain écrivain un peu alcoolique qui jouait très bien le type déchu par l'alcool. Les filles lui tombaient dans les bras comme des missionnaires qui allaient l'empêcher de boire. Évidemment, elles n'y arrivaient pas. C'est plutôt elles qui devenaient alcooliques à la fin. »

Tournage prévu au printemps 1974. Nouveaux venus dans l'équipe : Jean Rochefort et Jean-Pierre Marielle. Ce dernier possède un avantage indiscutable sur ses partenaires : il a grandi dans le quatorzième !

Plus encore que dans ses films précédents, Michel se fait plaisir, s'amusant à dénuder ses trois actrices principales, à déguiser Marielle en travesti et à filmer un strip-tease sur un poème de Baudelaire. Pour couronner le tout, il s'offre un (court) rôle muet d'infirmier.

Comment réussir apparaît comme une comédie de plus à une époque où le cinéma français en produit beaucoup. Les jurés du prix Courteline ne sont pas insensibles : Michel Audiard décroche la récompense, décernée pour la première fois à un réalisateur. Dans les années précédentes, ce prix n'avait couronné que des acteurs, dont Fernandel, Bourvil et Louis de Funès. Au passage, mention spéciale est accordée à Jean Carmet pour son interprétation.

Le cinéma français a changé. Deux mois avant *Comment réussir...* est sorti *Les Valseuses* de Bertrand Blier. Un vent nouveau soufflant, le public est peu sensible à la présence de Jean Carmet en tête d'affiche. Un nouvel échec pour le réalisateur-scénariste.

Dans *Combat*, Jean-Loup Passek, qui prend la succession d'Henry Chapier, assène : « Audiard, avec une paresse de mise en scène quasi léthargique, lance son pleurnichard dans une suite de saynètes désolantes qui se juxtaposent à la va comme je te pousse. » A contrario, *Minute* estime : « C'est sans doute un des meilleurs films de Michel Audiard. » Gilles Jacob (*L'Express*) préfère la formule : « Le moins mauvais Audiard depuis longtemps. »

* * *

Entre deux réalisations, Michel accepte une inhabituelle proposition qui l'amusait : devenir acteur. Après avoir fait des sortes d'apparitions à la Hitchcock dans ses propres films, il hérite d'un vrai personnage, secondaire certes. Texte à apprendre, maquillage et tout le toutim.

Et le voilà père de famille dans *Y a pas de mal à se faire du bien* de Claude Mulot. Coproduction franco-canadienne. L'histoire d'une jeune fille qui, débarquant à Montréal chez ses oncle et tante, entreprend de faire son éducation sexuelle. Michel joue le géniteur de cette jeune effrontée, interprétée par Andrée Cousineau. Les scénaristes font de lui un ancien coureur cycliste professionnel retiré dans une petite ville de province. Pas de quoi révolutionner le septième art, d'autant qu'Audiard se rend compte que sa prestation n'excédait pas deux pages de scénario. Il s'acquitte de sa tâche avec humour, tout en précisant qu'il n'a aucune intention de « continuer à faire l'artiste ». Le film est rebaptisé *C'est jeune et ça sait tout*, souffre d'une interdiction aux moins de 13 ans et, en dépit de la chanson du générique interprétée par Johnny Hallyday, tombe vite dans l'oubli.

* * *

Ensuite, à titre amical, Michel donne un coup de main à un ami, Claude Vital, qui s'apprête à réaliser son premier film, *OK patron* : « En tant qu'assistant de Georges Lautner, j'ai eu pas mal d'années de contact avec Michel, ses enfants, sa femme, etc. Quand j'ai préparé mon premier film, il est évident que je l'ai donné à lire à Michel. En trois, quatre nuits, m'a-t-il dit, il a pris des notes au crayon et a ajouté des répliques, des mots à lui. Il n'a apporté aucune scène nouvelle mais des répliques. Il avait un don pour ça. Il a participé amicalement à la préparation du film. »

Michel se lance vite dans le tournage de son film suivant. « Une comédie dans laquelle je montrerai sous des couleurs aigres-douces les coulisses du show business[1] », annonce-t-il. Tiré d'un roman d'Alain-Yves Beaujour, *Le Principe d'Archimède*. On s'attend à un nouveau titre flamboyant. On en est pour ses frais. Michel opte pour *Bons baisers... à lundi*.

À nouveau, l'œuvre repose plus sur une galerie de personnages étonnants que sur une trame structurée : un trio de petits malfrats plus bêtes que méchants, un producteur de disques retors, son épouse pas très reluisante, une chanteuse confirmée et dénudée, une débutante qui n'a pas inventé la râpe à fromage, un efféminé qui veut trop en faire, un cocu râleur et un séducteur pas futé.

Pour ce dernier rôle, Michel espère Roger Hanin. Face à son désistement, il place Mario David, initialement prévu pour incarner l'un des trois malfaisants. Ces derniers sont donc joués par Jean Carmet, Jean-Jacques Moreau et Jacques Canselier. Face à eux, Bernard Blier devient Frankie Strong et Maria Pacôme son épouse. Pour le rôle de la peu farouche, et peu bavarde, Esméralda, il engage la chanteuse Betty Mars qu'il trouve si étonnante qu'il veut lui écrire une comédie musicale !... Enfin, dans un minuscule rôle d'automobiliste irascible : son pote André Pousse. « Le dimanche soir, on regardait la télé, racontera l'acteur. Si le film était mauvais, ce qui était bien souvent le cas, on coupait le son et on faisait parler les personnages, chacun en prenant un ou plusieurs. Qu'est-ce qu'on a pu rire ! Je ne vous cache pas qu'il y avait beaucoup de grossièretés et énormément de conneries dans nos dialogues improvisés. »

Cerise sur le gâteau, Michel peut enfin engager un acteur qui le fascine. Hélas pour un rôle très secondaire, dans un bistrot. Ce comédien il en a parlé souvent : « Il y a un acteur qui m'épate c'est Michel Bouquet ! C'est un acteur tout à fait étonnant et très surprenant. C'est un acteur inventif, intelligent, cultivé, ce qui ne court pas les rues. Il a beaucoup

1. *Le Soir*, 27 juin 1974.

lu, il connaît les grands textes, il a été admirable dans [Jean] Anouilh. C'est un acteur qui m'épate, comme m'a épaté, à une époque, [Robert] Le Vigan[1]. »

Tournage dans la décontraction. Le produit fini sort sur les écrans en novembre 1974. Seulement cinq mois après *Comment réussir*... Échec cinglant. En dépit de l'originalité des dialogues, du talent des interprètes, l'ensemble paraît bâclé. L'Audiard réalisateur est rejeté par le public. Nul n'est surpris d'apprendre qu'il rend son tablier à défaut de rendre sa casquette. Adieu au métier de metteur en scène.

Michel Audiard n'a pas l'âme d'un cinéaste. « Ses films ressemblent à l'apparence qu'il voulait donner de lui, remarquera Jean-Claude Sussfeld. Mais, en réalité, c'était quelqu'un de plus complexe, plus sensible, plus profond qu'on pouvait le penser. Derrière le comique qui le faisait vivre, se cachait un homme plein de doutes sur lui-même et sur la vie. »

C'est un homme amer qui dressa le bilan de ses six années à jouer au metteur en scène. Il regrette l'attitude des têtes d'affiche, réaction d'autant plus surprenante qu'il est proche des comédiens qu'il a dirigés : « Marre des acteurs, lance-t-il. Des grosses têtes pour la plupart. Dès qu'ils franchissent les 500 000 francs de cachet, c'est le chipotage assuré... Et je veux une voiture de production pile à l'heure... Et je ne veux pas tourner au soleil, c'est chaud ! Ou sous la pluie, ça mouille ! Ras la casquette[2] ! »

La technique aussi l'irrite : « Le problème, tout de même embêtant, c'est que je ne suis pas un metteur en scène. Je ne sais pas où foutre ma caméra. Je n'ai jamais cherché à savoir ce qu'était un objectif et ça ne m'intéresse toujours pas. Je passais mon temps à me tendre des pièges dont je n'avais pas la solution technique. En plus, j'avais la spécialité de tourner en hiver, sous la pluie, dans des terrains vagues de la périphérie où j'ai attrapé la mort[3]. »

Les canards, les cormorans, les veuves, les pleurnichards... tout cela est fini pour lui. Se retournant sur son parcours de réalisateur-scénariste, il n'est pas tendre : « À part *Elle boit pas* et *Le Cri du cormoran*, des films

1. *France Culture*, 1978.
2. *L'Aurore*, 23 novembre 1974.
3. *Le Film français*, 29 octobre 1976.

d'auteur intimistes conçus de la même façon que les *Canards sauvages*, les autres je n'aurais jamais dû les faire. Les devis, les problèmes de la technique, cela m'emmerde. Ce n'est pas mon business. En fait, j'ai fait les *Canards sauvages* comme cela, parce que j'avais envie de tourner moi-même un truc rigolo que je m'étais fabriqué pour moi. Après est venu le malentendu : on m'a casé sous l'étiquette du metteur en scène[1]. »

Fin de ses activités de réalisateur ? Pas tout à fait. En dépit de ses déceptions, Michel aura du mal à tirer un trait définitif. Longtemps, il songera à mettre en images *Le Bourgmestre de Furnes*, d'après Simenon, avec Carmet dans le rôle principal. En décembre 1975, il se rend en Flandres afin d'y repérer les lieux de tournage. Il dessine son plan de travail : dix semaines de tournage en hiver avec les matins froids, la gelée. Le tout en noir et blanc pour restituer au mieux l'atmosphère de Simenon. « Mais Audiard n'aime pas le froid, il n'aime pas le chaud, il n'aime pas la chaleur, il n'aime pas les intempéries, il n'aime pas les scènes de foule, résumera Carmet. J'essaye toujours de le pousser à faire ce film, mais il me répond : "Il va faire froid en Belgique !"… »

1. *France-Soir*, 24 octobre 1975.

29

Sourire crispé

Michel Audiard reprend son bâton de pèlerin, à savoir son stylo de scénariste. Il se sent changé.

« Il est important qu'un scénariste ait tourné au moins un film comme metteur en scène, dit-il, même un film raté : l'expérience du tournage permet d'éviter bon nombre de pièges, surtout si on s'y est pris soi-même. Le scénariste ne doit pas se laver les mains de n'importe quelle situation, en se disant : "Ce n'est pas mon problème, ils se débrouilleront !"... Il y a des situations dont personne ne peut se débrouiller[1]. »

En moins de temps qu'il ne faut pour le dire, il promet un scénario à Jean Gabin, un autre à Lino Ventura et un troisième à Yves Montand !

Pour le Vieux, il envisage *L'Insulaire* tiré d'un roman de Jacques Perret – du *Caporal épinglé* – dans lequel un homme refuse de quitter sa vieille bâtisse promise à la démolition... Pour Lino, ce sera une histoire policière non comique... Pour Montand, un rôle dans la lignée du *Diable par la queue*. Michel envisage de lui accoler Miou-Miou comme partenaire dans le costume d'une théâtreuse qui rêve de jouer Anouilh et se retrouve mêlée à un kidnapping. Seul ce dernier projet verra le jour sous le titre *Le Grand Escogriffe*.

En devenant metteur en scène, Michel Audiard s'est, paradoxalement, éloigné du monde du cinéma. Les producteurs, au courant des fluctuations du box-office, commencent à considérer qu'il n'est plus dans le coup. Place aux jeunes. Alexandre Mnouchkine et Georges Dancigers ne sont pas de cet avis. On leur doit nombre de succès, à commencer

1. *Cinématographe*, décembre 1979.

par la plupart des films de Belmondo, mais aussi *Fanfan la Tulipe*. Ils lui proposent une avance de 400 000 francs, coquette somme qui démontre qu'il reste l'un des scénaristes les plus chers de France. Surtout : somme qui tombe à pic car, ces dernières années, Michel a gagné peu et, comme toujours, dépensé beaucoup. Les producteurs le mettent en rapport avec Philippe de Broca qui vient de connaître le sommet avec *Le Magnifique*.

Lequel Philippe ne fut pas enthousiaste à l'annonce de cette association. Entré au septième art en même temps que la Nouvelle Vague, il voit en Audiard le symbole d'un cinéma désuet. Alexandre Mnouchkine, qu'il considère comme son père spirituel, le pousse à faire un essai. Et de Broca tombe sous le charme de Michel, percevant derrière son humour grinçant un être sensible et cultivé. « J'avais failli travailler avec lui il y a une quinzaine d'années, rapportera Philippe. Curieusement, je m'étais imaginé que nos deux conceptions du comique étaient dissemblables. Comme j'avais la possibilité de collaborer avec lui, cela m'a amusé de faire l'essai. Et je n'ai cessé de m'en féliciter. Nous nous sommes entendus à merveille, au prix de quelques concessions mutuelles. J'ai fait quelques pas vers le réalisme, il en a fait quelques-uns vers le farfelu[1]. »

Ensemble, ils inventent une histoire drôle pour ne pas dire une drôle d'histoire. Rien de bien solide derrière, mais les deux comparses s'en vont soumettre leur projet à Lino Ventura. « Nous sommes partis d'un bouquin, *Ah… mon pote!* qui amusait Audiard, racontera le cinéaste. Il y avait l'histoire d'un vol de tableaux et d'un type qui doit baiser une fille mais qui n'y arrive pas. Nous nous mettons à bosser dessus et nous envisageons le film pour Lino Ventura. Je me souviendrai toujours de notre entrevue. Nous avons vu Lino avec Audiard à 9 heures du matin dans un petit bistrot de la rue Mac-Mahon. Audiard a commencé à raconter : "C'est l'histoire d'un ancien truand qui s'est retiré, mais qui compte monter un dernier gros coup avant de partir définitivement. Ça va être drôle." Audiard, qui était un malin, allait dans le plus conventionnel pour rassurer Ventura. À ce moment, moi j'ai gaffé et j'ai dit à Ventura : "Au début du film, tu es dame pipi avec une soucoupe devant toi !" Ventura s'est levé et a dit : "Messieurs,

1. *Unifrance Film*, septembre 1975.

si vous êtes venus là pour vous foutre de ma gueule, je préfère partir!" Et il est parti. Nous, ça nous faisait beaucoup rire d'imaginer Ventura en dame pipi... Mnouchkine nous a conseillé de ne pas abandonner totalement le projet et d'en parler à Jean-Paul Belmondo. Je vais le voir, je lui demande ce qu'il veut faire et il me répond qu'il a envie de se déguiser.»

Ainsi, le nouveau scénario repose sur le mensonge et le déguisement. Philippe et Michel se remettent à l'écriture. Du roman humoristico-policier de la Série noire, *Ah... mon pote!* écrit par Alex Varoux, ils ne conservent que l'idée d'un vol de tableaux qu'ils arrangent à leur sauce. Dans le livre, deux petits escrocs volent une trentaine de toiles au musée du Jeu de Paume. Dans le film, un beau parleur, aidé par deux comparses, dérobe un triptyque au musée de Senlis. Michel et Philippe gardent aussi l'idée de la fille du conservateur du musée qu'il faut séduire pour réussir le coup. Mais, d'une gamine de 20 ans un peu gauche, ils font une femme active et dynamique qui en a vu d'autres. Bref, peu de liens directs entre le produit de librairie et celui des salles obscures.

«Le milieu des petites gouapes, même traité dans un registre comique, ne m'intéresse pas, confiera de Broca. Moi, j'aime les personnages qui descendent de la lune. J'ai amené une ébauche à Jean-Paul et il m'a dit: "D'accord, ça part dans la bonne direction." Cette fois, j'avais Belmondo qui se déguisait, le vol de tableaux mais pas grand-chose d'autre. Je suis alors parti pour Dourdan chez Michel Audiard pour écrire *L'Incorrigible.*»

Le travail se poursuit dans la joie et la bonne humeur.

Quand...

«Je vais m'installer à Dourdan chez Michel Audiard, poursuivra Philippe de Broca. Son fils François était là en permanence. Dès le premier soir, je dis à Michel: "Écoute, ça me gêne un peu de le voir constamment avec nous. Ou alors il travaille comme secrétaire, ou même comme coscénariste, mais je préférerais qu'il ait une fonction officielle dans le film. Ça me gêne terriblement de déconner devant quelqu'un qui ne participe pas au projet. C'est ton fils mais pour moi c'est un étranger." Et Michel me répond: "Ne t'inquiète pas, ce n'était que pour une journée. Demain il va faire des courses à Paris et ensuite il doit enchaîner sur des projets personnels." Le lendemain, effectivement, plus de traces de François. C'était un samedi. À midi, on appelle Michel au téléphone pour lui annoncer que son fils a eu un accident grave. Il fonce avec sa femme. Je reste seul avec la grand-mère qui, plus le temps passait, plus elle imaginait des choses terribles. Finalement, par la fenêtre de la salle à manger, je vois Audiard revenir et par un simple signe de la main, il m'indique que son fils est mort. Nous nous parlons peu. Michel se met à table pour déjeuner, se fait servir par sa femme, Cri-Cri, qui avait le visage gonflé par les larmes. Je dis à Michel : "Je vais te laisser. Ce que tu vis est horrible, je ne sais vraiment pas quoi te dire. Je te rappelle la semaine prochaine." Il pose violemment sa main sur mon bras et me dit : "Non, reste là !" Je reste et nous parlons de tout sauf de la mort de son fils. À la fin du repas, il annonce : "Bon, on y va !" À 3 heures pile, je l'accompagne jusqu'au petit pavillon du fond du jardin où il avait l'habitude de travailler. Nous avons repris le scénario et nous ne nous sommes pas arrêtés pendant trois semaines. Nous avons écrit ce film comique avec ce drame entre nous que nous n'évoquions jamais. J'ai vu défiler ses copains mais, même avec eux, il n'en parlait pas. Il n'avait qu'une envie, c'était d'écrire. Et nous avons travaillé non-stop de 9 heures du matin à 12 h 30 et de 14 heures à 18 heures. Nous avons écrit *L'Incorrigible*. J'étais malheureux d'être enfermé dans ce pavillon avec lui mais ça m'a permis d'apprendre à l'aimer. J'ai découvert sa double personnalité, sa pudeur. »

Cette journée du 19 janvier 1975 est la plus noire de toute l'existence de Michel Audiard. Le lendemain, la presse annonce la tragédie par un communiqué laconique : « François Audiard, 25 ans, fils du cinéaste Michel Audiard, s'est tué samedi après-midi alors qu'il roulait au volant de sa voiture sur l'autoroute A10 à hauteur de Janvry (Essonne). Pour une raison encore inconnue, le jeune homme, qui était seul à bord, a perdu le contrôle de son véhicule qui a basculé dans le fossé et percuté de plein fouet une buse d'écoulement des eaux. Bien que muni de sa ceinture de sécurité, François Audiard a été tué sur le coup. »

De quoi anéantir un père, étrangler l'humour, maudire les railleries. Pourtant Michel ne renonce pas à la comédie qu'il était en train d'écrire. « Il n'y a pas eu une seconde d'arrêt, confirmera Mnouchkine. Et il n'a jamais été aussi drôle que dans ce film-là. »

Le travail en guise d'exutoire, de refuge. De protection. « C'était aussi une façon de lutter contre lui-même, contre le désespoir, contre le chagrin, ajoutera son futur collaborateur Jean Herman. C'est un moyen de se masquer, de ne pas être catalogué comme celui qui vient de perdre son fils. C'est refuser qu'au travers de l'œuvre on puisse découvrir l'homme blessé. » « La disparition de certains êtres m'a éduqué sur la précarité du bonheur », conclura Michel.

Il travaille d'arrache-pied. Sans s'en rendre compte, il met beaucoup de lui dans cet *Incorrigible* ; le personnage central, quoique taillé pour Belmondo, est inspiré de sa propre mauvaise foi. « Dans ce film, remarquera Jean Herman, on s'aperçoit, pour la première fois peut-être, des aspects du caractère de Michel. Il est l'incorrigible, cet astucieux menteur qui se prend de temps en temps les pattes dans le tapis, mais qui, par la surenchère, s'en sort encore mieux et rebondit plus haut et plus loin avec une désinvolture de plus en plus grande qui le fait voler. »

Il mit également de lui dans l'amertume pessimiste dont fait montre l'ermite de Chatou, l'alter ego du voleur hâbleur : « Faut s'emmerder, Victor, si on veut faire durer le temps. Moi, je peux me regarder pendant des heures devant la glace ; je dégage un ennui épouvantable. Le teint cireux, les dents jaunes, l'œil glauque ; ajoute à ça des bourdonnements d'oreille et un grand chagrin d'amour, crois-moi ça fait les heures longues. Toi, tu n'oses même pas te regarder puisque tu es gai, donc frivole, donc inconséquent. Victor, tu es une bulle, ta vie court comme une eau vive. Faut dire que la mienne fuit comme un robinet. »

À dater de cet accident, Michel ne sera plus jamais le même. Il ne se contentera plus d'être un amuseur, il aura des douleurs à exprimer. D'où l'éclosion de films comme *Pile ou face, Garde à vue, Mortelle randonnée, On ne meurt que deux fois*… « Si j'avais été seul, avouera-t-il ultérieurement, j'aurais sûrement tout laissé tomber. Mais j'ai une famille très soudée et surtout un autre fils, Jacques, alors pas question d'aller vivre prostré dans un coin. Je me devais aux miens. Sans eux, j'aurais disparu et on n'aurait plus jamais entendu parler de moi[1]. »

1. *France-Soir*, 18 juin 1978.

* * *

Dans l'immédiat, il confirme sa promesse de fournir une comédie. Philippe tient le stylo, Michel invente. Le personnage central prend de l'étoffe jusqu'à devenir, selon la définition du réalisateur, un homme qui se masque sans arrêt et se précipite dans des situations inextricables. Pour Belmondo, un rôle à multiples facettes. Changeant de costume et de personnalité presque à chaque scène, il s'en donne à cœur joie. Le public en est ravi au point de réserver un accueil très favorable au film, non seulement en France, mais aussi en Allemagne où il récolte un triomphe. Néanmoins, Philippe de Broca reconnaît des longueurs durant les séquences de vol du triptyque et, selon lui, une fin tout à fait bâclée...

Belmondo est la carte maîtresse dont Audiard avait besoin. Avec plus de 2,5 millions d'entrées, *L'Incorrigible* se classe dans les hauteurs du box-office 1975. Et personne ne peut ignorer que les dialogues sont de Michel Audiard car son nom figure en grand sur l'affiche ! N'en déplaise à ses détracteurs il n'est pas encore *has been*.

* * *

Il a toujours envie, voire besoin, d'écrire. Pas seulement des dialogues, pas encore ses douleurs, mais des romans. Devenir écrivain. Son rêve secret. « Un bon écrivain, c'est tout de même supérieur à un auteur de films », décrète-t-il souvent.

Délaissant les parodies noires de ses débuts, il raconte son exode à vélo, avec deux copains, à travers la France de 1940. Un roman, certes, mais tellement autobiographique qu'il était difficile de ne pas y voir le jeune Audiard entre chaque ligne. « Mon histoire est réelle, précise-t-il. Je n'ai rien inventé, sauf au niveau du sexe. Je voulais que les scènes dites érotiques soient humoristiques. Or, s'il y a une chose qui ne va pas avec l'érotisme, c'est l'humour. Mais je ne me ressentais pas pour parler de ça sérieusement, ça m'aurait affreusement gêné[1]. »

1. *France-Soir*, 14 mars 1975.

Insatisfait, déçu, il jette par dizaines ses feuilles au panier pour mieux réécrire. « Quand je travaille normalement, explique-t-il, je fais mes 10 à 15 pages de dialogue dans la journée. Si, dans ma journée, j'écris 8 pages de roman, ça en donne une de bonne, une qui me satisfait… Il faut être plus sévère avec soi qu'avec les autres. Un article ou un livre que vous avez écrit, vous devez savoir ce qu'il vaut sinon vous êtes un connard ! J'écris pour mon plaisir personnel[1]. »

Paru en 1975 aux éditions Julliard, ce roman a pour titre *Le P'tit Cheval de retour*, après avoir failli s'appeler *Le 14ème de ligne*[2].

Le livre raconte donc les épopées de Gédéon, Bébert et du narrateur. Il démarre au début de la guerre. On y retrouve une foule de personnages pittoresques dont un certain Tonton Marcel, représentant en spiritueux qui essaie de placer un vermouth qui a connu son heure de gloire en 1918… On y découvre des jeunes femmes peu farouches et des hommes peu glorieux. Et puis, au détour d'un chapitre, on retrouve la passion de l'auteur pour les églises : « J'aime les recoins ombreux des églises de quartier, la lumière avare des absides quand le soir tombe dans les rosaces, l'odeur d'encens et de cierges mêlés à de discrètes moisissures, le glissement des chaises résonnant dans la nef, le bruissement des “pénitences” autour des confessionnaux. Béat dans ce cocon, j'aurais fait un heureux sacristain. Cela peut paraître ne pas aller avec le reste, c'est plutôt le reste qui ne va pas avec ça. »

À 55 ans, Michel Audiard se confirme écrivain à part entière, titre que plus personne ne peut lui contester…

« S'y révèle, en la personne du cinéaste Michel Audiard, un romancier d'une valeur puissante, écrit Antoine Blondin, parfois outrée à l'extrême mais dont l'accent, la griffe personnelle, sont déjà inoubliables. […] C'est l'occasion de découvrir avec Michel le quatorzième, ses petits métiers, le farniente farouche, les exactions bénignes, le gai dénuement. On frôle Dickens pour l'émotion vraie. On songe aussi à Henri Calet, autre indigène du quartier, en plus virulent. Car l'homme au sarcasme entre les dents ne tarde jamais à reparaître chez Audiard. […] Malgré la richesse des

1. *Le Film français*, 29 octobre 1976.
2. Référence au régiment français qui fut anéanti lors de la bataille d'Eylau (1807).

détails ou le choc brutal des mots, c'est le grandiose épique de l'ensemble qui retient le lecteur. Poussé à ces limites-là, le génie satirique devient de la poésie pure. À ce titre, le livre total exaspérera beaucoup de bonnes âmes. Il en vengera autant d'autres. De toute façon, on le lira pour se faire outrager ou caresser dans ses préjugés et prétentions[1]. »

Audiard se sent bien dans cette peau pas véritablement nouvelle pour lui. Mieux que dans celle du réalisateur qu'il a désormais délaissée.

« Écrire des livres, j'y pense depuis dix ans au moins, avoue-t-il. Seulement, jusqu'à maintenant, ça s'était mal goupillé. Toujours un film à terminer. Alors, il y a un an, j'ai refusé de signer de nouveaux films et j'ai écrit mon bouquin. Je compte alterner littérature et cinéma car je crains qu'il soit très difficile de vivre seulement de littérature[2]. » Sages propos qu'il faut rapprocher de ceux-ci : « C'est indécent de se vanter de gagner 200 000 ou 250 000 francs pour écrire un film quand on sait qu'un bon roman ne rapporte que 70 000 francs à son auteur, quand il les lui rapporte. J'aurais honte de dire à Jacques Perret ou à Antoine Blondin ce que je touche pour un film. »

On pourrait croire que ses activités se chevauchent : dialoguiste d'un côté, écrivain de l'autre. Tel n'est pas tout à fait le cas : « Je n'ai pas la tête organisée pour faire à la fois un roman et un film, dit-il. Il y en a qui vous disent que c'est reposant... Le matin on écrit un film et l'après-midi, on travaille à un livre... Je n'ai pas du tout le cerveau organisé dans ce sens. Je ne peux penser qu'à une chose à la fois... et déjà je trouve que c'est beaucoup[3]. »

Patrick Modiano, Prix Goncourt 1978, témoignera de cette étrange passion pour des pages imprimées : « Ce qu'il aimait par-dessus tout, c'était la littérature. Il avait un jugement littéraire très sûr, que je n'ai vu qu'à de très rares personnes. Pas de plus grand plaisir pour lui que de relire inlassablement dans la Pléiade Giono, Céline et tant d'autres[4]... »

1. *Ma vie entre les lignes* (La Table ronde, 1982).
2. *France-Soir*, 14 mars 1975.
3. *France Culture* (entretien avec André Asséo), 1978.
4. *Le Point*, 5 août 1985.

Déjà, Michel Audiard annonce qu'il publiera bientôt un nouveau roman, toujours chez Julliard : *Répète un peu ce que tu viens de dire.* Titre qui n'avait pas surgi de nulle part puisqu'il est l'une des répliques des *Tontons flingueurs*, quand Antoine Delafoy demande Patricia en mariage :

« Je vais lui parler de notre mariage, de toi, de moi, de nous.

– Répète un peu ce que tu viens de dire.

– De toi, de moi.

– Non, non, juste le premier mot, c'était le meilleur. »

Cent quatre-vingt-dix pages de fiel, de sexe, d'humour et de coups de griffe parues. L'auteur invente un personnage de critique télévisuel (dans un journal sportif), romancier raté (rêvant d'une saga de 2 000 pages) : Marcel, la quarantaine, embarrassé par sa femme qui le trompe, par la sœur de celle-ci avec laquelle il a une liaison, par sa première maîtresse et par son encombrante mère ! *Grosso modo*, il s'agit d'une longue scène de ménage nocturne entre le mari et l'épouse, entrecoupée de souvenirs et de considérations tous azimuts. On y parle de cyclisme, de littérature et de Céline : « Je suis de plus en plus tourmenté par le style, affirme le narrateur, puriste comme on appelle. Pareil Anatole France. Dans un disque enregistré par lui-même, Louis-Ferdinand Céline avoue les mêmes préoccupations que moi pour tout ce qui est d'enjoliver la phrase, de piquer l'adjectif approprié à ce qu'on veut dire, anxieux de sémantique. Tout pareil lui et moi, somme toute. […] J'obtiendrai sûrement les mêmes effets (y a pas de raison) à condition expresse de raturer aussi, de vingt fois sur le métier remettre mon ouvrage, comme recommande Boileau. Rude perspective. Rude mais exaltante. »

Répète un peu ce que tu viens de dire recueille d'excellentes critiques. Didier Decoin dans *Les Nouvelles littéraires :* « Ce livre est tellement amer, tellement acide, tellement corrosif qu'il faut, pour le lire, être sûr de soi, de son bonheur, de ses élans. J'avoue ignorer si *Répète un peu ce que tu viens de dire* est un bon roman. Le problème n'est pas là, d'ailleurs. C'est une pilule de spleen à l'effet immédiat et sans excipient baudelairien. […] En littérature, Michel Audiard ne se retient plus, ne triche plus. Il bouscule et tant pis pour la casse. Moi, j'aime qu'on me dérange ainsi. »

Le romancier envisage porter cette œuvre au théâtre, mais ne trouvera jamais le temps de mettre ce projet à exécution.

* * *

De bonnes nouvelles éclairent le parcours d'Audiard. D'une part, ses démêlés avec le fisc touchent à leur fin, après des années de combat acharné. D'autre part, le 27 avril 1976, en l'hôtel George-V, à Paris, il se voit épingler sur sa frêle poitrine la Légion d'honneur des mains de Jean Gabin. Cérémonie à laquelle participent notamment Jean Carmet, Pierre Tchernia et Gilles Grangier. Elle se déroule, en quelque sorte, à l'envers puisque priorité est donnée au repas. Au moment du café, Jean se lève et s'approche de Michel, qui se lève à son tour. Solennel, l'acteur entame la formule « En vertu des pouvoirs qui me sont conférés... » et accroche la médaille. Alors que tout le monde s'attend à un discours bien tourné du prince des dialoguistes, Audiard se contente de répondre : « Ce n'est pas un honneur qui m'est fait, c'est une injustice que l'on répare ! » La joyeuse bande prolonge les agapes jusque tard dans la nuit. On rit beaucoup, on parla de tout et de rien, donc de cinéma. Gabin et Audiard n'ont plus travaillé ensemble depuis *Le drapeau noir flotte sur la marmite*, mais restent proches. L'acteur demande à l'auteur où il en est de ses recherches d'un rôle dans le style *Rue des Prairies*. Michel promet de repartir sans tarder à la chasse. Quelques semaines plus tard, il se rend chez le Vieux pour lui soumettre un roman de René Fallet dans lequel se distingue un personnage de petit patron de Courbevoie. Parfait, répond le comédien. Cela le changera de son dernier rôle, un faux curé, dans *L'Année sainte*[1], qu'il a moyennement apprécié. À suivre...

1. De Jean Girault.

30

Du Nord au Sud

Le Corps de mon ennemi est un roman de Félicien Marceau publié en mars 1975. Séduit à la fois par le personnage central victime d'une odieuse machination et par la présentation du milieu du textile du nord de la France, Henri Verneuil se porte acquéreur des droits. « Il y avait une très belle étude de tous ces gens du textile, dira-t-il, toutes ces familles hypocrites. J'avais beaucoup aimé ça et je voulais le tourner. »

Il sait qu'il peut en tirer un film social fort, témoin de la mainmise d'une puissante bourgeoisie sur une ville, car l'intrigue policière sert surtout de prétexte à la peinture d'une cité soumise à son industrie. Un problème se pose : le roman se déroule sur plusieurs années et Verneuil ne voit pas comment rendre cela crédible à l'écran.

« J'avais dit : "Je ferai le film si je trouve la solution du problème, expliquera-t-il. Comment montrer Belmondo quinze ans plus jeune sans le maquiller ?" Et un matin, en me rasant, je pensais à quelque chose qui m'était arrivé vingt ans auparavant. Curieusement, en revoyant cette scène, je revoyais tout le monde à l'âge qu'ils avaient et moi, je me voyais avec mon visage de ce matin-là. On ne se voit jamais vingt ans plus jeune. »

Ce que Michel Audiard, appelé à la rescousse, traduit dans le film avec ses propres mots : « Dans ce bric-à-brac de la mémoire, chaque fois que l'on essaie de se souvenir du jeune homme que l'on était, on se revoit avec la tête de l'homme d'aujourd'hui. »

La solution étant trouvée, il ne reste plus qu'à écrire le scénario. « Nous partions d'un très bon roman, soulignera Verneuil, ça aide quand même. Audiard a surtout travaillé les dialogues, il était moins efficace pour les adaptations. » Après neuf mois de labeur, Verneuil, aidé par Félicien Marceau, remet sa copie à Belmondo, envisagé dès le départ. « Jean-Paul a mis un peu de temps avant d'accepter, admettra le cinéaste. Il a fini par me dire : "J'ai tellement vu dans ton œil que tu allais le faire avec un autre que je le fais avec toi !"... »

Pour Michel, ce *Corps de mon ennemi* le replonge dans le monde des grandes familles. La ville imaginaire de Cournai, pivot du film, est entièrement sous la mainmise des Beaumont-Liégard, empereurs du textile. Retrouvailles aussi avec un Belmondo à 1 000 lieues de *L'Incorrigible*. Ici le sujet est sérieux, sans gags, sans scènes d'action, sans coups de feu, sans cascades spectaculaires. « Depuis *Un singe en hiver*, dit Audiard, j'avais la nostalgie d'un certain ton que peut prendre Jean-Paul, que j'aime mieux voir accroché à une bonne histoire qu'à un hélicoptère[1]. » En janvier 1976, donc, il s'attaque aux dialogues. Il fait preuve de sobriété autant que d'efficacité. De longs monologues intérieurs lui permettent de se laisser aller à un style tendance nostalgique : « La nuit appartient aux enfants. Le jour, on marchande, on discute, la nuit, on rêve. »

Michel glisse une formule résumant sa propre philosophie – qu'il réutilisera dans *Mort d'un pourri :* « Les deux pires dangers qui guettent notre société sont l'ordre et le désordre. »

L'association Belmondo-Audiard devient aussi forte que Gabin-Audiard. Elle va se traduire par six autres films répartis sur sept ans : *L'Animal, Flic ou voyou, Le Guignolo, Le Professionnel, Le Marginal, Les Morfalous.*

Paradoxalement, *Le Corps de mon ennemi* marque la fin de la fructueuse collaboration Blier-Audiard. « Quand le scénario est signé Audiard, je signe le contrat avant même de le lire, affirme Bernard, mais d'une façon générale, je trouve plus prudent de lire le scénario avant ! » Aucune fâcherie derrière cette séparation, mais des chemins différents qui plus jamais ne se croiseront. Leur amitié n'a pas à en souffrir. « L'Audiard est un langage à part que j'ai appris peu à peu et qu'à présent je parle couramment, admet l'acteur. Audiard m'a habillé sur mesure, comme lui

1. *Le Film français*, 29 octobre 1976.

seul savait le faire… Mais il m'a piqué une foule de mots personnels qu'il a introduits ensuite dans mes dialogues – sans me filer un rond de droits d'auteur! Michel était un merveilleux voleur[1]. » Blier avouera que ses deux tirades préférées – écrites par Audiard – restent le discours sur le droit de grève dans *Un idiot à Paris* et la longue plainte du proxénète se lamentant sur la fermeture des bordels dans *Les Bons Vivants*.

Belmondo-Audiard, ticket gagnant? Avec un sujet dramatique, Verneuil ne s'attend pas à des résultats mirobolants. Jean-Paul s'inquiète du coût du film: « Verneuil et moi sommes producteurs, dit-il. Donc pas payés puisque nous investissons notre cachet. Malgré ça *Le Corps de mon ennemi* va coûter un milliard et demi de centimes. Et on n'a pas été à Acapulco! On est allés à Lille! Où va l'argent?… Pour l'instant, ça va, mes films sont couverts avant le premier tour de manivelle par les ventes à l'étranger, mais si ça n'était pas le cas, je ne crois pas que je miserais un milliard et demi sur Belmondo[2]. »

Jean-Paul n'a pas à s'inquiéter, il compte toujours parmi les comédiens les plus appréciés du public. Grâce à ce *Corps de mon ennemi*, en France 1,7 million de personnes le découvrent sous un autre jour.

* * *

Michel Audiard est ailleurs. Du côté de chez Montand. L'acteur-chanteur a accepté un projet tiré de *Snatch*, roman de Rennie Airth, avec à la clef un kidnapping pour rire. D'abord annoncé sous le titre *Le Bluffeur*, l'ensemble prend forme, sous la houlette de Philippe de Broca. On vise un personnage plein de brillant et de mauvaise foi, dans la ligne du *Diable par la queue*, justement réalisé par de Broca. Une comédie policière sans policier comme l'annoncent ses auteurs avec, en vedette, un comédien heureux de découvrir un phrasé qu'il n'a jamais pratiqué. « J'ai été gâté par les dialogues, affirmera Montand à la fin du tournage. Pour la première fois, je disais un texte de Michel Audiard particulièrement savoureux[3]. »

1. Cité par Annette Blier et Claude Dufresne dans *Bernard Blier* (Solar, 1989).
2. *L'Express*, 26 juillet 1976.
3. *France-Soir*, 27 novembre 1976.

En raison de mésentente avec l'un des producteurs, de Broca abandonne le projet. Pour le remplacer, Michel suggère Claude Pinoteau, connu du temps où il était assistant. « J'étais très copain avec Michel, mais le style de film que je faisais ne s'apparentait pas avec ce qu'il écrivait, soulignera Pinoteau. J'ai immédiatement téléphoné à Philippe de Broca, ce qui est la moindre des corrections. Il m'a encouragé à faire le film. Puis j'ai rencontré Yves que j'ai trouvé très désireux de faire le film. »

Reprenant le scénario à bras-le-corps, il l'oriente du côté de la comédie italienne : « C'était déjà une comédie avec un texte d'Audiard qui s'y prêtait très bien, mais pas une comédie aussi poussée que celle que j'ai cherché à faire. Après lecture, j'ai pensé que si tout le monde acceptait mes conditions, qui étaient d'aller vers une comédie à l'italienne, je ferais le film. J'ai travaillé sur l'adaptation car il y avait certaines choses à corriger. Les rapts d'enfants, ce n'était pas ma tasse de thé et j'ai orienté le film vers une sorte de pantalonnade, de film goldonien. J'ai d'ailleurs cherché à donner le style de Goldoni en transformant le personnage de Morland, joué par Yves, en Arlequin ; Claude Brasseur devenait Pantaloune. Et j'ai demandé à Georges Delerue de composer une musique tout à fait napolitaine, avec des mandolines. J'ai même placé dans le film une scène se situant à la villa Borghèse avec un guignol où l'on voit Colombine, Arlequin et Pantaloune qui sont, en fait, les trois personnages principaux du film. J'ai aussi atténué le côté rapt d'enfants par une fin où les deux enfants sont très heureux. »

En situant son action en Italie – qui coproduit – Pinoteau doit renoncer à la blonde et française Miou-Miou au profit de la brune italienne Agostina Belli, repérée dans *Parfum de femme*[1]. Quant à l'histoire, elle évolue autour d'un trio pas comme les autres : l'escroc mythomane, la théâtreuse engagée pour jouer un rôle de mère, et le geignard qui suit presque malgré lui. Ensemble, ils enlèvent un bébé ou plutôt le substituent à un autre. Rançon réclamée. Tout se fissure quand le père du kidnappé affirme qu'il préfère conserver le bébé de substitution…

1. De Dino Risi.

Sur le terrain, c'est-à-dire en Italie où il tourne son film, Pinoteau savoure à sa juste valeur le travail de Michel : « Les dialogues d'Audiard, on a envie de les dire parce qu'ils sont confortables, amusants, percutants. Yves Montand s'est régalé. Bien sûr, il apportait ses touches personnelles, mais il était dans le dialogue d'Audiard comme dans des chaussons. Yves disait le dialogue d'une certaine manière, un peu bonimenteur. C'était le film qui voulait ça, alors qu'un dialogue d'Audiard dit par Gabin ou Ventura avait plus l'allure d'un dialogue de tous les jours. Avec leur autorité, ce dialogue prenait tout son poids, alors qu'Yves le "jouait"... Audiard est un homme qui a écouté le peuple, et son dialogue reste à la fois très populaire et très imagé. Il avait une manière de dire les choses avec ses mots à lui qui rendaient les phrases beaucoup plus amusantes. Il avait aussi une musique personnelle, ses rythmiques tombaient très bien, comme des alexandrins bien faits. Il écrivait comme un solfège avec des croches, des doubles croches, des tempos. Par certains côtés, il était un vrai musicien du dialogue. »

Un musicien qui s'amuse aux dépens du théâtre à travers des répliques comme : « Contrairement à une légende pernicieuse, le théâtre ne manque pas de talents nouveaux mais d'argent frais. »

Le titre est modifié pour devenir *Le Commandatore* puis *Le Grand Escogriffe*. Audiard se montre impatient de visionner le résultat. « Michel est venu à une première projection technique et j'ai la franchise de dire qu'il était déçu, rapportera Pinoteau. Il disait que de Broca aurait mis plus de folie et que, moi, en voulant faire du Goldoni, j'étais trop éloigné de ce qu'il avait envisagé. Puis, il est revenu voir le film terminé, avec la musique et les retouches que j'avais faites, et à ce moment, il m'a avoué qu'il aimait beaucoup. Il a même ajouté : "On ne devrait jamais voir une copie de travail !" C'est vrai qu'avec le montage, les bruitages, la postsynchronisation, la musique... le film avait trouvé son ton. »

Même teinté d'humour, de soleil et de décontraction italienne, le thème central du film reste grave : l'enlèvement d'un bébé. Sujet qui prête difficilement à rire, surtout quand l'actualité internationale se met de la partie. Les rapts se multiplient un peu partout dans le monde et personne n'a envie de s'en amuser. Bref, le personnage central a beau avoir de l'allure, de l'entregent, la parole facile, le sourire enjôleur et le verbe enivrant, le propos ne peut faire sourire et cela handicape l'ensemble du film. Pour se dédouaner, les auteurs proposent un happy end – les deux bébés du film retrouvent une famille heureuse – et glissent cette réplique, dite par Montand : « Le kidnapping est une infamie et je ne m'abaisserai pas à patauger dans la fange abjecte. »

Michel Audiard affirme qu'il s'agit de son 100e dialogue de film. Nul ne sait comment il a effectué ce calcul car il s'agit de sa 84e participation « officielle » à un film.

Public et critiques rendent leur verdict en décembre 1976.

Entre-temps, un tragique départ assombrit le paysage. Le 15 novembre, Jean Gabin décède à l'Hôpital américain de Paris. « Gabin n'avait pas peur de la mort, écrit Michel, cela ne l'inquiétait pas, il disait : “Faut bien que cela finisse un jour, mais faut pas finir sur une connerie...” Il voulait bien finir, il avait tout mis en ordre. D'abord, il voulait se faire enterrer à La Moncorgerie, et puis il a décidé de se faire jeter dans l'océan : “Pour pas que vous veniez me faire chier sur ma tombe”, disait-il[1] ! »

Michel refuse d'évoquer les innombrables souvenirs qui le lient au Vieux. Ni leurs éclats de rire, ni leurs fâcheries, préférant renvoyer le public aux films qu'ils ont fait ensemble...

Enfin apparut l'escogriffe à la Montand. Les volées de bois vert sont, finalement, peu nombreuses. L'on ne relève guère que celle de Jean de Baroncelli (*Le Monde*) : « Pinoteau et son scénariste-dialoguiste Michel Audiard ont naturellement multiplié les précautions pour rendre ce kidnapping à la fois drôle et attendrissant, mais l'acte en soi est tellement odieux que, même édulcoré, il provoque inconsciemment un malaise. » Le reste de la critique s'intéresse aux effets de manche d'Yves Montand. « À un comédien de cette dimension, de cette faconde, de cette exubérance, il fallait une histoire solide, une grande scène, un rythme général plein de vivacité, une fantaisie ambiante qui prolonge la sienne, estime Robert Chazal dans *France-Soir*. Le roman de Rennie Airth, l'adaptation

1. *Paris Match*, 3 décembre 1976.

qu'on en a faite, la mise en scène de Claude Pinoteau, ne sont pas à sa mesure et le grand Montand écrase un peu ce petit escogriffe. »

La sauce ne prend pas. L'association Montand-Audiard ne passionne pas les foules.

Le Grand Escogriffe marque la première union entre Michel Audiard et Jean Herman. Une association aussi importante que celle qui l'avait lié à Albert Simonin. Et qui perdurera jusqu'à la mort de Michel. Bien qu'homme de cinéma, Jean est avant tout homme de lettres. En 1973, il a publié, dans la Série noire, *À bulletins rouges* qui narre l'immixtion d'une bande de loubards dans une campagne électorale. Plus remarqué est *Billy-ze-Kick*, paru l'année suivante en hommage à Raymond Queneau. Michel pousse Jean à persévérer dans le roman, quitte à délaisser le polar. En 1989, Jean Herman, devenu Jean Vautrin, obtiendra le prix Goncourt avec *Un grand pas vers le bon Dieu*. Mais Audiard ne sera plus là pour l'en féliciter…

* * *

Belmondo encore. Belmondo toujours.

Il fonce dans un nouveau projet. Une pure comédie lui offrant deux rôles dissemblables : une star pas si virile qu'elle veut le faire croire (pourtant surnommée « le Rudolf Valentino de l'ère atomique ») et un cascadeur aussi maladroit qu'amoureux. Titre : *L'Animal.*

Michel travaille au scénario avec Claude Zidi et Dominique Fabre. Quittant son domicile de Dourdan, il retourne dans un hôtel parisien. « J'étais à l'Hôtel de la Trémoille pour des problèmes sentimentaux très personnels, racontera Zidi. Lui était à l'hôtel Saint-Simon. Je l'ai convaincu de quitter son hôtel pour venir à côté de ma chambre. Il s'est installé dans la chambre d'à côté et nous communiquions par le placard. Car, au fond du placard, il y avait une double porte qui donnait sur ma chambre, ce qui fait qu'il arrivait au milieu de mes vêtements ! Nous avons vécu pendant six mois comme ça… Nous sommes partis d'un film d'action, l'histoire d'un cascadeur, pour aboutir à un film comique qu'Audiard a truffé de trouvailles au niveau des dialogues. C'est du vaudeville d'action, de l'action vaudevillesque ! »

Pour aboutir à un tel résultat, il faut… un certain temps. « C'était très dur de travailler avec Michel parce qu'il était presque plus paresseux que moi, poursuivra le réalisateur. Nous reculions toujours l'échéance. Les amis n'arrêtaient pas de passer et vidaient un Frigidaire par jour. Michel était à l'eau depuis l'accident de son fils. Cela fait que nous avons travaillé avec beaucoup de difficultés… Nous avions quelquefois du mal à nous comprendre, parce que je voulais faire un film léger avec des gags alors qu'Audiard me disait : "Amène-moi des scènes." Il voulait des scènes de conflit où il excellait, des scènes où, avec son langage, il balançait ses quatre vérités à l'autre. Moi, j'avais du mal à lui amener ça parce que je n'ai jamais fait du "cinéma de scènes". Donc, la coopération n'a pas toujours été facile. »

Le plus important est que le délirant résultat plaît au principal intéressé. « Cette fois, la partie action et la partie comédie sont à égalité, admet Belmondo, et je vais pouvoir me donner à fond dans les deux genres puisque je joue un double rôle : celui d'un cascadeur et celui d'une grande vedette dont il est la doublure. Le cascadeur est courageux, audacieux, mais pas veinard. Il réussit les acrobaties les plus dangereuses, mais les termine en catastrophes. Il se débrouille tout aussi mal dans sa vie privée, ayant des problèmes avec Jane, sa belle partenaire, qu'il fatigue quelque peu. Elle finit par le quitter et ce n'est pas sans mal qu'il arrivera à la reconquérir. En revanche, mon autre moi-même, celui dont je suis la doublure, Bruno Ferrari, la superstar, vaniteux, peureux, est un héros de légende, le chéri de ces dames. Un double rôle en or, la synthèse idéale pour moi. Il y avait longtemps que j'avais envie d'un film où il y aurait en même temps beaucoup d'action et autant de vraie comédie. »

Michel Audiard tique quand on lui apprit que l'actrice principale sera Raquel Welch. Qui ne parle pas un mot de français et sera doublée. On lui refait le coup des *Tontons flingueurs* ! Il doit lui écrire des répliques courtes et peu flamboyantes… »

Michel se rattrape sur un personnage bien français : celui du producteur ronchon. « Il s'est fait plaisir avec le personnage du producteur, joué par Julien Guiomar : un personnage cynique, qui n'en a rien à cirer, confirmera le cinéaste. Ça il adorait ! Il n'aurait pas pu écrire Bernadette

Soubirous. Il lui fallait des personnages avec du caractère, des humeurs. En même temps avec des faiblesses, des à-côtés poétiques, un peu rêveurs. Il arrivait à faire passer beaucoup de choses dans ses dialogues. »

Michel rend plusieurs visites sur le tournage. « Il venait sur le plateau pour voir les copains et boire un coup, soulignera Zidi. Mais il aimait le tournage parce qu'il avait été metteur en scène. Il aimait cette ambiance de saltimbanques, de gens un peu farfelus, de toutes origines, réunis dans une même aventure. »

Cascades, bonne humeur et bons mots, *L'Animal* rugit en octobre 1977.

« Aux Jeux olympiques du rire, voilà un film qui raflerait toutes les médailles d'or : de l'entrain, de la bonne humeur et des performances athlétiques », écrivit Pierre Billard dans *Le Journal du dimanche*.

Le public n'a guère besoin des critiques pour se ruer dans les salles : plus de 3 millions de spectateurs ! 1er film français au box-office 1977. Le tandem Belmondo-Audiard grimpe à la vitesse d'un supersonique…

Il souhaite se reformer autour d'un projet qui n'a rien de comique : l'adaptation de *L'Instinct de mort*, autobiographie de Jacques Mesrine, ex-ennemi public numéro 1. L'idée vient de Jean-Paul qui, dès la parution du livre, a déboursé la coquette somme de 500 000 francs pour en acquérir les droits, les raflant sous le nez d'Alain Delon. Sous les conseils de son agent, Gérard Lebovici, Jean-Paul regroupe, pour l'adaptation, Michel Audiard, Philippe Labro et Patrick Modiano. L'idée de travailler avec ce dernier enchante Michel. Il espère retrouver la même complicité qu'avec Blondin. Avec, toutefois, un bémol : « Depuis *Un singe en hiver* de Blondin, nul traitement cinématographique ne s'était annoncé sous de meilleurs auspices, écrira-t-il, à ceci près toutefois : le livre de Blondin était une pépite d'or fin, celui de Mesrine un tas de merde. […] *L'Instinct de mort* est truffé de redondances, bouffi de donjuanisme, chacun des chapitres méritant d'être précédé de l'avertissement : « dans lequel notre héros prouve qu'il "en a"[1]… »

1. *Le chant du départ*, *op. cit.*

Chaque jour, durant six semaines, à l'Hôtel de la Trémoille, les trois hommes se retrouvent, bâtissent un scénario. Tout en s'accordant des libertés avec la réalité et la « légende » construite par Mesrine lui-même. En cours de route, le personnage change de nom pour devenir Georges Choiseul. Le résultat est transmis à Mesrine qui caresse des projets d'évasion du fond de sa cellule. Il le renvoie avec cette simple formule : « Ne mettez pas le mot fin, ce n'est pas fini ! » Effectivement, quelques jours plus tard, il prend la poudre d'escampette !...

Satisfait du script, Belmondo demande à Philippe Labro de le mettre en images. L'intéressé refuse. Il en va de même pour Alain Corneau, Jacques Deray, Georges Lautner, Yves Boisset, Costa-Gavras et Roman Polanski contactés les uns après les autres. Leur refus n'a rien à voir avec la qualité du scénario. C'est la personnalité de Mesrine qui dérange, même en modifiant son patronyme. Incarné par Belmondo, ce personnage ne peut que devenir un bandit sympathique... Admettant mal ces réticences, Jean-Paul rétorque qu'Al Capone a été 1 000 fois plus violent ce qui n'a pas empêché *Scarface* de voir le jour. Durant plusieurs mois, il tente de monter l'affaire. Jean-Luc Godard s'y intéresse. Jean-Paul espère refaire une œuvre dans l'esprit de *Pierrot le fou*. Il finit par se rendre compte que Godard n'utilisera pas le scénario, préférant filmer un simili-documentaire sur les motivations qui ont poussé l'acteur à s'intéresser à Mesrine ! L'affaire en reste là. Le 8 mai 1978, Jean-Paul jette l'éponge...

Loin de ce sombre univers, Michel œuvre sur un projet destiné à Louis de Funès. Georges Lautner devant le mettre en scène : *Le Cactus*, l'histoire d'un patron odieux qui, soudain, décide de faire le bien autour de lui... La première mouture du scénario est écrite par Luis Rego et Jean-Luc Voulfow.

« Nous avons travaillé ensemble sur *Le Cactus*, racontera Albert Kantof. Audiard aimait beaucoup travailler avec Lautner. Car, à la différence des autres metteurs en scène, Georges savait mettre en valeur le dialogue. Avec Lautner, le dialogue devenait aussi important que l'acteur. Michel et Georges étaient parfois comme chien et chat. Ils s'envoyaient des piques de manière détournée, sans se le dire en face, et moi, au milieu, je subissais tout ça... Ce qui a été formidable pour moi, c'est que je ne cherchais pas particulièrement à travailler avec Michel, mais j'étais content quand nous étions ensemble. Cela permettait de nous voir en toute sincérité. Avec moi les choses étaient calmes. Ensemble, on construisait, on lançait des idées d'amorces de dialogues. Mais le véritable dialogue était rédigé par lui… Au départ, ce projet avec Génovès s'appelait *Feu Adrien Musset.* Il n'a pas abouti car il y a eu la faillite de la société des films de La Boétie. »

Effectivement : d'une part, Génovès met la clef sous la porte et, d'autre part, de Funès préfère signer un accord pour trois films avec le producteur Christian Fechner avec lequel il vient de faire *L'Aile ou la cuisse*.

* * *

Un soir d'août 1977, Michel Audiard apprend une terrible nouvelle : Caroline Serrault, la fille de son ami Michel, âgée de 19 ans, vient de trouver la mort dans un accident de la route près de Neuilly. Des souvenirs remontent avec leurs dards acérés. Audiard ne peut laisser son presque frère dans la détresse. Mais que dire ? « Il m'a téléphoné après la mort de Caroline et nous n'avons échangé que des silences, rapportera Serrault. La douleur avait cimenté une fraternité trop forte pour les mots. Notre partage passait par un regard, une main sur une épaule, quelque chose d'imperceptible à d'autres que nous. Ce que la profonde pudeur d'Audiard exprimait en ces instants, je le savais. Tu souffres comme moi, tu ne t'en remettras jamais, comme moi. Alors, on ne va pas en parler. Mais mon cœur, ma présence, mon regard, mon âme te disent que je vis avec toi[1]. »

Sans cette pudeur, ils auraient pu se montrer leurs blessures, elles se ressemblent comme deux siamoises. Quand on survit aux coups de poignard du destin, il n'est plus besoin de paroles pour reconnaître ses frères de douleur ; les deux Michel sont désormais unis par un lien indestructible forgé dans la tristesse. Ainsi, Serrault accompagne le Audiard de la dernière ligne droite, l'aidant à donner un ton dramatique à *Pile ou face*, à transformer *Garde à vue* en chef-d'œuvre, à asséner des phrases d'une

1. *Vous avez dit Serrault, op. cit.*

vérité cruelle dans *Mortelle randonnée* et à donner une dimension tragique à *On ne meurt que deux fois*. Le clone devint amer.

« Il s'est trouvé que j'ai rencontré Audiard peu après la mort de son fils, confiera Serrault. C'est vrai que je l'ai aimé encore plus à cause de cela. À cause de sa peine. Quand vous êtes lié à quelqu'un par une réelle amitié et qu'il perd son enfant, vous allez spontanément vers lui. Il a écrit un livre sur cette disparition. Je n'ai pas pu le lire. Je ne voulais pas pleurer à nouveau. Vous savez, on n'en parlait jamais entre nous. Il savait que je savais. Son regard me suffisait. La complicité n'a pas besoin d'autre chose. Les mots sont inutiles. C'est comme de serrer la main d'un acteur qui vous a ému, à la fin de la pièce, dans sa loge. Rien à dire. Un échange, c'est tout. Audiard fut pour moi un compagnon de larmes. Il a vécu ce que j'ai vécu, la même tragédie. Je le connaissais depuis longtemps mais cet événement a resserré nos liens. J'étais heureux qu'il soit heureux avec moi. Heureux quand il était content que je joue pour lui[1]. »

1. *Le Cri de la carotte* (Michel Lafon, 1994).

31

Prises de vies

Le Corps de mon ennemi avait permis à Michel Audiard de revenir vers des sujets plus sérieux, voire plus durs. Il poursuit dans cette voie avec *Mort d'un pourri*, proposé par son ami Lautner d'après un roman de Raf Vallet, l'un des pseudonymes de Jean Laborde, déjà auteur de *Pouce* qui avait donné naissance au *Pacha*. Vallet est homme de droite et ne s'en cache pas. Parmi ses cibles favorites : la corruption de la police et de la politique.

Georges aussi souhaite se tourner vers des thèmes forts. Il cherche l'équivalent d'un thriller à l'américaine centré sur un personnage semblable à celui de Robert Redford dans *Les Trois Jours du Condor*[1]. « J'avais envie de tourner avec Alain Delon en lui apportant un rôle très éloigné de ses personnages habituels, dira-t-il. Je ne le voulais pas gangster, je ne le voulais pas flic. Je désirais qu'Alain soit pris dans un terrible engrenage, subisse les coups du sort tout en essayant de se débrouiller. »

Le roman de Vallet sous le bras, Michel sollicite un nouveau venu dans le monde de la production : Norbert Saada, qui a surtout sévi dans la musique. Les deux hommes ont lié sympathie. « Je dînais avec lui deux fois par semaine, dira Saada. Un jour, il m'a dit : "J'ai un bouquin de Raf Vallet, qu'est-ce que tu en penses ?" C'était *Mort d'un pourri*. Je trouvais que ce serait formidable pour Delon. »

Débute une association qui s'étendra sur quatre films plus quelques projets avortés. Pour être certain d'avoir Michel à disposition, Norbert propose de payer une partie du loyer de sa chambre d'hôtel à la Trémoille,

1. De Sydney Pollack.

l'autre moitié étant financée par le tandem Mnouchkine-Dancigers qui, lui aussi, a besoin d'Audiard.

Delon participe également à la production de *Mort d'un pourri*. Il débloque un gros budget qui lui permet d'engager une pléiade de célébrités : Maurice Ronet, Ornella Muti, Mireille Darc, Stéphane Audran, Klaus Kinski, Michel Aumont, Jean Bouise, Daniel Ceccaldi, Julien Guiomar, François Chaumette… « En France, explique Delon, contrairement aux États-Unis, on ignore les rôles de second plan. On a trop tendance à penser qu'il suffit de mettre Trintignant, Delon ou Belmondo avec n'importe qui parce que, de toute façon, c'est la vedette qui est importante. Faux ! Si j'ai choisi, avec Georges Lautner, les comédiens qui m'entourent, ce n'est pas pour meubler, mais parce qu'ils ont du talent. Et ça, je veux qu'on le sache : il y a en France des seconds rôles qui sont des grands comédiens. »

Michel livre un premier texte. « Je trouvais le scénario trop bavard, dira Norbert Saada. Michel l'a jeté à la poubelle et a tout refait ! »

Morceau par morceau, le script finit par se construire. Les dialogues aussi. « J'avais gardé la nostalgie du Michel Audiard des *Grandes Familles*, avouera Lautner. Je voulais retrouver un certain ton de dialogue très "installé". Au départ, Michel trouvait cette histoire de dossier inintéressante et il nous a traités de cons, comme il en avait l'habitude. Mais il s'est rapidement piqué au jeu et s'est adapté au ton du film sans aucune difficulté. Je lui ai même demandé de m'écrire un texte pour la scène finale que j'ai ajoutée en dernière minute et qui n'existait pas dans le scénario. C'est une scène très belle dans laquelle Delon dit : "Certains élus du peuple vont connaître une petite traversée du désert. Oh ! Au pas de course. Quand ils reviendront, ils se seront refait le masque républicain comme les vieilles putes se font retendre les fesses. Les seuls qui vont vraiment trinquer là-dedans sont les seconds… Dormez en paix, Parisiens, tout est tranquille"… »

Du pain bénit pour Audiard : vilipender la classe politique et jeter les politiciens dans le même panier, un panier de crabes. Propos qui pourrait paraître manichéen s'ils n'étaient pas au service d'un pur thriller. « C'est un film d'action avec du mouvement, des meurtres, une énigme, annonce

Lautner. Un film policier avec des bons et des méchants. Un film naturaliste aussi, avec des personnages très proches du commun des mortels. »

Michel règle ses comptes avec un microcosme pour lequel il nourrit peu de respect. Il fait du personnage de Klaus Kinski un manipulateur odieux au discours détestable. Et ceux qui clapotent autour de lui sont des pourris, à l'exception du héros et d'un commissaire. Toutefois, la vraie philosophie du film, si philosophie il y a, se cache dans une des dernières phrases lancées par le personnage principal :

« Les deux fléaux qui menacent l'humanité sont le désordre et l'ordre ; la corruption me dégoûte, la vertu me donne des frissons[1]. »

« J'ai voulu m'amuser en changeant de style, annonce Lautner. Mais je voulais aussi traiter le sujet avec des dialogues de classe. Ceux d'Audiard convenaient parfaitement[2]. »

L'intrigue démarre sur une solide amitié – thème cher à Delon –, celle qui unit un député (Maurice Ronet) – hélas véreux – à un homme intègre. L'élu meurt assassiné, son ami promet de le venger. Comme arme, il dispose d'un dossier compromettant, le *Who's Who* de la corruption, l'anthologie de la pourriture, que tout le monde veut accaparer. Les hommes au pouvoir autant que les sous-fifres montrent les dents : des loups, pour ne pas dire des hyènes.

Le scénario se démarque du roman afin de donner plus de force au personnage central et de fluidifier l'intrigue. De nouveaux individus apparaissent (Tomski, maître Lacor, commissaire Moreau…), d'autres sont jetés aux oubliettes. L'histoire y gagne en efficacité. Lautner est crédité comme seul scénariste, mais se fait aider par Robin Davis et Claude Sautet, « venus donner des coups de main », pour reprendre son expression.

Tous les ingrédients sont présents pour transformer *Mort d'un pourri* en un film fort.

1. L'une des premières versions du scénario proposait une autre formule : « Un idéal nourrit l'esprit, la politique nourrit son homme. »
2. *Nice-Matin*, 17 décembre 1977.

Quant à la prestation d'Alain Delon, elle est saluée par une nomination au César du meilleur acteur… Et, 1,8 million de spectateurs sont emballés par cette histoire à l'américaine.

Avec ce film, Mireille Darc a, pour la dernière fois et pour un rôle assez bref, l'occasion de dire de l'Audiard. Treize ans après *Des pissenlits par la racine*. « Michel ne m'a jamais raconté sa vie, mais j'étais très jeune et c'est de ma faute s'il ne l'a pas fait, soulignera-t-elle. Si j'avais été lui demander, je crois qu'il m'en aurait donné plus. Aujourd'hui, j'ai le sentiment d'être passée à côté de Michel, d'avoir connu un homme, mais de ne pas l'avoir assez questionné, de ne pas avoir pris tout ce qu'il pouvait me donner. Je ne savais pas que j'avais en face de moi quelqu'un d'aussi extraordinaire. »

* * *

Audiard persévère dans le domaine policier, revenant du côté de l'humour. *Le Frelon*, roman de Jean-Paul Rouland et Claude Olivier, a le mérite de présenter une femme commissaire divisionnaire à la brigade criminelle. Concept qui plaît au producteur Robert Amon – associé de Mnouchkine et Dancigers – au point d'envisager Annie Girardot dans le rôle principal. Il demande à de Broca de mettre en scène. Un film de commande, donc. Le cinéaste entraîne dans l'écriture du scénario Michel Audiard et Jean-Paul Rappeneau. Ils collaborent à Dourdan. Chez l'homme à la casquette, qui ne parvient toujours pas à se faire passer pour un bourgeois : « Bourgeois, il y a longtemps que j'essaye de l'être, affirme-t-il. Je me suis installé à la campagne dans ce but. J'ai appris à conduire, j'ai cessé de faire de la bicyclette… Ça fait déjà une vingtaine d'années que je m'évertue à devenir bourgeois, mais j'ai un mal fou. Je crois qu'il faut une vocation pour ça[1]. »

Au moins lui reste-t-il la vocation de l'écriture. Les deux scénaristes se servent peu du roman initial – qui développe une enquête policière racontée par trois personnes différentes – et, au lieu de traquer un tueur au poinçon, opèrent un amusant renversement de situation : une femme

1. *Radioscopie* (France Inter), 1978.

aux allures de mec vivant à 100 à l'heure rencontre un homme placide aux allures de nounours. Dès le départ les rapports sont inversés (la voiture de l'une renverse le Solex de l'autre) tout comme le jeu de la séduction. Philippe Noiret partage la tête d'affiche avec Annie.

Ainsi naît *La commissaire a de jolies menottes* que Michel Audiard dialogue sur un ton badin, s'offrant le luxe de placer une citation d'Eschyle[1] qui n'est pas pour lui déplaire : « Ah dieux ! Préservez-nous des femmes, dans les bons jours elles sont insolentes et inabordables et dans les mauvais, un fléau. »

En dernière minute, le résultat est rebaptisé *Tendre poulet*. Il sort seulement un mois après *Mort d'un pourri* et fait, sur le box-office français, jeu égal. Preuve que le talent d'Audiard peut s'exercer dans des domaines différents.

* * *

Michel a la tête ailleurs. Dans ses souvenirs, dans ses douleurs.

En avril 1978, chez Denoël, paraît un nouveau roman dont il est l'auteur. Différent de tout ce qu'il a écrit. Lui qui avouait que le rire était une forme de pudeur, « une manière de se cacher, de mettre à l'abri sa sensibilité », expose son âme à nu. On peut voir les déchirures, les cicatrices, les plaies béantes.

Un roman ? Pas tout à fait, selon son auteur.

« Je n'ai aucune imagination… Et pour écrire un roman, il faut, tout de même un minimum d'imagination. Moi, je triche car mes livres sont quand même très autobiographiques. Ce n'est pas vraiment ce que l'on appelle des romans. Pour moi, le roman c'est Balzac, Simenon… C'est ça le roman ! Moi je trottine à travers des histoires personnelles, j'ai des réminiscences, je parle de personnages que j'ai un petit peu connus… Je n'appelle pas ça des romans[2]. »

Dire que *La Nuit, le jour et toutes les autres nuits* était attendu serait en deçà de la vérité. Tous ceux qui ont apprécié ses deux livres précédents

1. Noiret joue un professeur de grec.
2. *France Culture*, 1978.

ont deviné l'écrivain qui se cache derrière le dialoguiste, l'animal blessé derrière l'amuseur narquois. Beaucoup regrettaient ses travaux alimentaires qui l'empêchaient de publier plus souvent. Certains savaient qu'il écrivait depuis des mois, des années peut-être. Personne ne s'attendait à recevoir une telle claque.

René Fallet compte parmi les premiers lecteurs et souligne avec justesse : « Pouvais-je me douter, en travaillant à ses côtés sur le scénario des *Vieux de la vieille* ou celui du *Drapeau noir flotte sur la marmite*, pouvais-je me douter, dis-je, qu'entre deux larmes roboratives de Cheval blanc ou de poire Williams, j'étais en train de réchauffer en mon sein un authentique écrivain ? Un rival ? Un de ces salopards prêts à piétiner mes plates-bandes ? [...] On connaissait l'esprit, l'humour, la verve du bonhomme. Nous étions quelques-uns à savoir qu'en prime, il ne manquait pas de cœur. Un cœur bien rouge, bien saignant. Michel Audiard n'aurait pas dû écrire ce livre. Parce que, comme dans la chanson, c'est comme ça que tout le monde l'a su[1]. »

Antoine Blondin note : « Devant la porte ouverte par Louis-Ferdinand Céline, il n'y a qu'à se mettre à quatre pattes ou se cogner la tête. Et voici qu'un écrivain en a franchi le seuil, un chrysanthème entre les dents. [...] La présence de l'enfant disparu à nos yeux dessine en filigrane un chef-d'œuvre du clair-obscur qui ne se flétrit pas d'être mis en lumière. [...] Michel Audiard excelle à ériger le quotidien en mythes familiers. Après Céline, il pourrait dire : "Je suis simplement le coloris de certains faits." [...] Pour Michel Audiard, il semblerait qu'il n'y ait plus d'ailleurs ni de demain. Mais, en vertu des mystérieuses feuilles de route auxquelles obéissent les cheminements terrestres, il est possible que ce fugitif porte en lui un avenir secret. La fête avortée, les illusions humiliées, la tendresse interrompue en ont fait un homme vulnérable dont la maturité est cependant en train de fonder une œuvre plus aérienne qu'il n'y paraît. Solide comme le roc. Tout est perdu fors l'auteur[2]. »

Ses amis, ses proches, tous sont estomaqués par cette mise à nu d'un auteur connu autant pour ses bons mots que pour sa pudeur. Un livre

1. *Pariscope*, 12 avril 1978.
2. *Ma vie entre les lignes*, *op. cit.*

surprenant, déchirant, poignant, bouleversant, pathétique. Un cri du cœur. Un cri d'angoisse. Un ouvrage qui puise sa force dans les meurtrissures enfouies de son auteur, et, en premier lieu, dans les séquelles de la disparition brutale de son fils François. Pire qu'un brûlot, pire qu'un jet de vitriol : la plainte glaciale du loup solitaire, la patte à jamais prise dans un piège...

« Tu verras, je hurlerai dans les rues.

Je veux devenir bien fou de rage. »

En citant en exergue ces vers de Rimbaud tirés d'*Une saison en enfer*, Michel donne le ton. On n'a pourtant encore rien vu, rien lu. Le roman, puisque roman il y a, débute par la tonte de Quenotte, accusée d'avoir « couché », le dernier jour d'août 1944. Il ne s'en est jamais remis, Audiard, de cette effrayante période. Ils restent enracinés en lui, ces mois d'été 1944, le transformant en un observateur impitoyable à la phrase assassine et au regard de feu qui refuse de pardonner à la bêtise humaine.

Après ce début en forme de coup de poing, le narrateur se remémore sa guerre, ses rencontres, ses femmes... Les époques se mélangent, les souvenirs aussi, mais la guerre est là, interminable nuit d'où trop d'âmes innocentes ne sortirent pas indemnes... Il se souvient avoir cherché un revolver pour son ami Lucien Pons, finement surnommé Pilate, « un nabot et un con spontané » titillé par l'idée de buter un *Feldgrau* dans le métro... Il se souvient de l'hôtel Bijou, chambre 12, où il vivait avec Myrette qui baisait, mal mais jouait du banjo, ceci compensant cela... Il se souvient de ses amis, fauchés pour l'éternité dans diverses circonstances alors qu'ils débordaient de vie et d'envies. Ses amis, ses morts à lui... « Chaque journée qui finit est une journée de moins à soustraire du temps me séparant encore de ceux que j'ai perdus. Les autres, ceux d'Azincourt, de Douaumont, du Bazar de la Charité, de Stalingrad, du Pakistan, je m'en branle !... C'est clair comme ça ?... » Il se souvient de la Libération, des résistants de la dernière seconde, des *fifis* – surnom donné aux FFI – qui rouèrent à mort Myrette... Il se souvient des gens qui ont, vainement, tenté de l'impressionner... Il se souvient de la nuit, « vache, longue, compatissante envers ceux qui ont soif, raisonneuse avec ceux qui ont faim »... Il se souvient de Paloma de Sweert, de son vrai nom

Paloma Mandarez, née Chanu, épouvantablement riche, cliente du Ritz dix années durant et commanditaire d'une pièce érotico-politique… Il se souvient de certaines idées qui ont trop longtemps traîné… « Le pétainisme, comme nombre de machins à vocation comique, était fondé sur le respect. Le festival de Vichy affichait *Tartuffe* en permanence ou plutôt ne l'affichait pas, ce qui eût été contre l'esprit. » Il se souvient de Céline, dont il ne dévoile jamais le nom, par pudeur, par respect, par admiration, mais qu'il allait voir certains dimanches, dans sa « bicoque sans passé, sans avenir, construite sur l'autre, la maudite, celle partie en fumée avec les manuscrits, les lettres, toute la paperasserie et les pinces à linge ». Rimbaud aussi est présent. Michel lui rend hommage, sans le citer, quand évoquant la bombe atomique, il parle de « l'éveil jaune et bleu des phosphores chanteurs lorsque l'ultime et colossal champignon les aspirera », allusion au *Bateau ivre*…

Après la nuit, pointe le jour. Plus lumineux, mais pas forcément plus reluisant… « Depuis la maternelle rue d'Alésia jusqu'aux studios de Billancourt en passant par les bons pères, les flics, les adjudants, les contremaîtres, les baluchonneurs, les funambules du clair de lune, qu'est-ce que j'ai pu remorquer comme imbéciles ! Un livre d'or ! » Le soleil est blafard. Les ombres de la mort forment d'épais nuages assombrissant les cœurs. Si encore il n'y avait que les morts du passé, celles de la guerre, les presque « normales », en tout cas les moins surprenantes. Mais il y en eut d'autres, plus odieuses, parce que dénuées de tout mobile, hors de toute justification. Qu'en est-il de ce fils fauché en plein essor ? Une seule phrase suffit à résumer la douleur du narrateur : « Dieu est mort pour moi, définitivement, un matin sur l'autoroute. » François a disparu. Emportant avec lui les dernières illusions. Michel Audiard ne sera plus jamais le même. La souffrance interdit le retour en arrière. Le sentiment de dégoût qui a commencé à polluer son palais dès 1940 se transforme en torrent abject trente-cinq ans plus tard… « Je n'ai pas toujours détesté tout le monde, écrit-il. Il m'arrivait, il n'y a pas encore si longtemps, de distribuer des caresses, des bouts de sucre, des sous ; à des dames, à des clébards, à des confrères dans la gêne. Le genre de truc, voyez, qui ne me tente plus du tout. Je ne me désintéresse pas pour autant des malheurs d'autrui, bien au contraire, c'est seulement la façon d'envisager le problème qui a changé. Je raffolerais, par exemple, d'un retour comaque du choléra… et pas le rigolo de 1838… le sérieux, l'asiatique, le modèle 1817… ou encore que la leucémie se transmette par simple échange de regards dans le métro aux heures de pointe… des choses comme ça, voyez. »

Où est passé le rieur des *Tontons flingueurs*, le déconneur des *Canards sauvages* ? Toujours là, mais tapi dans une ombre froide. Reste un homme meurtri qui ne mâche pas son aigreur. Mais l'humour, quand il est si profondément ancré, reprend toujours ses droits. Le clown est triste mais reste un clown.

« L'humour est la politesse du désespoir. » Michel ne peut que faire sienne cette phrase de Boris Vian…

La Nuit, le jour et toutes les autres nuits est couronné par le prix des Quatre Jurys. Son auteur en est flatté. Cela lui vaut un repas littéraire en présence de Michel Tournier, Patrick Modiano et Michel Déon, entre autres. En présence également d'une noble dame qui, pendant toute la durée des agapes, tient à lui faire savoir qu'elle n'a pas voté pour lui ! Ce qui ne coupe en rien l'appétit du lauréat…

À 58 ans, Audiard entre par la grande porte dans le cercle très fermé, et moins peuplé qu'il n'y paraît, des authentiques écrivains. Les champions labellisés du stylo, les couronnés officiels, il les a connus, étudiés même. N'est-il pas l'un des rares scénaristes, pour ne pas dire le seul, à avoir travaillé étroitement avec cinq Prix Goncourt : trois du passé (Maurice Druon, Félicien Marceau, Jacques Laurent) et deux à venir (Patrick Modiano, Jean Vautrin) ? N'a-t-il pas adapté deux autres vainqueurs de ce même prix (Roger Vercel, Joseph Peyré) ? Auxquels s'ajoutent des auteurs de la trempe de Marcel Aymé, René Fallet, Georges Simenon, Alexandre Dumas, Victor Hugo… Le voici, enfin, reconnu comme Auteur… avec une majuscule ! Un rêve d'enfant ? « Profondément, estimera Remo Forlani, un de ses grands rêves était de devenir un immense écrivain, et il était conscient que, quand il écrivait de grosses répliques qui nous font marrer maintenant, ce n'étaient que de grosses répliques. Mais il les décochait tellement bien. » Audiard écrivain ? Pourquoi pas ? « Il aurait aimé être édité chez Gallimard et recevoir un Goncourt », conclura Jean

Herman. Et l'Académie française ? « Il aurait aimé entrer à l'Académie française, affirmera Claude Zidi. Il avait le plaisir et l'ambition d'écrire. Mais pour se justifier, il m'expliquait que l'on n'a pas le droit de saisir les biens d'un académicien ! »

Audiard ou le roi de la réplique paravent.

* * *

Restant dans la littérature, Michel écrit la préface de la réédition de *La Fleur et la souris*, que son pote René Fallet avait publié en 1948 : « Il faudra s'en souvenir plus tard dans les manuels, les anthologies, les "cahiers", ne pas oublier de mentionner qu'Audiard avait, du vivant de l'auteur, proclamé que celui-ci était un poète, poète, et oui. René Fallet n'a jamais été autre chose. Poète comme Cendrars, comme Vidalie, comme Boudard, comme Céline, poète comme tous les "paumés" qui constituent, précèdent, ce qu'il y a de plus authentique dans la littérature française, de Villon à Prévert. Il faudra bien un jour se rendre à l'évidence que Blondin est plus important que Gide. Oh ! et puis merde, c'est tellement aveuglant. [...] Comme tous les saligauds touchés par la grâce et doués d'une belle plume, M. Fallet fait volontiers dans "le joli". Se rencontrent chez lui le pastoureau et le casseur, Virgile et Ravachol, en tout cas des contradictions comacs. Le personnage n'est pas tout d'une pièce, oh là non ! Ceux qui le connaissent le savent bien, ceux qui ne le connaissent pas n'ont qu'à le lire pour être fixés. Qu'il en pleure ou s'en gausse, qu'il en pavoise ou en souffre à en mourir, la passion est son état ordinaire[1]. »

* * *

Le sujet de son film suivant, *Ce cher Édouard*, évolue sur un terrain aigre-doux en raison de la personnalité de son interprète principal, Jean Rochefort. Au départ, Audiard, de Broca et Rappeneau avaient écrit une comédie débridée. Or le comédien ne la voit pas de cet œil. « Après avoir

1. Éditions Galilée, 1978.

lu le scénario, que j'aimais énormément, dira-t-il, j'ai prévenu Audiard et Philippe que j'allais immanquablement emmener le film vers un "petit désespoir" car je n'y voyais pas une pure comédie. Je trouvais sinistre cette attitude consistant à courir comme un malade à 50 ans passés. Il y a une évidente manifestation d'angoisse, un malaise typique du comportement donjuanesque, une volonté de nier le temps[1]. »

Le rôle aurait pu être joué par Vittorio Gassman, mais Alexandre Mnouchkine estime que son accent italien rendra incompréhensibles ses dialogues en français. Lui est préféré Yves Montand qui décline, affirmant que les trois quarts du scénario sont à réécrire.

Cet Édouard, pianiste de profession, est un coureur de jupons. D'où la présence d'une pléiade de comédiennes : Nicole Garcia, Danielle Darrieux, Annie Girardot, Catherine Alric, Catherine Leprince… En réalité, le film se monte surtout sur le nom de Girardot, Rochefort n'étant pas considéré comme un premier rôle susceptible d'attirer le public et Darrieux n'y occupant qu'un rôle secondaire.

Si les mensonges y sont légion, la poésie n'est jamais loin et Audiard glisse des phrases habiles comme celle-ci, prononcée par une femme naguère délaissée par son Édouard de mari : « Tu es comme un coup de vent qui passe sur l'eau : tu laisses des rides. »

Derrière ce personnage de charmeur pointe une certaine aigreur, correspondant à celle de Michel.

« Le monde actuel me déplaît, reconnaît-il. Les gens ne se tiennent pas bien. Ils sont arrivistes. Dans ma jeunesse, je crois qu'ils l'étaient beaucoup moins. Aujourd'hui, c'est la jungle. Les jeunes auteurs discutent les contrats comme des chiens. Ils sont armés comme des fous. Ils sont sûrs d'eux, ils savent tout, ils marchent sur tout. Je n'aime pas les gens trop armés. Je les préfère un peu inquiets, un peu distraits[2]. »

Sur le plateau, dans une ambiance assez tendue au départ, Rochefort gomme sciemment les effets comiques, ce qui donne un film moins amusant et moins cruel que celui initialement envisagé. « On m'a alors demandé, quinze jours avant le tournage de remplacer Montand,

1. Cité par Alain Garel et Dominique Maillet dans *Philippe de Broca* (Henri Veyrier, 1990).
2. *Valeurs actuelles*, mai 1978.

souligne-t-il. J'ai annoncé la couleur. J'ai dit que je n'aurais pas cette truculence méridionale et cocasse du tringleur. Et que, si je le faisais, je voulais y ajouter l'amertume et le désenchantement[1]. »

D'où une amère comédie sentimentale sur un pianiste qui virevolte de femme en femme, ment beaucoup et ne trouve son équilibre qu'en s'occupant d'un élève surdoué et en apprenant qu'il va être grand-père…

Le titre initial ne convenant pas, il faut trouver autre chose. D'abord *L'Art de la fugue* puis *L'Invention des choses* avant d'aboutir au moins lyrique *Le Cavaleur*, qui déplaît à Rochefort.

Cette même année, il est nommé au César du meilleur acteur non pour cet Édouard amateur de femmes mais pour *Courage, fuyons*. En revanche, Nicole Garcia reçoit bel et bien le César du meilleur second rôle féminin pour sa prestation dans le film de De Broca. La barre du million de spectateurs est franchie. Grâce à Girardot ou à Rochefort ?…

Audiard enchaîne avec un film d'action et de suspense, *Les Égouts du paradis*. « Les dialogues sont signés Michel Audiard, qui est devenu, avec les années, plus sobre, plus efficace, sans perdre de sa gouaille à fleur du trottoir, écrit Alphonse Boudard à la sortie du film. Pour la bonne bouche, je note cette réplique digne des plus grands aphoristes : "En France, les révolutions commencent avec Rimbaud et finissent avec Séguy[2] ![3]… »

Les Égouts du paradis repose sur un fait divers authentique qui défraya la chronique. En 1976, Albert Spaggiari réalisa le casse de Nice, vite surnommé « casse du siècle », deuxième du nom[4]. En un week-end, passant par les égouts avec sa bande, il fit main basse sur un pactole de 4 milliards de centimes enfermés dans les coffres de la Société générale de Nice sous forme de bijoux, argent liquide, bons du Trésor et lingots d'or. Sur les murs, une simple phrase : "Ni armes, ni violence et sans haine. » Quelques semaines plus tard, Spaggiari fut arrêté, mais il faussa compagnie à ses gardiens en s'échappant par une fenêtre du palais de justice pour sauter sur une moto qui l'attendait. La légende était née. Du fond de sa

1. *La Revue du cinéma*, mars 1986.
2. Georges Séguy, secrétaire général de la CGT.
3. *Pariscope*, 14 mars 1979.
4. Après le vol du train Glasgow-Londres.

retraite sud-américaine, Albert publia un livre de Mémoires qui connut un beau succès et intéressa les producteurs. Deux d'entre eux, Jean-Pierre Rawson et Anne-Marie Toursky, s'en portent acquéreurs. Pour en tirer un scénario et le mettre en scène, ils s'adressent à José Giovanni qui, par coïncidence, a croisé Spaggiari. « Je le connaissais un peu parce qu'il venait aux studios de la Victorine en tant que photographe, dira-t-il. Il venait "pêcher" les figurantes : il les photographiait, leur faisait croire qu'elles allaient avoir la une de *Paris Match* et les baisait… C'était un feu follet. Je m'étais un peu intéressé à cette bande de casseurs car ils s'étaient tous fait un peu flinguer au moment de revendre leurs parts. »

En vue d'assurer un impact maximal à cette production de 8 millions de francs, Michel Audiard est chargé d'en écrire les dialogues.

Lui et Giovanni semblent peu faits pour s'entendre. Giovanni connaît le vrai milieu des truands bien mieux qu'Audiard et a démontré qu'il est un bon dialoguiste. Il n'est qu'à réécouter la fameuse tirade de Paul Meurisse dans *Le Deuxième Souffle* pour s'en convaincre. Alors pourquoi cette association contre nature ? « Dans *Les Égouts du paradis*, l'équipe que j'ai mise en scène pour le casse de Nice, nous, dans la pègre, on appelle ça des "bras cassés", explique José. Ce sont des gens de quatrième zone. Moi, je ne peux pas dialoguer ça, je n'y arrive pas, je dialogue pour les hommes de poids. Quand Rawson m'a demandé de faire le film, je lui ai répondu que j'avais pour habitude d'écrire sur des personnages très denses et ces bras cassés, qui ont fait une espèce d'action de fous qui n'avait pas une chance de réussir, je ne peux pas les dialoguer. C'est là qu'il me dit : "Je sais que tu aimes bien Audiard, on peut lui demander." C'est pour ça que j'étais content que Michel dialogue le film, parce qu'il a amené le champagne chez les casseurs ! »

À l'écran, Spaggiari devient une sorte de Cartouche des temps modernes, éloigné de la réalité. En revanche, Giovanni veille à reconstruire scrupuleusement le casse.

Pour le rôle principal, alors que l'on attendait un Belmondo, un Delon ou une star de cette ampleur, Audiard suggère un jeune comédien connu au théâtre, mais s'étant contenté de rôles secondaires au cinéma, Francis Huster. « Quand on a demandé à Audiard, continuera Giovanni, il a eu à peu près le même point de vue que moi et m'a dit : "Il ne faut pas prendre, pour jouer Spaggiari, une espèce de dur habituel du cinéma français qui va peser là-dessus, il faut prendre un nouveau." Et il nous a présenté Huster que je ne connaissais pas. Audiard et Huster ont amené un côté insolite dans l'aventure. »

L'acteur parlera même d'une « collaboration exceptionnelle » avec le dialoguiste. « Huster est un grand véhicule de texte, constatera Giovanni. Et Audiard, il lui fallait ça, il lui fallait des gens qui balancent le texte, qui virevoltent avec, qui ne se mettent pas à réciter. Huster est un grand artiste. »

Tout cela ne suffit pas à motiver les spectateurs. Cette histoire de casseurs en sous-sol est boudée par le public.

Incidemment, *Les Égouts du paradis* est le dernier scénario d'Audiard que joue André Pousse. Ce qui n'empêche pas les deux amis de continuer à se voir, bien au contraire. André reste un proche de Michel. « À Dourdan, chez Michel, le week-end, il y avait souvent beaucoup d'invités, rapportera l'acteur. Il avait un copain à lui qui venait de temps à autre avec sa femme et sa gosse, une môme de 5 ans qui était chiante comme la mort. L'emmerdeuse en herbe, très mal élevée. Michel aimait bien les enfants, mais celle-là, il ne pouvait pas la supporter ; faut dire que c'était un cas. C'est grand à Dourdan, elle a de l'espace pour jouer, mais il n'y a rien à faire, on peut pas discuter peinards, Michel et moi, elle nous retrouve toujours et vient nous emmerder en nous posant des questions imbéciles. "Sois gentille, laisse-nous, va jouer ailleurs…" Comme elle se foutait complètement de ce que Michel lui disait, il avait trouvé un truc. Il la pinçait pendant que ses parents faisaient pas gaffe. La môme, surprise, sursautait en poussant un cri… "Qu'est-ce que t'as ?" qu'il lui demandait en hypocrite, et l'emmerdeuse s'en allait en courant. Il se marrait Michel et, enfin, débarrassés, on pouvait continuer à jacter. "Les mômes emmerdants, faut les pincer, comme ça, ils te foutent la paix, tu comprends ?…"[1] »

À Dourdan, Michel Audiard peaufine une blague assez méchante que Francis Veber rendra célèbre à travers une pièce puis un film : *Le Dîner de*

1. *Touchez pas aux souvenirs* (Robert Laffont, 1989).

cons. Michel choisit des cons riches car ils présentent l'avantage supplémentaire d'être d'odieux prétentieux. Il les met en valeur au cours d'un dîner avec d'autres convives et les pousse à dire de belles conneries que, parfois, il replace dans ses films… « Chacun invitait le mec le plus con qu'il connaissait et le but du jeu était de le faire parler, précisera Pousse. Un jour, je tombe sur un représentant en matériel électronique qui n'était pas une lumière et que je connaissais vaguement. Il me dit : "On t'a pas vu mardi dernier." Je lui réponds : "Non, j'avais un dîner de cons !" Et l'autre : "T'aurais dû m'inviter !" Je l'ai pas oublié au dîner suivant, celui-là ! Il n'a jamais compris qui était le con dans l'affaire mais il était très content d'être venu. »

* * *

Michel n'aime pas les cons, mais adore Jean-Paul Belmondo, ce qui est logique. Il ne se cache ni pour le dire, ni pour l'écrire ; ce qu'il fait, en particulier à la demande de *Paris Match :* « Belmondo était une star au lendemain d'*À bout de souffle*, comme Gabin était une star au lendemain de *La Bandera*, comme Dean était une star au lendemain d'*À l'est d'Éden*. Il y a des gens qui ne sont pas faits pour dire : "Madame est servie". On me répondra que ce n'est pas obligatoirement un brevet d'excellence, je persiste à croire que si. Les vrais grands – à quelques exceptions près – sont bons tout de suite, instantanément, comme par magie, les mauvais restent mauvais, comme par fatalité. […] Ce qui reste frais comme une source dans le cas Belmondo, c'est qu'il dérange. Oh oui ! Car enfin, est-ce normal, est-ce régulier ? Ce type affligé d'une "gueule impossible" (Pierre Dux *dixit*), ce champion de la décontraction, ce prix Nobel du je-m'en-foutisme épingle déjà – à mi-chemin de sa carrière – plusieurs "classiques" à son palmarès. La chance, dira-t-on. C'est comme ça qu'on appelle le talent des autres[1]. »

À la demande de Belmondo, Michel amène avec lui un fidèle complice, Georges Lautner. Aussi étonnant que cela puisse paraître, l'acteur

1. *Paris Match*, 22 décembre 1978.

et le réalisateur ne se sont jamais rencontrés. Le dialoguiste sait qu'ils vont vite devenir amis. Tel est le cas. Audiard évoque un roman qui lui a bien plu, *L'Inspecteur de la mer*, de Michel Grisolia, truffé de références cinéphiliques. À l'idée d'un mélange de comédie et d'action, l'acteur donne quasiment un blanc-seing.

« Je savais depuis longtemps que Georges Lautner et Jean-Paul Belmondo étaient faits pour s'entendre, remarqua Michel. Il suffisait que je trouve l'idée d'un sujet qui leur convienne à l'un et à l'autre. Une rencontre qui devait se faire sous le double signe de la comédie et de l'action policière. Premier problème : fallait-il faire de Bébel un flic ou un voyou ? Il a joué les deux, voyous sympathiques ou policiers peu conventionnels, avec un égal bonheur. J'ai opté pour la solution de compromis : celle de *flic et voyou*. En même temps était trouvé le titre du film. »

Du roman initial, Michel et Georges ne conservent que le décor (Nice) et la présence de la fille du héros enlevée par des truands. Alors qu'elle affiche 16 ans dans le livre, elle n'en a plus que 14 (et demi !) dans le film. Tout le reste du texte de Grisolia est délaissé, à commencer par le nom du personnage central qui passa de David Géant à Stanislas Borowitz. Oubliés le meurtre au cobra, la jeune fille repêchée dans la mer, la vieille strip-teaseuse étranglée dans un sombre couloir. Le film s'oriente vers une intrigue inspirée d'*Arlequin, serviteur de deux maîtres* où un commissaire divisionnaire se fait passer pour un truand pour mieux monter deux gangs rivaux l'un contre l'autre.

Comme ils l'ont fait pour *Le Pacha,* Michel et Georges souhaitent un commissaire divisionnaire évoluant en marge de la loi. Le flic un peu voyou est taillé aux dimensions de Belmondo : cascades, humour, séduction et envolées lyriques à la Jules Berry. Le verbe haut et le flingue facile.

Jean Herman apporte son aide à l'écriture du script. Ses relations avec Audiard deviennent de plus en plus étroites. « C'est lui qui m'a appris le métier, confessa-t-il. C'est un très grand scénariste : on n'écrit pas impunément 150 films, on n'a pas une carrière comme la sienne par hasard. Audiard a toujours aimé ce que j'écrivais et il est toujours surpris par mon aspect calme par rapport aux cochonneries que je mets dans mes romans[1]. »

Comme Michel l'a pressenti, Lautner et Belmondo s'entendent comme larrons en foire. « Lautner possède une complicité instantanée presque magique avec les comédiens, affirme Audiard. Dès la première heure de tournage avec Belmondo, on pouvait imaginer qu'ils travaillaient ensemble depuis dix ans[2]. »

Résultat : près de 4 millions de spectateurs en France, deuxième succès français de l'année derrière *Le Gendarme et les Extra-Terrestres*.

Pourtant, son réalisateur est oublié dans les grands bilans, délaissé par les analystes. Cela irrite Michel Audiard qui porte le débat sur la place publique *via* la presse : « Comme il fallait s'y attendre, l'aréopage de connards chargé d'établir la liste des meilleurs films français de ces dernières années a évidemment oublié Georges Lautner. Pourquoi ? Parce que, travaillant beaucoup, il n'a pas le temps de parler de lui. C'est important ça, voyez-vous, de parler de soi. C'est même devenu l'essentielle préoccupation de ces espèces d'élites (?) que, dans des professions aux critères plus sérieux, on appellerait des clowns. On ne rencontre plus guère, entre Fouquet's et Rond-Point, que d'étranges pirates complètement enfiévrés à la perspective de "faire" Drucker, "faire" Bouvard, "faire" Chancel, "faire" les après-midi d'Antenne 2 [...]. Selon moi – et exceptionnellement, je crois savoir de quoi je parle – Georges Lautner se classe le plus naturellement du monde parmi les cinq meilleurs metteurs en scène français, c'est-à-dire sur la ligne de Louis Malle, de Philippe de Broca, de Claude Sautet, je ne citerai évidemment pas de cinquième afin de ménager ma future clientèle. Ceux que je viens de nommer ont un dénominateur commun : la personnalité. Un style que l'on reconnaît dès les premières images de leurs films. [...] Lautner ça existe. Voilà[3]. »

Au moment de la sortie de *Flic ou voyou*, une autre production s'embourbe. Elle porte pour titre *Un rêve américain*, ce qui n'indique en rien

1. *Pariscope*, 28 mars 1979.
2. *Première*, février 1984.
3. Cité par José Louis Bocquet dans *Georges Lautner, foutu fourbi* (La Sirène, 2000).

qu'elle traite du Tour de France. L'amour de Michel pour la petite reine est connu depuis des lustres.

« Je fais du vélo parce que j'aime le vélo, dit-il. Me grise le cliquetis du dérailleur, m'enchante le frottement soyeux du boyau sur l'asphalte[1]. »

Un nouveau venu dans la production le contacte. C'est une forme de concrétisation idéale pour Michel qui, depuis longtemps, rêve de se frotter à l'univers des sportifs. Peu de temps auparavant il disait justement : « J'aimerai bien faire parler des sportifs !… Ça m'amuserait assez car c'est un langage que je connais assez bien. Je n'ai pas envie de faire l'histoire d'un sportif parce que là on tombe toujours dans le scénario idiot du petit gars qui finit champion du monde, mais une histoire qui se passerait dans un contexte sportif… Autrefois à Paris, quand il y avait encore un vélodrome, et par conséquent les Six Jours[2], j'aurais aimé écrire une histoire se passant dans les Six Jours… Je crois que c'est un bon milieu[3]. »

Michel n'a aucune peine à convaincre José Giovanni, grand passionné de vélo lui aussi, de s'occuper de la mise en scène. Ce cinéaste s'inquiète de la personnalité dudit producteur qu'il qualifie de « chevalier d'industrie ne disposant d'aucun moyen ». « Comme il cherche de l'argent partout, expliquera-t-il, il faisait des annonces dans les journaux. J'ai touché des chèques qui venaient d'une marque de vélos ! C'était un escroc… »

Giovanni invente l'histoire d'un cycliste lanterne rouge qui, un jour, « par une espèce de miracle du vélo », devient leader de son équipe.

Un « champion » est engagé : Cyril Reginald. Il est surtout un (petit) champion des vinyles, ayant connu un (petit) succès de chanteur avec *Carissima*.

Le 14 juillet 1979, dans une France en fête, Michel rend son travail. Il y est beaucoup question de dopage et de maillot jaune. Fanfan, le jeune héros, caracole en tête du Tour, mais ses patrons lui ordonnent de ralentir pour laisser place à une « vedette ». Et Fanfan trouve la mort lors d'une descente. Accident ou crime ? « Il y a des accidents qui ressemblent à des

1. *Le Matin*, 22 août 1980.
2. Les Six Jours de Paris, course cycliste très populaire qui se déroulait au vélodrome d'Hiver.
3. *Radioscopie*, *op. cit.*

crimes. Mais des crimes assez particuliers, des crimes dont personne ne tient l'arme. »

Tandis que le financier cherche des subsides, José propose de filmer des images à l'occasion de Paris-Roubaix. Et suggère que l'on engage une équipe de cyclistes. « La production était tellement mal foutue, dira-t-il, qu'au lieu de prendre des pros, des néo-pros ou des amateurs élite, ils ont été recruter, pour faire nombre, des types d'un club, des touristes ! »

Ces amateurs sont incapables de suivre le rythme d'enfer imposé par les professionnels. Lorsque cette piètre formation arrive enfin dans l'enceinte du vélodrome de Roubaix, José Giovanni voit des hommes à bout de force. L'un d'eux s'écroule, foudroyé par une crise cardiaque. Colère du cinéaste qui s'en prend à l'incapacité des gens de la production et déchire son contrat. Le « chevalier d'industrie » réussit à convaincre un autre réalisateur, Serge Leroy, de reprendre le guidon. Faute de financement, celui-ci abandonne après quatre jours de tournage ! L'éphémère maison de production Golden Star Company met la clef sous la porte et *Un rêve américain* ne verra jamais le jour…

L'année 1979 se termine et avec elle une décennie. Invité par *Le Film français*, à en dresser le bilan, Michel Audiard propose ce petit texte non exempt d'amertume : « Que s'est-il passé cinématographiquement durant ces dix dernières années ? Rien. Il ne s'est d'ailleurs rien passé depuis *Citizen Kane*. Littérairement, c'est pire : il ne s'est rien passé depuis *Voyage au bout de la nuit*. Musicalement : le vide absolu. Picturalement : pas grand-chose. Ça ne fait rien. Les gens regardent la télé. Ils sont heureux. Ils ne sauront bientôt plus lire. Lorsque la pornographie envahira le petit écran, ils n'auront même plus besoin de baiser. Ce sera la joie. En écrivant *Un spectacle dans un fauteuil*, Musset voyait loin[1]… »

1. *Le Film français*, 21 décembre 1979.

32
Pantins

Michel Audiard entame une période faste puisque son nom apparaîtra dans cinq génériques dès l'année suivante. Renouer avec le succès a assagi son anxiété : « Il y a certaines réussites de certains de mes bons confrères qui m'ont énervé parce que ça marchait trop bien pour eux. Le triomphe des autres, je dois le dire, me procure moins de béatitude que mes propres réussites. Je ne suis pas un ange ! Non... Mais depuis quelques années, je ne me réjouis plus autant qu'autrefois de certains échecs. Parfois, il y a un gars qu'on n'aime pas. Il fait un film. Il se ramasse. On dit : "Tiens, ça c'est pas mal !" Eh bien, je crois, maintenant, que c'est un raisonnement absolument stupide. Devant l'échec d'un film que j'estime fait par des pros, du travail correct, je ne me marre plus comme avant. C'est peut-être l'âge qui vient, une certaine sagesse. Je n'irai pas jusqu'à dire une certaine bonté ! Je crois que c'est mauvais pour tout le monde quand quelque chose de bon ne marche pas ! Il y a des films franchement dégueulasses, de sales films, des torchons qui ne méritent pas de marcher, c'est vrai[1]... »

Le premier de la liste est une suite. Depuis Georges Masse, puis Maigret, Michel a perdu l'habitude de reprendre les mêmes personnages. Toutefois, la demande est tellement forte de la part des producteurs qu'il accepte de faire revivre le couple de *Tendre poulet*, la flic et le prof. Philippe de Broca a envie de prendre le large en situant l'action en Grèce, d'où le titre *On a volé la cuisse de Jupiter*... qui n'a rien à voir. Michel et Philippe travaillent au script, aidés par Jean-Paul Rappeneau qui apporte un concours discret puisque non crédité au générique.

1. *Première*, novembre 1979.

Le tournage est ensoleillé et Annie Girardot estime le scénario bien construit, allant jusqu'à déclarer : « C'est tellement bien fait qu'il n'y a rien à faire. » De son côté, Philippe Noiret explique : « Mon personnage se transforme peu à peu durant le film. Au début, comme dans *Tendre poulet*, c'est un quadragénaire à la vie bien rangée, tranquille, partagé entre ses livres et ses cours. Mais, parti en Grèce pour un voyage de noces, il va tomber dans des aventures de plus en plus échevelées qui l'amuseront beaucoup. Et, petit à petit, il deviendra non un hors-la-loi, mais quelqu'un de tout à fait heureux de prendre des risques, de manier le revolver[1]. »

La Grèce constitue l'un des principaux attraits du film. Cette fois, Michel Audiard se documente même sérieusement. En revanche, il ne pousse pas le vice jusqu'à se rendre sur place. Le tournage a pourtant pour cadre les sites enchanteurs d'Athènes, de Corfou, Parga, des Météores et de Livadia.

Le public suit presque aussi nombreux qu'à *Tendre poulet*. Annie Girardot, qui adore son personnage, souhaite participer à un troisième opus. Philippe Noiret donne son accord, Michel Audiard n'est pas contre, mais Philippe de Broca montre peu d'enthousiasme. Il n'y aura donc plus d'aventures pour Lise Tanquerelle, cette commissaire qui avait de si jolies menottes.

Et cette suite marque la dernière collaboration entre Annie et Michel. Neuf films ensemble et combien de répliques inoubliables ? « S'il était fasciné par Annie Girardot, analysera Jean Herman, c'est parce qu'elle lui était proche par la gouaille, par son timbre de voix qui était presque celui d'un garçon. Ce qui l'intéressait aussi beaucoup, c'est qu'elle était une fille de Paris capable de vivre en équipe avec des garçons. Et pourtant, c'était une bande de rastaquouères qui n'étaient pas faciles ! »

Ensuite, Michel s'occupe des dialogues du *Guignolo*, – qu'il qualifie de « premier vaudeville d'espionnage » – sur un scénario de Jean Herman, produit par un autre ami, Alain Poiré. Retrouvailles avec ses potes Lautner et Belmondo. Michel s'amuse sans trop suer, explorant des contrées

1. *Lui*, mars 1980.

moins personnelles que dans ses romans. « Quand on écrit un livre, on se met dedans, explique-t-il. On se livre. On parle forcément de soi. Le cinéma, c'est autre chose. Pour *Le Guignolo*, pendant trois mois, je me suis installé chez un autre, dans la peau de Belmondo qui allait incarner un guignard, un cambrioleur qui rate tous ses casses, un loustic, un beau parleur, un homme à femmes. J'ai vécu la vie d'un autre, quoi. Le cinéma, c'est toujours quelqu'un d'autre. »

Au passage, histoire de prouver qu'il a des lettres, il détourne une réflexion d'Alexandre Dumas fils (« J'aime mieux les méchants que les imbéciles, parce qu'ils se reposent ») pour en faire cet échange :

« Vous savez quelle est la différence entre un con et un voleur ?

– Non.

– Les voleurs, de temps en temps, ça se repose. »

D'abord annoncé sous le titre *Le Pigeon de la place Saint-Marc* pour l'unique raison qu'une bonne partie de l'action se situe à Venise[1], le projet changea de label en cours de route. Pour le justifier, Michel soutient que « guignolo » est un terme utilisé dans les prisons italiennes afin de désigner « un escroc minable qui se donne beaucoup de mal pour rater ses coups avec panache ; un ringard de l'escroquerie, un pantin, un polichinelle, un rigolo mais jamais antipathique ». Cette filiation est fausse.

Dans la lignée de *L'Incorrigible* et de *L'Animal*, ce nouveau personnage aux multiples facettes se présente comme un arnaqueur mythomane, souvent gaffeur, toujours sympathique. Du Belmondo tout craché. Présentation par M. Audiard : « Le bel Alexandre n'est pas seulement un habile "monte-en-l'air", un des meilleurs artisans de France dans le vol de tableaux, ce qui suffirait déjà à le distinguer du vulgaire, mais l'escroquerie, l'abus de confiance, la séduction lucrative sont autant de justificatifs à son exécrable réputation du côté du Quai des Orfèvres. Du côté des personnes du sexe, par contre : références excellentes, certificats vertigineux, les dames restent ses obligées… quand elles ne deviennent pas ses complices. Cela jusque dans les sphères les plus élevées de la société. C'est lorsqu'il vise le plus haut qu'Alexandre atteint le plus sûrement sa cible.

1. Ce titre (*Il piccione di piazza San Marco*) est gardé pour la version italienne.

Privilège dont il use et abuse. Il aurait bien tort de se gêner. Question psychologique sans but lucratif : comment se peut-il qu'un aussi brillant garçon soit (dans les milieux les plus autorisés) surnommé le Guignolo ? Simplement parce qu'il a le génie – par distraction ou romantisme – de faire "exploser" in extremis les géniales fripouilleries qui pourraient lui assurer gloire et fortune. Tout baigne dans l'huile et, au dernier moment, crac ! Ses rapports avec les femmes s'en trouvent considérablement perturbés. Mais attention ! Cette fois, question à 1 000 000 de dollars : pourquoi ce Guignolo se trouve-t-il embringué dans l'histoire d'espionnage la plus rocambolesque du siècle ? Traiter d'une aussi ténébreuse affaire comme ça, en quelques lignes, relèverait d'un défi du bon sens puisqu'il nous faut, à nous qui le connaissons, 1 h 45 pour raconter. Et, croyez-nous, sans prendre le temps de respirer ! S'il fallait absolument nous résumer, nous dirions que sa boulimie effrénée pour l'oseille conduit finalement notre personnage au comble des honneurs élyséens, comme pour illustrer la devise favorite du Guignolo : "Une mauvaise action trouvera toujours sa récompense." Une sorte de fable. »

Les femmes sont nombreuses dans cette pochade. Parmi elles : Von Gretchen Shepard (agent X-22), miss America 1975.

Alexandre Dupré est un arnaqueur à la petite semaine qui ne se rend même pas compte que ses actions pendables et ses combines se chevauchent. Ainsi le coup du faux tableau Canaletto tombe-t-il en pleine escroquerie au vaudeville. Les choses se compliquent avec l'apparition d'une sombre histoire de microfilms qui jette aux trousses d'Alexandre les services secrets de plusieurs pays dans la grande tradition des *Barbouzes*...

À la demande de l'intéressé, les auteurs prennent un malin plaisir à imaginer Belmondo en caleçon à pois suspendu sous un hélicoptère au-dessus de Venise. Une scène qui fera couler beaucoup d'encre et qui n'est pourtant qu'une farce, comme d'ailleurs l'ensemble du film. « *Le Guignolo*, soulignera Georges Lautner, c'était quand même un pari pour Jean-Paul puisque c'était la déconnante totale et volontaire. Nous l'avons fait en nous disant : pourquoi pas ?, poussés par le succès de *Flic ou voyou*. Mais nous savions quand même très bien ce que nous faisions, sinon nous aurions choisi une autre histoire et nous n'aurions pas mis Jean-Paul en caleçon sur l'affiche, ce qui était presque de la provocation. Quand on sort d'un succès, on peut se permettre ce genre de risques. Jean-Paul s'est fait plaisir parce qu'il adore jouer les imbéciles, composer des personnages. Et nous nous sommes marrés à le faire ! Nous avons passé un séjour fabuleux à Venise, trois mois de rêve en faisant des pitreries et en nous marrant comme des baleines. En plus, nous avons fait un film qui a marché et qui marche toujours à chaque diffusion télévisée[1]. »

Le tournage – aux dates fixées de longue date – débute avec un scénario incomplet. Michel Audiard et Jean Herman se rendent à Venise où ils mettent au point une technique d'écriture efficace : à l'hôtel Danieli, Herman écrit les scènes dans sa chambre, les transmet à Audiard qui, dans sa chambre, les dialogue avant de les passer à Lautner qui, dans sa chambre contiguë, apporte ses commentaires !

Sortie le 26 mars 1980.

Ticket gagnant, même si ce *Guignolo* perd 1 million de spectateurs face à *Flic ou voyou.*

* * *

De l'escroc de haute lignée aux destinées internationales, Michel Audiard s'attaque aux gagne-petit opérant dans la France profonde avec *L'Entourloupe,* tirée d'une Série noire de Francis Ryck[2], *Nos intentions sont pacifiques.* Ryck, Audiard le connaît pour avoir adapté son premier roman, transformé pour l'écran en *Une souris chez les hommes.*

Ce film naît de sa complicité avec le producteur Norbert Saada. Quand Michel lui parle d'une histoire à trois personnages, Norbert imagine une tête d'affiche formée par Claude Brasseur, Johnny Hallyday et Gérard Depardieu. Au bout du compte, ce seront Jean-Pierre Marielle, Jacques Dutronc et Gérard Lanvin.

L'Entourloupe, à l'image de *Quand passent les faisans*, montre deux demi-sel prenant des leçons auprès d'un spécialiste, amateur de grandes phrases et jamais étouffé par ses scrupules. L'histoire se situe dans le bas

1. *On aura tout vu, op. cit.*
2. De son vrai nom Yves Delville.

de l'échelle des professionnels de l'arnaque, des minables réduits à vendre *L'Ami de la famille*, pseudo-encyclopédie médicale, à des paysans méfiants vivant dans la France profonde et humide (le Marais poitevin). Leur déchéance est telle que ces escrocs à la petite semaine finissent par voler des vaches dans l'espoir de les revendre aux abattoirs de la Villette ! Un bel échantillonnage de paumés, de ratés, d'aigris, de tristes sires, d'imbéciles. Bref, le lot courant sous la plume d'Audiard.

Dans *La Saison cinématographique 1980*, André Cornand note : « Même enveloppée sous le rire, l'ironie, le ton amusé, cette vision révèle un mépris profond des êtres et un désenchantement total de la vie. Il y a quelque chose de célinien dans *L'Entourloupe*. »

Le résultat est boudé par le public, peu désireux de suivre une comédie cynique et sombre. Le réalisateur Gérard Pirès le regrette, mais comprend la leçon. A contrario, le scénariste Michel Audiard persévéra dans des ambiances entre chien et loup.

Le sujet suivant est, lui aussi, inspiré d'un polar, *Suivez le veuf*, d'Alfred Harris.

Dans le livre, l'histoire est celle de l'inspecteur Lou Baroni qui, à deux doigts – c'est-à-dire quatorze mois – de la retraite, mène une double enquête. L'une porte sur le meurtre d'un riche Grec, probablement assassiné par le fils d'un trafiquant de drogue dont il était l'amant. L'autre concerne un pâle employé – du genre dont on s'aperçoit qu'il n'est plus là quand sa chaise est vide – dont la femme est « tombée par la fenêtre » pour venir s'écraser au sol. La première enquête mobilise les forces de police, la seconde intéresse le seul Baroni. Elle intéresse également Michel Audiard qui devine que les relations ambiguës entre le flic veuf et le suspect veuf peuvent donner lieu à un affrontement original. Il suffit de resituer l'action en France, dans une ville portuaire, de diminuer l'enquête dans le milieu homosexuel qui encombre le livre et le tour sera joué. Il en parle à Norbert Saada qui donne son feu vert.

Pour le rôle du flic, le producteur envisage Lino Ventura, mais Michel lui répond que, bien qu'il soit un ami proche, il n'a pas très envie de retravailler avec lui, gardant un souvenir mitigé du tournage de *Ne nous fâchons pas*. « Il va encore discuter du personnage, dit-il, et je ne veux pas me fâcher avec lui. Je veux bien que tu lui passes le scénario mais, s'il aime, on le tourne tel quel, sans aucun changement. Je ne veux pas recommencer à tout discutailler. »

Norbert transmit l'objet à Lino qui, après lecture, le refuse. Un peu précipitamment, la production avait fait courir le bruit que la tête d'affiche serait constituée par Lino Ventura et Jean Carmet, ce qui avait ravi distributeurs et exploitants. Lino parti, reste Jean. Or ces mêmes distributeurs et exploitants font grise mine, considérant qu'il n'est pas une vedette suffisante pour attirer le public. *Exit* Jean Carmet. Retour au point zéro. Saada, très ami avec Jean, marque son soutien en se retirant de la production. Michel se tourne vers le producteur Bertrand Javal qui en touche deux mots au publicitaire Georges Cravenne, créateur des César, qui cherche à se lancer dans la production.

Audiard contacte Philippe Noiret. « J'aimais beaucoup Michel Audiard, dira l'acteur. Je ne l'ai pas beaucoup vu et c'est un de mes regrets car je l'ai trouvé d'une incroyable drôlerie. Ses dialogues étaient étonnants car ils donnaient l'impression d'avoir été piqués dans la rue alors qu'ils étaient très travaillés, très écrits. Et puis il a été quelqu'un de très important dans le cinéma, non seulement par ce qu'il a fait – du meilleur et du pire, comme beaucoup d'entre nous ! – mais aussi parce qu'il avait un rôle moins connu du grand public, de générateur de films. Il lisait beaucoup et, possédant un flair incroyable, proposait des sujets à des amis acteurs, scénaristes ou réalisateurs. Il a ainsi créé beaucoup de rencontres et nombre de films se sont faits grâce à lui. »

Pour la mise en scène, Cravenne propose Robert Enrico, président de l'Académie des César et lauréat de la première statuette pour son magnifique *Le Vieux Fusil*.

« Je fais partie d'une génération de cinéastes qui critiquaient beaucoup les dialogues et ceux d'Audiard en particulier, admettra ce cinéaste. La Nouvelle Vague lui a craché au visage, l'a traîné dans la boue. Je me suis rendu compte que toute la bande des *Cahiers du cinéma*, nous qui voulions être auteurs à part entière, c'est-à-dire réalisateurs, scénaristes, dialoguistes, nous étions incapables d'écrire des dialogues. Mais pour rien au monde nous n'aurions laissé faire un spécialiste. Audiard était alors considéré comme un “faiseur” et c’était mal le connaître. J’ai découvert quelqu’un de précieux, un peu anarchiste sur les bords, un homme très profond qui avait une vision intéressante sur les choses. Je trouve qu’on a été très méprisant à son égard. J’ai été très heureux de travailler avec lui. »

Fort de ces soutiens, Michel demande à Marcel Jullian de prendre en charge l’adaptation avec Enrico.

Audiard a des idées précises. « Il s’agissait d’une Série noire qui se passait aux States dans les milieux de la pédérastie et de la drogue, rapportera Jullian. Avec des Noirs et les vilains policiers habituels. Je savais déjà que Michel Audiard signerait les dialogues. Je n’avais pas retravaillé avec lui depuis *Ne nous fâchons pas*. En deux phrases, l’une volée dans le hall d’un hôtel où il écrivait avec Patrick Modiano, l’autre cueillie dans sa chambre, tandis qu’on lui montait le petit déjeuner, on savait où on voulait en venir : du “thriller amerloque”, il fallait faire un “film bicéphale, un brin simenonien, pour une grande ville de province française”. Travaux de plume mis à part, disons que c’était comme fait. »

« Nous avons lu le bouquin chacun de notre côté et nous avons organisé une première réunion de travail, ajoutera Enrico. D’entrée j’ai suggéré que l’action se passe dans un port car le thème du voyage et du départ me semblait essentiel. Il fallait que ce soit tourné en France sinon cela aurait coûté une fortune. J’ai pensé qu’il fallait remplacer New York par une ville française très ancrée dans la réalité provinciale. Je ne voulais absolument pas Marseille. Après avoir beaucoup parlé, nous avons fait le tour de tous les ports de France puis nous sommes tombés d’accord sur Bordeaux. J’ai découvert que le quartier de Bordeaux juste avant le grand pont s’appelle le Port de la Lune. Le film a failli s’appeler comme ça, mais Cravenne trouvait ça trop poétique. Ensuite s’est présenté un deuxième problème : dans le bouquin, il y avait une affaire de drogue et il nous fallait trouver l’équivalent vraisemblable dans le tissu social français. Nous avons eu de la chance car, à l’époque, il y a eu deux affaires dans lesquelles des enfants de maire étaient mouillés dans une surboum avec drogue. Audiard a embrayé sur Mauriac, sur cette bourgeoisie cachée qui fait des saloperies. Il était totalement branché là-dessus. Marcel Jullian, qui adore la région et avait des relations avec le grand patron de la police de Bordeaux, était ravi. Moi, je connaissais quelqu'un du milieu bordelais... J'ai amené l'idée de Michel Serrault car je trouve qu'il est un des plus grands comédiens français et ce personnage ambigu qui peut paraître à la fois con et très malin était un rôle pour lui. Noiret s'est méfié. Il trouvait aussi son rôle insuffisant. Nous avons discutaillé pendant un mois. Il avait envie de tourner avec moi, après le succès du *Vieux Fusil*, mais estimait le rôle pas assez important. Il m'a demandé de lui trouver quelque chose en plus. Je suis revenu à une réunion avec les deux scénaristes en leur disant qu'il fallait trouver une idée. Nous avons cherché, cherché et c'est moi qui l'ai trouvée. Elle a fait tilt sur Audiard qui, du coup, est parti dans un délire absolu. J'ai dit : "Si on imaginait que Serrault vienne chez le flic parce qu'il s'ennuie de ne plus le voir." Michel a écrit cette scène magnifique dans laquelle le flic le trouve chez lui en train de raconter des conneries. »

Même s'ils la transforment en produit *made in France*, les auteurs conservent des éléments de l'intrigue initiale qu'ils accommodent à leur sauce. Ainsi cette histoire de drogue qui interfère sur l'enquête centrale. En dépit de ces emprunts justifiés, *Pile ou face* – titre choisi par Cravenne[1] – porte indubitablement une empreinte française.

« Jullian et moi avons surtout travaillé sur la construction du film et Audiard s'est occupé des dialogues, précisera Enrico. Nous travaillions à Paris à l'Hôtel de la Trémoille. Nous nous voyions tous les trois jours, nous passions une demi-journée ensemble et c'était très fructueux. Jamais Audiard n'est venu m'emmerder sur le choix d'un comédien. Je l'ai tenu au courant de tout parce que je trouvais ça logique. Une fois que les rôles principaux étaient distribués, il s'en fichait. Au départ, je voulais Nathalie Baye pour le rôle de la speakerine. Et Georges m'a dit : "Qui est cette fille ?" Du coup, j'ai amené Dorothée. L'année suivante, Nathalie Baye a eu le César du meilleur second rôle. »

Michel résume le produit fini : « Moi, je veux bien tout ce qu'on veut, pas têtu, mais je vous résume quand même le scénario en deux mots, histoire d'éclairer votre lanterne : une femme tombe du 10ᵉ étage. S'est-elle

1. C'était déjà le titre français d'un film américain : *Mr Lucky* (1943) avec Cary Grant.

jetée par la fenêtre ou l'a-t-on poussée ? Mais alors qui ? Et pourquoi ? Un flic cherche. Si vous n'appelez pas ça un "polar", c'est que Maigret n'est plus commissaire, qu'Arsène Lupin n'est plus voleur, que *Le Faucon maltais* est une comédie musicale et que je suis mûr pour Sainte-Anne[1] ! »

Pile ou face marque la cinquième collaboration entre les deux Michel, Serrault et Audiard.

Le propos se situe loin du ton de *Quand passent les faisans* ou du *Cri du cormoran.* On patauge dans le drame, on s'embourbe dans le sordide, ça pue les petites vies ternes et le Français trop moyen. Audiard retourne vers ses terres de prédilection et dresse des portraits incisifs quoique criants de vérité de deux hommes submergés par leur médiocrité et devenus misogynes par lassitude : « Louise, voyez-vous, c'était un caractère. On peut aussi appeler ça des femmes mais ce sont plutôt des caractères. »

Sur ce, le projet subit beaucoup de retard. Il doit même être reporté d'un an en raison d'une opération chirurgicale qui, six semaines avant le début des prises de vues, oblige Philippe Noiret à se tenir éloigné des plateaux. Néanmoins, le film se fait.

Salué par la critique, apprécié par le public (1,1 million de spectateurs), *Pile ou face* officialise un Audiard plus cynique, ce que les mal informés appellent « l'autre Audiard », comme s'il peut y en avoir deux…

Le cinéaste et le dialoguiste, satisfaits du résultat, envisagent de se retrouver sur un deuxième film. Un film sur Paris à la veille de la Libération avec tout ce qui s'est passé : la Milice, la Résistance, le Milieu… Audiard est enthousiaste. Mais ils ne peuvent le concrétiser car les producteurs rechignent à ouvrir un dossier si brûlant…

* * *

Tout en participant à l'élaboration de *Pile ou face*, Michel planche, avec son auteur, sur une adaptation de *Place de l'Étoile* de Patrick Modiano. Un livre qui touche Audiard au premier chef puisque se situant dans le Paris de la Seconde Guerre mondiale et racontant les doutes et

1. *Paris Match*, 15 août 1980.

les errements d'un juif perdu dans une ville qu'il ne reconnaît plus. Un livre sur la quête d'une identité, sur le poids du passé, sur le malaise du présent. Un projet ambitieux. D'autant plus qu'il est destiné à Alain Resnais. Audiard-Resnais-Modiano, cela risque de secouer le landerneau. Pourtant, le réalisateur – qui a déjà traité de la guerre avec son remarquable *Nuit et brouillard* – se désiste pour mieux se consacrer à *Mon oncle d'Amérique*. Et, après deux tentatives infructueuses, le tandem Audiard-Modiano se disloque…

Michel travaille alors sur *Le Coucou*[1], destiné à l'Italie. Georges Lautner doit en assurer la réalisation et Michel Serrault jouera le rôle principal. Albert Kantof apporte son savoir-faire : « Nous avons construit une histoire qui tenait debout. Et nous avions fait en sorte que Serrault se retrouve au-dessus du panier. Mais, quand le script est parti en Italie, ils ont tout changé pour faire en sorte que leur acteur italien[2] ait le rôle principal. Ça n'avait plus rien à voir !… Un soir Audiard me téléphone pour me demander si j'avais gardé le script du *Coucou*. Comme ce n'était pas un film intéressant, il ne l'avait pas gardé et moi non plus d'ailleurs. Il voulait comparer les deux versions pour que son nom soit retiré ! Ça n'a pas été possible. »

Résultat final : un parfait crétin surnommé le Coucou parce qu'il a vu *Vol au-dessus d'un nid de coucous* trente-six fois s'installe dans une famille après un hold-up. Il découvre que le « chef de famille » est en réalité un coiffeur français qui se fait passer pour une folle dans son métier et qui est soumis à la tyrannie de quatre femmes (belle-mère, épouse et filles). Michel Serrault a beau reprendre des attitudes de *La Cage aux folles*, le public boude.

***

Place aux jeunes !

On reproche à Audiard de continuer de ne travailler qu'avec des hommes et des femmes d'un certain âge, alors que fleurit toute une

1. Titre original : *Il lupo e l'agnello.*
2. Tomas Milian.

nouvelle génération d'acteurs rompus à la comédie. Son ami Georges Lautner a franchi le pas, filmant, par exemple, Pierre Richard et Miou-Miou, dans *On aura tout vu.* Il apprécie cette comédienne rendue célèbre grâce aux *Valseuses* et l'invite à jouer *Est-ce bien raisonnable?*, comédie écrite par Jean-Marie Poiré, sur les dialogues de laquelle Michel est invité à poser sa patte.

Depuis ses débuts dans les *Canards sauvages*, Jean-Marie vole de ses propres ailes à la fois comme scénariste, dialoguiste et réalisateur. « La vie s'était chargée de nous séparer, expliquera-t-il. J'étais devenu chanteur de rock, ce qui n'était pas du tout sa tasse de thé, même si Michel était venu à un de mes concerts d'où il était ressorti estomaqué. Puis je suis revenu au cinéma, mais comme auteur à part entière et Michel Audiard était pratiquement devenu un concurrent! D'ailleurs, quand Georges m'a fait venir et que j'ai appris que Michel était engagé comme dialoguiste, j'ai été assez vexé et j'ai failli refuser. Je crois que c'est Miou-Miou qui avait demandé Michel. Si ça avait été qui que ce soit d'autre, j'aurais dit non, mais comme j'avais beaucoup de plaisir à le retrouver, parce qu'il m'a toujours fait marrer, j'ai accepté. »

Le ton de ce *Est-ce bien raisonnable?* est plus proche de celui de *Pas de problème* (avec, déjà, le quatuor Lautner-Poiré-Miou-Miou-Guybet) que des habituelles facéties d'Audiard. Il réussit pourtant à se glisser dans ce nouveau moule. Miou-Miou éclate de rire à la lecture des dialogues et se demande si elle saura en restituer toute la saveur. Autour d'elle, Lautner place des habitués du langage d'Audiard dont Michel Galabru et Julien Guiomar. Le principal rôle masculin – celui de l'évadé qui se fait passer pour un juge d'instruction – est prévu pour Lino Ventura. Qui n'en veut pas. Il est tenu par un comédien plus jeune, déjà présent dans *L'Entourloupe*: Gérard Lanvin.

« Grâce à Dieu, j'ai rencontré Audiard, se réjouira-t-il. Il me faisait fantasmer… Je viens d'une famille de forains et j'adore les caravanes. J'ai moi-même mon camping-car et je me barre souvent avec. Mais je ne suis pas un campeur, qu'on s'entende bien là-dessus, j'aime l'idée de changer d'endroits… Audiard, quand il est monté dans mon camion, m'a dit: "C'est formidable ce truc-là!"… J'ai ce souvenir incroyable d'un mec qui avait compris mon trip et avec qui j'aurais pu être pote… J'aurais aimé faire partie de sa génération avec ces acteurs qui savaient dire leurs émotions grâce à lui. Audiard est quelqu'un d'exceptionnel au niveau des dialogues… C'est ce qui nous manque royalement aujourd'hui. Nous ne sommes absolument plus servis par des dialoguistes. On n'a plus les mots qui ont fait les acteurs. Il a trouvé des phrases magiques dans sa carrière : "Le jour où on mettra les cons sur orbite, t'as pas fini de tourner !" Avec ça dans un film, vous devenez star. Nous, aujourd'hui, on a à dire "Il passe quand le bus ?" C'est ça le problème : on n'a plus rien de drôle à dire dans les films ; c'est pénible. Bien sûr que Michel Audiard nous manque… »

Une jeune journaliste aide, malgré elle, un jeune truand à s'évader. Puis, tous deux parviennent à résoudre une sombre affaire… Tel est le thème de cette comédie qui doit plus à l'originalité des personnages qu'à la solidité de la trame. En guise d'hommage, l'on voit apparaître un gangster sympathique quittant sa retraite dorée pour donner un coup de main aux tourtereaux. Ce brave homme répond au nom de Raymond Volfoni, parent probable de Raoul et Paul…

Le public suit peu.

Déjà, Michel est reparti vers ses travaux d'écriture. Durant l'été 1980, il signe des chroniques pour *Le Matin.* Dans l'une d'elles, datée du 23 juillet, il manifeste son souhait – partagé par René Fallet et Jean Carmet – de donner les noms de vrais gens illustres – en l'occurrence les leurs – à des rues de leurs villes de naissance, dont Villeneuve-Saint-Georges et Bourgueil. Ensuite, les trois comparses votent, à l'unanimité, de « déboulonner les plaques scélérates qui ont maquillé la place de l'Étoile en place du Général-je-ne-sais-plus-quoi ».

Tout cela, c'est la façade. Derrière, l'auteur, l'écrivain, le pur, le douloureux est toujours aux aguets. Il a presque terminé l'écriture d'un nouveau roman, *Le souci est aussi une fleur*, dont il modifie le titre au profit du *Chant du départ.* Écrire le démange, voire le ronge. « Dans les six ou sept dernières années de sa vie, il avait une envie forcenée d'écrire, rapportera Jean Herman. Il trouvait cela difficile et passionnant. Il cherchait sa musique. J'arrivais le matin à 9 heures et il était déjà debout. Il me disait :

“J’ai foutu en l’air cinq, six feuillets. Ce bouquin ne vient pas.” Ou : “Ce chapitre, je n’arrive pas à le mettre en place.”… Il travaillait comme un garçon qui n’est pas sûr de lui. »

33

Changement de braquet

En 1979, paraît, dans la Série noire, un étonnant roman de John Wainwright – ex-policier du Yorkshire – traduit en français sous le titre *À table*. Point de recette culinaire, mais un face-à-face entre un flic et un suspect. Certes, livres et films ont depuis longtemps fait leurs choux gras de ce genre de vis-à-vis, mais la différence réside dans le fait que, cette fois, l'intrigue repose sur cette seule confrontation. Décor : un commissariat. Question cruciale : le suspect est-il coupable ?… Sitôt sa lecture terminée, Michel Audiard en achète les droits.

« Il y avait pas mal de temps que j'avais envie d'écrire une histoire pour acteurs, un truc enfermé où le dialogue a une large part, dit-il. Il se trouve que j'ai collaboré plusieurs fois à des films avec poursuites, coups de revolver et machins, et j'en avais archimarre. L'année d'avant, j'avais fait *Pile ou face* qui m'avait également pas mal satisfait dans ce domaine, mais ce n'était pas encore tout à fait un film de texte. Ça m'avait bien amusé aussi de travailler avec Noiret et, déjà, Serrault. Mais *Garde à vue* était évidemment l'occasion rêvée. Pour un dialoguiste, c'est le genre de sujets que l'on rencontre de temps en temps, où l'on sait que l'on va pouvoir dire quelque chose. J'ai toujours été passionné par ce genre de récits où il y a un face-à-face entre deux personnages : *Le Zéro et l'Infini*, *Le Yogi et le Commissaire* de Koestler. J'adore ces affrontements-là, quand l'un a la force et l'autre la ruse. C'est toujours intéressant parce qu'on peut tout dire à travers ça, tout. On raconte la vie d'un type à travers une enquête policière[1]. »

1. *Cinématographe*, octobre 1981.

Convaincre un producteur de financer un huis clos à deux personnages relève du casse-tête. À l'heure où le cinéma policier consomme avec frénésie des poursuites de voitures, des pétarades et des coups de poing, qui va se déplacer pour assister à une sorte de documentaire sur un interrogatoire de police ?

D'abord écrire un scénario. Michel demande à son habituel complice, Jean Herman, de s'occuper de l'adaptation. Avec cette base, il convainc Alexandre Mnouchkine et Georges Dancigers. Dans le même temps, il expédie un exemplaire du roman à son ami Michel Serrault qui se trouve en Tunisie pour *Deux heures moins le quart avant Jésus-Christ* de Jean Yanne. Une subtile complicité les unit. « Contrairement à ce qu'on pense de lui, Michel avait une qualité formidable : il était très discret, rapportera Serrault. Il ne disait jamais : "Je t'aime, je t'adore, c'est merveilleux." C'était pas comme ça. C'était plus pudique, plus intelligent. C'était : "J'ai lu ce livre, tu me diras ce que tu en penses." Vous voyez, c'était ça son amitié. Il avait d'abord confiance en moi en tant que lecteur puis, éventuellement, en tant qu'acteur. "Crois-tu qu'on pourra en faire un film ? Tu te vois dans ce personnage ?" C'était aussi simple que ça mais c'était formidable[1] ! »

Aux yeux d'Audiard, Serrault fera un suspect idéal. Le comédien revient de Tunisie la tête emplie d'idées. Dans le roman, le suspect est un employé modeste, prolétaire accablé par la vie. Un lointain cousin du veuf de *Pile ou face*. Répétitif, estime Serrault. Il a l'envie d'en faire, au contraire, un personnage brillant, ne se laissant pas facilement impressionner. Un notable. Mieux : un notaire ; référence directe au fait divers de Bruay-en-Artois qui, en son temps, a défrayé la chronique. Audiard va encore plus loin : ce notaire sera habillé en smoking ! Pour justifier cette surprenante tenue, il est décidé de situer la garde à vue un soir de réveillon. Ultérieurement, l'acteur dira au dialoguiste : « J'ai vraiment compris le personnage et j'ai su comment le jouer à partir du moment où tu m'as dit qu'il serait en smoking. » Ce à quoi Audiard répondra : « La prochaine fois, je ne t'envoie plus un script, je t'envoie un costume. »

1. *Studio*, octobre 1995.

L'histoire débute le 31 décembre à 21 heures pour se terminer le 1er janvier à 7 heures du matin…

À force de retoucher son rôle, Michel Serrault en fait un personnage un peu cassant sans jamais être antipathique. Il en fait, surtout, un adversaire à la hauteur du flic soupçonneux qui, lui, joue sur son propre terrain.

Ce flic, justement. Qui va l'interpréter ? Les producteurs suggèrent Yves Montand, ce qui laisse Audiard sceptique. L'acteur repousse l'offre car déjà entraîné dans *Le Choix des armes* que lui propose Alain Corneau. Michel place son pion : un acteur écrasant d'autorité, le Gabin des temps modernes : Lino Ventura. À son tour, celui-ci impose des idées précises sur son rôle. Le film reposant sur une confrontation d'acteurs, donc sur les dialogues, Lino se montre encore plus vigilant qu'à son habitude. Ce que Michel avait moyennement apprécié lors de *Ne nous fâchons pas* se reproduit à la puissance cent. Et cela l'irrite. Un peu parce qu'il n'a pas pour habitude de reprendre de A à Z l'un de ses textes, et beaucoup parce qu'il travaille au même moment sur *Le Professionnel*, destiné à Belmondo et Lautner.

Le nom du metteur en scène de *Garde à vue* manque. Michel contacta Pierre Granier-Deferre. « Il m'a téléphoné en me disant que je pourrais le faire formidablement, racontera ce dernier. J'ai lu le roman, j'ai trouvé ça excellent. Mais je devais tourner *Une étrange affaire*. Et Michel m'a téléphoné trois jours après qu'Alain Sarde m'eut donné son accord pour financer *Une étrange affaire*. J'ai donc dû refuser *Garde à vue* à cause de ça. Je ne l'aurais pas fait du tout comme Miller l'a fait, je voulais que l'action se passe en Angleterre, que l'accusé reste un camionneur, comme dans le livre, un homme qui n'a pas de langage. »

Après avoir contacté de nombreux autres cinéastes – dont Yves Boisset, Alain Corneau, Robin Davis, Costa-Gavras… – Georges Dancigers propose Claude Miller dont il a apprécié *Dites-lui que je l'aime*. Ce jeune réalisateur n'est pourtant pas un fan du célèbre dialoguiste.

« Collaborer avec Michel Audiard ne me plaisait pas beaucoup : je n'aimais pas ses dialogues, dira Claude. […] Je n'aimais pas le cinéma d'Audiard, il ne faisait pas partie de ma culture, je l'avoue même si, aujourd'hui, ce n'est pas politiquement correct de dire du mal de lui.

À l'époque, je n'ai pas été aussi direct avec Dancigers, je lui ai d'abord demandé de lire le roman, que j'ai trouvé formidable. [...] J'ai rencontré Audiard, qui n'avait pas encore rédigé une ligne. Audiard travaillait d'une façon particulière : il ne voulait pas spécialement plancher sur le scénario, il voulait seulement écrire les dialogues. Depuis quelques années, en tout cas. Il faisait écrire les scénarios par le metteur en scène et par Jean Herman – qui a ensuite pris le nom de Jean Vautrin – un metteur en scène devenu scénariste et romancier. J'ai donc travaillé avec Jean Vautrin sur l'adaptation non dialoguée du roman, ce qui est difficile. On mettait des bribes de dialogues dont on savait qu'elles seraient remaniées. La collaboration avec Audiard a connu des hauts et... des bas. Je recevais ses pages de dialogues et, souvent, je les lui renvoyais en disant : "Je n'en veux pas..." La situation était épineuse, c'était une star et, évidemment, il n'a pas apprécié ce "petit merdeux" qui dénigrait ses dialogues. Il se plaignait à son agent, qui était aussi le mien. [...] J'ai connu des moments de rage froide, parce que Michel Audiard évitait tout conflit. Je n'arrivais pas à lui faire comprendre ou plutôt à lui faire admettre – il comprenait fort bien, c'était quelqu'un d'intelligent – pourquoi je n'aimais pas tel ou tel dialogue. Je lui ai raccroché au nez plus d'une fois, et je suis allé hurler chez le producteur : "Je ne ferai jamais ce film !" Lui me disait : "Vous me faites très peur, Claude Miller !"[1] »

De son côté, Michel explique : « Claude préfère gommer les effets, ça fait partie de son éthique. Moi, j'aime les effets, ça n'est un secret pour personne, je ne vais pas m'en cacher. Alors, d'une part, lui gommant, moi forçant la note, on est arrivé à un juste milieu et ça a marché très bien... Par pudeur, Claude a tendance à freiner, moi, quand j'ai un acteur de génie comme Serrault, je ne me sens plus, j'ai tendance à en mettre des kilomètres. Finalement, je crois que le résultat a été bon parce que chacun a essayé de comprendre ce que voulait faire l'autre[2]. »

Miller et Herman travaillent, donc, de concert. Tous les deux jours pendant plusieurs semaines. Souvent Michel les rejoint. La transposition

1. *Serrer sa chance*, entretiens avec Claire Vassé (Stock, 2007).
2. *Cinématographe*, octobre 1981.

du cadre de New York à une anonyme ville de province située au bord de mer ne pose guère de problèmes. Alors que, dans le roman, le commissariat est bruyant, peuplé d'une faune nocturne qui le traverse avec peu de discrétion, dans le script, le face-à-face a lieu dans un bureau situé à l'écart et seuls quelques plans sur le rez-de-chaussée indiquent une habituelle activité. Toutefois, en dernière minute, il est décidé de supprimer une scène qui inclut une espèce de fou voulant tout faire sauter, que l'inspecteur calme avec la complicité du notaire.

Le résultat a peu à voir avec un authentique interrogatoire.

« Il y a un processus dans les vrais interrogatoires qui est interminable, admet Audiard. Je me suis trouvé interrogé par la police pour des broutilles, parce qu'on m'avait volé ma bagnole. On passe une heure et demie au commissariat à débiter des machins : l'heure, la nuit, la voiture, comment ça s'est passé… avec un gars qui tape à la machine. Ce serait le film le plus ennuyeux du monde si on s'attachait une seconde à la vérité[1]. »

La première mouture du dialogue étincelle de répliques cinglantes. Michel a dosé ses effets : une formule brillante pour le flic, une formule brillante pour le suspect. Ça vole haut. Mais Lino ne tombe pas dans le piège. Il sait pertinemment que, dans la partie qui va l'opposer à Serrault, il n'a pas intérêt à monter au filet. Lui, sa spécialité ce sont les regards qui en disent long. En conséquence, il demande à Audiard que ses répliques soient revues à la baisse. Plus courtes, émaillées de piques cinglantes. Selon lui, le flic qu'il va jouer est un gars de la province incapable de dire des mots d'auteur. Audiard accepte. Mais cela l'embarque dans des discussions sans fin.

L'un des problèmes est qu'il doit effectivement écrire en même temps *Le Professionnel*. N'y parvenant pas, Michel fit le mort. Réfugié dans son sanctuaire de l'Hôtel de la Trémoille, il ne répond plus aux appels téléphoniques. Abonné absent. Même Alexandre Mnouchkine, qui produit à la fois *Garde à vue* et *Le Professionnel*, ne parvient plus à le joindre. Pendant ce temps, Ventura trépigne. Ne tenant plus en place, il se rend sur les lieux du crime : l'hôtel. M. Audiard est absent, lui dit-on. Pas grave : il attendra.

1. *Cinématographe*, octobre 1981.

Et il attend. Boule de muscles et de rogne engoncée dans un fauteuil du hall, il rive ses yeux sur la porte d'entrée. Ce qui devait arriver arrive : Michel Audiard ! Souriant, il rentre d'une de ses promenades, paraissant peu soucieux d'avoir deux travaux à livrer. Lino se lève. Michel est surpris. Il biaise, plaisante, parlemente. Ventura fait la sourde oreille et demande posément à son ami de bien vouloir remonter *illico* dans sa chambre pour n'en sortir que le texte de *Garde à vue* sous le bras. Le dialoguiste cède. Comment faire autrement ?

Les dialogues pointilleux de *Garde à vue* réclament un travail d'orfèvre. Ils réclament aussi un état d'esprit incompatible avec les aventures, certes tragiques, mais plus musclées du *Professionnel*. « C'était la mode de raconter des histoires où il y avait du mouvement, des cascades, des poursuites, des bagarres et Jean-Paul aime faire des trucs difficiles, remarquera Lautner. Il a besoin de vivre un challenge permanent. Quand on tournait des vaudevilles comme *Le Guignolo*, le challenge était de jouer archicomique, burlesque, d'en faire un maximum, d'être un clown, ce qui l'amusait. Quand on faisait des films policiers, le challenge, qui est venu progressivement car il n'est pas venu tout de suite, était de faire lui-même des cascades spectaculaires, des exploits. À partir de ce moment, il ne s'agissait plus seulement de faire de belles cascades, mais de belles cascades où l'on voit Belmondo. »

Pour Audiard, se consacrer à l'un, c'est sacrifier l'autre. Et vice versa. En respectant *grosso modo* les délais, il fournit les deux manuscrits à Alexandre Mnouchkine. Lequel accepte l'un et refuse l'autre. *Garde à vue* constitue un remarquable travail, *Le Professionnel* est indigne du talent d'Audiard. Tout le monde partage cet avis, de Belmondo à Lautner. « Je ne me souviens pas en détail de son script mais je me souviens que je n'ai pas compris dans quelles élucubrations il était parti, rapportera Georges. Il y avait des maquereaux, des putes et une histoire bancale… »

La date du premier jour de tournage du *Professionnel* approche. Elle est fixée depuis belle lurette au premier week-end de mai. Il faut remanier le scénario dans l'urgence. Mnouchkine fait appel à un autre spécialiste de grand talent pour donner son verdict : Francis Veber. Sa fonction est celle d'un *script-doctor*, poste ouvertement reconnu en Amérique, mais toujours un peu secret en France. Son travail consiste à analyser un script pour mettre en évidence ses points forts, ses points faibles et, éventuellement, proposer des recommandations. Veber s'acquitte de cette tâche avec la conscience et le talent qui ont fait sa réputation.

Michel vit le moment le plus humiliant de sa longue carrière. Convoqué en même temps que Veber pour statuer sur l'avenir de son scénario, il s'assied dans un coin sans un mot et attend. Francis commence par s'adresser à lui afin de le pousser à écrire une nouvelle mouture du script. Audiard lui répond d'une voix lasse qu'il n'en a pas le temps et d'ajouter : « Vas-y ! » Alors, Veber fait ses commentaires. Méthodiquement, il démonte le scénario, soulignant tous ses dysfonctionnements. Peu d'éléments passent au travers de ce tamis. Le nez plongé sur une feuille, Audiard dessine, visage crispé. Soudain, d'un geste brusque, il déchire sa feuille de la pointe de son stylo. Sa seule réaction… Il est suffisamment grand scénariste pour savoir que Veber a raison sur toute la ligne. À la fin de cet exposé qui a des allures de mise au pilori, il est décidé que Jacques Audiard, fils de Michel, et Georges Lautner reprendront *Le Professionnel* sur les indications de Veber, tandis que Michel se consacrera à *Garde à vue* qui nécessite encore des modifications.

Ventura étudie ses répliques, les dissèque. Plutôt deux fois qu'une. Tirer peu, mais viser juste. Le texte gagne parfois en concision, toujours en efficacité.

Un exemple : lors de la rencontre entre Gallien et Mme Martinaud, le commissaire était censé dire :

« Cette image explique, à la rigueur, un comportement, elle ne constitue pas une preuve. Or, pour inculper Jérôme Martinaud du meurtre de Geneviève Le Bailly et Pauline Valera, il me faut une preuve. »

Il dit finalement :

« Madame Martinaud, tout ce que vous venez de me dire peut expliquer à la rigueur, je dis bien à la rigueur, un comportement, mais moi, je suis un policier. Or, pour inculper Jérôme Martinaud de meurtre, eh bien, il me faut une preuve. »

D'autres répliques passent à la trappe dont celle-ci, cynique, du notaire Martinaud[1] :

« Ça remue là-dedans, hein ? Ça s'agite ? Avouer deux crimes pour échapper à un souvenir… Contrairement à l'idée que se font les policiers, la prison c'est tout à fait supportable. Alors qu'il y a des souvenirs qui sont insupportables. »

Mais celle-ci reste :

« Vous tapez tout ! Elles sont tellement ignobles vos questions que vous en avez honte. C'est pas vrai, peut-être ? Alors, à partir de maintenant, j'exige que tout soit consigné. Ça vous obligera peut-être à changer de ton ! »

Le tournage se déroule du 27 janvier au 13 mars 1981 dans un décor quasi unique de commissariat entièrement reconstitué en studio.

Rarement film a autant été un travail d'équipe. En transformant son personnage, Serrault apporte une pièce essentielle à l'édifice ; en demandant de raccourcir les dialogues, Ventura lui confère une force supplémentaire ; en construisant une mise en scène serrée, sans esbroufe, Miller accentue la tension et la véracité ; en retouchant chaque réplique, Audiard fournit des dialogues qui, de la première à la dernière ligne, comptent parmi ses plus efficaces.

S'ajoute l'engagement des producteurs qui, plutôt que de rabioter sur le budget, lui donnent presque des allures de superproduction. Miller bénéficie d'une équipe technique de premier ordre et d'un décor de commissariat intelligemment imaginé, construit aux studios d'Épinay pour la modique somme de 13 millions de francs. La profession crie au fou. Dépenser tant d'argent pour un simple face-à-face ? Mnouchkine et Dancigers courent à la ruine, dit-on.

Le scénario est encore retravaillé avant le premier tour de manivelle. Dans l'une des versions, il se terminait non sur la mort de la femme du notaire, mais sur ses tristes retrouvailles avec son époux. Le commissaire ramenait l'ex-suspect en voiture et remarquait sur le pas de la porte

1. Le nom de Martinaud peut faire référence au Martineau (Bernard Blier) de *Quai des Orfèvres* d'Henri-Georges Clouzot (1947).

la femme délaissée en train d'attendre. Retour à la cruauté d'une vie médiocre…

« Ce qui est très différent entre le film et le roman, remarquera Miller, c'est que l'on a un accusé, un suspect brillant, alors que dans le roman, c'était un petit employé timoré, complexé, qui avait tout raté dans sa vie et surtout son mariage. C'était un peu le même type de personnage que l'on voit chez Simenon. Il était de plus en plus "bouffé" par le flic qui n'était ni un méchant ni un sadique. Il faisait simplement son boulot et il avait décidé que ce suspect était coupable, il en avait la conviction. »

Confrontation entre deux comédiens. Ventura et Serrault. Première lutte sur un plateau mais quelle lutte ! Audiard connaît suffisamment l'un et l'autre pour savoir que surgiront des étincelles. Il ne se trompe pas. Lino s'enferme dans son personnage. Gallien ne pouvant sympathiser avec Martinaud, Ventura préfère rester distant avec Serrault. Ils prennent leur repas séparément, se parlent peu en dehors des prises de vues et limitent leurs relations aux strictes nécessités professionnelles.

Présent également sur le plateau, Guy Marchand bénéficia du rôle d'un inspecteur de police retors. Il a déjà joué dans *Le Grand Escogriffe* et *Tendre poulet*, mais c'est grâce à *Garde à vue* qu'il apprécie pleinement le texte d'Audiard. « Audiard a eu une phrase très gentille sur moi, racontera-t-il : "Je ne connaissais pas cet acteur mais il est plutôt baroque !" J'avais compris, à écouter certains dialogues de ses films avant même d'avoir à les jouer, qu'il était un littéraire. Son langage dégageait une richesse rare. J'aime quand les gens possèdent un langage personnel, surtout quand il atteint cette qualité. Ses dialogues étaient faciles à dire car ils avaient leur propre musique. Or, avant d'être acteur, je suis un chanteur et quand vous chantez juste, vous jouez juste. Surtout quand les dialogues sont écrits comme une partition, comme c'était le cas pour Audiard. Beaucoup de grands acteurs ont débuté comme chanteurs : Gabin, Bourvil, Montand, Fernandel, Raimu… et j'en oublie. Il fallait savoir entendre la musique d'Audiard pour bien la comprendre et mieux la restituer. »

Garde à vue sort le 23 septembre 1981[1].

1. Jour anniversaire de Romy Schneider (43 ans), interprète de Mme Martinaud dans le film.

> « Miller s'est découvert un dialoguiste efficace, vigoureux, corrosif, fuyant le bavardage. Il s'appelle Michel Audiard et n'a pas grand-chose à voir avec celui que nous connaissons. »
>
> Jean Wagner, *Télérama*.

> « Toute l'écriture du film est d'une rigueur rare de ce côté de l'Atlantique. »
>
> Jean-Pierre Jeancolas, *Positif*.

> « Une réussite, une gageure brillamment tenue, dont le succès prévisible sera dû à l'intérêt du sujet et à la qualité de la mise en scène tout autant qu'à la réputation des interprètes et à la verve du dialoguiste »
>
> Jean de Baroncelli, *Le Monde*.

Résultat des courses :

- Grand Prix du cinéma français Louis Lumière ;
- Prix Jean Leduc de l'Académie française ;
- Prix Georges Méliès de la critique ;
- Prix du meilleur scénario au Festival de Montréal ;
- Prix de la presse étrangère ;
- Huit nominations aux Césars 1982.

De cette cérémonie, *Garde à vue* repart avec quatre statuettes dont l'une décernée au meilleur scénario. Michel Audiard est récompensé par ses pairs. Il était temps. *Mission à Tanger* date de plus de trente ans…

Quelques années plus tard, lorsque les Américains décideront de produire un remake de *Garde à vue*, ils ne se contenteront pas de racheter le roman initial de John Wainwright, ils acquerront aussi, et même surtout, le scénario du film. Y compris les dialogues d'Audiard. D'où des phrases entières réutilisées à l'identique qui continueront de faire mouche en dépit d'un climat général très différent. *Suspicion* sera un échec. *Garde à vue* reste une référence. Au 2 millions de spectateurs de 1981, s'ajouteront, année après année, de nouveaux aficionados.

34
Nids d'espions

Un mois après *Garde à vue* sortit *Le Professionnel* de Georges Lautner que Francis Veber a complètement reconstruit. Chaque jour, Jacques Audiard apporte le texte à son père qui retouche quelques dialogues, concentrant l'essentiel de son énergie sur les répliques de Belmondo.

L'idée du projet revient à Alexandre Mnouchkine qui, à la demande de la star, a déniché un sujet grave, *Mort d'une bête à la peau fragile* de Patrick Alexander.

Le film raconte la tragédie d'un ancien agent des services secrets français expédié en Afrique pour abattre un dictateur et, parce que trahi par les siens, emprisonné. Après s'être évadé, il revient en France dans le but de remplir sa mission : tuer le président Njala.

Un scénario solide, des dialogues percutants, mais une fin qui laisse perplexe. Faut-il ou non tuer le héros ? Ce qui revient à se demander : fallait-il ou non tuer Belmondo ? Dans l'imagerie populaire, il est un peu le John Wayne français et, comme tel, n'a pas le droit de mourir à l'écran. C'est oublier qu'il a déjà fini sous des balles assassines dans *Borsalino* et dans *L'Héritier*, entre autres. Dans la version de travail du scénario, celle qui atterrit sur le plateau de tournage, aucune ambiguïté : « Séquence 114 : Joss fait un petit adieu à Doris et monte dans l'hélicoptère. L'hélicoptère décolle et s'éloigne. Fin. »

La réalité, telle qu'elle apparaît sur l'écran, est différente. « Nous avons tourné une fin où je ne meurs pas et où je pars en hélicoptère, racontera Belmondo. D'un commun accord, Georges Lautner et moi avons décidé de ne pas garder cette fin, contre l'avis de tous ceux qui nous disaient que c'était une folie de laisser mourir le héros. Mais nous, nous avions pensé que si nous le laissions partir en hélicoptère, après tout ce suspense, nous tombions un peu dans la convention. Je n'ai aucun regret d'avoir choisi la fin qui est dans le film. »

Avis partagé par le réalisateur : « Je suis persuadé que nous avions raison, parce que sa mort valorise tout ce qui s'est passé avant et lui confère un ton plus dramatique. Si, comme cela était prévu, il était parti avec la fille en hélico, ce serait resté un "gentil" film, alors que sa mort surprend tout le monde, les gens en prennent plein la gueule. Comme dans la vie, le film avait ses tons de comédie et ses tons de drame. »

Bon choix à en croire l'énorme succès public : 5 243 511 entrées en France. Deuxième film français au box-office de l'année derrière *La Chèvre*… de Francis Veber !

* * *

Tout va pour le mieux pour Michel Audiard ? Pas tout à fait. Il s'embarque dans un projet qui change de capitaine en cours de navigation.

Au départ : un roman de George Markstein racontant comment un paisible homme d'affaires vivant en Suisse est soudainement « réveillé » pour reprendre ses anciennes activités d'espion. En réalité, il s'agit d'un piège destiné à éliminer tout un réseau de renseignements.

Aidé par Jean Herman, Audiard envisage un scénario s'inscrivant dans la lignée des romans de John le Carré[1], où chaque élément s'imbrique parfaitement dans l'autre jusqu'à former un jeu diabolique.

Lino Ventura apprécie cette intrigue truffée d'agents secrets qui, à l'opposé de James Bond, offre un regard sur la face cachée de l'espionnage. Il aime aussi le thème de la solitude du héros pris dans un système à la fois machiavélique et kafkaïen. « Le rôle rappelle un peu celui de Cary Grant dans *La Mort aux trousses*, remarque-t-il. Quant au film, si l'action ne manque pas, il est bâti sur l'atmosphère et l'interrogation angoissante d'un homme comme vous et moi autour de qui le monde se met soudain à basculer. »

1. Nommément cité dans le dialogue.

Pour conférer à cette intrigue un aspect moderne, pour ne pas dire *new-look,* le producteur Norbert Saada suggère d'en confier la réalisation à Andrzej Zulawski, auteur du troublant *L'Important, c'est d'aimer.* Bon choix, estime Audiard. Toutefois, Saada lui conseille de rester sur ses gardes : « Je me méfie quand même parce que Zulawski a un univers tellement particulier que j'ai un peu peur que ça dérape. Donc, il faut surveiller le texte. »

Ne tenant pas à s'installer au côté de l'instable Andrzej, Michel préfère lui dépêcher son fils, Jacques, grand amateur de cinéma et homme idéal pour faire le lien entre les *anciens* et les *modernes*... En dépit de cette surveillance accrue, Zulawski se laisse aller à son penchant pour un mélange de sexe et de violence. Il imagine une scène d'introduction, c'est le cas de le dire, au cours de laquelle le personnage censé être joué par Ventura ramasse une auto-stoppeuse et la culbute frénétiquement dans un parterre de fleurs ! Tout pour déplaire à Lino. Qui n'est pas mis au courant de cette trouvaille !... Michel suit point par point la dérive du scénario. Tant et si bien qu'il finit par expliquer à Saada qu'il va produire le « premier film policier à tendance pornographique ». Effectivement, Zulawski insère de plus en plus de scènes de relations charnelles. Incapable de redresser la barre, Michel Audiard prévient Saada que, cette fois, il va produire « le premier film pornographique à tendance policière ». Il demande à être retiré du projet. Sachant que Lino ne cautionnera pas une telle histoire, Norbert se sépara de son metteur en scène trop audacieux.

Ventura sera invité à s'expliquer. Il le fera de son mieux : « Je considère Andrzej Zulawski comme un monsieur qui a énormément de talent. Peu de cinéastes savent traiter la violence comme il le fait. Et puis, c'est un monsieur qui sait tout de même manier une caméra. Il l'a prouvé. Il sait ce qu'il fait lorsqu'il a une caméra entre les mains. Mais, car il y a un mais sans que cela n'enlève rien à ce que je viens de dire, son optique à lui, son monde à lui ne sont pas les miens. Je ne pense pas être un matériau utilisable pour lui. Je ne pourrais pas[1]. »

Changement de cap.

1. *France-Soir*, 21 janvier 1982.

« Un jour Audiard m'a appelé pour faire avec lui l'adaptation d'*Espion lève-toi*, racontera Albert Kantof. Mon rôle était de l'aider. Mais, tout ce que j'ai fait ne convenait pas car Boisset voulait prendre une tout autre direction. Jean Herman est venu construire l'histoire car, dès qu'il s'agissait de construction de l'histoire, il était nécessaire que Michel soit aidé par quelqu'un. »

Effectivement Yves Boisset est appelé à la rescousse, et à la mise en scène. « La première longue rencontre que j'ai eue avec Audiard, ce fut grâce à Carmet avec qui j'étais très ami, rapportera-t-il. J'en garde le souvenir d'une interminable déconnade. Ce soir-là, chacun des deux compères soutenait que l'autre était un menteur. Tout le dîner et l'après-dîner, qui n'a pas été court, se sont déroulés sur les accusations proférées par Audiard à l'encontre de Carmet, et vice versa, chacun affirmant que l'autre lui avait considérablement nui par ses mensonges et son hypocrisie. Finalement, ils se sont réconciliés sur mon dos en décrétant que j'étais encore beaucoup plus menteur qu'eux!... Par la suite, je n'ai pas eu l'occasion de revoir Michel pendant des années mais ce premier contact avait été très chaleureux. »

Le scénario de Zulawski ayant été jeté aux oubliettes, Boisset épluche le roman. Lui aussi y voit un sujet dans la lignée de *La Mort aux trousses*. L'élaboration du script se fait un peu à la hâte car les dates de tournage sont déjà arrêtées, Lino doit enchaîner avec le long tournage des *Misérables* de Robert Hossein.

Entente cordiale entre le Petit Cycliste provocateur et le cinéaste. « Il avait une culture absolument encyclopédique, ce dont il se défendait farouchement, remarquera Yves. Il lisait au moins quatre ou cinq heures par jour, ce qui lui permettait de trouver des sujets de films. Car il achetait les droits de quatre ou cinq romans dans l'année et pour les dénicher, il fallait bien qu'il en lise une cinquantaine. Il lisait aussi beaucoup de classiques, mais si on le prenait sur le fait, il montait sur ses ergots... Je me rappelle qu'un jour, je vais chez lui et je vois les Mémoires du cardinal de Rohan. Je ne crois pas qu'il y ait grand monde qui ait lu ces Mémoires! Je lui en parle, mais il me répond du tac au tac: "Je ne lis pas ça, c'est pour faire parler les cons comme toi!" N'empêche que les pages du livre étaient marquées avec des signets... Il adorait jouer les abrutis et cela faisait partie du personnage un peu titi parisien qu'il s'était construit. »

Boisset ne met pas longtemps à découvrir la véritable personnalité de l'homme de plume : « Michel Audiard venait d'être confronté à un drame personnel qui avait bouleversé sa vie et sa vision du monde. La mort accidentelle de son fils lui avait inspiré un livre admirable de tendresse et de lucidité, *La Nuit, le jour et toutes les autres nuits*. Pour lui, le temps de la rigolade était passé. Il avait cessé, malgré leur succès, de mettre en scène des gaudrioles comme *Faut pas prendre les enfants du bon Dieu pour des canards sauvages* et se consacrait désormais à l'écriture de films sensiblement plus ambitieux. Avec *Garde à vue*, il avait nettement haussé la ligne de mire, et *Espion, lève-toi* s'inscrivait dans cette nouvelle ligne d'inspiration[1]. »

Ce thriller d'espionnage s'édifie dans la complicité. Boisset se montre enthousiaste dès la première lecture : « J'ai trouvé le dialogue remarquable, l'un de ceux écrits par Michel où il y avait le moins d'effets, très peu de bons mots. Si on l'écoute attentivement, ou si on le lit, on se rend compte que c'est vraiment un excellent dialogue. C'est un lieu commun de dire qu'il était un dialoguiste exceptionnel, mais c'est vrai qu'il avait un don particulier pour faire parler les acteurs. Il connaissait Lino par cœur. Car Lino n'était pas un comédien, il le disait lui-même, c'était un personnage. Michel le servait avec des phrases courtes très efficaces. »

Ventura reste exigeant. Michel a été payé pour le savoir, mais le producteur Norbert Saada le découvre : « Autant Lino était très sympathique, très facile, très marrant, pas bourru du tout dans la vie privée ; autant, dans un film, il arrivait, il posait le script sur la table et il disait : "Raconte-moi les motivations du personnage." C'était sa grande phrase. Et dès qu'il ne comprenait pas un passage, il disait : "Excuse-moi, mais, dans ma petite tête de Parmesan, il y a une chose que je n'ai pas comprise : qu'est-ce qu'il fait là ?" On pouvait discuter huit jours sur une phrase. En fait, il comprenait très bien, mais il avait envie qu'on le lui explique mieux. En revanche, il y avait une chose formidable, c'est que quand un film commençait et

1. *La vie est un choix* (Plon, 2011).

qu'on avait été d'accord sur le script, même si ça avait été un accouchement difficile, d'une part, il ne remettait plus en cause ce qui était écrit, d'autre part, c'était un professionnel dans le sens où c'était un monsieur qui essayait de faire qu'on fasse le meilleur film possible. »

Lino dissèque le script jusqu'à l'extrême limite, c'est-à-dire jusqu'au premier tour de manivelle. De jour comme de nuit, il appelle Saada pour lui faire part de ses « suggestions ». Lequel Saada les répercute à Audiard qui lui répond inévitablement : « Plus vite on tournera, plus vite ce sera fini ! » Les demandes de modifications s'accumulent. Innombrables. Et parfois dommageables. L'une des idées fortes du roman repose sur le fait que le héros se rend compte que son épouse, avec laquelle il vit depuis dix ans, est une espionne chargée de le surveiller. Lino refuse ! Comment imaginer que lui, Ventura, aurait pu partager dix ans de sa vie avec une traîtresse ?... La disparition de cette idée affadit le film.

Hors travail, Michel et Lino aiment se retrouver autour d'une bonne table. Le scénariste, très au fait de la susceptibilité culinaire de son ami, s'amuse à le piéger. Il soutient mordicus que Norbert Saada fait de meilleures pâtes que Ventura. L'acteur blêmit sous la violence du coup. Crime de lèse-majesté. Cela peut mener loin. On a décimé des divisions entières pour moins que ça ! Lino rumine sa vengeance. Dès le lendemain, il débarque chez Saada et lui conseille de ne se consacrer qu'au couscous ! On ne se moque pas impunément des talents de cordon-bleu de Lino Ventura.

« Lino, dit Audiard, c'est pour moi le type qui confectionne les meilleures pâtes aux fruits de mer d'Europe. Il se donne du mal pour les faire, il ne les achète pas toutes faites. Il va au marché le matin, il va aux Halles, il achète ses palourdes... tout le bastringue. Il prend des pâtes fraîches, il vous confectionne ça, ça lui prend ses trois ou quatre heures de boulot. C'est un cérémonial. Mais c'est extraordinaire. »

Ne renonçant jamais à la raillerie, Michel s'amuse à brocarder les talents de cycliste de son ami :

« Lino fait du vélo comme un facteur. En réalité, il ne fait pas de vélo, il se déplace à bicyclette. Parce que bicyclette et vélo, ce n'est pas la même chose. Un vélo, c'est censé être un vélo de course ; une bicyclette, il y a un feu rouge, une sonnette… Lino fait de la bicyclette, mais il a un vélo, c'est ça qui est paradoxal. Il a un vélo de course, indiscutablement. Il a, donc, apparemment, les signes extérieurs d'un coureur, mais le coup de pédale, non ! J'aime mieux qu'on parle d'autre chose… »

Appliquant avec humour l'adage qui veut que qui aime bien châtie bien, ils s'entendent comme larrons en foire, tant sur le plan amical que professionnel. « Michel me connaissait parfaitement bien, soulignera le comédien. À chaque fois, il trouvait autre chose qui correspondait à ma nature, à ma façon de dire les choses, à ma façon de les interpréter. Ce doit être très difficile pour un écrivain d'écrire pour quelqu'un qu'il ne connaît pas très bien. Or, Michel savait très bien comment me faire dire certaines choses. Il savait très bien que certaines choses, je ne les aurais pas dites, je ne les aurais pas faites ou je ne les aurais pas faites comme ça… Ce dont personne ne parle, et que peu de gens savent, c'était la culture immense de Michel en littérature française. Et sa modestie l'honorait car il n'en faisait jamais état. Ne croyez pas qu'il a puisé ses répliques uniquement dans la rue. Disons qu'il les faisait passer par son filtre. Car c'est toujours la même chose : l'art, c'est de donner l'impression de facilité. Nombreux sont ceux qui ont voulu l'imiter, mais jusqu'à présent… »

À force d'avoir été remanié, le scénario d'*Espion lève-toi* compte quatre fins différentes. Or, pour la première fois de sa vie, Michel est parti loin : en Amérique du Sud en compagnie de son petit-fils Stéphane. Injoignable. Dès qu'il remet le pied à Orly, il est sommé de donner la touche finale à cette histoire d'espions. Il promet de le faire. Mais promet seulement.

Autour de Ventura embarque pour Zurich une pléiade de bons acteurs, dont Bruno Cremer, Bernard Fresson, Krystyna Janda, Heinz Bennent et Michel Piccoli. L'occasion d'un affrontement cinématographique.

« J'aime de plus en plus les grands face-à-face d'acteurs comme le duo Serrault-Ventura dans *Garde à vue* ou le duo Ventura-Piccoli dans *Espion, lève-toi*, souligne Audiard. Quand la situation est bien en place, quand on connaît bien les acteurs, on ne risque pas de se planter. Tout naturellement on met les mots justes dans leur bouche[1]. »

1. *Première*, janvier 1982.

Un nouveau venu dans son univers l'étonne :

« Michel Piccoli est l'exemple même de l'acteur qui est fait pour parler, c'est un violon, un Stradivarius. *Idem* pour Philippe Noiret. Si un dialoguiste ne parvient pas à écrire pour ces deux acteurs, il peut changer de métier[1]. »

Bien que le tournage soit déjà bien entamé, l'identité du traître reste inconnue, les auteurs n'arrivant pas à se mettre d'accord sur une fin, donc sur un nom ! Cremer et Piccoli jouent leurs rôles sans savoir s'ils sont du côté des gentils ou des méchants ! Ventura soutient que le traître est Cremer, Piccoli affirmait que c'est lui, Audiard et Boisset prennent le parti tantôt de l'un, tantôt de l'autre. Seule certitude : la vérité sera dévoilée dans une scène de téléphérique, image forte souhaitée par Yves. Les jours s'écoulent. Une semaine avant la fin du tournage : toujours aucun nom ! Audiard et Herman débarquent à Zurich et, au cours d'une confrontation au sommet, déterminent le nom du traître : le plus logique des deux… « Tout cela prouve que, contrairement à ce qu'on disait, Michel travaillait ses répliques et ses scénarios jusqu'à la dernière minute, conclura Yves Boisset, et que, plus globalement, il s'intéressait aux films beaucoup plus qu'il ne voulait le faire croire. »

Bien que réunissant 1,3 million de spectateurs, *Espion lève-toi* ne rencontre pas le succès escompté. Il est largement battu par un autre film français sorti le même jour : *Le Grand Pardon* d'Alexandre Arcady.

1. *Pariscope*, 27 janvier 1982.

35
Le passé pour avenir

Infatigable lecteur, Michel Audiard tombe sous le charme d'un roman policier de Marc Behm, *Mortelle randonnée*, dont il acquiert aussitôt les droits. Behm adore le septième art, au point d'envisager de devenir acteur, mais c'est par le biais de l'écriture qu'il y parvient, participant à divers scénarios, dont le remarquable *Charade*[1]. Né en Angleterre, il est tombé amoureux de la France. Audiard l'a connu par l'intermédiaire de Georges Lautner, Behm ayant travaillé au script de *La Blonde de Pékin*.

L'action du roman se déroule aux États-Unis le long d'interminables autoroutes. Michel remplace l'Amérique par l'Europe : Belgique, Allemagne, Italie, France. Il est prêt à emmener son personnage jusqu'en Europe centrale, mais des contraintes budgétaires l'en empêchent.

Pour construire cette « quête désarticulée », comme il la nomme, il entraîne donc son fils Jacques. « C'était une expérience très singulière, racontera-t-il. Une manière de communiquer avec mon père. Il avait beaucoup aimé ce livre, qui parlait d'un père en quête de son enfant. Mon frère, François, était mort quelques années plus tôt et il en avait été très affecté. Le scénario de *Mortelle randonnée* parlait beaucoup de ça. D'un sentiment très fort de solitude paternelle. Nous avons travaillé sur l'écriture le temps d'un été, très librement, sans producteur ni réalisateur. Juste lui et moi. Nous nous retrouvions autour de ce sujet. Mais nous parlions peu de nous. Mon père ne se confiait pas. Il était de ceux

1. De Stanley Donen.

qui communiquent peu avec leur progéniture, qui ne témoignent pas de leur affection[1]. »

Michel admet qu'il n'avait pas été un père des plus attentionnés : « Je n'ai pas été tellement père. Je suis grand-père, c'est différent. Je crois que c'est assez fréquent chez les hommes de ma génération : ils ont été des pères un peu inattentifs, distraits, préoccupés, et ils se découvrent une espèce de gâtisme qui s'exprime très bien dans l'art d'être grand-père. Ça ne me gêne pas d'être gâteux ; ça ne m'empêche pas d'écrire. La plupart de mes confrères sont gâteux et ils ne s'en sont même pas aperçus. »

À travers ses futurs films, Jacques Audiard disséquera les rapports père-fils comme pour tenter de franchir une mer d'incertitudes dont lui seul connaît l'étendue. À travers son livre, *Être le fils de Michel Audiard*, Bruno M. tentera de combler un vide dont il n'a pas fini de mesurer la profondeur. L'un touche avec les images, l'autre bouleverse avec les mots. « Je pense sincèrement qu'un artiste est incapable de gérer à temps complet à la fois son art et sa vie de famille », écrira Bruno.

Les deux Audiard, Michel et Jacques, jettent les grandes lignes du film, inventent un couple de maîtres chanteurs absents du roman et redessinent l'histoire.

Un curieux détective privé, surnommé l'Œil, est chargé d'une banale enquête : identifier la petite amie d'un fils d'industriel. Il ne tarde pas à découvrir que cette troublante jeune femme tue ses amants pour mieux les dépouiller. Fasciné, il la suit dans sa fuite éperdue, dans sa randonnée mortelle. Il s'invente une histoire pour justifier ses déplacements. Il invente aussi un passé à cette femme dont il ne connaît rien. Petit à petit s'opère un transfert et, dans sa quête, il devine l'ombre de sa propre fille dont il cherche la trace depuis plus de vingt ans. Le détective privé devient ange gardien de cette jeune femme avant de l'accompagner jusqu'aux portes de la mort…

Pour Michel, le réalisateur est tout trouvé : Claude Miller. Il travaillait au montage de *Garde à vue* quand père et fils lui ont apporté un exemplaire du livre[2]. « Tous les deux s'étaient enflammés d'enthousiasme,

1. *Télérama*, 22 juillet 2015.
2. Jacques Audiard a également pensé à Patrice Chéreau pour la réalisation.

rapportera Miller. Moi aussi, je me suis enflammé pour le livre, mais pas immédiatement pour un projet de film car les difficultés d'adaptation me paraissaient énormes. J'ai trouvé le bouquin bouleversant ; il m'a fait penser à *Lolita*, de Nabokov, par le côté voyage à travers l'Amérique et une façon très particulière, passionnelle et romanesque de la regarder. Il y avait aussi un mélange de violence formidable et d'humour. »

Il ajoutera au sujet d'Audiard : « À partir du succès de *Garde à vue*, je pense que j'ai bénéficié du meilleur de lui. C'était un homme très cultivé. Il avait une connaissance précise des grands auteurs américains d'après-guerre. À cette époque, il a commencé à aborder des sujets plus personnels. Il n'avait plus envie de travailler uniquement pour l'argent. Les trois derniers films qu'Audiard a signés – *Garde à vue, Mortelle randonnée* et *On ne meurt que deux fois* de Jacques Deray – étaient des films funèbres, sur la perte des enfants. Surtout *Mortelle randonnée* d'ailleurs. Peut-être se sentait-il déjà malade et il avait vécu le deuil d'un de ses fils, qui s'était tué en voiture[1]. »

La force de conviction des deux scénaristes fut telle que Miller finit par leur donner son accord de principe. Puis, pendant trois mois, il n'en entendit plus parler. Michel et Jacques travaillaient sans relâche. Ils taillèrent le script avec une précision d'horloger, réplique par réplique. Quand le résultat lui parvient, Miller comprend qu'ils ont gagné leur pari. « Dans l'adaptation des Audiard, dit-il, j'ai retrouvé toute la force du sujet avec un enchaînement de séquences et de lieux qui résolvait tout. Leurs solutions étaient astucieuses, simples, crédibles et, dans les cas extrêmes, élégantes. C'est un film où la voix off aura également beaucoup d'importance, mais pas seulement. Ainsi, comme si ce détective ne pouvait plus supporter la réalité, il y aura à un moment donné une sorte de dérapage et le détective se mettra lui-même à commenter l'histoire à la troisième personne[2]. »

Michel s'est pris de passion pour cet Œil, qu'il présente en ces termes : « C'est un être à 500 000 facettes. C'est un flic et pas un flic, c'est un névrosé, mais sûrement pas un fou, c'est surtout un type plongé dans un

1. *Serrer sa chance, op. cit.*
2. *Première*, décembre 1982.

chagrin abominable et qui fantasme tant qu'il peut. Il se lance dans cette aventure folle parce qu'un déclic affectif joue, sans doute parce que la fille qu'il s'invente est belle. C'est la seule certitude que nous ayons au départ : il faut que la fille soit belle. »

À travers ce détective en quête d'un passé qu'on lui a volé, Michel construit un film sur les rapports père-enfant, ou, plus exactement, sur l'absence de ces rapports. Cet homme est meurtri par l'absence de sa fille, partie avec sa mère alors qu'elle avait à peine un an. Il la cherche, l'imagine, l'idéalise et sa vie entière est tournée vers cette quête sans fin. Difficile de ne pas admettre qu'Audiard y a mis une part de ses douleurs intimes. Notamment à travers des phrases telles que : « Je mourrai dans mon lit. De chagrin. Comme tous les pères. » « Moi, ça fait vingt ans que j'appelle au secours. Personne n'a jamais répondu. »

Le personnage de l'Œil devient un être désabusé dont les rares rayons de soleil sont cachés dans une photo noir et blanc. Un être étrange, issu du fond de ses désillusions. Un être meurtri, forcément. Pour l'incarner, Audiard n'a pas à chercher midi à 14 heures : Michel, son alter ego…

« Une des raisons qui m'ont poussé à faire le film est que j'avais très envie de retrouver un personnage pour Serrault, avoue-t-il. L'histoire se serait passée entre une mère et une fille, il n'est pas sûr que je l'aurais fait. On ne se rend pas compte, parce qu'on a tendance à minimiser ce qui vient de chez nous, mais Serrault est l'un des plus grands acteurs du monde. »

L'acteur accepte, sans hésiter. « Chaque fois qu'il me contactait pour un rôle important, ça se passait de la même façon, rapportera-t-il. D'abord, il m'envoyait un roman – il partait toujours d'un roman qu'il déformait, arrangeait, amplifiait – en me disant : "Lis-le ; est-ce que tu crois qu'on peut en tirer un personnage pour toi ?" Ensuite, il prenait la peine de me lire les scènes, parfois il me faisait porter le scénario – scène par scène – pour me demander ce que j'en pensais. Ce souvenir aussi, je le dédie aux gens qui n'ont pas le dixième de son talent et qui me répondent, quand je suggère une modification : "C'est moi l'auteur, restez à votre place"[1]… »

1. *Le Cri de la carotte*, *op. cit.*

Michel accapare ce rôle écrit par Michel. « Je le vois comme l'a décrit Audiard, ajoute-t-il : un type sonné par la mort de sa fille, qui ne veut pas l'admettre. Nous avons tous des couches de mémoire comme ça où on ne veut pas aller au fond des choses. C'est un personnage très humain. Il est obsédé par la mort de sa fille, trouve quelqu'un et va l'aimer. À partir du moment où on aime les gens, on est capable d'aller jusqu'au crime. Lui est dingue. Il joue ce jeu et peut-être que ça va être une manière pour lui de se libérer de la mort de son enfant. »

Imperceptiblement, les deux Michel se confondent. Pierre Tchernia, qui les a bien connus tous les deux, témoignera : « La relation d'amitié entre les deux Michel était très profonde. Il y avait une grande admiration de Serrault pour ce dialoguiste qui l'émerveillait et il y avait une grande admiration d'Audiard pour cet acteur qu'il considérait comme le meilleur de sa génération… Ils ont vécu ensemble la pire des misères, la perte d'un enfant. Ce n'était pas un sujet de conversation entre eux mais c'était un sujet d'émotion. »

Pour le rôle féminin, Isabelle Adjani amène sa fragilité, sa beauté, son talent et son propre trouble. « J'avais besoin d'un être polymorphe, d'une fille qui puisse être à la fois une créature de rêve et une clocharde complète », résume Claude Miller.

Tout étant en place, Michel et Jacques Audiard cherchent un producteur. Alexandre Mnouchkine montre peu d'enthousiasme. Alain Sarde est déjà accaparé par d'autres projets. Reste Charles Gassot, qui accepte de se lancer dans cette aventure risquée.

Mortelle randonnée se mue en un mélange des genres (film noir, fantastique, drame passionnel, œuvre romanesque, etc.). Le résultat ne rencontre pas l'adhésion d'un large public, mais récolte un flot de critiques louangeuses. « Un beau film, vénéneux, bouleversant et formidablement interprété », écrit Jacques Siclier. « L'une des balades passionnelles les plus excitantes que le cinéma français nous ait proposées depuis longtemps », estime Jean-Luc Douin. Même le peu flexible François Chalais admet que ce film « ne cesse d'envoûter ».

Les spectateurs sont peu nombreux. Michel avait prévenu : « En vérité, ça fait partie des films qu'on fait pour soi, égoïstement. J'avoue que je n'ai pas pensé au public une seconde en l'écrivant… Mais cette méthode me réussit en général assez bien ! » Il attribue une part de responsabilité de cet échec à Isabelle Adjani qui, en refusant de s'enlaidir pour les besoins du rôle, transforma le sujet, lui ôtant une part de son essence.

Ainsi, Audiard continue sa lente dérive entamée avec *Le Corps de mon ennemi*, prolongée avec *Pile ou face*, accentuée avec *Garde à vue* et poussée vers les sommets avec cette *Mortelle randonnée*.

Il n'a pourtant pas encore tout dit.

* * *

En l'été 1982, il prête sa plume à deux scénarios dissemblables, mais unis dans une même catégorie : *Le Marginal*, polar urbain destiné à Jean-Paul Belmondo, et *Canicule*, polar campagnard destiné à Gérard Depardieu et Jean Carmet. Les amis, toujours les amis. Pendant qu'il y est, Michel, épaulé par son fils Jacques, étudie la possibilité d'adapter *Tante Jeanne*, roman de Simenon. Édouard Niermans doit le réaliser, Simone Signoret et Miou-Miou l'interpréter, mais, en dépit de l'entêtement de Niermans, qui bataillera durant plusieurs années, aucun producteur ne se montrera intéressé.

Avant de se lancer dans l'écriture des dialogues, Michel, fatigué, s'accorde deux mois de vacances. Loin de la foule déchaînée du microcosme cinématographique français, il reste injoignable et affirmera plus tard n'avoir pas pensé une seule seconde à ses écrits. Difficile de le croire. Dès son retour, il reprend ses habitudes c'est-à-dire sa chambre à l'Hôtel de la Trémoille.

Pour *Le Marginal* et *Canicule*, les mots coulent de source. Audiard vole dans son couloir aérien, il pourrait presque piloter les yeux fermés.

Le premier lui a été apporté par Jacques Deray, qui a gagné ses galons de réalisateur d'importance avec, entre autres, *Borsalino*. Il dispose d'un sujet pour Belmondo : un flic hors norme, un casse-cou, un empêcheur de magouiller en rond. « L'idée de départ vient entièrement de moi avec, tout de suite, Belmondo en tête pour le rôle principal, rapportera Deray. J'avais rencontré des policiers au cours de mes tournages et j'avoue que j'aimais les entendre parler. L'un d'eux m'avait raconté qu'il avait été détaché à Marseille pour s'occuper de la drogue, et il avait si bien réussi qu'il s'était fait remonter sur Paris vite fait. J'avais écrit quelques pages là-dessus que je suis allé proposer à Mnouchkine et à Jean-Paul. Nous nous sommes lancés. J'ai travaillé avec Herman puis, avec Audiard. »

Le Marginal s'apparente au film d'action calqué sur le modèle américain (*L'Inspecteur Harry* avec Clint Eastwood). Un commissaire divisionnaire veut la peau d'un gros bonnet de la drogue, mais sa route est semée d'embûches, c'est-à-dire de scènes chocs et de cadavres. Le tout au service de Belmondo qui, après *Flic ou voyou* et *Le Professionnel*, confirme son retour aux rôles musclés dans la lignée de *Peur sur la ville*.

Le public réclame des cascades. Jean-Paul Belmondo doit sauter depuis des hélicoptères et tout casser dans des bagarres homériques. Cela ne plaît que moyennement à Michel Audiard. Cette fois, entre les fusillades, les poursuites automobiles, les coups de boule, les courses sur les toits, dans les rues ou sur les rails, il en vient à se demander où glisser son art du dialogue. Car l'intrigue doit laisser la part belle à des cascades préparées par Rémy Julienne et Claude Carliez, filmées par Deray et exécutées par Belmondo. « Je n'écris pas pour qu'on me colle des cascades ! », s'emporte Michel.

Déjà, en 1981, il avait déclaré : « Le mot "action" au cinéma est une sottise. Ce qu'on appelle des scènes d'action, les trois quarts du temps, ce sont des poursuites en voiture. Je suis persuadé que non seulement les scénaristes, mais aussi le public en ont marre. On en a usé et abusé, c'est la panacée du cinéma. C'est un mauvais principe, ça fait des mauvais films[1]. »

Michel sous-estime-t-il l'importance des cascades ? Il est vrai qu'une scène d'action peut prendre deux lignes sur un script et dix minutes sur un écran.

Le tournage se déroule d'avril à mai 1983.

Peu pressé de voir le résultat, Audiard se fait un peu violence pour assister à une projection. Il en ressort de méchante humeur. Se sentant

1. *Cinématographe*, octobre 1981.

floué, il demande que son nom soit retiré du générique ! Les producteurs, Mnouchkine et Dancigers, ainsi que Belmondo lui-même, l'acceptent. Mais il était un peu tard car la communication autour de ce film s'est déjà faite autour du nom d'Audiard[1] !

« C'est vrai, admettra Deray, qu'en cours d'élaboration, le scénario a beaucoup bougé et que, à la demande de Belmondo et de Mnouchkine, d'autres auteurs sont intervenus, mais j'ai été surpris quand on m'a appris que Michel ne signerait pas. Il a dû sentir comme un manque de considération de son apport, de son talent, de son dialogue, mais je pense qu'au fond il voulait s'éloigner de ce genre de production ; il avait de plus en plus besoin d'être reconnu comme l'auteur principal du film. »

Le Marginal poursuit sa carrière sans le soutien d'Audiard. Une belle carrière puisqu'après avoir établi le « record de tous les temps du cinéma français » (1 million d'entrées en cinq semaines), il réunit près de 5 millions de spectateurs en France.

« Le public est ravi, constate Jean Cau dans *Paris Match*. Enfin, le flic tel qu'il le rêve, le flic qui flanque des baffes à dévisser la tête aux ordures, empoigne les avocats marrons au collet, piétine sans hésiter la pourriture et flingue sans remords le répugnant trafiquant dont il interrompt la partie de billard. »

Le retrait de son nom du générique ne diminue en rien l'amitié que Michel porte à Jean-Paul. « Il occupe une position unique dans le cinéma français, écrit-il, il fait ce qu'il veut. C'est le héros populaire, frondeur, insolent, généreux, vengeur. C'est Guignol et d'Artagnan, Scapin et Figaro, Cartouche et Gavroche, Bibi Fricotin et Arsène Lupin. C'est Belmondo de Bergerac ! Il a une extraordinaire vertu de sympathie. Le public est fatigué de l'anticinéma et des antistars. Bébel remet le monde à l'endroit. On sait qu'avec lui les salauds en prendront plein la gueule et que les emmerdeuses se feront claquer le beignet. On va le voir comme on va au cirque. Il est en même temps le clown, le dompteur, et le trapéziste qui fait le saut périlleux. Un ami m'a dit un jour : “Quand je sors d'un film

1. Des affiches circulent depuis plusieurs mois précisant la date de sortie du film (26 octobre 1983) et le nom du dialoguiste (Michel Audiard).

de Belmondo, j'ai l'impression qu'il y a moins de cons sur terre." Un rêve comme celui-là, ça n'a pas de prix. »

Certitude : plus jamais Audiard ne travaillera sur un film d'action. Volontairement, il se détache d'un certain cinéma qui lui a apporté beaucoup d'argent, mais de moins en moins de satisfaction. Prendre de la distance. Et du repos.

« Pour la première fois, rapporte-t-il, je n'ai pas écrit pendant cinq mois et j'aurais tenu jusqu'en février s'il n'y avait pas eu l'emprunt forcé ! Paf, les impôts sont tombés sur moi comme des sauterelles sur un champ de maïs. Il faut que j'écrive à nouveau pour remettre des sous dans la tirelire. Avant, je prenais huit jours de vacances entre deux films, maintenant, je fais un film entre deux bains de soleil. J'ai envie de me reposer. C'est le début de la sagesse. Ou du gâtisme[1]. »

Soucieux de son bien-être, tout étant bousculé par le fisc, il refuse une proposition de Claude Zidi. « J'ai retrouvé Michel à Deauville, en septembre, pour lui proposer le dialogue des *Ripoux*, racontera le cinéaste. Je ne pouvais pas ne pas le lui proposer, tant ça correspondait à son univers cinématographique, à l'amour des chevaux qu'avait Gabin, qu'il a bien connu ; et puis il y avait Paris, le canal Saint-Martin. Au niveau des personnages, des décors, je me suis appuyé sur ma mémoire cinématographique dans laquelle les films d'Audiard entraient pour une grande part. Il y avait une filiation. Il m'a répondu : "Je suis pris jusqu'en février, reviens me voir après." Mais moi, je tournais en février, ce n'était pas possible... » Dommage.

1. *Télé 7 jours*, 29 octobre 1983.

36

Dernières cartouches

Comme prévu, Michel Audiard apporte son soutien à la préparation de *Canicule*, tiré d'un roman de son ami et fidèle collaborateur Jean Herman. Un film que mettra en images Serge Korber. Une sorte de *Parrain chez les Dominici,* comme le souligne le producteur Norbert Saada. Un redoutable gangster, Jimmy Cobb, trouve refuge dans une ferme après un hold-up sanglant. Ses hôtes, fort peu accueillants, l'entraînent dans le sordide et les bains de sang…

Une première ébauche de scénario est écrite avec la complicité de Dominique Roulet, auteur de romans policiers, amené par Jean Herman. « Je dois confesser que j'ai surtout été spectateur plus qu'acteur, dira-t-il. J'étais comme un élève assistant au travail des maîtres. Michel Audiard m'a immédiatement pris en sympathie et c'est vraiment grâce à lui que j'ai à la fois appris et continué le métier de scénariste. Il a eu une influence bénéfique sur toute ma carrière et sur mes œuvres. Je me considérais un peu comme son poulain. »

Par la suite, les deux hommes envisageront de collaborer sur *Les femmes, c'est de l'argent* réalisé par Gérard Jourd'hui, mais ce projet capotera.

Canicule suit un parcours en dents de scie. Lee Marvin est approché pour incarner le redoutable Jimmy Cobb. Plus encore qu'un Jack Palance, un Richard Widmark ou un Henry Silva, il jouit, à l'écran, d'une réputation de dur implacable. Cela tombe d'autant mieux qu'il rêve de jouer en France. Malheureusement, le contact avec Korber ne passe pas. On expédie outre-Atlantique Yves Boisset, dans l'espoir d'amadouer la légende vivante. Yves revient avec un accord de principe. Conséquence : il reprend le film à son compte et modifie le casting, amenant des acteurs qu'il connaît bien : Jean Carmet, Miou-Miou et Victor Lanoux, remplaçant Depardieu, indisponible.

Autre conséquence : il effectue une refonte complète du script en compagnie d'Audiard et d'Herman. « Le scénario de départ était moins noir et beaucoup plus orienté vers la comédie, déclarera-t-il. Je l'ai volontairement noirci, avec des côtés très durs, pénibles. Je me suis retrouvé plus près du livre et, surtout, plus près de ce que je ressentais. »

Norbert Saada assiste à cette refonte, tout en observant la méthode d'Audiard : « Michel écoutait tout le monde. Il aimait bien qu'on lui renvoie la balle. Au début, il écrivait peu et discutait beaucoup. Il allait dans une direction puis dans une autre et Jean Herman écrivait. Ensuite, nous relisions tous ensemble les cinquante premières pages pour dire ce que nous n'aimions pas ou peu. Michel avait un œil très juste sur la construction. Il y avait une vraie collaboration. Une fois que tout le monde était d'accord, Jean donnait le scénario à Michel qui apportait ses dialogues. Souvent, beaucoup de choses changeaient en cours de route parce que Michel se rendait compte que telle ou telle scène ne fonctionnait pas. C'était un monsieur avec qui il était très facile de travailler. »

Le travail de Michel est relativement réduit. En effet, la mise en scène d'Yves Boisset privilégie les ambiances muettes. Les dix premières minutes se déroulent presque sans paroles. Les paysans beaucerons sont plus des sanguins que des bavards, préférant le coup de poing à la phrase courte, le coup de fusil aux effets de manche. De plus, Michel bénéficie des pré-dialogues de Jean Herman – directement tirés du livre – qu'il juge tellement bons qu'il en conserve beaucoup.

Les prises de vues ont pour cadre la Beauce, c'est-à-dire la France profonde, même si Boisset lui trouve des ressemblances avec le sud des États-Unis. Le tournage débute… sous la pluie !

En cours de tournage, on soumet des projets d'affiche à Lee Marvin. Quelle n'est pas sa surprise d'y voir en grand le nom de Michel Audiard : à Hollywood les noms des scénaristes, y compris les plus prestigieux, sont à peine mentionnés !

Sortie le 11 janvier 1984.

À nouveau, Michel écrit un texte de présentation : « Ceux qui croiront aller voir un “polar” se tromperont s’ils en sont restés à James Hadley Chase ; d’autres qui penseront aller voir un “psycho” seront dans la même fatale erreur s’ils en sont restés à Pierre Benoit ; mais surtout se goureront ceux qui s’imagineront s’offrir un super ticket pour l’aventure. Et pourtant, il y a de tout cela dans *Canicule*, de tout ça et de beaucoup d’autres choses, mais c’est d’abord une histoire d’amour, avant tout une histoire d’amour, spécifiquement une histoire d’amour, c’est en tant que telle que je l’ai lue puis retranscrite. Une histoire d’amours au pluriel puisqu’il s’agit aussi bien de l’amour passion de la douce Jessica pour Chim, son fils, le petit surdoué du crime, de l’amour déchirant de Chim pour Jimmy Cobb, l’assassin légendaire, de l’amour éructant du fermier pour tout ce qui bouge, de l’amour farouchement chaste de Jessica pour Jimmy Cobb, bref tout le monde s’adore… C’est évidemment pourquoi tout le monde s’entrebousille, témoignant du même entrain pour ce faire que dans l’antique tragédie. À cette nuance près que nous ne sommes pas chez les Grecs, mais chez les ploucs, que le blé beauceron remplace la pourpre d’Athènes, et que l’on désosse beaucoup plus de monde et beaucoup plus vite. En vérité, nous sommes infiniment plus proches des primates de l’Arizona que des enfants de Sophocle et c’est tant mieux ! Ce qui m’a donné l’irrépressible envie d’écrire les dialogues de *Canicule*, c’est tout simplement parce que le ton général du roman m’a rappelé les premières pages de *Sanctuaire* (dans le cas où cette notule tomberait sous les yeux de certains échotiers parisiens, je précise qu’il s’agit d’un roman relativement connu de William Faulkner). Mais, peut-être, ce disant, je mens un peu pour faire intello. À dire vrai, je crois bien que j’ai écrit ce truc à cause de Lee Marvin. Oui… il y a des chances… uniquement à cause de cet homme-là. »

Ce texte cache une autre réalité. « Autant Michel aimait *Espion, lève-toi*, autant il n’était pas très satisfait de *Canicule*, confessera Yves Boisset. Le film a été mal accueilli, voire très mal. J’ai été attristé par la virulence de certaines critiques malgré quelques journalistes qui ont trouvé ça formidable. Cela n’a pas trop étonné Michel qui m’a dit : “Fallait faire marrer les gens, fallait pas leur faire peur !" Par contre, aujourd'hui, le film compte de nombreux défenseurs. Or, ce sont exactement les raisons pour lesquelles les gens n'aimaient pas le film au départ qui font qu'ils l'aiment aujourd'hui ! Le phénomène de vieillissement des films est mystérieux et je constate que celui-ci a plutôt bien vieilli. »

Malgré l'importance de son budget (près de 3 milliards de centimes) et la qualité de son interprétation, *Canicule* éprouve des difficultés à franchir la barre du million de spectateurs.

* * *

Jean-Paul Belmondo, Yves Boisset et Michel Audiard se retrouvent sur un nouveau projet : *Barracuda*. Plus question de partir d'un roman noir mais d'une idée originale, voire audacieuse, du metteur en scène. Un dérivé de l'affaire Claustre[1] mâtiné d'un énorme trafic d'armes à destination du Guyana. Le tout reposant sur certains faits authentiques. Sulfureux. Trop peut-être.

« Cela amusait beaucoup Michel car il a inventé un personnage de curé amateur de petites filles qu'il destinait à Blier, affirmera Boisset. De même qu'il s'amusait à l'idée de faire de Belmondo un ivrogne un peu clodo qui se révèle héroïque ! Nous l'avions envisagé dans la lignée de Bogart dans *Le Trésor de la sierra Madre*[2] qui nous servait de référence. Nous en avons écrit une trentaine de pages. Nous avons été sévèrement menacés et le film s'est arrêté net. Je me suis retrouvé seul très vite. Je me suis entêté car, n'ayant jamais cédé à la droite, je n'avais aucune envie de céder à la gauche. J'ai essayé de le reprendre par la suite avec Gérard Lanvin, mais le projet s'est écroulé pour les mêmes raisons. Moi, je l'ai payé très cher à la fois par un contrôle fiscal qui a duré onze ans et par le fait que plus personne ne pouvait travailler avec moi car, dès que j'étais sur le point de signer un contrat dans une maison de production, la firme

---

1. Enlèvement d'une archéologue française par des rebelles tchadiens. Cette affaire passionna la France dans les années 70.
2. De John Huston.

recevait un coup de téléphone des services de M. Charasse[1] lui annonçant un contrôle fiscal approfondi… Michel m'avait prévenu de ne pas toucher à ces choses-là. »

Barracuda – nom d'un avion dans le film – sombre corps et biens.

Soudain, réapparaît Henri Verneuil. Ces derniers temps, il s'est promené, voire perdu, dans des intrigues complexes portant pour titres *Mille milliards de dollars* et *I comme Icare*. Cette fois, il a soif de soleil et d'aventures. Il trouve son bonheur dans un roman de Pierre Siniac datant d'une quinzaine d'années : *Les Morfalous*[2], autrement dit « Les voraces ». Il en puise plus le thème que la trame : en Afrique du Nord, en pleine guerre mondiale, un groupe de légionnaires français tente de voler l'or contenu dans une banque abandonnée : 6 milliards à portée de main ! Dans le roman, les militaires passent une partie de leur temps terrés dans un blockhaus ou essayant de traverser la vaste place du village sous le feu ennemi.

« Finalement, expliquera Verneuil, en partant de la situation du livre, nous avons complètement réécrit l'histoire. Il faut bien prendre un point de départ. On pourrait très bien prendre ce départ sans le dire et personne ne s'en rendrait compte mais ce serait malhonnête. Alors je dis : "Le départ de votre roman me plaît beaucoup, je vous achète les droits cinématographiques et je vous propose même de venir travailler avec moi." C'est ce qui s'est passé avec Pierre Siniac. Il est venu travailler avec Michel Audiard et moi-même. Bien entendu, on ne peut pas le faire avec tous les livres : on ne va pas prendre *Madame Bovary* pour raconter une autre histoire ! »

Les auteurs changent tout, à commencer par la personnalité des personnages – peu reluisante dans le livre. Ils ajoutent une femme, épouse du banquier, alors que pas un jupon ne se profile dans le roman. Ils imaginent un avant et un après-casse, bref, ils conservent l'emballage – le titre et les légionnaires – tout en modifiant le contenu, écrivant pas moins de huit versions différentes de l'histoire. En dépit de similitudes de façade (l'Afrique, le massacre de départ, la cohésion forcée entre les survivants, la nostalgie de Paname, la présence incongrue d'un officier nazi…), *Les Morfalous* n'a que de lointains liens avec *Un taxi pour Tobrouk*.

1. Alors ministre des Finances.
2. Terme que l'on trouvait déjà dans le dialogue de *La Bande à papa* !

Pour une fois, les auteurs œuvrent sans casting préconçu. Michel suggère toutefois Gérard Lanvin dans le rôle principal et Victor Lanoux dans celui de l'adjudant pète-sec. Sur ce, Verneuil déjeune avec Jean-Paul Belmondo, comme il le fait régulièrement. Ils en viennent à parler projets. Le réalisateur évoque *Les Morfalous*. L'acteur demande à lire le scénario. L'histoire lui plaît, les dialogues l'amusent. Et de demander à son ami Henri de décaler son tournage de trois mois pour lui permettre d'y participer. Ainsi est fait. Jean-Paul devient le sergent Pierre Augagneur. Et Michel Audiard ne modifie pas une ligne.

Il est vrai qu'il a fait fort. Bien sûr, le langage des légionnaires n'est pas réputé des plus châtiés mais Michel ne l'arrange en rien. S'il reprend quelques rares phrases du roman de Siniac (« Les conneries, c'est avant d'entrer dans la Légion qu'on les fait, pas pendant ! »), il leur ajoute des commentaires gratinés. Dans le livre, l'un des personnages meurt électrocuté pour avoir uriné sur une ligne à haute tension mise à nu, ce qui ne suscite aucune remarque de son entourage. Dans le film, le directeur de la banque (François Perrot) trouve la mort dans les mêmes conditions, ce qui provoque ce commentaire désabusé de sa toute récente veuve : « C'est bien la première fois qu'il fait des étincelles avec sa bite ! »

« Il y a des choses dont la vulgarité m'enchante, confie Audiard. Donc, je ne peux pas les couper, j'aurais l'impression de m'autocensurer. Je me dis : "Si j'enlève cette réplique, il y en aura peut-être un autre qui va la trouver et la mettre dans un film, et alors là je me flingue." Ce ne sont pas des films sérieux. Je ne céderais jamais à une telle facilité dans un film dramatique et construit. Dans *Garde à vue,* j'aurais mauvaise conscience, mais dans *Les Morfalous,* je serais bien le seul à me poser des questions esthétiques. »

Le film est tourné en Tunisie, autour de la ville côtière de Mahdia.

3 600 000 spectateurs en France : les légionnaires revus et corrigés par Verneuil et Audiard font recette. Pourtant la critique tique et le bouche à oreille est peu enthousiaste.

Quant à Michel, il admettra : « *Garde à vue* est un bon film, *Mortelle randonnée* est un bon film, mais *Les Morfalous* est un mauvais film ! Je le dis tranquillement… Je ne suis pas responsable de tout là-dedans… J'en ai fait d'autres qui sont ratés, mais ce n'est pas prémédité. »

* * *

Georges Lautner demande à Michel de l'accompagner dans la troisième aventure des personnages de *La Cage aux folles*. Michel Serrault reprendra le rôle qui lui a valu un triomphe sur scène et un César au cinéma. Cette fois, pour une sombre histoire d'héritage (encore une), Zaza Napoli, alias Albin Mougeotte, dispose de dix-huit mois pour se marier et faire un enfant. Plus facile à dire qu'à réussir ! Le sous-titre de cette *Cage aux folles 3* est d'ailleurs *Elles se marient*.

En réalité, malgré la présence de Lautner, Audiard, Serrault et Galabru, le projet reste essentiellement italien jusqu'à être en grande partie tourné à Cinecittà. Jean Poiret, créateur du chef-d'œuvre initial, s'en désintéresse complètement et Michel Audiard, préférant se concentrer sur *On ne meurt que deux fois*, demande à son fils Jacques de fourbir les dialogues. D'autres personnes interviennent, traficotant le scénario, bricolant les répliques déjà écrites… Au grand dam de Georges Lautner, qui aimerait que le nom de Michel Audiard soit retiré du générique et de l'affiche. « C'est un film qui n'existe pas dans la carrière de Michel ! » affirmera-t-il.

* * *

Michel a un autre combat à mener. Il refuse d'en parler, mais un cancer est en train de ronger ses poumons. Les fameuses cigarettes collées entre ses lèvres ont fini par avoir raison de sa santé. N'est-ce pas aussi le chagrin qui a fini par le miner ?

Au temps de *Mélodie en sous-sol*, il avait écrit : « Tu fumes trop ! Le tabac, ça donne le cancer ! »

Et dans *Les Bons Vivants*, il évoquait : « Un chagrin, pire qu'un cancer… »

Dans ses écrits, on trouve : « En dehors de l'indispensable guignol (les interviews, les affiches, la télé) je vis à présent très en retrait : un peu de musique, un peu de dames, un peu d'écriture, c'est bien suffisant j'estime. Un jour, je supprimerai la musique[1]. »

Éreinté, il ne parvient pas à achever l'écriture de son nouveau roman, ex-*Le souci est aussi une fleur*, devenu *Le Chant du départ*. Ses dernières forces, les ultimes gouttes d'acide de son talent, il les consacre à une histoire sombre qui, singulièrement, résonne comme son chant du cygne.

Il ne peut passer à côté du roman de Robin Cook, *On ne meurt que deux fois*, car certains critiques, et non des moindres, le comparent à une sorte de *Voyage au bout de la nuit* d'un Céline londonien ! Céline. Le mot est lâché. Michel, qui n'est jamais parvenu à porter ses écrits à l'écran, va, enfin, pouvoir lui rendre hommage, indirectement certes.

Robin Cook[2], né en Angleterre dans la « gentry », passa sa vie à fuir ses origines trop pesantes. Sur la fin de sa carrière, il crée un personnage ambigu, sergent détective râleur et désabusé, qui ramasse les enquêtes dont personne ne veut. Dans *On ne meurt que deux fois*, ce fonctionnaire fouine à la suite d'un cadavre retrouvé en pleine rue.

Tout pour plaire à Michel qui achète les droits du roman, pensant aussitôt à Michel Serrault pour le rôle principal, dans le prolongement de *Garde à vue* et de *Mortelle randonnée*. Norbert Saada a une autre idée : Alain Delon. « Je n'étais pas sûr que Serrault puisse jouer les scènes de séduction », confessera-t-il. Mais la star, après lecture du roman, refuse le sujet. Audiard en est enchanté.

À l'occasion du festival de Cognac, il parle du livre à Jacques Deray, adepte des ambiances noires. « Il m'a dit qu'on pourrait le faire ensemble, racontera ce dernier. J'ai été un peu étonné car le livre était très noir, beaucoup plus que ne l'a été le film. J'ai un peu hésité mais devant l'enthousiasme de Michel, je me suis lancé. Et comme il y avait sur place un producteur, Norbert Saada, le projet a démarré très vite. »

Audiard est un inconditionnel du film noir américain. « Il avait deux passions : le cinéma américain et Céline, poursuivra Deray. Je ne dirais pas qu'il était un grand connaisseur du septième art, mais un amateur éclairé. Il n'allait pas jusqu'à disserter dessus ni analyser, mais il l'aimait

1. *Le Chant du départ*, *op. cit.*
2. À ne pas confondre avec son homonyme américain, auteur de thrillers.

beaucoup. Ce qu'il aimait, c'étaient le film noir, les héros fatigués, pas la comédie américaine. »

Jacques cherche à inscrire ce projet à la fois dans la tradition des films noirs français d'après-guerre – ceux de Clouzot, Duvivier, Becker… – et dans celle du polar à l'américaine. Avec, en prime, une sorte d'hommage au couple Bogart-Bacall. Raison pour laquelle il propose Charlotte Rampling dans la peau de la femme fatale. Audiard craint que l'accent de cette Anglaise n'empêche ses dialogues de passer l'écran. De plus, il éprouve toujours des difficultés à faire parler les femmes. Charlotte le remarque et demande des modifications. Elle prend rendez-vous avec le dialoguiste et, durant tout un après-midi, lui parle d'elle, du projet, de ses scènes. Grâce à cette rencontre, Michel confère au personnage féminin une dimension presque évanescente.

Jacques Deray est attiré par le côté sombre et par le fait que l'intrigue se déplace, passant du « Qui a tué ? » au « Que va faire le flic ? ». « Je voulais que nous restions les maîtres du sujet, c'est pourquoi nous l'avons écrit ensemble, tous les deux, sans aucune intervention extérieure, expliquera-t-il. Michel a été très présent du commencement jusqu'à la fin, c'est-à-dire qu'il ne s'est pas contenté d'écrire les dialogues, il a construit avec moi la structure et le récit. J'allais presque tous les matins, de bonne heure, dans sa maison de Dourdan. Je m'installais et j'attendais qu'il descende – souvent avec retard, mais peu m'importait. Nous nous mettions au travail et pour la première fois, je me suis retrouvé complètement en phase avec un auteur, un constructeur, un adaptateur. Il m'a appris énormément de choses, il m'a appris comment organiser une scène avec un début, un milieu et une fin et comment faire évoluer les personnages. Il avait beaucoup changé depuis notre premier film en commun. Il était moins agressif et moins décideur. »

Le titre du futur film fleure l'ambiguïté et rappelle un peu James Bond (*On ne vit que deux fois*). C'est pourtant le titre français du roman et il plaît à Deray[1], qui le conserve.

1. Le titre original étant *He Died With His Eyes Open* (*Il meurt les yeux ouverts*).

Le meurtre d'un pianiste. L'enquête d'un flic. La présence d'une femme fatale. La découverte d'un univers peuplé de fantômes, de sexe et de mensonges… Davantage qu'une intrigue, l'histoire porte sur un être hors norme. Il est flic. Non un héros à la Clint Eastwood ni un enquêteur infaillible à la Columbo, mais un être en proie aux doutes et aux incertitudes, un homme dont les blessures sont si nombreuses qu'il renonce à les compter. Ce policier s'identifie à la victime, marche dans les traces de son chagrin, s'embourbe dans les marécages de son désarroi. Ce n'est pas une coïncidence si cet être redessiné par la plume acérée de Michel Audiard est interprété par son reflet devant les caméras : Michel Serrault.

« Michel Audiard se cachait derrière Michel Serrault pour parler de sa désespérance, estimera Jacques Deray. Il a été inspiré dès le début. Son dialogue était malheureusement prémonitoire. Je pense que ça reste l'un de ses plus beaux dialogues, un vrai travail d'auteur, très littéraire. Contrairement à ses habitudes, il a fourni un dialogue court, énergique, rapide qui, en une phrase, raconte une histoire. Et puis c'est un film de non-dits. C'était le grand talent de Michel : soit il donnait un dialogue très premier degré, soit c'était, comme ici, un dialogue très subtil qui s'associait à tout ce que l'on pouvait penser sur la vie. Ce fut une découverte pour moi car je n'étais pas un homme de dialogue, plutôt un homme d'images. Et là, j'ai découvert des dialogues aussi forts que des images. »

Avant même de retrouver son ami acteur, Audiard sait comment les choses vont se passer : « Pour le prochain film de Deray, annonce-t-il, je passe toute une journée avec Serrault, texte sur la table, pour discuter et modifier les choses. Il va arriver avec un script annoté : "Là, je pourrais inverser la réplique. Là, ce serait peut-être mieux si je la regardais au lieu de dire quelque chose." Et il aura raison à plus de cinquante pour cent. Il faut être très ferme sur ce à quoi on tient, je ne veux pas qu'on rajoute un mot derrière mon dos[1]. »

La complicité entre les deux hommes vaut à Michel Serrault une nouvelle nomination au César du meilleur acteur, après celles de *Garde à vue*

1. *Les Cahiers du cinéma*, mai 1985.

et de *Mortelle randonnée*. Charlotte Rampling et Xavier Deluc reçoivent également une nomination pour leur prestation[1]...

Bien que décidé à soutenir ce projet jusqu'au bout, Michel, déjà miné par la maladie, ne peut se rendre sur le plateau de tournage. À Serrault et Deray qui s'en étonnent, Norbert Saada – l'un des rares tenus dans le secret de son cancer – invente 1 001 prétextes.

Se souvenant que trop bien des écarts pris lors du *Marginal*, Michel fait établir par contrat que, une fois le scénario terminé et accepté, aucune retouche ne pourrait être effectuée. Pourtant, sur le plateau, Deray se rend compte que la fin ne fonctionne pas. Saada se charge de convaincre Audiard. Or, celui-ci est à l'hôpital. Il donne cependant son accord.

Quelques mois plus tard, il trouve la force de répondre favorablement à l'invitation de Deray et Saada qui le convient à une projection privée, l'œuvre terminée. Audiard en ressort satisfait. Ce sera le dernier film qu'il visionnera en salle...

« Dans ce dialogue, soulignera Deray, Michel confiait son angoisse de la mort. »

Le film sort en octobre 1985, surprenant certains, déroutant les autres.

Œuvre où la mort plane comme une ombre maléfique, film où se glissent des références à la musique classique autant qu'à Proust et à la littérature allemande, *On ne meurt que deux fois* n'est pas tout à fait un polar. S'en dégagent les volutes d'une tristesse clairvoyante, les dernières phrases d'un homme qui n'a plus rien à gagner, hormis la sérénité.

« Le drame avec la vie, c'est qu'on n'en sort pas vivant. Alors, la vraie question, la seule, c'est de savoir comment on va mourir. »

Michel a encore beaucoup à dire et, surtout, à écrire. Depuis son enfance, la page blanche reste sa seule vraie confidente. Complice, elle accepte tout jusqu'aux douleurs les plus intimes, jusqu'aux cris les plus déchirants. Il a envie d'écrire. Des scénarios ? De moins en moins. Des pièces de théâtre ? Peut-être. Des romans ? Sans aucun doute.

« Si on a du génie, on ne fait pas de cinéma, dit-il, on écrit un grand livre. Le scénariste est un romancier raté. »

1. *On ne meurt que deux fois* reçoit huit nominations, mais ne remporte qu'une statuette, celle de la meilleure photographie destinée à Jean Penzer.

« Je pense qu'il était sur le point de dire zut au cinéma, ajoutera Jean Herman. Il avait envie de réfléchir sur lui-même à travers un autre moyen que le cinéma. »

Cet autre moyen est la littérature. Michel consacre ses restes d'énergie à la rédaction et la révision du *Chant du départ*. Se souvient-il que ce titre était celui d'un de ses plus virulents articles du temps de ses débuts de journaliste ?

37
Mort à taux plein

« Il a fait parler Gabin, il a fait parler Delon, Bourvil, Brasseur, Ventura, il a fait causer Girardot et Bardot et tant d'autres, auteur de plus de 100 dialogues du cinéma français pendant près de quarante ans, Michel Audiard est mort dans la nuit de samedi à dimanche, le 28 juillet 1985 à l'âge de 65 ans. Il a succombé à la suite d'une longue maladie dans sa propriété, à Dourdan (Essonne). »

Tel est le début du communiqué de l'AFP. Plusieurs paragraphes suivent pour résumer, autant que faire se peut, sa riche carrière. Le texte se termine sur ces mots : « Fanatique de vélo, bon père de famille, "orfèvre en imbécillité", disait-il de lui-même, grand professionnel, mais surtout "anti-tout" à la française, tous ces qualificatifs ont été donnés tout le long de sa vie à Michel Audiard. Son grand mérite aura été de savoir "faire parler juste" que ce soit l'ouvrier, le bourgeois, le truand ou les grands de ce monde. »

Oui, Michel s'est éteint à 7 h 30 en son domicile du 12 rue Lebrun à Dourdan.

Tout est dit. Ou plutôt rien.

Rien sur la souffrance de Michel ces derniers mois. Rien sur sa pudeur qui l'a poussé à cacher ce cancer qui le rongeait.

« Je me souviens de notre dernier dîner à Dourdan, racontera Jean Herman. Il a tenu à ce que nous allions au restaurant avec ma femme et Cri-Cri. Il avait son petit foulard autour du cou puisqu'il venait d'être opéré. Sa voix était abîmée. Il a plaisanté et nous n'avons pas parlé de sa maladie. Bien malin celui qui aurait pu dire qu'il allait mourir. Il a su jusqu'au bout conserver cette dignité cocasse… J'ai de lui le souvenir émerveillé d'une soirée où il savait que les choses n'allaient pas bien et où il n'a pas voulu desserrer les dents sur ce sujet. Ça m'avait bouleversé, à l'époque. Mais j'ai regretté qu'il n'ait pas craqué un peu. J'ai toujours eu l'impression d'être passé à côté de quelque chose. Il était comme ça, Michel : beaucoup plus fort, beaucoup plus grand, beaucoup plus costaud qu'il n'y paraît. La vraie dimension d'Audiard, c'est ça : ne pas avoir livré entièrement son visage, ne pas avoir dit complètement qui il était. »

Rien sur son angoisse face à l'ultime saut dans le vide.

« Comme nous passions tous les ans notre anniversaire ensemble, rappellera Mireille Darc, un jour je suis venue le voir à l'Hôtel de la Trémoille. J'ai fait beaucoup d'astrologie dans ma vie et j'avais vu que nous traversions une période un peu difficile. Je lui ai dit : “Tu sais, Michel, on a un moment difficile à passer, sur le plan astral, mais ce n'est qu'un moment.” Il m'a regardé en me demandant : “Tu peux me dire quand ça s'arrête ?” J'ai répondu : “Oui, dans six mois.” Et deux mois après, il n'était plus là… »

Rien sur ses heures de longue solitude à lire et à visionner des films.

« Dans les derniers mois, je ne voyais plus Michel, mais je crois qu'il ne souhaitait pas voir grand monde parce qu'il ne voulait pas qu'on le voie diminué et souffrant, témoignera Yves Boisset. En revanche, je l'avais assez souvent au téléphone parce qu'il avait besoin de parler. Quand il est tombé très malade, je suis devenu son fournisseur de cassettes. J'ai une filmothèque assez importante, puisque je dois posséder 15 000 films ou quelque chose comme ça. Et comme Michel ne bougeait plus beaucoup, il m'envoyait son fils qui repartait avec une vingtaine de cassettes par semaine. C'est ainsi qu'il m'a emprunté tout Mitchum, tout Bogart. Il adorait notamment *La Nuit du chasseur*[1] et m'avait demandé de lui en faire une copie. Il avait aussi une passion pour *Le Coup de l'escalier* de Robert Wise… Car Michel aimait énormément le film noir américain et l'on peut déceler une influence non négligeable de ce cinéma sur son travail. »

1. De Charles Laughton (1955).

Rien sur le gouffre que sa disparition creuse. Rien sur le chagrin qui accable ses amis. Rien sur les souvenirs qu'il laisse chez des milliers de spectateurs. Rien sur son humour qui a tant amusé… et amusera encore pour longtemps. Rien.

Peut-on imaginer qu'Audiard n'est plus ? Que ses bons mots ne feront plus le tour de Paris ? Que ses sarcasmes n'éclaireront plus le cinéma français ? Que sa mauvaise foi n'engendrera plus des éclats de rire ? Que les films devront désormais se passer de son talent ?

Et pourtant, il est parti pour un voyage au bout de la nuit éternelle. Cruelle ironie du sort – mais est-ce vraiment une ironie ? –, le jour même de sa disparition, à l'autre bout du monde, au Canada, Jean-Paul Belmondo est victime d'un grave accident qui aurait pu lui coûter la vie. Le sort en veut au cinéma français.

« Si je devais choisir où mourir, avait déclaré Audiard, ce serait dans le quatorzième, près du parc Montsouris. Parfois, je vais rêver devant le manège de chevaux de bois qui est le même qu'à l'époque[1]… »

Michel est inhumé le mardi à 16 h 30, au cimetière de Montrouge, dans la plus stricte intimité. La levée du corps a lieu au funérarium de Dourdan sans aucune cérémonie religieuse. Par respect pour ses dernières volontés, tous ses amis s'abstiennent d'effectuer le déplacement. L'ultime hommage, il n'en veut pas. La mort est une chose trop personnelle pour être partagée, il le sait. N'a-t-il pas surmonté en solitaire celle de son fils ?

Pas de grand-messe pour Michel Audiard mais des témoignages qui arrivent de toutes parts et se multiplieront au fil des années.

Lino Ventura : « Il est écrit dans les contes des *Mille et Une Nuits* que "la mort peut t'oublier un jour, mais elle ne t'oubliera pas le lendemain". Je ne crois pas être un lâche et pourtant la mort me panique, surtout quand elle vient rôder autour de mes amis. Michel avait le courage de dire ce que tout le monde pense tout bas. Seulement, lui le disait avec son esprit, avec sa brillance. Ce n'était pas acide, jamais. Dans les moments même les plus décontractés, dans les histoires qu'il racontait, je trouve que Michel Audiard n'a jamais été vulgaire et ça, ce n'est pas facile. »

1. *France-Soir*, 18 juin 1978.

Annie Girardot: « Mon Dieu, qu'est-ce que j'ai pu t'aimer, mon cycliste! Comme elles me manquent, ta veste à carreaux, la casquette assortie, ta clope au bec et ta voix traînante! Et tes yeux qui fendaient ton visage lorsque tu éclatais de rire. »

Jean-Paul Belmondo: « Dans ma jeunesse, j'aimais bien retenir les répliques de Louis Jouvet ou de Michel Simon. Aujourd'hui, c'est très difficile de se rappeler une réplique d'un film que vous avez vu. Le dernier grand auteur dans cette voie était Audiard. »

Michel Serrault: « Audiard possédait le langage d'un poète populaire. La veine et la verve. Il se saisissait des mots du quotidien, les ajustait, les ordonnait comme un orfèvre, travaillait le balancement des phrases, et au besoin confrontait ces mots de tous les jours à des termes inattendus, pour créer ces explosions verbales qui font le bonheur des oreilles. Il n'inventait pas de mots, comme certains l'ont pensé, il savait s'en servir. »

Mireille Darc: « J'ai connu une facette de Michel, mais il était très difficile à cerner... Je ne peux plus avoir un anniversaire sans penser à Michel, il sera toujours avec moi. »

Jean Carmet: « C'est une bien bonne chose que d'avoir un ami véritable et je te remercie, Michel, de m'avoir fait connaître ce sentiment, procuré cette sensation. »

Georges Lautner: « Audiard m'a, non pas appris puisque je l'avais déjà, mais poussé à développer mon sens de la dérision. Dans tous mes films on retrouve cette dérision, même dans mes films les plus sérieux. Il y a eu un avant et un après-Audiard. On travaillait sur commande pour les gens, nous avions créé notre propre famille d'acteurs qui rôdaient autour de nos terres. Il y avait une harmonie entre tous ces gens. Après, ça a été différent... »

Jacques Deray: « Il ne faut pas oublier l'importance de Michel dans ce métier. Ce qui était fascinant chez lui, c'est qu'il parlait de trois générations de cinéastes et d'acteurs... J'ai perdu un homme que j'aurais aimé continuer à voir, j'aurais aimé aller chez lui le dimanche pour qu'il me raconte ses histoires car il était un incroyable conteur. Je regrette qu'il ait disparu car nous avions sûrement un petit bout de route à faire ensemble. »

Yves Boisset : « Ce qui est intéressant dans le cas Michel Audiard, c'est qu'il a été pendant vingt ans considéré comme le maître étalon de la connerie française : plus traîné dans la boue que lui, ça n'a pas existé ! Et il a quasiment fini dans la peau d'un académicien avec un immense respect de tous bords, y compris de la part des gens qui l'avaient pris pour un con. »

Édouard Molinaro : « On connaît Michel Audiard à travers les formidables dialogues qu'il a apportés au cinéma français, mais quand on lit ses livres, on a le vrai Michel qui était un être extrêmement sensible et même douloureux par moments. Dans sa gaieté, c'était quelqu'un de profondément pessimiste. »

Denys de La Patellière : « Je ne sais pas si une seule personne a connu Michel. C'était quelqu'un de très secret. Je suis persuadé qu'il ne s'est jamais dévoilé tout à fait. Il était secret, il était pudique. Il était aussi d'une lucidité terrible. Je crois que c'est ce qui le rendait assez misanthrope. Il n'avait pas une très grande estime pour l'humanité. »

Pierre Tchernia : « Quand on avait la chance de connaître l'homme, et de le connaître un peu mieux qu'au cours d'une conversation dans un bistrot ou dans un dîner, on découvrait toutes ses facettes avec la tendresse, avec la gaudriole, avec les moments de profonde mélancolie qui se mêlaient à des moments de rire et de plaisanteries. C'est son infinie richesse qui lui permettait d'écrire des choses si drôles. Il était cinglant, attendrissant… Il était le meilleur des copains. »

Jean-Marie Poiré : « C'est l'un des hommes les plus intelligents que j'aie connus. Son intelligence lui permettait de sortir de tous les paradoxes, de toutes les situations. J'ai appris beaucoup de cet homme et je me suis énormément amusé avec lui. Je le considère quelque part comme mon "papa de cinéma", même si mon cinéma a peu de rapport avec le sien. »

Alain Poiré : « C'était un des êtres les plus drôles que j'aie rencontrés, et j'en ai rencontré beaucoup, de Sacha Guitry à Marcel Pagnol en passant par Francis Blanche et Bourvil. Je l'aimais énormément et il me manque de façon épouvantable à la fois sur le plan professionnel, parce que ses dialogues n'ont jamais été remplacés, et sur le plan amical, parce que j'avais des relations privilégiées avec lui. C'était un vrai personnage. »

Norbert Saada : « Je pense qu'aucun de nous ne l'a vraiment connu. Il était plus complexe que cela. »

Antoine Blondin : « Il était énormément pour moi. Il était tout pour moi. »

Alphonse Boudard : « Son art du dialogue participait de quelque chose d'assez indéfinissable, fait de cette ironie particulière aux vrais Parisiens qu'on appelle la gouaille. Michel Audiard a fait une centaine de films de tous genres, des comédies burlesques, des polars, des films de guerre et d'aventures ; on en verra beaucoup dans les ciné-clubs de demain comme témoignages d'une époque où un certain cinéma, pour réagir contre une tendance à la morosité, ne se prenait pas du tout au sérieux. Les critiques des années 1960 le taxaient souvent de facilité. Souvent, il avait cette faculté des trapézistes qui se jouent de la pesanteur et de tous les risques. Adieu, vieux pote. Si on voulait t'oublier, n'importe lequel de tes films nous convierait à rire encore avec toi. »

Frédéric Dard : « Ils vont passer et repasser tes films, mon drôle. Et dire comme quoi tu étais ceci, cela. C'est l'instant tragique des capotes nécrologiques. Chacun va sortir sa boîte de superlatifs. On va t'astiquer la mémoire et filer des brouettées de lauriers par-dessus ta gapette, vieux voyou ! Ils ont la marotte d'encaustiquer ce qu'ils croient fini. Dernier hommage ! Tu le savais bien que ces jeanfoutreries te guetteraient au tournant du linceul ! Et ça devait te remonter la jugulante. Moi, ce que je vais leur répondre à ces vernisseurs de cercueils, c'est que tu auras été un vrai bonhomme en vie et qu'il n'y a pas de mort qui tienne : tu le resteras. C'est quoi, un homme en vie ? C'est un homme qui comprend tout et qui devine ce qu'il ignore. C'est un homme qui transforme sa misère en chanson de salle de garde et qui se cache pour se gratter la peau de l'âme comme si c'était celle de ses couilles. »

Aujourd'hui, que reste-t-il de Michel Audiard ?

Énormément. Son nom est connu des aînés comme des jeunes. Il est le seul dialoguiste cité spontanément dans nombre de conversations. Une référence. Une épée. On lui consacre des thèses d'université et des chansons, des sites Internet et des rétrospectives télévisées. Ses bons mots circulent de bouches à oreilles comme s'ils avaient été inventés la veille.

Ses dialogues continuent de surfer sur l'air du temps jusqu'à en devenir une composante.

Le Petit Cycliste pouvait-il rêver plus belle récompense ?...

* * *

Le 3 mai 1994, André Pousse inaugure une place Michel-Audiard dans le quatorzième. Juste retour des choses. Ultime hommage à l'auteur de ces lignes : « J'ai toujours l'impression d'être embusqué au fond de la classe, hermétique, borné, incurable... Pendant que les intellectuels pèsent et soupèsent les choses, moi j'écris des petites histoires. J'en tourne certaines... Je ne m'intègre pas à l'angoisse contemporaine. Je ne regarde peut-être pas assez autour de moi. »

« Et le vieil homme entra dans un long hiver. »

Un singe en hiver, dialogue de Michel Audiard.

Bibliographie

Afin de bien appréhender le travail et le talent de Michel Audiard, il est indispensable de lire les ouvrages dont il est auteur (quoique la paternité de l'un d'entre eux soit contestable). Les premiers révèlent son amour du polar et sa façon de rendre hommage à certains maîtres sans jamais se prendre au sérieux. Les suivants, nettement plus personnels, confirment un magistral talent d'écrivain et méritent d'être lus avec attention, d'autant que deux d'entre eux sont très largement autobiographiques. Bien après sa mort, en 2017, les éditions Fayard publièrent un roman inédit, *Le chant du départ*.
Voici la liste de ses livres, essentiels dans toute bonne bibliothèque :

Priez pour elle (Fleuve noir, 1950), 240 p.
Méfiez-vous des blondes (Fleuve noir, 1950), 217 p.
Massacre en dentelles (Fleuve noir, 1952), 222 p.
Ne nous fâchons pas (Plon, 1966), 256 p.
Le Terminus des prétentieux (Plon, 1968), 253 p.
Mon petit livre rouge (Presses Pocket, 1969), 193 p.
Vive la France (Julliard, 1973), 81 p.
Le P'tit Cheval de retour (Julliard, 1975), 249 p.
Répète un peu ce que tu viens de dire (Julliard, 1975), 189 p.
La Nuit, le jour et toutes les autres nuits (Denoël, 1978), 229 p.
Le chant du départ (Fayard, 2017), 208 p.

Pour compléter cette liste, il convient de ne pas manquer une compilation qui reprend non seulement un grand nombre de répliques, mais aussi des articles d'Audiard, ainsi que des réflexions critiques et des points de vue : *Audiard par Audiard* (1995). Ce livre, constamment réédité, est un monument de 417 pages à la gloire d'Audiard. Il est dû à un grand collectionneur, René Château, qui fut le premier à défendre la cause d'Audiard puisque, bien avant cette parution, il diffusait ses films en vidéocassettes *via* la célèbre collection *La Mémoire du cinéma français*.
De nombreux d'ouvrages ont servi, à des titres divers, à l'élaboration de celui-ci. En voici la liste (outre ceux déjà cités en bas de page) ;

Philippe Almeiras : *Céline, entre haines et passions* (Robert Laffont, 1994)
Pierre Assouline : *Simenon* (Gallimard, 1992)
Charles Aznavour et Vincent Perrot (textes additionnels de Philippe Durant) : *Ma vie, mes chansons, mes films…* (La Martinière, 2015)
Antoine de Baecque & Serge Toubiana : *François Truffaut* (Gallimard, 1996)

Brigitte Bardot : *Initiales B.B.* (Grasset, 1996)
Maurice Biraud : *Faut l'faire* (Solar, 1966)
Annette Blier et Claude Dufresne : *Bernard Blier* (Solar, 1989)
Antoine Blondin : *Ma vie entre les lignes* (La Table ronde, 1982)
Yves Boisset : *La vie est un choix* (Plon, 2011)
José Louis Bocquet : *Georges Lautner, foutu fourbi* (La Sirène, 2000)
Émile Brami : *Céline à rebours* (Écriture, 2023)
Jean-Claude Brialy : *Le Ruisseau des singes* (Robert Laffont, 2000)
André Brunelin : *Gabin* (Robert Laffont, 1987)
Richard Cannavo et Henri Quiqueré : *Yves Montand, le chant d'un homme* (Robert Laffont, 1983)
Jean Carmet : *Je suis le badaud de moi-même* (Plon, 1999)
Dany Carrel : *L'Annamite* (Robert Laffont, 1991)
Jacqueline Cartier : *Monsieur Vanel* (Robert Laffont, 1989)
Darry Cowl : *Débit de paroles* (L'Archipel, 1996)
Robert Cravenne : *Le Tour du monde du cinéma français* (Dixit, 1995)
Isabelle Danel : *Marcel Bluwal, pionnier de la télévision* (Scrineo, 2014)
Jean Delannoy : *Aux yeux du souvenir* (Les Belles Lettres, 1998)
Jean-Luc Denat et Pierre Guingamp : *Des Tontons flingueurs et des Barbouzes* (Le Terrain vague, 1993)
Jacques Deray : *J'ai connu une belle époque* (Christian Pirot, 2003)
Philippe Durant : *Belmondo* (Nouveau Monde, 2023)
Philippe Durant : *Bernard Blier* (Favre, 2009)
Philippe Durant : *Lino Ventura* (First, 2014)
Jacques Dutronc : *Et moi, et moi, et moi* (le cherche midi, 2023)
Charles Ford : *Pierre Fresnay, le gentilhomme du cinéma* (France-Empire, 1981)
Alain Garel et Dominique Maillet : *Philippe de Broca* (Henri Veyrier, 1990)
Claude Gauteur : *Simenon au cinéma* (Hatier, 1991)
Daniel Gélin : *Deux ou trois vies qui sont les miennes* (Julliard, 1977)
Daniel Gélin : *À bâtons rompus* (Éd. du Rocher, 2000)
Charles Gérard : *La Vie… c'est pas toujours du cinéma* (Ramsay, 1994)
Jean-Philippe Guérand : *Jean Rochefort, prince sans rire* (Robert Laffont, 2017)
José Giovanni : *Mes grandes gueules* (Fayard, 2002)
Annie Girardot : *Partir, revenir, les passions vives* (le cherche midi, 2003)
Jean-Luc Godard : *Introduction à une véritable histoire du cinéma* (Albatros, 1980)
Gilles Grangier : *Flash-Back* (Presses de la Cité, 1977)
François Guérif : *Gilles Grangier. Passé la Loire c'est l'aventure* (Terrain vague, 1989)
François Guérif : *Le Cinéma policier français* (Henri Veyrier, 1981)
Claude Guiguet, Emmanuel Papillon et Jacques Pinturault : *Jean Delannoy* (Institut Jacques-Prévert, 1985)
André Halimi : *Chantons sous l'Occupation* (Olivier Orban, 1976)
Emmanuel Haymann : *Alain Delon* (Favre, 1998)
Robert Hossein : *La Nostalge* (Michel Lafon, 2001)
Jean-Jacques Jelot-Blanc : *Louis de Funès* (Anne Carrière, 1993)
Jean-Jacques Jelot-Blanc : *Bourvil* (Stock, 1990)
Jean-Jacques Jelot-Blanc : *Michel Serrault* (Pac, 1985)
Pierre-Jean Lancry : *Les Tontons flingueurs* (Horizon illimité, 2003)

BIBLIOGRAPHIE

Léo Lapara : *Dix ans avec Jouvet* (France-Empire, 1976)
Auguste Le Breton : *Monsieur Rififi* (La Table ronde, 1976)
Michel Lebrun : *L'Almanach du crime 1981* (Veyrier – Polar, 1981)
Jean-Paul Le Chanois : *Le Temps des cerises* (Actes Sud, 1996)
Jean Lefebvre : *Pourquoi ça n'arrive qu'à moi* (Michel Lafon, 1984)
Éric Leguèbe : *Confessions* (Ifrane, 1995)
Jacques Lorcey : *Bourvil* (Pac, 1981)
Jacques Lorcey : *Fernandel* (Pac, 1981)
Jean-Marc Loubier : *Louis de Funès, le berger des roses* (Ramsay, 1991)
Bruno M. : *Être le fils de Michel Audiard* (Michel Lafon, 2004)
Dominique Maillet : *Philippe Noiret* (Henry Veyrier, 1989)
Michèle Mercier : *Angélique à cœur perdu* (Carrère, 1987)
Michèle Mercier : *Je ne suis pas Angélique* (Denoël, 2002)
Pascal Mérigeau : *Annie Girardot* (Pac, 1978)
Claude Miller : *Serrer sa chance, entretiens avec Claire Vassé* (Stock, 2007)
Joëlle Monserrat : *Yves Montand* (Pac, 1983)
Michèle Morgan : *Avec ces yeux-là* (Robert Laffont, 1977)
Gilles Morris-Dumoulin : *Le Forçat de l'Underwood* (Manya, 1993)
Christian Plume et Xavier Pasquini : *Bourvil* (Bréa, 1983)
Alain Poiré : *200 films au soleil* (Ramsay, 1988)
Jean-Marie Poiré : *Rire est une fête* (Michel Lafon, 2024)
André Pousse : *Touchez pas aux souvenirs* (Robert Laffont, 1989)
Philippe Renard : *Un cinéaste des années 50 : Jean-Paul Le Chanois* (Dreamland, 2000)
Jean Richard : *Ma vie sans filet* (Robert Laffont, 1984)
Catherine Rihoit : *Brigitte Bardot, un mythe français* (Olivier Orban, 1986)
Jeffrey Robinson : *Bardot* (L'Archipel, 1994)
Renée Saint-Cyr : *En toute mauvaise foi* (Éd. du Rocher, 1990)
Michel Serrault : *Le Cri de la carotte* (Michel Lafon, 1994)
Michel Serrault : *Vous avez dit Serrault ?* (Florent Massot, 2001)
Michel Serrault : *Les Pieds dans le plat* (Oh Édition, 2004)
Sim : *Elle est chouette ma gueule* (Flammarion, 1983)
Pierre Tchernia : *Magic Ciné* (Fayard, 2003)
André Tillieu : *Brassens, auprès de mon arbre* (Claude Lefrancq, 1998)
Clélia Ventura : *Lino Ventura, une leçon de vie* (Marque-Pages, 2004)
Odette Ventura : *Lino* (Robert Laffont, 1992)

Remerciements

Un jour, André Pousse, se retournant sur son foisonnant passé, m'a dit avec tristesse : « Mon carnet d'adresses est un cimetière. » Cruelle ironie du sort : le jour même où j'effectuais les ultimes corrections à la première version de ce manuscrit, j'apprenais la disparition du légendaire Dédé.
À force de laisser le sable du temps s'écouler, je me rends compte, avec la même tristesse, que bien des gens, beaucoup trop, qui m'ont aidé à faire ce livre, ne sont plus. Ils n'ont pas complètement disparu puisqu'ils restent présents dans ma mémoire. Évoquer leurs noms suffit à raviver l'émotion : Charles Aznavour, Jacques Bar, Jean-Paul Belmondo, Claude Brasseur, Jean Carmet, Annie Cordy, Darry Cowl, Mireille Darc, Philippe de Broca, Alain Delon, Mylène Demongeot, Jacques Deray, Robert Enrico, Jacques François, Marion Game, Georges Géret, José Giovanni, Pierre Granier-Deferre, Jean Herman, Charly Koubesserian, Georges Lautner, Jean Lefebvre, Guy Marchand, Alexandre Mnouchkine, Philippe Noiret, Claude Pinoteau, Alain Poiré, André Pousse, Claude Rich, Dominique Roulet, Michel Serrault, Lino Ventura, Henri Verneuil, Claude Vital…
Il m'est difficile de penser que plus jamais je ne poserai mon enregistreur face à eux ni me délecterai de leurs propos.
Merci à Stéphane Roux, que je considère comme « le » meilleur spécialiste de Michel Audiard, connaisseur de détails très précis. Grâce à lui, j'ai pu également avoir accès aux archives Gaumont.
Merci à Vincent Perrot qui m'a offert une très belle journée avec Charles Aznavour.
Merci à Bruno M., ce légendaire « fils de… ». Un ciment presque secret, en tout cas magique, nous unit et je souhaite que jamais il ne se lézarde.

Et merci à Dominique Maillet, érudit, ami, soutien, critique *et tutti quanti.*
J'ai également vécu de vraies émotions, comme cet appel de Los Angeles d'un lecteur enthousiaste qui voulait simplement me congratuler. À mon tour de te dire merci, cher Francis Veber.
Comme toute biographie d'importance, celle-ci est un travail de groupe. Tout au long des années qui m'ont entraîné à suivre le parcours de Michel Audiard, j'ai croisé de nombreuses personnes qui, à des titres très divers, m'ont aidé, soutenu, aiguillé.
Admiration respectueuse et remerciements chaleureux pour des hommes et des femmes de cinéma avec lesquels j'ai voyagé dans le passé : Danièle Thompson, Claude Zidi, Yves Boisset, Jean Becker, Albert Kantof, Jean-Marie Poiré… S'y ajoutent acteurs et actrices : Dany Carrel, Gérard Depardieu, Gérard Lanvin, Charlotte Rampling.
Je me dois aussi d'exprimer ma gratitude envers toutes les personnes qui m'ont aidé, qui pour favoriser des rencontres, qui pour me permettre de réunir une documentation sans égale.
Et, puisqu'il est question de documentation, chapeau bas aux établissements parisiens : bibliothèque de la SACD, bibliothèque de l'Arsenal, Bilipo, bibliothèque André-Malraux, bibliothèque François Truffaut, bibliothèque de la Cinémathèque. Auxquels s'ajoutent la bibliothèque Méjane (Aix-en-Provence), la bibliothèque de l'Alcazar (Marseille), la BANQ (Montréal) et l'indispensable bibliothèque Raymond Chirat de l'Institut Lumière (Lyon).

Philippe DURANT

Table